禮記注疏長編

王鍔 井超 主編

檀弓注疏長編

王寧玲 編纂

叁

廣陵書社

檀弓注疏長編卷十六

三·一〇二 〇**復、楔齒、綴足、飯、設飾、帷堂並作。**設飾，謂遷尸又加新衣。〇楔，悉節反。綴，丁劣反，又音丁衛反。飯，煩晚反，唅也。**父兄命赴者。**謂大夫以上也。士，主人親命之。

【疏】「復楔」至「赴者」[一]。〇正義曰：此一節論始死之事。復，招魂也。楔，柱也。招魂之後，用角柶柱亡人之齒令開[二]，使含時不閉也。〇「綴足」者，復用燕几綴亡人之足令直，使著屨時不辟戾也[三]。〇「飯」者，飯食也[四]。

[一] 復楔至赴者　惠棟校宋本無此五字。〇鍔按：「復楔」上，阮校有「復楔齒節」四字。

[二] 用角柶柱亡人之齒令開　閩、監、毛本作「柶」，衛氏集説同。此本「柶」誤「栖」。

[三] 不辟戾也　閩、監、毛本作「辟」，衛氏集説同。此本「辟」字闕。

[四] 飯者飯食也　閩、監、毛本同。惠棟校宋本「食」作「含」，衛氏集説同。案：作「含」是也。

「設飾」者，謂襲斂遷尸之時[一]，及又加著新衣也[二]。

〇「帷堂」者，謂小斂時。

〇「並作」者，作，起爲也。自「復」以下，諸事並起以帷堂，故云「並作」。

〇「父兄命赴者」，亦復後之事。赴，謂死者生時於他人有恩識者，今死，則其家宜使人往相赴告也。士喪禮則孝子自命赴者，若大夫以上則父兄命之也。何以然？尊，許其病深，故使人代命之也。雖代命之，猶稱孝子名也[三]。

【衛氏集説】鄭氏曰：父兄命赴，謂大夫以上也。士，主人親命之。

孔氏曰：此一節論始死之事。復，招魂也。楔，柱也。招魂後，用角柶柱亡人之齒令開，使含時不閉也。「綴足」者，用燕几綴亡人之足令直，使著屨時不辟戾也。飯，含也。設飾，謂襲斂遷尸之時，又加著新衣也。帷堂，謂小斂時也。作，起也。自「復」以下，諸事並起也。赴，亦復後之事。死者生時有恩識之人，今死，則其家宜使人往相赴告也。士喪禮，孝子自命赴者。

山陰陸氏曰：復、楔齒、綴足、飯、設飾，此五事並作於帷堂之時。

[一]　謂襲斂遷尸之時　閩、監、毛本作「尸」，衛氏集説、此本「尸」誤「戾」。

[二]　及又加著新衣也　閩本同，惠棟校宋本同。監、毛本「及」作「乃」，非。衛氏集説删「乃」字，亦非。

[三]　猶稱孝子名也　惠棟校宋本作「稱」，續通解同。此本「稱」字闕，閩、監、毛本作「書」，非。

【吴氏纂言】孔氏曰：楔，拄也。招魂之後，用角柶拄亡人之齒令開，使含時不閉也。復，用燕几綴亡人之足令直，使著屨時不辟戾也。飯者，飯食也。設飾，謂襲斂時，遷尸又加著新衣也。帷堂，謂小斂時。作，起爲也。自「復」以下，諸事並起爲也。父兄命赴者，謂大夫以上。赴，謂死者生時於他人有恩識，今死，則使人往告之也。士則孝子自命。大夫尊，許其病深，故父兄代命之，雖代命，猶稱孝子名也。

【陳氏集説】復、楔齒、綴足、飯、設飾、帷堂並作。始死招魂之後，用角柶拄尸之齒令開，得飯含時不閉。又用燕几拘綴尸之兩足令直，使著屨時不辟戾也。飯者，實米與貝于尸口中也。設飾，尸襲斂也。帷堂，堂上設帷也。作，起爲也。「復」至「帷堂」，六事一時並起，故云「並作」也。儀禮亦總見一圖。**父兄命赴者。**疏曰：生時與他人有恩識者，今死，則其家宜使人往相赴告。士喪禮，孝子自命赴者。若大夫以上，則父兄命之也。

【郝氏通解】復，始死升屋招魂也。楔齒，用角匙楔尸齒令口開得含也。綴足，以物綴尸兩足使直也。飯，以米與貝實尸口也。設飾，陳衣衾襲尸，小斂也。帷堂，堂上設帷帳也。並作六事，一時並行也。父兄命人以喪告于所親識者，孝子昏迷，故父兄命之。鄭據士喪禮主人命赴之文，謂大夫以上則父兄命，拘也。

【方氏析疑】父兄命赴者。

赴於君，則大夫亦宜親命赴者，父兄不得代赴。於族姻，則孝子心絶志摧，匍匐啼號，如不欲生，豈能一一親命？即士亦必委之父兄，不得以士喪禮惟載「赴於君」而謂凡所赴皆親命，以大夫喪禮既亡，遂强定父兄命赴爲大夫之禮，而赴於君亦不親命也。

【欽定義疏】正義　鄭氏康成曰：設飾，謂遷尸又加新衣。

孔氏穎達曰：此論始死之事。復，招魂也。楔，柱也。招魂後，用角柶柱亡人之齒令開，使含時不閉也。「綴足」者，用燕几綴亡人之足令直，使著屨時不辟戾也。飯，含也。設飾，謂襲斂遷尸之時，又加著新衣也。作，起爲也。自「復」以下，諸事並起也。赴，亦復後之事。死者生時有親識之人，今死，則其家宜使人往相赴告也。

陳氏澔曰：帷堂，堂上設帷也。六事一時並起，故曰「並作」也。

存異　鄭氏康成曰：父兄命赴，謂大夫以上也。士，主人親命之。孔疏：士喪禮，孝子自命赴者。

孔氏穎達曰：帷堂，謂小斂時也。

案　士喪禮曰「乃赴於君，主人西階東，南面命赴者，拜送」，此赴君之禮也。餘無主人命赴之文。蓋始死時，孝子悲痛迷瞀，故諸父、諸兄代爲命。赴君尊，故親命而拜送之也。鄭誤以士喪禮「命赴」爲凡赴皆然，而因以爲士、大夫尊卑之别，非也。又案士喪禮，始死，設奠，即曰「帷堂」，不待小斂。

【杭氏集説】鄭氏康成曰：設飾，謂遷尸又加新衣。

陳氏澔曰：帷堂，堂上設帷也。六事一時並起，故曰「並作」也。

萬氏斯大曰：士喪禮復與楔齒、綴足，絶氣即行之。設飾，指沐浴後設明衣裳一事。設飾後，乃飯。以士喪禮序言之，復、楔齒、綴足最先，帷堂次之，設飾次之，飯又次之。言並作者，謂並作于一日也。

姚氏際恒曰：父兄，從父從兄也。奔喪云：「凡喪，父在，父爲主。」則父即喪主，又爲何人命之？非親父可知。父母喪，兄即喪主，非親兄可知。士喪禮「主人命赴」者，而作云「父兄命赴」者，似不同。然此以孝子昏迷，不必定出諸己，故曰父兄。士喪禮，主人亦大概言之，鄭氏遂謂此爲大夫以上，然則大夫以上無父兄，則將如何？

方氏苞曰：赴於君，則大夫亦宜親命赴者，父兄不得代赴。于族姻，則孝子心絶志摧，匍匐啼號，如不欲生，豈能一一親命赴？即士亦必委之父兄，不得以士喪禮唯載「赴于君」而謂凡所赴皆親命，以大夫喪禮既亡，遂强定父兄命赴爲大夫之禮，而赴于君亦不親命也。

【孫氏集解】復、楔齒、綴足、飯、設飾、帷堂並作。

復，招魂也。楔齒，以角柶拄死者之口，使含時不閉也。綴足，以燕几綴死者之足，令著屨不辟戾也。飯，以米、貝實死者口中也。設飾，謂襲也。帷堂，張帷於堂上也。作，起也。「並作」者，謂以上諸事一時並起也。

案士喪禮復後而楔齒、綴足，乃帷堂，又沐浴，乃含而襲。此以復、楔齒、綴足、飯、設飾、帷堂爲次者，蓋含、襲雖在帷堂、沐浴之後，而陳襲事于房中、實貝于笄、實米于筐、饌于西序下，皆在沐浴之前，故以飯、設飾繼楔齒、綴足言之。帷堂雖在飯含前，而徹帷則在小斂之後，故退在下以見意。

父兄命赴者。

孝子喪親，悲痛迷亂，故凡赴告之人，皆父兄爲命之。惟赴於君，則親命，敬君也。士喪禮「乃赴於君，主人西階東，南面命赴者，拜送」是也。

【朱氏訓纂】復、楔齒、綴足、飯、設飾、帷堂並作。注：設飾，謂遷尸又加新衣。釋文：飯，唅也。　正義：復，招魂也。楔，柱也。用角柶柱亡人之齒令開，使唅時不閉也。復用燕几綴亡人之足令直，使著屨時不辟戾也。作，起爲也。帷堂，謂小斂時。自復以下，諸事並起以帷堂，故云「並作」。**父兄命赴者。**注：謂大夫以上也。士，主人親命之。　正義：赴，謂死者生時於他人有恩識者，今死，則使人往相赴告也。

【郭氏質疑】父兄命赴者。

鄭注：父兄命赴，謂大夫以上也。士，主人親命之。

嵩燾案，士喪禮：「乃赴於君，主人西階東，南面命赴者，拜送。」專以「赴於君」爲言，則知大夫以下不親命赴，而以屬之諸父、諸兄，以尊者涖之，重其事也。與儀禮之文正互相備，鄭注以爲大夫、士之等臨之以君，則固不得謂士必親命、大夫遂可以不親命也。

三·一〇三　〇**君復於小寢、大寢、小祖、大祖、庫門、四郊。**尊者求之備也，亦他日所嘗有事。

【疏】「君復」至「四郊」[一]。〇正義曰：此一節論人君禮備，復處又多。自小寢以下，明招魂處所也。「君」，王侯也。

「於小寢」者，前曰廟，後曰寢。爾雅云：「室有東西廂曰廟，無東西廂有室曰寢。」此「小寢」者，所謂高祖以下寢也，王侯同。

「大寢」，謂天子始祖、諸侯大祖也。

「小祖」，高祖以下廟也，王侯同。

「大祖」，天子始祖、諸侯大祖廟也。兩言於廟，求神備也。周禮夏采「以冕服復於大祖廟」是也。其小廟，則祭僕復之；其小寢、大寢，則隸僕復之。故祭僕云「復于小廟」，鄭注云：「小廟，高祖以下也。」隸僕云「復于小寢、大寢」，注云：「小寢，高祖以

[一] 君復至四郊　惠棟校宋本無此五字。〇鍔按：「君復」上，阮校有「君復於小寢節」六字。

下廟之寢也。始祖曰大寢。」「四郊」，則夏采復之。故夏采云：「乘車建綏，復於四郊。」此天子之事也。其諸侯復則小臣，故喪大記云「小臣復。」案周禮内小臣職「小臣上士四人」，案雜記云「復西上」，注「各如其命數」。上公九命，侯伯七命，則小臣不足，明更有餘官。又復人雖依命數，復處既多，則復人不足，當於此復了，更轉嚮他處。

【衛氏集説】鄭氏曰：尊者求之備也，亦他日所嘗有事。

孔氏曰：此一節明人君禮備，復處多也。君，王侯也。前曰廟，後曰寢。爾雅云：「室有東西廂曰廟，無東西廂而有室曰寢。」小寢，謂高祖以下寢也，王侯同。大寢，謂天子始祖、諸侯大祖之寢也。小祖，高祖以下廟也，王侯同。大祖，天子始祖、諸侯大祖廟也。兩言於廟，求神備也。周禮夏采「以冕服復于大祖廟」是也。其小廟，則祭僕復之；其小寢、大寢，則隸僕復之。注云「小寢，高祖以下廟之寢也」，「始祖曰大寢」。四郊，則夏采復之，故云「乘車建綏，復于四郊」，此天子之事也。諸侯復則小臣。

嚴陵方氏曰：復必於寢廟者，以人死必反本故也。庫門，生時所由出入也。四郊，以魂氣無不之也。門不一，止以庫門爲言者，近廟門故也。

【吴氏纂言】鄭氏曰：尊者求之備也，亦他日所嘗有事。

孔氏曰：君，王侯也。前曰廟，後曰寢。室有東西廂曰廟，無東西廂有室曰寢。小寢，謂高祖以下寢也，王侯同。大寢，謂天子始祖、諸侯大祖寢也。小祖，高祖以下廟也，王侯同。大祖，天子始祖，諸侯大祖廟也。兩言於廟，求神備也。周禮夏采「以冕服復於大祖廟」。其小廟，則祭僕復之；其小寢、大寢，則隸僕復之；四郊，則夏采復之，此天子之事。諸侯復則小臣，但復處既多，小臣不足更有餘官，或於此復了，更向他處。

方氏曰：復必於寢廟者，以人死必反本也。庫門，生時所由出入也。四郊，以魂氣無不之也。門不一，止以庫門爲言者，近廟門故也。

【陳氏集説】天子之郭門曰「皋門」。明堂位言「魯之庫門」，即天子皋門。是「庫門」者，郭門也。疏曰：君，王侯也。前曰廟，後曰寢。室有東西廂曰廟，無東西廂有室曰寢。小寢者，高祖以下寢也，王侯同。大寢，天子始祖之寢，諸侯太祖之寢也。小祖者，高祖以下廟也，王侯同。大祖者，天子始祖之廟，諸侯太祖之廟也。馬氏曰：寢，所居處之地；祖，所有事之地；門，所出入之地；郊，所嘗至之地。君復必於此者，蓋魂氣之往，亦未離生時熟習之地也。觀此，則死生之説可知矣。今按馬氏以小寢、大寢爲燕寢、正寢，與舊説異。

【納喇補正】集説 疏曰：「前曰廟，後曰寢。室有東西廂曰廟，無東西廂有室曰寢。小寢者，高祖以下寢也，王侯同。大寢，天子始祖之寢，諸侯太祖之寢也。小祖者，高祖以下廟也，王侯同。大祖者，天子始祖之廟，諸侯太祖之廟也。」馬氏曰：「寢，所居處之地；祖，所有事之地；門，所出入之地；郊，所嘗至之地。」今案馬氏以小寢、大寢爲燕寢、正寢，與舊説異。

竊案 復者，所以招魂復魄。魂氣雖無所不之，而始死之時，必在生時熟習之地，故先復之於燕寢、正寢，生時所居處之地；次復之於羣廟、太廟，生時所有事之地；又次復之於庫門、四郊，生時所出入經歷之地。記言自有次第，不可混也。言小祖、大祖，自足以該廟中之寢，何用兩言之乎？馬氏之説較注、疏爲優。方氏謂「復必於寢廟者，以人死必反本也」，亦仍舊誤。

【郝氏通解】復，招魂也。君，謂諸侯。禮多言諸侯而畧於天子者，禮書後成，非先王之舊也。凡宫室在後曰寢。小寢，燕寢也。大寢，正寢也。小祖，羣祖廟。大祖，始祖廟。庫門，諸侯之外門。寢爲生時所居；祖廟，生時所有事；門，所嘗出入；郊，所嘗經歷。魂氣所往，不離生時熟習之地，故于此等處復。

按人死持其衣升屋，呼其名字，招之使還，事近誕。鄭據周禮謂各如其命數，上公復九處，侯伯七處，其迂尤甚。

【江氏擇言】孔疏云：前曰廟，後曰寢。小寢，高祖以下寢。大寢，謂天子始祖，諸侯太祖也。

馬氏云：小寢，燕寢也。大寢，正寢也。

按，路寢爲王治事之處，燕寢爲王燕息之處。君於廟與大門、四郊皆復，豈獨遺路寢、燕寢乎？周禮隸僕「掌廟之五寢，大喪復於小寢、大寢」，亦謂路寢、燕寢也。馬氏說得之，經文亦是由近而及遠也。

【欽定義疏】**正義** 鄭氏康成曰：尊者求之備也，亦他日所嘗有事。

孔氏穎達曰：此明人君禮備，復處多也。君，王侯也。周禮夏采「以冕服復於太廟」。其小廟，則祭僕復之；小寢、大寢，則隸僕復之；四郊，夏采復之。諸侯則小臣復。

馬氏晞孟曰：寢，所居處之地；祖，所有事之地；門，所出入之地；郊，所嘗至之地。君復必於此者，蓋魂氣之往，亦未離生時熟習之地也。觀此，則死生之說可知矣。

陳氏澔曰：天子之郭門曰「皋門」。明堂位言「魯之庫門」，即天子皋門。是「庫門」者，郭門也。

存疑 孔氏穎達曰：前曰廟，後曰寢。爾雅云：「室有東西廂曰廟，無東西廂而有室曰寢。」小寢，謂高祖以下之寢。大寢，謂天子始祖、諸侯大祖之寢也。

案 寢，君寢也。春秋公薨於小寢，周官「六寢」注云：「王之大寢一，小寢六。」宮寢爲人君居處之地，故復始於此。士喪禮所謂「復」者，升自東榮中屋是也。由宮寢至於廟，由廟至於門，由門至於郊，先近後遠，其序如此。鄭注周禮隸僕「掌五寢掃除糞洒」，誤爲廟寢。此疏本其說言之，豈有舍其現在居處之六寢於廟，又先寢後廟之理？當以馬氏說爲是。

【杭氏集説】馬氏晞孟曰：寢，所居處之地；祖，所有事之地；門，所出入之地；郊，所嘗至之地。君復必於此者，蓋魂氣之往，亦未離生時熟習之地也。觀此，則死生之説可知矣。

陳氏澔曰：天子之郭門曰「皋門」。明堂位言「魯之庫門」，即天子皋門。是「庫門」者，郭門。

陸氏奎勳曰：當從馬氏説，以燕寢爲小寢，正寢爲大寢。

姜氏兆錫曰：疏曰：「凡宫寢，前曰廟，後曰寢。爾雅：『室有東西廂曰廟，無東西廂有室曰寢。』小寢者，高祖以下之寢。大寢者，太祖之寢。小祖，謂高祖以下之廟。大祖，謂太祖之廟。庫門，外朝門也。」按疏與馬氏説畧同，但馬氏以小寢、大寢爲君所處之燕寢、正寢，爲小異也。人君禮備，復徧如此，死生之故，臣子之道，具可見矣。詳見喪大記及周官夏采、祭僕、隸僕諸職。

齊氏召南曰：按馬氏以正寢、燕寢解之，似勝。

【孫氏集解】鄭氏曰：尊者求之備，亦他日所嘗有事。

賈氏公彦曰：尊者求之備，故凡嘗所有事之處皆復焉。卿大夫以下復，自門以内，廟及寢而已。婦人無外事，自王后以下，復處亦自門以内，廟及寢而已。

愚謂小寢，燕寢也。大寢，正寢也。天子小寢五，正寢一。諸侯小寢二，正寢一。小祖，四親廟。大祖，大廟也。庫門，諸侯之外門也。始於小寢而終於四郊，自内以及外也。周禮夏采「掌以冕服復於大廟，以乘車建綏復於四郊」，隸僕「復於小寢、大寢」，祭僕「復於小廟」。諸侯復於庫門，則天子皋門亦當復矣，其亦夏采爲之與？

【朱氏訓纂】注：尊者求之備也，亦他日所嘗有事。 正義：周禮夏采「以冕服復於太祖廟」，其小廟則祭僕復之，其小寢、大寢則隸僕復之，四郊則夏采復之。其諸侯復，則小臣。 馬彦醇曰：寢，所居處之地；祖，所有事之地；門，所出入之地；郊，所嘗至之地。君復必於此者，蓋魂氣亦未離生時熟習之地也。 王氏懋竑曰：小寢，燕寢。大寢，路寢也。士喪禮「復者升自前東榮」「降自後西榮」，在正寢，不於廟。 疏據周禮隸僕注謂爲廟寢。然隸僕先言「掌五寢」，又言「祭祀修寢」，何以知小寢、大寢之必爲廟寢也？疑馬氏説是。 江氏永曰：路寢爲王治事之處，燕寢爲燕息之處。君與廟與大門、四郊皆復，豈獨遺路寢、燕寢乎？周禮隸僕「掌王之五寢」「大喪復於小寢、大寢」，亦謂路寢、燕寢也。馬氏説得之。經文亦是由近而及遠也。

【郭氏質疑】**君復於小寢、大寢。**

孔疏：小寢，高祖以下寢。大寢，天子始祖、諸侯太祖也。

嵩燾案，士喪禮，復者一人，升自前東榮，中屋，降自後西榮。即所死於適室之前後榮也。周禮夏采：「大喪，以冕服復於太祖，以乘車建綏復於四郊。」祭僕：「復於小廟。」隸僕：「復於小寢、大寢。」鄭注：「小寢，高祖以下廟之寢也。始祖曰大寢。」則是所居宮寢無一人復者，而太祖、小祖廟復者三人，於事爲不類。周禮「夏采，下士四人」，「祭僕，中士六人」，「隸僕，下士二人」。隸者，賤稱也。「掌五寢之埽除」，自當據王之五寢言之。自寢而廟而郊，當同時竝復。高祖以下四廟，祭僕六人於四廟，爲有餘裕，而以隸僕二人復於五廟之寢，亦有弗給矣。鄭、孔之訓恐未然也。

三·一〇四　〇**喪不剝，奠也與？祭肉也與？**剝，猶倮也，有牲肉則巾之，爲其久設，塵埃加也。脯醢之奠不巾。〇剝，邦角反。與，音餘，下同。倮，力果反，謂不巾覆也。埃，音哀。

【疏】「喪不」至「也與」[一]。〇正義曰：此一節論祭肉不可露見之事。剝，猶倮露也。言喪奠脯醢不復設巾，可得倮露。「與」是語辭，謂喪不倮露奠者，爲有祭肉也[二]。無祭肉即得倮露。

〇注「有牲」至「不巾」。〇正義曰：案士喪禮，小斂陳一鼎。小斂既奠于尸東[三]，

[一] 喪不至也與　惠棟校宋本無此五字。〇鍔按：「喪不」上，阮校有「喪不剝奠也與節」七字。
[二] 爲有祭肉也　閩、監、毛本作「肉」，衛氏集説同。此本「肉」誤「也」。
[三] 小斂既奠于尸東　閩、監、毛本同，衛氏集説作「既斂奠于尸東」。〇按集説是也。

祝受巾，巾之[一]，是有牲肉則巾之也。士喪禮又云，始死，脯醢、醴酒奠于尸東，無巾。又殯後，朝夕乃奠，醴酒、脯醢如初設，不巾，是脯醢、醴酒不巾也。案既夕禮柩朝廟，重先，奠從，奠設如初，巾之[二]。此亦脯醢之奠，巾之者，爲其在堂，恐埃塵，故雖脯醢亦巾之。此文「脯醢之奠不巾」者，據室内也。

【衛氏集説】鄭氏曰：剥，猶倮也，有牲肉則巾之，爲其久設，塵埃加也。脯醢之奠不巾。

孔氏曰：此一節論祭肉不可露見之事。與是語辭，謂喪不倮露奠者，爲有祭肉也。案士喪禮，小斂陳一鼎，既斂，奠于尸東，祝受巾，巾之，是牲肉則巾之也。又云始死，脯醢、醴酒奠于尸東，無巾。又殯後，朝夕乃奠，醴酒、脯醢如初設，不巾，是脯醢、醴酒不巾也。

嚴陵方氏曰：剥，猶「剥廬」之剥，覆之則隱，剥之則露。故先儒以爲「猶倮也」。喪不剥奠者，爲其有祭肉之濡，易受塵垢，故巾之也。

廬陵胡氏曰：牲肉不巾，則塵蠅汙之。

【吴氏纂言】陸氏德明曰：剥，謂不巾覆也。

鄭氏曰：剥，猶倮也，脯醢之奠不巾，有牲肉則巾之，爲其久設，塵埃加也。

孔氏曰：按士喪禮，小斂陳鼎，既奠于尸東，祝受巾，巾之，是有牲肉則巾也。始死，

[一] 祝受巾巾之　閩、監、毛本作「祝」，衛氏集説同。此本「祝」誤「況」。

[二] 設如初巾之　閩、監、毛本作「設」，此本誤「投」。

脯醢、醴酒奠于尸東，無巾。又殯後，朝夕奠，醴酒、脯醢如初設，不巾。又按喪禮下篇柩朝廟，重先，奠從，奠設如初，巾之。此亦脯醢之奠而巾之者，爲其在堂，恐塵埃，故雖脯醢亦巾之。此「脯醢之奠不巾」者，據室内也。

【陳氏集説】剥者，不巾覆也。脯醢之奠，不惡塵埃，故可無巾覆。凡覆之者，必其有祭肉者也。

【郝氏通解】饋食曰奠，饗鬼神曰祭，始死未葬以前皆謂之奠，朝夕設脯醢如常食，故不用巾冪，謂之「剥奠」。剥，倮也。曲禮「爲大夫削瓜，倮之」，亦謂不巾也。易有「剥卦」，謂陽蜕如剥也。惟殷奠殺牲，有祭肉用巾，非是皆無巾。「與」者，不定之辭。

【欽定義疏】正義 鄭氏康成曰：剥，猶倮也，有牲肉則巾之。孔疏：士喪禮，小斂陳一鼎，既斂，奠於尸東，祝受巾，巾之，是牲肉巾之也。爲其久設，塵埃加也。脯醢之奠不巾。孔疏：始死，脯醢、醴酒奠於尸東，無巾。又殯後，朝夕乃奠，醴酒、脯醢如初設，不巾，是脯醢不巾也。

孔氏穎達曰：此論祭肉不可露見之事。與是語辭，謂喪不倮露奠者，爲有祭肉也。無祭肉即得倮露。

案 或云「剥」者，徹之疾也。祭肉之徹，以疾爲敬，故詩曰：「諸宰君婦，廢徹不遲。」惟喪之奠，則藉以依神，故朝奠至夕乃徹，夕奠至朝乃徹。言此喪之不徹奠者，孝子不死其親，如待其食而猶未食之至情也與？寧比以神道事者之祭肉，以疾徹爲敬也與？

玩文似當如此解。其説與注别，存之以備一義。

【杭氏集説】姚氏際恒曰：剥，倮露也。奠，謂脯醢。祭肉，謂牲肉。玩語氣二「也與」字平列，不當是否。謂喪之不倮露，用巾，有此二者，鄭氏謂脯醢之奠不巾，此據士喪禮始死及殯後朝夕奠皆無巾而云，不知禮言不同，不必强合。孔氏又以既夕朝廟禮奠用巾，是脯醢亦巾，爲其在堂，恐埃塵，故巾之，記文據室内。按記文未必如此分别耳。

朱氏軾曰：喪不剥，古有此語。記禮者釋之曰，不剥者謂奠必以巾也，奠以巾者，以有牲故也。

【孫氏集解】鄭氏曰：剥，猶倮也，有牲肉則巾之，爲其久設，塵埃加也。脯醢之奠不巾。孔氏曰：剥，猶倮露也。喪奠脯醢不設巾，可得倮露。與，語辭，謂喪不倮露奠者，爲有牲肉也。案士喪禮，小斂陳一鼎，既奠於尸東，祝受巾，巾之，是有牲肉則巾之也。士喪禮又云，始死，脯醢、醴酒奠於尸東，無巾。又殯後朝夕奠，脯醢、醴酒如初設，不巾，是脯醢、醴酒不巾也。案既夕禮朝廟之奠巾之，此亦脯醢之奠，巾之者，以其在堂，恐塵埃。此「脯醢之奠不巾」者，據室内也。

愚謂有牲肉則牲肉與醴酒皆巾之，以其禮盛也。無牲肉而但有脯醢，則脯醢與醴酒皆不巾，以其禮畧也。

【朱氏訓纂】注：剥，猶倮也，有牲肉則巾之，爲其久設，塵埃加也。脯醢之奠不巾。正義：案士喪禮，小斂陳一鼎，既斂，奠于尸東，祝受巾，巾之，是有牲肉則巾之也。又云始死，脯醢、醴酒奠于尸東，無巾。又殯後，朝夕乃奠，醴酒、脯醢如初設，不巾，是脯醢、醴酒不巾也。

【郭氏質疑】鄭注：剥猶倮也，有牲肉則巾之。脯醢之奠不巾。

嵩燾案，鄭意以不剥奠爲覆巾，然士喪禮小斂奠，俎豆皆有巾。脯醢，豆實也。大斂奠，加籩巾如初。其朝夕奠不巾，朔月奠祝與執豆者巾乃出。是自小斂後殷奠乃巾，而皆有脯醢。鄭云「脯醢不巾」者，非也。案既夕記始死即牀而奠，用吉器，無巾柶。既襲，凡籩豆，實具設，皆巾之。足證脯醢不巾之誤。說文：「剥，裂也。」剥蓋割而裂之之意，不剥奠謂不視牲不親割，前云：「始死之奠，其餘閣也與？」即士喪禮所謂「脯醢、醴酒奠於尸東」者是也。小斂陳一鼎，其實特豚。大斂陳三鼎，豚合升。不視牲、不親割，明雖特殺，祭肉而已，虞祭以後乃視牲。士虞記「主人不視。豚解」，鄭注：「主人視牲不視殺，爲喪事略也。豚解，解前後脛、脊、脅而已，熟乃體解，升於鼎。」士虞記「羹飪，升左肩、臂、臑、肫、骼、脊、脅，離肺，取左膉」，皆親割，則所謂剥奠也。未葬以前，一主於哀而不備禮，無視牲、親割之文，是以喪祭祭肉皆無剥奠也。推明禮意，前無所承，記禮者約略言之，鄭注似未協。

三・一〇五　**既殯旬**[一]**，而布材與明器。**木工宜乾腊，且豫成[二]。材，椁材也[三]。〇腊，音昔。

【疏】「既殯」至「明器」[四]。〇正義曰：此一節論葬禮[五]須豫備之事[六]。

〇「既殯旬」，謂殯後十日也。

〇「而布材與明器」者，「布」，班也。「材」，謂椁材也。殯後十日而班布告下覓椁材，及送葬明器之材。或云布其木，宜乾腊，故豫須暴之也。士喪禮，筮宅吉，「左還椁，獻明器之材于殯門外」是也。

【衛氏集説】鄭氏曰：材，椁材也。木工宜乾腊，且豫成。

[一] 既殯旬節　惠棟校云：「『既殯』節，宋本合下『朝奠日出』二句爲一節。」

[二] 木工宜乾腊且豫成　毛本作「豫成」，岳本、嘉靖本同，衛氏集説同。此本「豫成」二字闕，閩、監本同。考文引古本「且豫成」作「且以豫成也」。

[三] 材椁材也　閩、監、毛本作「椁」，岳本、嘉靖本同。此本「椁」誤「祖」，考文引古本作「材椁椑材也」，正義本無「椑」字。

[四] 既殯至明器　惠棟校宋本無此五字。

[五] 此一節論葬禮　惠棟校宋本同，衛氏集説同，續通解同，閩、監、毛本「葬」誤「喪」。

[六] 須豫備之事　惠棟校宋本作「備」，衛氏集説同。此本「備」字闕，閩、監、毛本誤「暴」。

孔氏曰：此一節論葬禮須豫備之事。既殯旬，謂殯後十日也。布，班也。班布告下覓椁材，及送葬明器之材。士喪禮，筮宅吉，「左還椁，獻明器之材于殯門外」是也。

臨川王氏曰：布，陳也。

【吴氏纂言】鄭氏曰：材，椁材也。木工宜乾腊，且豫成。

孔氏曰：既殯旬，謂殯後十日也。布，班也。班布告下覓椁材，及送葬明器之材。

臨川王氏曰：布，陳也。

【陳氏集説】材，爲椁之木也。布者，分列而暴乾之也。殯後旬日即治此事。禮「獻材于殯門外」，注云「明器之材」，此云「材與明器」者，蓋二者之材皆乾之也。

【郝氏通解】旬謂殯後十日。布，陳列也。材，爲椁之木。布者，暴之使乾也。明器，送葬之器。既殯旬日後，即治此事也。

【方氏析疑】士喪禮，「筮宅」後有「井椁」之文，故注謂材爲「椁材」。此禮惟士則然，若天子、諸侯用輴，則菆塗以爲椁於輴上，尚書顧命「伯相命士須材」，乃用爲明器及抗木與折之材也。周官小宗伯「葬獻器」，不言獻材，以抗木與折亦包於葬器中耳。大夫攢於西序，塗不暨於棺，則椁已在殡，亦不與士禮同。

【欽定義疏】正義 鄭氏康成曰：木工宜乾腊，且豫成。材，椁材也。

孔氏穎達曰：此論葬禮須豫暴之事。布，班也。殯後十日，班布告下覓椁材，及送葬明器之材。士喪禮，筮宅吉，「左還椁，獻明器之材於殯門外」是也。

王氏安石曰：布，陳也。

陳氏澔曰：布者，分列而暴乾之也。

案 士喪禮有獻材、獻素、獻成三節。在「筮宅」後，以已成者，言此殯後十日，則庀材之始。「布」字，三説不同，然亦彼此相足。蓋惟告下覓材，乃能陳布暴乾之也。

【杭氏集説】陳氏澔曰：布者，分列而暴乾之也。

萬氏斯大曰：按士喪禮，將葬，既井椁，工獻材於殯門外。此云「既殯旬而布之」者，先布而乾之，至葬方可用也。

姜氏兆錫曰：按士喪禮，筮宅吉，左還椁，獻明器之材於殯門外。此互言材與明器，省文也。

方氏苞曰：士喪禮，「筮宅」後有「井椁」之文，故注謂材爲「椁材」。此禮惟士則然，若天子、諸侯用輴，則菆塗以爲椁于輴上，尚書顧命「伯相命士須材」，乃用爲明器及抗木與折之材也。周官小宗伯「葬獻器」，不言獻材，以抗木與折亦包于葬器中耳。大夫攢于西序，塗不暨於棺，則椁已在肂，亦不與士禮同。

【孫氏集解】鄭氏曰：木工宜乾腊，且豫成。材，椁材也。

孔氏曰：布，班也。殯後十日，而班布告下覓椁材，及明器之材。或云布其木，預暴乾之。士喪禮，筮宅吉，「左還椁，獻明器之材於殯門外」是也。

【朱氏訓纂】注：木工宜乾腊，且豫成。材，椁材也。　正義：布，班也。殯後十日，而班布告下覓椁材，及送葬明器之材。士喪禮，筮宅吉，「左還椁，獻明器之材於殯門外」是也。

三·一〇六 **父母之喪，哭無時，使必知其反也。朝奠日出[一]，夕奠逮日。**陰陽交接，庶幾遇之。○逮，音代，或大計反。謂既練。或時爲君服金革之事，反必有祭。

【疏】「父母」至「反也」[二]。○正義曰：禮，哭無時有三種。一是初喪未殯之前，哭不絶聲；二是殯後，除朝夕之外，廬中思憶則哭；三是小祥之後，哀至而哭，或一日二日，而無復朝夕之時也。

此云「哭無時」，謂小祥之後也。何以知然，下云「使必知其反」，是其可使之時也。○「使必知其反也」者，「使」謂君使之也。既小祥無哭時，其時可爲君所使服金革之事也。「反」，還也。若爲使還家，當必設祭告親之神，令知其反，亦「出必告，反必面」之義也。

[一] 朝奠日出節　惠棟校宋本「父母之喪」以下爲一節。
[二] 父母至及也　惠棟校宋本無此五字。

○注「謂既練，或時爲君服金革之事，反必有祭」者，禮運云「三年之喪，期不使」，公羊傳亦期不使，是知期内不使則期外可使也。而曾子問云：「卒哭，服金革之事，無辟。」此魯侯有爲爲之也。喪大記云「卒哭而服金革之事」，鄭云：「權禮也。」是知卒哭而使，非正禮也。

【衛氏集説】朝奠日出，夕奠逮日。

鄭氏曰：陰陽交接，庶幾遇之。

嚴陵方氏曰：逮日者，及日也。於日未没之時爲及日矣。

父母之喪，哭無時，使必知其反也。

鄭氏曰：謂既練。或時爲君服金革之事，反必有祭。

孔氏曰：禮，哭無時，有三種。一是初喪未殯之前，哭不絶聲；二是殯後，除朝夕之外，廬中思憶則哭；三是小祥之後，哀至而哭，或一日二日，而無復朝夕之時也。此云「哭無時」，謂小祥之後也。何以知然，下云「使必知其反」，是其可使之時也。使，謂君使之也。反，還也。若爲使還家，當必設祭告親之神，令知其反，亦「出必告，反必面」之義也。禮運云：「三年之喪，期不使。」則期外可使也。而曾子問云：「卒哭，服金革之事，無辟。」此魯侯有爲爲之也。卒哭而使，非正禮也。

嚴陵方氏曰：哭者所以求其反也，哭之無時，欲使死者心知其反而已。

【吴氏纂言】鄭氏曰：陰陽交接，庶幾遇之。澄曰：陰闇陽明。日出者，由闇而明，陰交接陽也。及日將入，由明而闇，陽交接陰也。奠者，所以聚死者之神，死而神混於天地陰陽之中，故於天地陰陽交接之際求之。孔氏曰：哭無時有三，一是初喪未殯之前，哭不絶聲；二是殯後，除朝夕之外，廬中忽憶則哭；三是小祥之後，哀至而哭，或一日二日，而無復朝夕之時也。今此所云，謂小祥之後。使，謂君使之也。反，還也。既小祥，哭無時，其時可爲君所使。若爲使還家，必設祭告親之神，令知其反，亦「出必告，反必面」之義也。

【陳氏集説】**朝奠日出，夕奠逮日**。逮日，及日之未落也。方氏曰：朝奠以象朝時之食，夕奠以象夕時之食，孝子事死如事生也。**父母之喪，哭無時，使必知其反也**。未殯，哭不絶聲。殯後雖有朝夕哭之時，然廬中思憶則哭。小祥後，哀至則哭。此皆哭無時也。使者，受君之任使也。小祥之後君有事使之，不得不行，然反必祭告，俾親之神靈，知其已反，亦「出必告，反必面」之義也。

【納喇補正】**朝奠日出，夕奠逮日**。

集説　方氏曰：朝奠以象朝時之食，夕奠以象夕時之食，孝子事死如事生也。

竊案　方氏之説，似是而非。若云「事死如事生」，則生時不但朝夕二食而已，更有午食，何以日中不奠？故不如鄭注爲精。鄭氏曰：「陰陽交接，庶幾遇之。」吴氏申之，曰：「陰闇陽明。日出者，由闇而明，陰交接陽也。及日將入，由明而闇，陽交接陰也。奠者，所以聚死者之神，死而神混於天地陰陽之中，故於天地陰陽交接之際求之。」

【郝氏通解】始死至未葬以前，皆朝夕奠。逮日，謂及日未入，事死如生也。未殯以前，不絶聲哭。殯後至小祥，朝夕哭，廬中思憶哭。小祥後，無朝夕哭，或一日二日思憶哭，皆所謂「哭無時」也。在喪或祥後有君命出使，不得不往，反必祭告于廟，如親存也。

【方氏析疑】父母之喪，哭無時，使必知其反也。

朱軾曰：「哭無時，蓋念念不忘哀慕。惟君命不可違，故事畢而反，必祭而哭告。」「大夫、士既葬，公政入於家。既卒哭，金革之事無辟」，則事在國中、郊野者，必時使之，可知矣。文繫於「哭無時」之下，明此爲既葬卒哭後之禮也。

【江氏擇言】父母之喪，哭無時，使必知其反也。

朱文端公云：經意謂父母之喪哭無時，蓋念念不忘哀慕，而他無足以分其心者，惟君命不可違，故輟哀而往。然事復而反，則必祭而哭告，告之後，無時之哭如故也。

按，「哭無時」者，常念親也，「使必知其反」者，如親存，反必面也，兩句不必連合。又孔疏謂「哭無時有三：初喪，哭不絶聲；殯後，廬中思憶則哭；小祥後，哀至而哭」。此所云謂小祥之後，而陳氏集説兼殯後、小祥言之，陳説爲長。近世新説謂下句解上句，非是。黄氏喪禮此條編入「喪禮義」，亦誤。

【欽定義疏】朝奠日出，夕奠逮日。

正義 鄭氏康成曰：陰陽交接，庶幾遇之。吴氏澄曰：「陰闇陽明。出者由闇而明，陰交接陽也。及日將入，由明而闇，陽交接陰也。奠者，所以聚死者之神，死而神混於天地陰陽之中，故於天地陰陽交接之際求之。」

方氏慤曰：「『逮日』者，及日也，於日未没之時爲及日矣。朝奠以象朝時之食，夕奠以象夕時之食，孝子事死如事生也。

案 此二語當在「喪不剥奠」上。士喪禮朝哭先徹宿奠，乃設朝奠。設奠時有燭者，以奠設室中，雖日出猶闇也。

父母之喪，哭無時，使必知其反也。

正義 鄭氏康成曰：使，謂既練。反必有祭。

孔氏穎達曰：禮，哭無時有三種。一是初喪未殯之前，哭不絶聲；二是殯後，除朝夕哭之外，廬中思憶則哭；三是小祥之後，哀至而哭，或一日二日，而無復朝夕之時也。此謂小祥後，君使之，還家當必設祭告親之神，令知其反，亦「出必告，反必面」之義也。

存疑 鄭氏康成曰：或時爲君服金革之事。

辨正 孔氏穎達曰：禮運云「三年之喪，期不使」，則期外可使也。而曾子問云「卒哭，服金革之事，無辟」，此魯侯有爲爲之也。卒哭而使，非正禮也。

【杭氏集説】朝奠日出，夕奠逮日。

方氏愨曰：「逮日」者，及日也，於日未没之時爲及日也。朝奠以象朝時之食，夕奠以象夕時之食，孝子事死如事生也。

姚氏際恒曰：逮日，逮日未没也。鄭氏謂「陰陽交接，庶幾過之」。按陰陽交接，乃子午二時，非日出、日没也。方性夫謂「象生時之食」，張氏謂「不以陰幽死其親」，其説皆得之。

父母之喪，哭無時，使必知其反也。

萬氏斯大曰：此極形容孝子思慕迫切之情。言其「哭無時」者，其心若使父母必知之，庶幾其反而還也。其，疑辭。

姚氏際恒曰：父母之喪，雖未殯前哭不絶聲，若殯後朝夕哭，哀至則哭，故有「無時」之哭。氣絶復續曰反哭，雖無時，但不可使滅性，故曰「使必知其反也」。間傳云：「斬衰之哭，若往而不反。齊衰之哭，若往而反。」即此「反」字意，彼分别斬、齊言之，此則總言斬、齊之哭，不可滅性也。舊解皆以「使」爲出使，非。

朱氏軾曰：經意謂父母之喪哭無時，蓋念念不忘哀慕，而他無足以分其心者，惟君命不可違，故輟哀而往。然事復而反，則必祭而哭告，告之後，無時之哭如故也。

姜氏兆錫曰：疏曰以爲「使」句推之，此蓋謂小祥之後可以使之時與？

方氏苞曰：朱軾曰：「哭無時，蓋念念不忘哀慕。惟君命不可違，故事畢而反，必祭而哭告。」「大夫、士既葬，公政入于家。既卒哭，金革之事無辟」，則事在國中、郊野者，必時使之，可知矣。文繫于「哭無時」之下，明此爲既葬卒哭後之禮也。

【孫氏集解】朝奠日出，夕奠逮日。

喪既殯以後、未葬以前，每日朝夕設奠於殯宫。逮，及也。逮日，及日之未入也。朝夕奠，以象生人之朝夕食，生人日已出而朝食，日未入而夕食，故奠之時亦放之。

父母之喪，哭無時，使必知其反也。

鄭氏曰：謂既練。或時爲君服金革之事。反必有祭。

孔氏曰：哭無時有三種：一是未殯之前，哭不絶聲；二是殯後，除朝夕哭之外，廬中思憶則哭；三是小祥之後，哀至則哭，或一日二日，而無朝夕之時也。此云「哭無時」，謂小祥之後也。使，謂君使之也，既小祥，可爲君使。禮運云：「三年之喪，期不使。」公羊傳亦期不使。期内不使，則期外可使也。反，還也。爲使還家，必當設祭告親，令知其反，亦「出必告、反必面」之義也。

【朱氏訓纂】朝奠日出，夕奠逮日。注：陰陽交接，庶幾遇之。**父母之喪，哭無時，使必知其反也。**注：謂既練。或時爲君服金革之事，反必有祭。正義：禮，哭無時有三種：一是初喪未殯之前，哭不絶聲；二是殯後，除朝夕之外，廬中思憶則哭；三是小祥之後，哀至而哭。禮運云：「三年之喪，期不使。」公羊傳亦期不使。是知期内不使，期外可使。

【郭氏質疑】父母之喪，哭無時，使必知其反也。

鄭注：使，謂既練。反必有祭。

嵩燾案，鄭意以使爲出使，疏因引禮運「三年之喪，期不使」爲證，是所謂「哭無時」，專主練後言之，仍與下語不相貫屬，經義恐不爾。間傳：「斬衰之哭，若往而不反。齊衰之哭，若往而反。」爲此反字所本。往而不反，一哭氣盡，更無回聲。往而反者，聲相接續，其哀無窮，其哭亦與之無窮。蓋哀極而哭，憤懣之氣傾情而出，而哀旋又結於心，若反歸其故居，與之相守，不能驟舍，是以哭無時。使者，謂若有迫而然，使之哭者心也，心一過焉而又反也，此爲善言哀哭之情狀。王氏章句疑有闕文，或當然。然如鄭注，則固不可通矣。

三·一〇七 〇練，練衣黄裏、縓緣，小祥練冠、練中衣，以黄爲内，縓爲飾。黄之色卑於纁[一]。縓，纁之類，明外除。〇縓，七絹反，淺赤色，今之紅也。緣，悦絹反，下注同。纁，本又作纁[二]。

[一] 黄之色卑於纁 閩、監、毛本同，岳本、嘉靖本同，衛氏集説同，釋文出「於纁」云：「本又作『纁』。」正義作「纁」。〇鍔按：「黄之」上，阮校有「練練衣節」四字。

「纁」，許云反。**葛要絰，繩屨無絇，角瑱，**瑱，充耳也。吉時以玉，人君有瑱。○要絰，一遥反，下注「小要」同，下大結反。絇，其俱反，屨頭飾。瑱，吐練反。**鹿裘，衡長袪，**衡，當爲「横」，字之誤也。袪，謂褎緣袂口也。練而爲裘，横廣之，又長之，又爲袪，則先時狹短無袪可知。吉時麛裘。○衡，依注作「横」，華彭反，下「衡三」同。袪，起魚反，一音丘據反。褎，本又作「袖」，音徐秀反。袂，面世反。**袪，裼之可也。**裼，表裘也。有袪而裼之，備飾也。玉藻曰：「麛裘青豻褎[一]，絞衣以裼之。」鹿裘亦用絞乎？○裼，音昔。麛，音迷，本又作「麑」，同，鹿子也。豻，音岸，胡地野犬。絞，户交反。

【疏】「練練」至「可也」[二]。○正義曰：「練」，小祥也。小祥而著練冠、練中衣，故曰練也。

「練衣」者，練爲中衣。

「黄裏」者，黄爲中衣裏也。正服不可變，中衣非正服，但承衰而已，故小祥而爲之黄

[一] 麛裘青豻褎　閩、監、毛本同，岳本、嘉靖本同，衛氏集説同，惠棟校宋本「豻」作「犴」。
[二] 練練至可也　惠棟校宋本無此五字。

拾裏也[一]。

「縓緣」者，縓爲淺絳色也。

「緣」謂中衣領及褎緣也。裏用黃而領緣用縓者[二]，領緣外也，明其外除，故飾見外也。

「葛要絰」者，亦小祥後事也。小祥，男子去葛絰[三]，唯餘要葛也。

○「繩屨」者，謂父母喪菅屨[四]，卒哭受齊衰蒯藨屨，至小祥受大功繩麻屨也。

「無絇」，屨頭飾也[五]，吉有喪無。「角瑱」者，瑱，充耳也。人君平常吉用玉爲之，以掩於耳。在初喪亦無，至小祥微飾，以角爲之。

○「鹿裘」者，亦小祥後也。爲冬時吉凶衣裏皆有裘，吉時則貴賤有異，喪時則同用

[一] 黃拾裏也　閩本同。監、毛本「拾」作「袷」，是也，衛氏集説同。

[二] 裏用黃而領緣用縓者　閩、監本同，衛氏集説同。毛本「緣」下「用」誤「中」，惠棟校宋本無下「用」字。

[三] 小祥男子去葛絰　閩、監、毛本同。惠棟校宋本「葛」作「首」，衛氏集説同。案：「首」字是也。

[四] 謂父母喪菅屨　閩、監、毛本同，衛氏集説同。惠棟校宋本無「母」字，續通解同。案：儀禮喪服爲父菅屨，父卒爲母與父在爲母皆疏屨，此言「菅屨」，當無「母」字爲是。

[五] 無絇屨頭飾也　閩、監、毛本同。惠棟校宋本「無絇」下有「絇者」二字，考文引宋板「無絇」下有「者絇」二字，此亦與惠校不同。

大鹿皮爲之。鹿色近白[一]，與喪相宜也。

○「衡長袪」者，衡，横也。袪，褎緣口也。小祥之前，裘狹而短袂，又無袪，至小祥稍飾，則更易作横廣大者也，又長之，又設其袪也。

「練而爲裘」者，爲，猶作也。前時已有裘，但短小。至小祥更作大長者，横廣之，又長之，爲袪。更新造之，又加此三法也。

○「袪，裼之可也」者，裼，謂裘上又加衣也。吉時裘上皆有裼衣，喪已後既凶質，雖有裘，裘上未有裼衣[二]。至小祥，裘既横長，又有袪，爲吉轉文，故加裼之可也。案如此文，明小祥時外有衰，衰内有練中衣，中衣内有裼衣，裼衣内有鹿裘，鹿裘内自有常著襦衣。

○注「黄之」至「外除」。○正義曰：纁是赤色也，其色華美。黄雖是正色，質卑於纁。爾雅釋器云：「二染謂之縓[三]，三染謂之纁。」故言「纁類」也。華者在外，故云「明外除」。

○注「吉時以玉，人君有瑱」。○正義曰：案吉時君、大夫、士皆有瑱，此唯云「人君

[一] 鹿色近白　惠棟校宋本作「色近」，續通解同。此本「色近」二字闕，閩、監、毛本作「鹿皮色白」，非。

[二] 裘上未有裼衣　閩、監、毛本作「未」，此本誤「夫」。

[三] 二染謂之縓　閩、監、毛本同，衛氏集説同。惠棟校宋本「二」作「一」，與爾雅合。

有瑱」者，以經云「角瑱」，故鄭云「吉時以玉」，據人君吉時。又云「人君有瑱」，故知人臣凶時無瑱。

○注「玉藻」至「絞乎」。○正義曰：引玉藻者，以此經「鹿裘」直云「裼之可」，不知裼用何衣。大者曰鹿，小者曰麛，同類之物，麛裘既用絞爲裼，則鹿裘亦用絞乎？「乎」者，疑辭。然麛裘用青豻爲褎[一]，則鹿裘之褎亦用青豻也。

【衛氏集説】鄭氏曰：黄之色卑於纁。縓，纁之類，明外除也。瑱，充耳也。吉時以玉，人君有瑱。衡當爲「横」，字之誤也。袪，謂褎緣袂口也。練而爲裘，又爲袪，則先時狹短無袪可知。裼，表裘也。有袪而裼之，備飾也。玉藻曰：「麛裘青豻褎，絞衣以裼之。」鹿裘亦用絞乎？

孔氏曰：練，小祥也。小祥而著練冠、練中衣，故曰練也。「練衣」者，練爲中衣。「黄裏」者，黄爲中衣裏也。正服不可變，中衣非正服，但承衰而已，故小祥而爲之黄袷裏也。「縓緣」者，縓爲淺絳色也。纁是赤色，其色華美。黄雖是正色，質卑於纁。爾雅云：「一染謂之縓，三染謂之纁。」故鄭言「纁類」也。緣，謂中衣領及褎緣也。裏用黄而領緣用縓者，領緣外也，明其外除，故飾見外也。「葛要絰」者，小祥男子去首絰，唯餘要葛也。

[一] 然麛裘用青豻爲褎　閩、監、毛本作「褎」，此本誤「裘」。

「繩屨」者，父母喪菅屨，卒哭受齊衰蒯藨屨，至小祥受大功繩麻屨也。絇，屨頭飾也，吉有喪無。「角瑱」者，小祥微飾，以角爲之，初喪無充耳也。「鹿裘」者，冬時吉凶衣，裏皆有裘，吉時則貴賤有異，喪時則同用大鹿皮爲之。「衡長袪」者，小祥之前，裘狹而短袂，又無袪，小祥稍飾，故更作裘，横廣大者也，又長之，且爲袪，加此三法也。裼，謂裘上又加衣也，爲吉轉文，故加裼之可也。案如此文，明小祥時外有衰，衰内有練中衣，中衣内有裼衣，裼衣内有鹿裘，鹿裘内有常著襦衣也。

藍田呂氏曰：斬、疏、繐、大功、小功、緦、錫，皆曰衰，喪正服也。練、麻皆曰衣，喪變服也。至親以期斷，加隆而三年。故加隆之服者，正服當除，有所不忍，故爲之變服，以至於再期也。首絰除矣，七升之冠、六升之衰，皆易而練矣，屨易而繩矣。所不變者，要絰與杖而已。蓋天地已易，四時已變，衰亦不可無節，故從而多變也。如宰予、齊宣王皆欲短喪，蓋疑於此。斬衰之冠，鍛而勿灰，錫則緦而加灰，錫則事布而不事縷。服雖輕而衰在内。竊意練衣之升，當如功衰加灰，事布當如錫，有緣與裏當如衣，衰則無緣與裏。故比功衰則輕功衰，卒哭所受，比麻衣則重，大祥，麻衣。麻衣，吉服也。情文之殺，義當然也。諸侯之喪慈母、公子爲其母皆無服，使不可純凶。而占筮、除喪、不當受弔，昔之人皆變用練冠以從事，則練冠者，非正服明矣。唯鄭氏功衰爲既練之服，功衰自是卒哭所受六升之服，正服大功七升，則六升成布所可爲功，不可皆爲練服。

長樂陳氏曰：袪，裼之可也，其裼之也，亦裼受服，以見鹿裘之美而已。鄭氏曰：「鹿裘之裼，亦用絞乎？」是鄭氏亦自疑，而不必其説也。練用鹿裘，何也？禮，始喪則居廬，自屏；既練，則可以接物，鹿善，接其類者也，故裘用焉。周禮既練「乘藻車，鹿淺𧝓」，與此同義。鹿裘袪裼之，則裼其袪而已，非若餘衣之袒也。鄭氏曰：「有袪而裼之，備飾也。鹿裘亦用絞乎？」理不然也。禮書。

嚴陵方氏曰：鹿裘，以白鹿之皮爲裘也。凡此所以爲易除之漸而已。

馬氏曰：哀痛至甚，則耳無聞、目無見也。而哀殺則能有聞矣，故又爲角瑱以充之。

廬陵胡氏曰：如青豻褎，則以蒼黃色爲衣以復之，使可裼也。袒而有衣曰裼，裼所以表裘也，表而出之。詳見玉藻。

【吴氏纂言】鄭氏曰：黃之色卑於纁。縓，纁之類。瑱，充耳也。人君有瑱，吉時以玉。袪，謂褎緣袂口也。練而裘廣長，又爲袪，先時狹短無袪。裼，表裘也。有袪而裼之，備飾也。玉藻曰：「麛裘青豻褎，絞衣以裼之。」鹿裘亦用絞乎？

孔氏曰：練，小祥也。小祥而著練冠、練中衣，故曰練。「練衣」者，練爲中衣。「黃裏」者，黃爲中衣裏也。正服不可變，中衣非正服，但承衰而已，故小祥而爲之黃袷裏也。「縓」者，淺絳色。纁是赤色，其色華美，一染謂之縓，三染謂之纁。纁是赤色，其色華美。黃雖是正色，卑質於纁。緣，謂中衣領及褎緣也。裏用黃而領緣用縓，領緣外也，明其外除，故飾見外也。「葛要絰」者，小祥男子去首絰，唯餘要葛也。「繩屨」者，父喪管屨，卒哭受齊衰蒯藨屨，至小祥受大功繩麻屨也。絇，屨頭飾也，吉有喪無。初喪無充耳，小祥微飾，以角爲瑱也。冬時吉凶衣裏皆有裘，吉時貴賤有異，喪時同用大鹿皮爲之。小祥前裘狹而短袂，又無袪。小祥後稍飾，故更作裘，横廣之，又長之，且爲袪，加此三法也。小祥裼，謂裘上又加衣也。爲吉轉文，故裼之可也。小祥後外有衰，衰内有練中衣，中衣内有裼衣，裼衣内有鹿裘，鹿裘内自有常着儒衣也。

吕氏曰：斬、疏、繐、大功、小功、緦、裼，皆曰衰，喪正服也，練、麻皆曰衣，喪變服也。至親以期斷，加隆而三年。故加隆之服者，正服當除，有所不忍，故爲之變服，以至於再期也。首絰除矣，七升之冠，六升之衰，皆易而練矣，屨易而繩矣。所不變者，要絰與杖而已。盖天地已易，四時已變，哀亦不可無節，故從而多變也。斬衰之冠，鍛而不灰，錫則緦而加灰，錫則事布而不事縷。服雖輕而哀在内。竊意練衣之升，當如功衰加灰，事布當如錫，有緣與裏當如衣，衰則無緣與裏。故比功衰則輕功衰，卒哭所受，比麻衣則重，大祥，麻衣。麻衣，吉服也。情文之殺，義當然也。諸侯之喪慈母、公子爲其母皆無服，使不可以純凶。而占筮、除喪、不當受弔，昔之人皆用練冠以從事，則練冠者，非正服明矣。惟鄭氏以功衰爲既練之服，功衰自是卒哭所受六升之服，正服大功七升，則六升成布所可爲功，不可指爲練服。

馬氏曰：哀痛至甚，則耳無聞、目無見。哀殺則能有聞矣，故爲角瑱以充耳。

長樂陳氏曰：周禮既練「乘藻車，鹿淺䄙」，與此練用鹿裘同義。其裼之也，亦裼受服，以見鹿裘之美而已。「鹿裘之裼，亦用絞乎？」是鄭亦自疑，而不必其用絞也。

澄曰：衡，即古「横」字。如鄭注之義，則「横」當訓廣。竊謂衣自肩上直垂至下爲「從」，袖自衣側旁達左右爲「横」。居喪之裘，其横袖短，則左右盡處不露見於外。練後漸文，則横長其袖，與吉裘同。又緣其袖口，練前裘雖有裼，但裼衣之正身而不至袖。練後既有横長袪，則裼衣掩至袖口可也。

【陳氏集説】練，練衣黄裏、縓緣，疏曰：練，小祥也。小祥而著練冠、練中衣，故曰練也。「練衣」者，以練爲中衣。「黄裏」者，黄爲中衣裏也。正服不可變，中衣非正服，但承衰而已。縓，淺絳色。緣，謂中衣領及褎之緣也。**葛要絰，繩屨無絇，**小祥，男子去首之麻絰，惟餘要葛也，故曰葛要絰。「繩屨」者，父母初喪菅屨，卒哭受齊衰蒯藨屨，小祥受大功繩麻屨也。無絇，謂無屨頭飾也。朱子曰：菅屨、疏屨，今不可考。今略以輕重推之，斬衰用今草鞋，齊衰用麻鞋可也。麻鞋，今卒伍所著者。**角瑱，**瑱，充耳也。吉時君、大夫、士皆有之，所以掩於耳。君用玉爲之，初喪去飾，故無瑱。小祥後微飾，故用角爲之也。**鹿裘，衡長袪，袪，裼之可也。**疏曰：冬時，吉凶衣裏皆有裘，吉則貴賤有異，喪則同用鹿皮爲之。小祥之前，裘狹而短袂，又無袪，小祥稍飾，則更易作横廣大者，又長之，又設其袪也。「裼」者，裘上之衣，吉時皆有，喪後凶質，未有裼衣。小祥後漸向吉，故加裼可也。按如此文，明小祥時外有衰，衰内有練中衣，中衣内有裼衣，裼衣内有鹿裘，鹿裘内自有常著襦衣。　今按「袪」者，袖口也，此所謂「袪」，則是以他物爲袖口之緣，既袪以爲飾，故裼之可也。

【郝氏通解】練，小祥祭名。三年之喪，期年而著練冠、練衣，故曰練。練衣，以練熟麻布爲中衣。斬衰，衰裳如故也，正服不可變。中衣，所以承衰者，即深衣也。裏，練衣之裏。縓，淺絳色。緣，緣飾領袖。葛要絰，謂小祥男子去麻首絰，惟餘葛要絰也。繩屨，父母初喪菅屨，既葬卒哭，受齊衰蒯藨屨，小祥受大功麻繩屨也。絇，屨頭飾也，麻繩屨不用飾。瑱，冠兩旁充耳，吉用玉與石，小祥後微飾，用角也。平居，冬寒皆衣皮裘，貴賤各以等。喪，裘同用鹿皮。小祥前裘狹而短，不見袖。袪，袖口也。小祥後，裘橫廣而袖長。見裘曰裼，裘在練衣内而微露其袖口，不全裼也。裼以單布帛加皮上爲表，故裘在外謂之裼，重以衣掩其上曰襲，外有練衣，是猶襲之也，但見其袪可耳。鄭注未達。

【欽定義疏】正義　鄭氏康成曰：黄之色卑於纁。縓，纁之類，明外除也。瑱，充耳也。吉時以玉，人君有瑱。衡當爲「横」，字之誤也。袪，謂褎緣袂口也。練而爲裘，横廣之，又長之，又爲袪，則先時狹短無袪可知。裼，表裘也。有袪而裼之，備飾也。吉時麛裘。玉藻曰：「麛裘青豻褎，絞衣以裼之。」鹿裘亦用絞乎？

孔氏穎達曰：練，小祥也。小祥而著練冠、練中衣，故曰練也。「練衣」者，練爲中衣。「黄裏」者，黄爲中衣裏也。正服不可變，中衣非正服，但承衰而已，故小祥而爲之黄袷裏也。「縓緣」者，縓爲淺絳色。纁是赤色，其色華美。黄雖是正色，質卑於纁。爾雅：「一染謂之縓，三染謂之纁。」故鄭言「纁類」也。緣，謂中衣領及褎緣也。裏用黄而領緣用縓者，領緣外也，明其外除，故飾見外也。「葛要絰」者，小祥，男子去首絰，唯餘要葛也。「繩屨」者，父母喪菅屨，卒哭受齊衰蒯藨屨，至小祥受大功繩麻屨也。絇，屨頭飾也，吉有喪無。「角瑱」者，初喪無瑱，小祥微飾，以角爲之。冬時吉凶衣裏皆有裘，吉時則貴賤有異，喪時則同用大鹿皮爲之。小祥之前，裘狹而短袂，又無袪。小祥稍飾，故更横廣，又長之，且爲袪，如此三法也。裼，謂裘上又加衣也。爲吉轉文，故加裼之可也。明小祥時外有衰，衰内有練中衣，中衣内有裼衣，裼衣内有鹿裘，鹿裘内自有常著襦衣也。

通論 吕氏大臨曰：斬、疏、繐、大功、小功、緦、錫，皆曰衰，喪正服也。練、麻皆曰衣，喪變服也。至親以期斷，加隆而三年。故加隆之服者，正服當除，有所不忍，故爲之變服，以至於再期也。斬衰之冠，鍛而勿灰，錫則緦而加灰，錫則事布而不事縷。服雖輕而衰在内。竊意練衣之升，當如功衰加灰，事布當如錫，有緣與裏當如衣，衰則無緣與裏。故比功衰則輕功衰，卒哭所受，比麻衣則重，大祥，麻衣。麻衣，吉服也。情文之殺，義當然也。諸侯之喪慈母、公子爲其母皆無服，使不可純凶。而占筮、除喪、不當受弔，昔之人皆變用練冠以從事，則練冠者，非正服明矣。惟鄭氏功衰爲既練之後，功衰自是卒哭所受六升之服，正服大功七升，則六升成布所可爲功，不可皆爲練服。案：大功降服七升，正八升，義九升。爲父既練，衰七升，故曰「功衰」。若葬卒哭，止受以成布六升，不得名「功衰」。首絰除矣，七升之冠、六升之衰，皆易而練矣，屨而繩矣。所不變者，要絰與杖而已。蓋天地已易，四時已變，哀亦不可無節，故從而多變也。

馬氏晞孟曰：哀痛至甚，則耳無聞、目無見也。而哀殺則能有聞矣，故又爲角瑱以充之。

餘論　朱子曰：菅屨、疏屨，今不可考。今略以輕重推之，斬衰用今草鞋，齊衰用麻鞋可也。麻鞋，今卒伍所著者。

吴氏澄曰：衣自肩上直垂至下爲「從」，袖自衣側旁達左右爲「横」。居喪之裘，其横袖短，則左右盡處不露見於外。練後漸文，則横長其袖，與吉裘同。練前裘雖有裼，但裼衣之正身而不至袖。練後，則裼衣掩至袖口可也。

案　裘以輕爲美。鹿大麑小，是鹿裘粗而麑裘精也。雖居喪，冬必鹿裘禦寒以保身也。至練，就此稍加飾焉。

【杭氏集説】朱子曰：菅屨、疏屨，今不可考。今畧以輕重推之，斬衰用今草鞋，齊衰用麻鞋可也。麻鞋，今卒伍所著者。

吴氏澄曰：衣自肩上直垂至下爲「從」，袖自衣側旁達左右爲「横」。居喪之衰，其横袖短，則左右盡處不露見于外。練後漸文，則横長其袖，與吉衰同。練前衰雖有裼，但裼衣之正身而不至袖。練後，則裼衣掩至袖口可也。

姚氏際恒曰：説文云：「縓，赤黄色。」「纁，淺絳色。」爾雅云：「一染謂之縓，再染謂之赬，三染謂之纁。」則縓是一染之色，微兼赤黄，纁，淺絳，乃始成赤也。鄭氏曰：「縓，纁之類。」于間傳又曰：「淺絳色。」則直以「縓」爲「纁」矣，殊混。裼，衰上加衣之名，吉時用之，練以前不用，故曰「裼之可也」。但裼上多一「袪」字，未詳。鄭氏謂「有袪而裼之」，似非語氣。郝仲輿謂「見衰曰裼，衰在練衣内，微露其袖口」，亦非。郝凡解「裼」字，皆以「見衰」爲説，最屬杜撰。詩「載衣之裼」，明以裼褓類，豈但露見之義乎？

姜氏兆錫曰：練，謂小祥也，以服練故名也。斬齊喪，既虞已受成布，至小祥更以練爲中衣，以黄爲其裏矣，小變于内也。縓，淺絳色。緣，謂中衣領及褎之緣也。以縓爲之緣，則又飾見外矣，此言衣之漸變也。既虞，男子之要絰以葛易麻，而首絰不易，至小祥乃去首之麻絰而惟餘要葛也。此言絰之所存也。斬衰既虞，已易菅屨爲齊衰疏屨，至小祥又易以大功繩屨，而屨頭則無絇以爲飾也。齊衰受屨之節，以是推之。此又言屨之彌變也。瑱，充耳也。初喪去飾，故無瑱。小祥後微飾，故用角瑱。此又言飾之所復也。

衡，言其廣也。上袪，謂袖口。下袪，謂袖口緣也。吉凶衣裏皆有裘，吉則貴賤異制，喪則同用鹿皮爲之。小祥前，裘狹而短袂，又無袪，其上亦無裼衣。小祥稍飾，則廣而長，而袪上又設袪爲飾，裘之上且加以裼也。此言裘之始變也。又疏曰：「按此小祥時，外有衰，内有中衣，又内有裼衣，又内有鹿裘，内有常著襦衣也。」愚按此章多據男子言之，而婦人不詳者，蓋舉重而從省文與？

齊氏召南曰：此專言小祥之後服制。

【孫氏集解】鄭氏曰：小祥練冠、練中衣，以黄爲内，縓爲飾。黄之色卑於纁。縓，纁之類，明外除。瑱，充耳也。吉時以玉，人君有瑱。衡當爲「横」，字之誤也。袪，謂褎緣袂口也。練而爲裘，横廣之，又長之，又爲袪，則先時狹短無袪可知。吉時麛裘。

孔氏曰：練，小祥也。小祥而著練冠、練中衣，故曰練也。「練衣」者，練爲中衣。「黄裹」者，黄爲中衣裏也。正服不可變，中衣非正服，但承衰而已，故小祥而爲之黄袷裏也。縓爲淺絳色。緣，謂中衣領及褎緣也。裏用黄而領緣用縓者，領緣外也，明其外除，故飾見外也。「葛要絰」者，小祥，男子去首絰，惟餘要絰也。「繩屨」者，謂父喪菅屨，卒哭受齊衰蒯藨屨，至小祥受大功繩麻屨也。絇，屨頭飾也，吉有喪無。瑱，充耳。人君吉時用玉爲之，初喪亦無，至小祥微飾，以角爲之。冬時衣裏有裘，吉時貴賤有異，喪時則同用大鹿皮爲之。鹿皮白色，與喪相宜也。衡，横也。袪，褎緣口也。小祥之前，裘狹而短袂，又無袪。至小祥稍飾，則更易作横廣大者，又長之，又設其袪也。

愚謂小祥謂之練者，始練大功布爲冠也。喪冠不練，故喪服傳「冠六升，鍛而勿灰」。爲父小祥，冠八升，爲母冠九升，皆加灰練之。以其祭言之，曰小祥；以其冠言之，曰練。練衣者，練大功布爲中衣也。爲父小祥，衰七升，爲母衰八升，皆不練。其中衣升數與衰同，而加灰練之，又染爲黄爲之裏，以其在内可差飾也。縓，淺絳色。爾雅：「一染謂之縓。」緣，中衣之緣也。喪服傳曰：「帶緣各視其冠。」練中衣之緣，亦用其冠之布爲之，而染爲縓色。蓋吉時中衣之緣皆以采色爲之，始喪無采，至是而漸飾也。中衣與深衣同制，然深衣襌，而練中衣有裏，則吉服中衣有裏可知。葛要絰者，卒哭，變麻服葛，至練，除首絰而要絰猶在也。繩屨，大功之屨也。斬衰始喪菅屨，卒哭受以不杖齊衰之疏屨，既練受以大功繩麻屨。爲母始喪藨屨，卒哭受以大功繩麻屨，至練而無變也。絇，屨頭飾也。喪屨無絇，去飾也。瑱，吉時人君以玉，大夫、士以石之似玉者。初喪去瑱，練，貴賤同用角爲之，貶於吉也。褎之袂口，以他物飾之，詩言「羔裘豹袪」是也。前此雖已有褎，而短狹無袪，至練而横廣之，又長之，又飾其袪也。裼者，袒上服之衽而露其中衣也。「袪，裼之可也」者，裼爲見美，吉時以裼爲常，有爲焉則襲。喪事以襲爲常，有爲焉則袒。小祥褎既有袪，差向文飾，則雖裼而露其中衣，亦可也。

【王氏述聞】⊙袪裼之可也

鹿裘，衡長袪。袪，裼之可也。

鄭注曰：袪，謂褎緣袂口也。練而爲裘，橫廣之，又長之，又爲袪。裼，表裘也。有袪而裼之，備飾也。玉藻曰：「麛裘青豻褎，絞衣以裼之。」鹿裘亦用絞乎？

正義曰：「袪，裼之可也」者，裼謂裘上又加衣也。吉時裘上皆有裼衣，喪已後既凶質，雖有裘，裘上未有裼衣。至小祥，裘既橫長，又有袪，爲吉轉文，故加裼之可也。

引之謹案，玉藻曰：「不文飾也，不裼。」裼非居喪之服也，且小祥果裼裘，則全裘皆裼，非獨袪而已，何得但於袪言裼乎？陳祥道禮書曰：「鹿裘袪裼之，則裼其袪而已，非若餘衣之袒也。」吴澄禮記纂言曰：「練前裘雖有裼，但裼衣之正身而不至袖。練後既有橫長袪，則裼衣掩至袖口可也。」案裼裘無但裼袪之理，陳説非也。既用裼衣，則裘之正身與袖皆在所裼，安得有先不至袖而後掩之之事乎？吴説亦非也。若云既爲之袪，又加裼衣於裘上，則上文「衡長袪」，已言爲袪，不須重袪字矣。今案「裼」當讀爲「緆」，緆，緣也。袪緆之者，謂緣此袪也。士喪禮記「縓綼緆」，注曰：「飾裳在幅曰綼，在下曰緆。」釋文：「緆，他計反。劉羊豉反。」是緆者，飾裳邊也。飾裳之邊曰緆，飾袖之邊亦得曰緆，袖與裳之邊皆垂而向下者也，故飾邊之名得以相同矣。裼、緆，古同聲，「緆」，正字也，「裼」，借字也，豈表裘之謂乎？又案，袂口爲袪，緣之爲緆。玉藻曰：「袪尺二寸，緣廣寸半。」是緣與袪爲二事，不得即以袪爲緣也。注當曰「袪，袂口也，裼讀爲緆，謂緣也」，則明辨晳矣。

【朱氏訓纂】**練，練衣黄裏、縓緣，**注：小祥練冠、練中衣，以黄爲内，縓爲飾。黄之色卑於纁。縓，纁之類，明外除。釋文：縓，淺赤色。正義：縓爲淺絳色也。緣，謂中衣領及褎緣也。裏用黄而領緣用縓者，領緣外也。**葛要絰，繩屨無絇，角瑱，**注：瑱，充耳也。吉時以玉，人君有瑱。正義：葛要絰者，亦小祥後事也。小祥，男子去首絰，唯餘要葛也。繩屨，謂父喪菅屨，卒哭受齊衰蒯藨屨，至小祥受大功繩麻屨也。絇，屨頭飾也。角瑱，初喪亦無，至小祥微飾，以角爲之。**鹿裘，衡長袪。**注：衡當爲「横」，字之誤也。袪，謂褎緣袂口也。練而爲裘，横廣之，又長之，又爲袪，則先時狹短無袪可知。吉時麛裘。正義：裘，吉時貴賤有異，喪時同用鹿皮爲之。**袪，裼之可也。**注：裼，表裘也。有袪而裼之，備飾也。玉藻：「麛裘青豻褎，絞衣以裼之。」鹿裘亦用絞乎？正義：案如此文，明小祥時外有衰，衰内有練中衣，中衣内有裼衣，裼衣内有鹿裘，鹿裘内有常著襦衣。王氏引之曰：玉藻：「不文飾也，不裼。」裼非居喪之服也。裼，當讀爲「緆」，緆，緣也。袪緆之者，謂緣此袪也。士喪禮記「縓綼緆」，注曰：「飾裳在幅曰綼，在下曰緆。」是緆者，飾裳邊也。飾裳之邊曰緆，飾袖之邊亦得曰緆。裼、緆，古同聲，「緆」正字，「裼」借字，豈表裘之謂乎？又案，袂口爲袪，緣之爲緆。玉藻「袪尺二寸，緣廣寸半」，是緣與袪爲二事，不得即以袪爲緣也。注當曰「袪，袂口也。裼，讀爲緆，謂緣也」，則明辨晳矣。

【郭氏質疑】練，練衣黄裏、縓緣。

鄭注：小祥練冠、練中衣。

孔疏：正服不可變，中衣非正服，但承衰而已，故小祥而爲之黄裏縓緣。

嵩燾案，間傳：「期而小祥，練冠縓緣。」喪服記：「公子爲其母，練冠，麻衣縓緣。爲其妻，縓冠，麻衣縓緣。皆既葬除之。」則所云「練衣」者，小祥後之喪服也。間傳：「斬衰三升，既虞卒哭，受以成布六升，冠七升。爲母疏衰四升，受以成布七升，冠八升。」但言卒哭之受服，而不言小祥之受服，小祥蓋除衰而練。練者，治麻令熟，而升數當仍視功衰。小祥練衣之縓緣與大祥麻衣之布緣，其制竝同深衣也。春秋宣元年，公羊傳：「已練，可以弁冕。」是練冠、弁服、練衣、深衣皆即吉之漸也，故名之小祥。吕氏大臨云：「斬、疏、繐、大功、小功、緦、錫，皆曰衰，喪正服也。練、麻皆曰衣，喪變服也。至親以期斷，加隆而三年。加隆之服，正服當除，而有所不忍，故爲之變服。」最得經旨。鄭注以練爲「中衣」，而小祥後之受服於禮無徵，鄭亦不能舉其説。禮經之以小祥名練，反有難明矣。

鹿裘，衡長袪。袪，裼之可也。

鄭注：衡當爲「横」。袪，謂褎緣袂口也。練而爲裘，横廣之，又長之，又爲袂，則先時短狹無袪可知。裼，表裘也。有袪而裼之，備飾也。

孔疏：有袪爲吉，加裼之可也。明小祥時外有衰，衰内有練中衣，中衣内有裼衣，裼衣內有鹿裘。

嵩燾案，喪服記：「袂，屬幅。」「袪尺有二寸。」是衰皆有袪，袪者袂口，非袂口之緣也。經云「衡長袪」，謂練裘稍橫侈而袪加長。本一事而注析爲三。「袪裼之」，以袪長外見，而練衣之加其上者，無待更掩其袪，所以取便，非備飾也。禮服有裼，深衣之裘無裼，裼者開左右衽以見所服裘，深衣衽當旁而無下裳，無從見所服裘，意或稍斂外袂，露所服裘之袪於外，謂之袪裼。既練而裘袪加長，從而裼之可也，明其與衰異。孔氏於裼襲之義多未能明，宜所言之加煩重矣。

三·一〇八 〇**有殯，聞遠兄弟之喪，雖緦必往；**親骨肉也。**非兄弟，雖鄰不往。**疏無親也。**所識，其兄弟不同居者皆弔。**就其家弔之，成恩舊也。

【疏】「有殯」至「皆弔」[一]。〇正義曰：此一節論哭弔之事。〇「所識，其兄弟不同居者皆弔」者，此文連上「有殯」之下，若其骨血兄弟，雖緦必往；若其非兄弟骨血，疏外之人，雖鄰不往。今有既非兄弟，又非疏外，平生所共知識，往來同恩好，今若身死者，兄弟雖不同居，亦就往弔之，成其死者之恩舊也。其死者兄弟

[一] 有殯至皆弔　惠棟校宋本無此五字。〇鍔按：「有殯」上，阮校有「有殯節」三字。

不同居，尚往弔之，則死者子孫就弔可知。舉疏以見親也。已有殯得弔之者，以其死者與我有恩舊也。皇氏以爲「别更起文，不連『有殯』之事。所識者，謂識其死者之兄弟，是小功以下之親。既識，兄弟雖不同居，皆一一就弔之」。未知然否，故兩存焉。

【衛氏集説】鄭氏曰：雖緦必往，親骨肉也。雖鄰不往，疏無親也。所識，就其家弔之，成恩舊也。

孔氏曰：此一節論哭弔之事。所識，謂非兄弟，又非疏外，平生知識往來。今若身死者，兄弟雖不同居，亦就往弔之，成其死者之恩舊也。其死者兄弟不同居，尚往弔之，則死者子孫就弔可知。舉疏以見親也。皇氏曰：「『所識其兄弟，不同居者皆弔』，此别更起文，不連『有殯』之事。所識者，謂識其死者之兄弟，皆小功以下之親。既識，兄弟雖不同居者，皆一一就弔之。」未知然否。

嚴陵方氏曰：緦，最服之輕者，服之輕猶必往，况其重者乎？蓋同姓之恩，不得不爲之隆故也。鄰，最居之近者，居之近猶不往，况其遠者乎？蓋異姓之恩，不得不爲之殺故也。然而三年之喪不弔，則雖緦必往者，非謂三年之殯者矣。大功未葬不弔，則雖鄰不往者，止謂大功以上之殯而已。

【吴氏纂言】有殯，聞遠兄弟之喪，雖緦必往；非兄弟，雖鄰不往。

鄭氏曰：雖緦必往，親骨肉也。雖鄰不往，疏無親也。

方氏曰：緦，最服之輕者，服之輕猶必往，况其重者乎？蓋同姓之恩隆故也。鄰，最居之近者，居之近猶不往，况其遠者乎？蓋異姓之恩殺故也。然而三年之喪不弔，則雖緦必往者，非謂三年之殯矣。大功未葬不弔，則雖鄰不往者，止謂大功以上之殯而已。

所識，其兄弟不同居者皆弔。

所識之人，其家若有同居之親，死自當往弔。雖其兄弟之不同居者死，亦皆弔之。蓋厚於所識，故推其恩愛以及於其有服之兄弟者如此。不同居者，皇氏以爲小功以下之親。小功以下兄弟服輕尚弔，况其大功以上服重者乎？孔疏同鄭注，以爲所識者死，而弔於其不同居兄弟之家，不如皇氏之説爲當。按記文言「皆弔」，夫喪無二主，若所識一人死，而皆往弔其不同居之兄弟，則一喪不止一主矣。古無是禮也。孔氏曰：「所識若身死，其死者兄弟雖不同居，皆往弔之，則死者子孫就弔可知。」舉疏以見親也。

【陳氏集説】有殯，聞遠兄弟之喪，雖緦必往；非兄弟，雖鄰不往。三年之喪在殯，不得出弔，然於兄弟則恩義存焉，故雖緦服，兄弟之異居而遠者，亦當往哭其喪。若非兄弟，則雖近不往。**所識，其兄弟不同居者皆弔。**馮氏曰：上二句既主生者出弔往哭爲義，則下一句文意當同。「所識」當爲句，若所知之謂也。死者既吾之所知識，則其兄弟雖與死者不同居，我皆當弔之，所以成往來之情義也。

【郝氏通解】親喪在殯，聞遠兄弟之喪，雖緦麻如同曾祖昆弟之類，亦必往弔。親同宗，所以重父母也，則近而服重者可知。非兄弟，雖鄰里之喪亦不往，則遠者可知。鄰雖不往，如死者爲相知，已既不往，兄弟同居者亦不可往，則使不同居兄弟皆往弔，若代己之往可也。

按曾子問夫子曰：「三年之喪弔乎？」子曰：「禮以飾情，三年而弔哭，不亦虚乎？」此言最爲近情，此章之言未可據也。

【方氏析疑】有殯，聞遠兄弟之喪，雖緦必往；非兄弟，雖鄰不往。

朱軾曰：雖鄰不往，以未葬也。若卒哭而後弔生可已，哭死烏容已乎？

所識，其兄弟不同居者皆弔。

知死而不知生，傷而不弔，子且不弔，況其兄弟不同居者乎？知生者弔，弔所以哀生也。此人吾所識，則其兄弟不同居者死，吾皆往弔。所識在死者之側，則於喪次弔之。若其兄弟死在異國，則弔於所識之家。伯高死於衛，孔子使子貢爲之主，曰：「爲爾哭也來者，拜之。」朋友尚爲主受弔，則兄弟可知。

【江氏擇言】有殯，聞遠兄弟之喪，雖緦必往；非兄弟，雖鄰不往。

朱文端公云：三年之喪不弔，正謂不弔鄉鄰，非兄弟之喪亦不往也。雜記：「三年之喪，雖功衰不弔。如有服而將往哭之，則服其服而往。」此經云「雖緦必往」，正謂服其緦而往也。又子張死，曾子有母之喪，齊衰而往哭之，曰：「我弔也與哉？」蓋與哭死，而非弔生也。此云「雖鄰不往」，以殯而未葬耳。若卒哭而後弔生可以，哭死烏容已乎？方氏之説未當。

按，文端公之説甚善。

所識，其兄弟不同居者皆弔。

按，此經鄭、孔爲一説，皇氏爲一説。皇氏説優，吴氏從之，然亦小異。皇氏以「所識其兄弟」爲句，而吴氏以「所識」爲句，「其兄弟不同居者」爲句，吴氏説尤長。孔氏謂連上「有殯」者，甚誤。上文云「非兄弟，雖鄰不往」，鄰獨非所識乎？已有殯，乃舍殯而弔所識之喪於不同居之親，可乎？況喪亦無二主乎？

【欽定義疏】 正義 鄭氏康成曰：雖緦必往，親骨肉也。雖鄰不往，疏無親也。就其家弔之，成恩舊也。

皇氏侃曰：「所識其兄弟，不同居者皆弔」，此別更起文，不連「有殯」之事。

孔氏穎達曰：此論哭弔之事。所識，謂非兄弟，又非疏外，平生知識往來。今若身死，其兄弟雖不同居，亦就往弔之，以死者與我有恩舊也。兄弟不同居，尚往弔之，則死者子孫就弔可知，舉疏以見親也。

方氏慤曰：緦，最服之輕者，服之輕猶必往，況其重者乎？同姓之恩隆也。鄰，最居之近者，居之近猶不往，況其遠者乎？異姓之恩殺也。

存異 皇氏侃曰：「所識」者，謂識其死者之兄弟，是小功以下之親。既識兄弟，雖不同居者，皆一一就弔之。

案 三年之喪不弔，正謂不弔鄉鄰，非兄弟之喪亦不往也。雜記：「三年之喪，雖功衰不弔，如有服而將往哭之，則服其服而往。」此經云「雖緦必往」，正謂服其緦而往也。又子張死，曾子有母之喪，齊衰而往哭之，曰：「我弔也與哉？」蓋謂哭死，而非弔生也，則有殯不可弔所識之喪矣。當以皇氏不連「有殯」爲是。至「所識」，當指死者，皇氏謂識死者之兄弟，則未然。

【杭氏集説】有殯，聞遠兄弟之喪。雖緦必往；非兄弟，雖鄰不往。

姚氏際恒曰：此段疑有誤字，不必强解。

朱氏軾曰：三年之喪不弔，止謂不弔鄉鄰，非兄弟之喪亦不往也。雜記「三年雖功喪，不弔。如有服而將往哭之，則服其服而往」。此經云「雖緦必往」，正謂服其緦而往也。又子張死，曾子有母之喪，齊衰而往哭之，曰：「弔也與哉？」蓋謂哭死，而非弔生也。此云「雖鄰不往」，以殯而未葬耳。若卒哭而後弔生可已，哭死烏容已乎？方氏之説未當。

所識，其兄弟不同居者皆弔。

陸氏奎勳曰：謂所識者無後，其兄弟雖不同居，可以彼爲主而弔之也。

姜氏兆錫曰：所識疏，謂死者爲吾所知識也。其兄弟雖與死者不同居，我皆當弔之者，亦以情義存也。言其兄弟，則其子孫可知矣。此節疏説承有殯而言，皇氏别更起文。今按在殯非兄弟不往弔，皇氏爲得之，但其説以「所識」爲識死者之兄弟，則不如疏説爲長耳。

方氏苞曰：知死而不知生，傷而不弔，子且不弔，况其兄弟不同居者乎？知生者弔，弔所以哀生也。此人吾所識，則其兄弟不同居者死，吾皆往弔。所識在死者之側，則于喪次弔之。若其兄弟死在異國，則弔于所識之家。伯高死于衛，孔子使子貢爲之主，曰：「爲爾哭也来者，拜之。」朋友尚爲主受弔，則兄弟可知。

【孫氏集解】有殯，聞遠兄弟之喪，雖緦必往；非兄弟，雖鄰不往。

鄭氏曰：兄弟必往，親骨肉也。雖鄰不往，疏無親也。

愚謂遠兄弟，謂不同居者也。三年之喪不以弔，惟兄弟之喪，雖緦必往，蓋以己爲之有服而往哭之，非弔也。雜記曰：「三年之喪，雖功衰不弔。如有服而將往哭之，則服其服而往。」

所識，其兄弟不同居者皆弔。

皇氏曰：此别更起文，不連「有殯」之事。

愚謂所識，謂所知識也。知生者弔，故所識之人，其兄弟之不同居者死，皆往而弔之。

【朱氏訓纂】有殯，聞遠兄弟之喪，雖緦必往；注：親骨肉也。**非兄弟，雖鄰不往。**注：疏無親也。朱氏軾曰：子張死，曾子有母之喪，齊衰而往，哭之曰：「我弔也與哉？」蓋謂哭死，而非弔生也。此云「雖鄰不往」，以殯而未葬耳。若卒哭而後弔生可已，送死烏可已乎？　王氏懋竑曰：此條當以三年之殯言。雜記曰：「三年之喪，雖功衰不弔。自諸侯達諸士。如有服而將往哭之，則服其服而往。」又云：「有殯，聞外喪，哭之他室。」疏：「有殯，謂父母喪未葬。外喪，謂兄弟喪在遠者也。」**所識，其兄弟不同居者皆弔。**正義：皇氏以爲「別更起文，不連『有殯』之事。所識者，謂識其死者之兄弟，是小功以下之親。既識，兄弟雖不同居，皆一一就弔之」。吴幼清曰：所識之人，其家若有同居之親死，往弔不待言矣。雖其兄弟之不同居者死，亦皆弔之。蓋厚於所識，故推其恩愛以及於其有服之兄弟不同居者。皇氏以爲小功以下之親。小功以下服輕尚弔，況大功以上服重者乎？鄭注以爲所識者死，而弔於其不同居兄弟之家，不如皇氏之說爲當。案記文言「皆弔」，夫喪無二主，若所識一人死，而皆往弔其不同居之兄弟，則喪不止二主矣。古無是禮也。

【郭氏質疑】所識，其兄弟不同居者皆弔。

鄭注：就其家弔之，成舊恩也。

疏云：「連上『有殯』言之。」又引皇氏云：「別更起文。所識，謂識其死者之兄弟，小功以下之親。既識，兄弟雖不同居，皆就弔之。」

嵩燾案，曲禮：「知生者弔，知死者傷。」弔者，所以哀生也。此從「所識」字起義，皇氏之言是也。所識而有兄弟之喪，雖不同居，亦各就所居弔之。同國，則爲之兄弟者，宜在喪次。不同國，弔諸所識之家，因所識而推之也。集説謂「死者爲吾之所識，其兄弟不同居者皆往弔之」。此於喪禮在衆主人之列，不爲喪主則無受弔之文。不同國而爲主，則其弔也，又不待言矣。

檀弓注疏長編卷十七

三・一〇九　〇**天子之棺四重**：尚深邃也。諸公三重，諸侯再重，大夫一重，士不重。〇重，直龍反，注皆同。邃，雖遂反。**水、兕革棺被之，其厚三寸**，以水牛、兕牛之革以爲棺被，革各厚三寸，合六寸也，此爲一重。〇被，皮寄反，注同。厚，胡豆反。度厚薄曰厚，皆同此音。**杝棺一**，所謂椑棺也。爾雅曰：「椵，杝。」〇杝，羊支反，木名。椵，徒亂反。**梓棺二**。所謂屬與大棺。〇梓，音子。屬，音燭。**四者皆周**。周，帀也。凡棺，因能濕之物[一]。〇帀，本又作「匝」，同子答反。能濕，乃代反。**棺束，縮二，衡三，衽每束一**。衡，亦當爲「横」。衽，今小要。衽，或作「漆」，或作「髹」。〇衽，而審反，又而鴆反。髹，又作「髤」，許求反。**柏椁以端，長六尺**。以端，題湊也，其方蓋一尺。〇題，徒低反，頭也。湊，七豆反，聚也。

[一] 凡棺因能濕之物　閩、監、毛本同。岳本「因」作「用」，嘉靖本同，衛氏集說同，考文引古本、足利本同。案：集說是也。〇鍔按：「凡棺」上，阮校有「天子之棺節」五字。

【疏】「天子」至「六尺」。○正義曰：此一節論天子諸侯以下[一]棺椁厚薄長短之事。○「天子之棺四重」者，尊者尚深邃也。四重者，水牛、兕牛皮二物爲一重也，又杝爲第二重也，又屬爲第三重也，又大棺爲第四重也。四重，凡五物也，以次而差之。上公三重，則去水牛，餘兕、杝、屬、大棺也。侯、伯、子、男再重，又去兕，餘杝、屬、大棺。大夫一重，又去杝，餘屬、大棺也。士不重，又去屬，唯單用大棺也。天子大棺厚八寸，屬六寸，椑四寸，又二皮六寸，合二尺四寸也。上公去水牛之三寸，餘兕、椑、屬、大棺，則合二尺一寸。諸侯又去兕之三寸，餘合一尺八寸也。列國上卿又除椑四寸，餘合一尺四寸也。大夫大棺六寸，屬四寸，合一尺。士則不重，但大棺六寸耳。故庶人四寸矣。而天子卿大夫文不見，有通者云，天子卿大夫並與列國君同，若天子之士與諸侯大夫同也。喪質，不得依吉時祭服也。若吉時祭服，則天子臣與諸侯同。然春秋時多僭，趙簡子言罰乃「不設屬、椑」，非也。水、兕二皮並不能厚三寸，故合被之，令各厚三寸也。二皮能濕，故最在裏，近尸也。

○「杝棺一」者，椵杝。材亦能濕，故次皮也。杝唯一種，故云一也。諸侯無革，則杝親尸也。所謂「梓棺」也，即前言「君即位爲椑」是也。杝即椵木，鄭引爾雅曰：「椵，

[一] 論天子諸侯以下　閩、監、毛本同，衛氏集説無「諸侯」二字。

杝。」一物二名，名椵，又名杝也。

○「梓棺二」者，杝棺之外又有屬棺，屬棺之外又有大棺，大棺與屬棺並用梓，故云二也。則喪大記云「屬六寸，大棺八寸也[一]。」

○「四者皆周」者，四，四重也。周，帀也。謂四重之棺，上下四方悉周帀也。唯椁不周[二]，下有茵，上有杭席故也[三]。

○「棺束」者，古棺木無釘，故用皮束合之。

○「縮二」者，縮，縱也。縱束者，用二行也[四]。

○「衡三」者，横束者，三行也。

○「衽每束一」者，衽，小要也，其形兩頭廣，中央小也。既不用釘棺，但先鑿棺邊及兩頭合際處作坎形，則以小要連之令固，棺並相對。每束之處，以一行之衽連之。若豎束之處，則豎著其衽，以連棺蓋及底之木，使與棺頭尾之材相固。漢時呼衽爲小要也。

○「柏椁」者，謂爲椁用柏也。天子柏，諸侯松，大夫柏，士雜木也。鄭注方相職云：

[一] 屬六寸大棺八寸也　閩、監、毛本如此，此本上「寸」誤「中」，下「寸」誤「十」。

[二] 唯椁不周　閩、監本同，衛氏集説同。惠棟校宋本「唯」作「惟」，毛本「唯」誤「雖」。考文引宋板作「唯」。

[三] 上有杭席故也　閩、監、毛本「杭」作「抗」，惠棟校宋本、衛氏集説同。○按：作「抗」是也。

[四] 縱束者用二行也　閩、監、毛本作「也」，衛氏集説同。此本「也」誤「之」。

「天子椁柏，黄腸爲裏，而表以石焉。」

○「以端」者，端，猶頭也。積柏材作椁，並葺材頭也，故云「以端」。

○「長六尺」者，天子椁材每段長六尺而方一尺。天子以下，庶人以上，鄭注喪大記具之。

○注「衽，或作漆，或作髹」。○正義曰：經之「衽」字，諸禮記本或有作「漆」字者，或有作「髹」字者[一]。

○注「以端」至「一尺」。○正義曰：以此木之端首，題湊嚮内。知其方蓋一尺者，以庶人四寸之棺，五寸之椁，椁厚於棺一寸。案喪大記：「君大棺八寸。」[二]君謂諸侯，則天子之大棺或當九寸，其椁厚一尺，故云「其方蓋一尺」，則椁之厚也[三]。如鄭此言，椁材並皆從下壘至上，始爲題湊。湊，嚮也。言木之頭相嚮而作四阿也，如此乃得椁之厚薄與棺相準。皇氏以爲「壘椁材從下即題湊，郭六尺」，與椁全不相應，又鄭何云「其方蓋一尺」？皇氏之義非也。

【衛氏集説】天子之棺四重：水、兕革棺被之，其厚三寸，杝棺一，梓棺二。四者皆周。

[一] 或有作髹字者　惠棟校宋本作「作」。此本「作」誤「惟」，閩、監、毛本同。

[二] 案喪大記君大棺八寸　閩、監、毛本作「案」，此本「案」誤「宰」。

[三] 則椁之厚也　閩、監、毛本作「厚」，此本「厚」誤「浮」。

鄭氏曰：尚深邃也。諸公三重，諸侯再重，大夫一重，士不重。水、兕革棺，謂以水牛、兕牛之革以爲棺被，革各厚三寸，合六寸也，此爲一重。杝棺，所謂椑棺也。爾雅曰：「椵，杝也。」梓棺二，謂屬與大棺也。周，帀也。凡棺，用能濕之物。

孔氏曰：自此至「六尺」一節，論天子以下棺椁厚薄長短之事。四重者，水牛、兕牛皮爲一重，杝爲第二重，屬爲三重，大棺爲四重，凡五物也。上公三重，則去水牛，餘兕、杝、屬、大棺也。侯、伯、子、男再重，又去兕，餘杝、屬、大棺。大夫一重，又去杝，餘屬、大棺也。士不重，又去屬，唯單用大棺也。天子大棺厚八寸，屬六寸，椑四寸，又二皮六寸，合二尺四寸也。上公去水牛之三寸，合二尺一寸。諸侯又去兕牛之三寸，合一尺八寸。列國上卿又除椑之四寸，合一尺四寸。大夫大棺六寸，屬四寸，合一尺。士則不重，但大棺六寸。故庶人四寸矣。水、兕二皮並不能厚三寸，故合被之，令各厚三寸。二皮能濕，故最在裏近尸。杝亦能溼，故次皮也。諸侯無革，則杝親尸。杝棺之外又有屬棺，屬棺之外又有大棺，大棺與屬棺並用梓，故云「梓棺二」也。四者皆周者，謂四重之棺，上下四方悉周帀也。唯椁不周，下有茵，上有抗席故也。

山陰陸氏曰：此不數椁，故曰四重。據喪大記「天子柏椁」，而禮器「天子五重八翣」，水、兕革棺，蓋曰被之，則棺之非在外者也。

棺束，縮二，衡三，衽每束一。柏椁以端，長六尺。

鄭氏曰：衡，亦當爲「横」。衽，今小要。衽，或作「漆」，或作「髹」。以端，題湊也，其方蓋一尺。

孔氏曰：古棺木無釘，故用皮束合之。「縮二」者，縮，縱也。縱束者，用二行也。「衡三」者，横束者，三行也。「衽每束一」者，衽，小要也，其形兩頭廣，中央小也。既棺不用釘，但先鑿棺邊及兩頭合際處作坎形，則以小要連之令固，棺束並相對。每束之處，以一行之衽連之。若豎束之處，則豎著其衽，以連棺蓋及底木，使與棺頭尾之材相固也。柏椁，謂椁用柏也。天子柏，諸侯松，大夫柏，士雜木也。鄭注方相職云：「天子椁柏，黄腸爲裏，而表以石焉。」端，猶頭也，積柏材作椁，並葺材頭，故云「以端」。天子椁材每段長六尺而方一尺。天子以下，庶人以上，鄭注喪大記具之。知其方一尺者，以庶人四寸之棺，五寸之椁，椁厚於棺一寸。「君大棺八寸。」君謂諸侯，則天子之大棺或當九寸，其椁厚一尺也。如鄭此言，椁材並皆從下壘至上，始爲題湊。湊，嚮也。言木之頭相嚮而作四阿也。

廬陵胡氏曰：以柏木黄心，致累於棺外，謂之黄腸。木頭皆内向，故云題湊。其方一尺，詳見漢書霍光傳及漢儀注。

【吴氏纂言】天子之棺四重：水、兕革棺被之，其厚三寸，杝棺一，梓棺二。四者皆周。

鄭氏曰：諸公三重，諸侯再重，大夫一重，士不重。水、兕革棺被之，謂以水牛、兕牛之革爲棺被，革各厚三寸，合六寸也。杝，椵也。杝棺一，謂椑棺。梓棺二，謂屬與大棺。

周，匝也。凡棺，用耐濕之物。

孔氏曰：天子之棺四重，尊者尚深邃也。水牛、兕牛皮二物爲一重，杝爲第二重，屬爲第三重，大棺爲第四重。四重，凡五物。大棺厚八寸，屬六寸，椑四寸，二皮六寸，合二尺四寸。上公三重，去水牛之三寸，餘兕、椑、屬、大棺，合二尺一寸。侯、伯、子、男再重，又去兕之三寸，餘杝、屬、大棺，合一尺八寸。列國卿大夫一重，又除椑四寸，餘屬、大棺，合一尺四寸。大夫則大棺厚六寸，屬四寸，合一尺。士不重，但大棺六寸爾。庶人則四寸也。天子卿大夫與列國君同，天子之士與諸侯大夫同。然春秋時多僭，趙簡子言罰乃「不設屬、椑」，非也。凡棺用耐濕之物，水牛、兕牛皮耐濕，故最在裏近尸。二皮不厚，故合被之，令各厚三寸。杝、椵木材亦耐濕，故次皮。諸侯無革，則杝親尸，所謂「君即位爲椑」是也。杝棺之外有屬棺，屬棺之外有大棺，大棺與屬棺並用梓，故云「二」。四者，四重也。皆周，謂四重之棺上下四旁悉周匝也。唯椁不周，下有茵，上有抗席也。

棺束，縮二，衡三，衽每束一。

孔氏曰：「棺束」者，古棺無釘，用皮束合之。縮，縱也。衡，横也。縱束二行，衡束三行。衽，小要也，其形兩頭廣中間小。棺既不用釘，但先鑿棺邊及兩頭合際處作坎形，以小要連之令固，並相對。每束以一行之衽連之，若竪束處，則竪着其衽，以連棺蓋及底之木，使與棺頭尾之材相固。

柏椁以端，長六尺。

孔氏曰：「柏椁」者，天子椁用柏，諸侯松，大夫柏，士雜木。「以端」者，端，猶頭也，以此木之頭首題湊向内，每段長六尺而方一尺。椁材從下壘至上，始題湊，木之頭相向而作四阿。皇氏以爲「壘椁從下即題湊」，非也。

【陳氏集説】天子之棺四重：水、兕革棺被之，其厚三寸，杝棺一，梓棺二。四者皆周。水牛、兕牛之革耐濕，故以爲親身之棺，二革合被爲一重。杝木亦耐濕，故次於革，即前章所謂「椑」也。梓木棺二，一爲屬，一爲大棺，杝棺之外有屬棺，屬棺之外又有大棺。四者皆周，言四重之棺，上下四方悉周帀也。惟椁不周，下有茵、上有抗席故也。**棺束，縮二，衡三，衽每束一。**古者棺不用釘，惟以皮條直束之二道，横束之三道。衽形如今之銀則子，兩端大而中小，漢時呼爲小要，不言何物爲之，其亦木乎？衣之縫合處曰「衽」，以小要連合棺與蓋之際，故亦名「衽」。先鑿木置衽，然後束以皮，每束處必用一衽，故云「衽每束一」也。**柏椁以端，長六尺。**天子以柏木爲椁。端，猶頭也。用柏木之頭爲之，其長六尺。

【郝氏通解】水牛、兕牛其革堅厚，考工記函人「兕甲壽二百年」。合之以爲棺，其厚三寸。被，謂近尸内一重也。杝，椵也，樹似白楊，即椑棺也，爲第二重。又以梓木作屬棺，爲第三重。外又以梓作大棺，爲第四重。四棺上下四旁皆周帀，惟椁不周，有四圍而無上下，以上有抗席，下有茵也。束，以皮條束棺也。縮，直也。衡，横也。直束二道，横束三道。衽，以木爲小腰，中狹兩端闊，如裂裳衽，一殺上，一殺下，又謂之燕尾，其形如腰。鑿棺與蓋際爲坎，納腰子於坎，以聯其際，如衣之有衽，故名「衽」。每束一，謂棺蓋縫每當束處用一衽也。外以柏木爲椁，木本曰端，本堅而大，椁大故積材頭爲之，其長六尺。

【欽定義疏】正義　鄭氏康成曰：尚深邃也。諸公三重，諸侯再重，大夫一重，士不重。孔疏：天子四重，上公三重，去水牛，餘兕、杝、屬、大棺。侯、伯、子、男再重，又去兕，餘杝、屬、大棺。大夫一重，又去杝，餘屬、大棺也。士不重，又去屬，惟單用大棺也。水、兕革棺，謂以水牛、兕牛之革爲棺被，革各厚三寸，孔疏：水、兕二皮並不能厚三寸，故合被之，令厚三寸。合六寸也。此爲一重。杝棺，所謂椑棺也。爾雅曰：「椵，杝也。」孔疏：此爲二重。梓棺二，謂屬與大棺也。孔疏：屬三重，大棺四重，凡五物。周，帀也。凡棺用能濕之物。衡，亦當爲「横」。衽，今小要。衽，或作「漆」，或作「髹」。孔疏：小要，其形兩頭廣中央小。陳氏澔曰：如今之銀則子，不言何物，其亦木乎？以端，題湊。其方蓋一尺。孔疏：天子椁材每段長六尺而方一尺。天子以下，庶人以上，鄭注喪大記具之。知其方一尺者，以庶人四寸之棺，五寸之椁，椁厚於棺一寸。「君大棺八寸。」君，謂諸侯，則天子之棺或當九寸，其椁厚一尺也。椁材並皆從下壘至上，始爲題湊。湊，鄉也。言木之頭相鄉而作四阿也。

孔氏穎達曰：此論天子以下棺椁厚薄長短之事。天子大棺厚八寸，屬六寸，椑四寸，又二皮六寸，合二尺四寸。上公去水牛之三寸，合二尺一寸。諸侯又去兕牛之三寸，合一尺八寸。列國上卿又除椑之四寸，合一尺四寸。大夫大棺六寸，屬四寸，合一尺。士則不重，但大棺六寸，故庶人四寸矣。二皮能濕，故最在裏近尸。杝亦能濕，故次皮。諸侯無革，則杝親尸。杝棺之外又有屬棺，屬棺之外又有大棺。大棺與屬棺並用梓，故云「梓棺二」也。四者皆周者，謂四重之棺上下四方皆周帀也。惟椁不周，下有茵上有抗席故也。古棺木無釘，故用皮束合之。縱束者用二行，橫束者三行。「衽每束一」者，棺不用釘，先鑿棺邊及兩頭合際處作坎形，以小要連之令固，棺束並相對。每束之處，以一行之衽連之。若豎束之處，則豎著其衽，以連棺蓋及底木，使與棺頭尾之材相固也。天子椁用柏，諸侯松，大夫柏，士雜木。鄭注方相職云：「天子椁柏，黄腸爲裏，胡氏銓曰：以柏木黄心，累於棺外，謂之「黄腸」。而表以石焉。」端，猶頭也。積柏材作椁，並葺材頭，故曰「以端」。

陳氏澔曰：衣之縫合處曰「衽」，以小要連合棺與蓋之際，故亦名「衽」。

陸氏佃曰：此不數椁，故曰「四重」。

案 椁材，天子、大夫同而諸侯異者，於近别嫌也。

【杭氏集説】陳氏澔曰：衣之縫合處曰「衽」，以小要連合棺與蓋之際，故亦名「衽」。

萬氏斯大曰：水、兕革棺并厚三寸。孔疏云「各厚三寸」，非也。此天子親身之棺，外加椑四寸，椑即杝棺也，又加屬棺六寸，大棺八寸，二棺即梓棺也。見喪大記。凡四重，共厚二尺一寸。諸侯無革棺，觀上章云「君即位而爲椑」，又曾子問云「君出疆，以三年之戒，以椑從」，皆不言有革棺，可見。又曰「柏椁，天子之椁也」，據上文「天子之棺四重」，厚二尺一寸，是上下左右皆合得四尺二寸。又據喪大記小斂君衣十九稱，大斂君衣百稱，則天子當益多棺，中容尸，須寬廣得四五尺，是棺之上下左右高廣且八九尺矣。而又人身長短，中人不下七尺，就周尺言。衣服包裹，當又加長，棺之前後兩和，合得四尺二寸，并容尸身八九尺，當共長一丈三四尺。夫以長一丈三四尺，高廣八九尺之棺，而柏椁止長六尺，不知如何用之？不可考也。

姚氏際恒曰：衽，未詳其制，必是與束同類。所用之物，物故五束有五衽也。注、疏謂小要，其形兩頭廣中央小，先鑿棺邊及兩頭合際處作坎形，以小要連之令固，棺竝相對，每束之處，以一行之衽連之。此説未然，小要之名，據鄭謂漢時所用，然則豈即是衽？士喪禮云：「掘肂見衽。」喪大記云：「士殯見衽。」豈有既納坎中而又得見者乎？其對棺與蓋際爲坎連之者，乃是鑽也。説見喪大記「君裏棺」下。

朱氏軾曰：四者，其爲四物可知。被，合也。合被二物皮，其厚三寸，爲一物。以柏木爲椁，截其梢，止用木端，長六尺，自下疊至上，各以木之頭向内圍于棺外，如屋之簷阿，四周椽頭相湊向也。

陸氏奎勳曰：陳氏謂鑿木置衽，形如今之銀則子，兩端大而中小，漢時呼爲「小要」。愚謂鑿木爲坎，足以承束，即謂之衽，非另有一物也。殯禮，士掘肂見衽，衽即棺蓋。

姜氏兆錫曰：陳注曰「端，猶頭也，以柏木之頭爲椁也」，徐氏曰「頭取其堅也」，鄭注曰「端，題凑也，長六尺，其方蓋一尺」，疏曰「謂題凑者，頭向在内也。椁材每段長六尺，從下累至上，其題頭相向而作四阿也」，胡氏曰「以柏木累于棺外，頭皆内向也」。愚按諸説，陳、徐言其義，自「以端」二字言中解之，注、疏及胡氏言其形，從「以端長六尺」五字言外解之。但所謂「題頭内向」者，惟胡氏「累于棺外」「頭皆内向」二語，言簡意明，而疏所謂「從下累至上」者，不無語累也。考後章「菆塗龍輴以椁」，注謂「叢木，象椁之形」，象椁者如此，則椁可知。是此椁材乃如菆木之椁，直置于壙中椁外，其題頭在上，稍迫而内向，其身則在下稍開，此所以四面有四阿之形。而其高制與椁齊，約長六尺也。然則注所云「題凑」之義本明，而特其「從下累至上」之説有難通者，故詞煩而轉晦與？學者參之。

【孫氏集解】天子之棺四重：水、兕革棺被之，其厚三寸，杝棺一，梓棺二。四者皆周。

鄭氏曰：天子之棺四重，尚深邃也。杝棺，所謂椑棺也。爾雅曰：「椵，杝。」梓棺二，所謂屬與大棺。周，帀也。凡棺，用能溼之物。

愚謂天子之棺四重者，一物爲一重，四物則四重也，此與數席之重數同。水、兕革棺，蓋以木爲幹，以水牛、兕牛之皮爲之表裏，合之而其厚三寸也。「被之」者，言其最在内而被體也。二牛之皮堅而耐溼，故用之以爲親身之棺。杝棺，即椑也，以杝木爲之。梓棺，謂屬與大棺，皆以梓木爲之。四者皆周，言其皆并有底蓋也。上言四重，而下言四者，此一物爲一重明矣。喪大記曰：「君大棺八寸，屬六寸，椑四寸。上大夫大棺八寸，屬六寸。下大夫棺六寸，屬四寸。士棺六寸。」是大棺皆以二寸爲差，天子大棺宜一尺，併屬六寸，椑四寸，水、兕革棺三寸，凡厚二尺三寸也。

棺束，縮二，衡三，衽每束一。

鄭氏曰：衡，亦當爲「横」。衽，今小要。

愚謂古棺無釘，用皮束之。縮，縱也。縱者二，以固棺之首尾與底蓋之材也。横者三，以固棺之兩旁與底蓋之材也。衽，小要也，其形兩頭廣中央小，似深衣之衽，故名焉。鑿棺身與蓋合際處作坎，内小要其中以連之，衽與束相值，每束之處用一衽，亦縮二横三也。此謂天子棺制也，諸侯亦然。喪大記：「君三衽三束，大夫、士二衽二束。」

柏椁以端，長六尺。

鄭氏曰：以端，題湊也，其方蓋一尺。

孔氏曰：天子椁用柏，諸侯松，大夫柏，士雜木。鄭注方相職云：「天子椁柏，黄腸爲裏，而表以石焉。」端，猶頭也，積柏材作椁，並葺材頭也。椁材並從下壘至上，始爲題湊。湊，嚮也，言木之頭相嚮而作四阿也。長六尺者，每段長六尺而方一尺，知方一尺者，以庶人四寸之棺、五寸之椁，椁厚於棺一寸。案喪大記「君大棺八寸」，則天子之大棺或當九寸。

愚謂諸侯與上大夫大棺八寸，大夫、士六寸，庶人四寸，每以二寸爲差。則天子大棺一尺也，以椁厚於棺一寸差之，則棺六寸者椁七寸，棺八寸者椁九寸，棺一尺者椁尺有一寸與？

【朱氏訓纂】**天子之棺四重**：注：尚深邃也。諸公三重，諸侯再重，大夫一重，士不重。　正義：「四重」者，水牛、兕牛皮二物爲一重也，又杝爲第二重也，屬爲第三重，大棺爲第四重。凡五物也，以次差之。上公三重，則去水牛，餘兕、杝、屬、大棺也。侯、伯、子、男再重，又去兕，餘杝、屬、大棺。大夫一重，又去杝，餘屬、大棺也。士不重，又去屬，單用大棺也。天子大棺，厚八寸，屬六寸，椑四寸，又二皮六寸，合二尺四寸也。上公去水牛之三寸，餘兕、椑、屬、大棺，則合二尺一寸。諸侯又去兕之三寸，餘合一尺八寸也。列國上卿又除椑四寸，餘合一尺四寸也。大夫大棺六寸，屬四寸，合一尺。士則不重，但大棺六寸耳。故庶人四寸矣。**水、兕革棺被之，其厚三寸**，注：以水牛、兕牛之革以爲棺被，革各厚三寸，合六寸也，此爲一重。　正義：水、兕二皮並不能厚三寸，故合被之，令各厚三寸也。二皮能溼，故最在裏，近尸也。**杝棺一**，注：所謂椑棺也。爾雅曰：椵，杝。　**梓棺二**。注：所謂屬與大棺。　正義：屬與大棺並用梓。**四者皆周**。注：周，帀也。凡棺用能溼之物。　正義：唯椁不周，下有茵，上有抗席故也。**棺束，縮二，衡三，衽每束一**。注：衡，亦當爲橫。衽，今小要，衽或作「漆」，或作「髹」。釋名：棺束曰緘。緘，函也。古者棺不釘也，旁際曰小要，其要約小也。又謂之衽。衽，任也，任制際會，使不解也。　正義：古棺木無釘，故用皮束合之。縮，縱也，縱束者用二行，橫束者三行。衽，其形兩頭廣中央小也。既不用釘棺，但先鑿棺邊及兩頭合際處作坎形，則以小要連之，令固棺，並相對，無束處以衽連之。若豎束之處，則豎著其衽，以連棺蓋及底之木，使與棺頭尾之材相固。**柏椁以端，長六尺。**注：以端，題湊也，其方蓋一尺。　正義：端，猶頭也。積柏材作椁，並葺材頭也。天子柏，諸侯松，大夫柏，士雜木也。椁材並皆從下壘至上，始爲題湊。湊，鄉也，言木之頭相鄉而作四阿也。

三・一一〇　○**天子之哭諸侯也，爵弁經，紂衣。**服士之祭服以哭之，明爲變也。天子至尊，不見尸柩，不弔服，麻不加於采。此言「經」，衍字也。時人間有弁經[一]，因云之耳。周禮：「王弔諸侯，弁經緦衰也。」○紂，本又作「緇」，又作「純」，同側其反。爲，于僞反，下文及注「爲其變」皆同。衍，以善反。**或曰：使有司哭之。**非也，哀戚之事不可虛。**爲之不以樂食。**蓋謂殯斂之間。

[一] 時人間有弁經　閩、監、毛本同，衛氏集説同。惠棟校宋本「間」作「聞」，岳本、嘉靖本同，考文引古本、足利本同。續通解「間有」作「聞著」。○鍔按：「時人」上，阮校有「天子之哭諸侯也節」八字。

【疏】「天子」至「樂食」[一]。○正義曰：此一節論天子哭諸侯之事。

○注「服士」至「衰也」。○正義曰：「天子至尊，不見尸柩，不弔服」者，薨在本國，天子遥哭之，不親見尸柩，不服緦衰弔，而服爵弁紂衣。紂衣，絲衣也。則諸侯以下，雖不見尸柩，仍弔服也。

○「或曰：使有司哭之」者，或人云，天子不自哭，但令有司哭之耳，非也。

○「爲之不以樂食」，此是記者之言，非復或人之説也。天子食有樂，今哭諸侯[二]，故食不復奏樂也。此「不以樂食」者，「蓋謂殯斂之間」，鄭以意斷不用樂之期也。諸侯五日殯也，然諸侯爲其臣，或至葬不食肉，卒哭不舉樂。蓋臣少而已卑，不得同王也。

【衛氏集説】鄭氏曰：天子服士之祭服以哭之，明爲變也。天子至尊，不見尸柩，不弔服，麻不加於采。此言「絰」，衍字也。時人間有弁絰，因云之爾。周禮：「王弔諸侯，弁絰緦衰。」使有司哭之，非也，哀戚之事不可虚。「不以樂食」者，蓋謂殯斂之間也。

孔氏曰：此一節論天子哭諸侯之事。爲之不以樂食，此是記者之言，非復或人之説也。天子食有樂，今哭諸侯，故食不復奏樂。鄭注云「殯斂之間」，以意斷不用樂之期也。

嚴陵方氏曰：爵弁，則其色如爵。紂衣，音緇，則以其色如之。

[一] 天子至樂食　惠棟校宋本無此五字。

[二] 今哭諸侯　閩、監、毛本同，衛氏集説同，惠棟校宋本「哭」作「喪」。

山陰陸氏曰：據此爵弁有不紂衣者，玉藻曰「君子狐青裘，玄綃衣以裼之」，禮記無韋弁，周官無爵弁，韋弁即爵弁也。周官無綦弁，尚書無皮弁，綦弁即皮弁也。綦弁、爵弁，言色。韋弁、皮弁，言物。

廬陵胡氏曰：諸侯薨在國，天子遥哭之，不親見尸柩，故不服緦衰，弔而服士之祭服。有司哭之，非也。惡夫涕之無從，況使人乎！

【吴氏纂言】天子之哭諸侯也，爵弁絰，紂衣。爲之不以樂食。

「絰」，衍字。紂，與緇同，紂衣，絲衣也。爵弁紂衣，士之祭服。諸侯薨，天子不親見其尸柩，則不服弔服，但服士之祭服哭之。鄭氏曰：「王弔諸侯，弁絰緦衰。不以樂食，蓋謂殯斂之間。」

孔氏曰：此天子哭諸侯之事。諸侯薨在本國，天子不親見尸柩，遥哭之，故不服緦衰弔服。諸侯以下，雖不見尸柩，仍弔服也。天子食有樂，今喪諸侯，故食不奏樂。鄭斷不用樂之期，謂殯斂之間。諸侯五日殯也，諸侯爲其臣，或至葬不食肉，卒哭不舉樂。蓋臣少而已畢，不得同王也。

或曰：使有司哭之。

鄭氏曰：非也，哀戚之事不可虚。

【陳氏集説】天子之哭諸侯也，爵弁絰，紂衣。諸侯薨而赴於天子，天子哭之。爵弁紂衣，本士之祭服。爵弁，弁之色如爵也。紂衣，絲衣也。鄭氏曰：「絰」，衍字也。周禮：「王弔諸侯，弁絰緦衰。」　疏曰：天子至尊，不見尸柩，不弔服，此遥哭之，故不服緦衰，而服爵弁紂衣也。**或曰：使有司哭之。**鄭氏曰：非也，哀戚之事不可虚。**爲之不以樂食。**疏曰：此是記者之言，非或人之説也。

【郝氏通解】遠諸侯死而赴于天子，天子哭之。爵弁，弁色青黑，如爵頭也。絰，麻絰也。紂衣，即緇衣。天子服爵弁緇衣，以哀降服也。絰，加環絰於弁上，即羔裘玄冠者，易之而已之意，示小變也。鄭氏以「絰」爲衍字，云「麻不加于采」，夫爵弁緇衣既可以哭，不可以加絰乎？或曰以下並記所聞。

【欽定義疏】正義　鄭氏康成曰：天子服士之祭服以哭之，明爲變也。胡氏銓曰：諸侯薨在國，天子遥哭之，故服士服。周禮：「王弔諸侯，弁絰緦衰。」天子至尊，不見尸柩，不弔服，麻不加於采。此言「絰」，衍字也。時人間有弁絰，因云之爾。使有司哭之，非也，哀戚之事不可虚。不以樂食，蓋在殯斂之間。孔疏：鄭以意斷不用樂之期也。

孔氏穎達曰：此論天子哭諸侯之事。遥哭之，故不服緦衰而服爵弁紂衣。爲之不以樂食，此是記者之言，非復或人之説也。天子食有樂，今哭諸侯，故食不復奏樂。

陳氏澔曰：諸侯薨而赴於天子，天子哭之。

方氏慤曰：爵弁，其色如爵。紂衣，音緇，以其色如之。

通論 陸氏佃曰：禮記無韋弁，周官無爵弁。韋弁，即爵弁也。周官無綦弁，尚書無皮弁。綦弁，即皮弁也。綦弁、爵弁，言色。韋弁、皮弁，言物。

案 春官司服「天子爲諸侯緦服」，此記以爲「爵弁紂衣」，先儒皆以「遥哭」言之，豈臨喪則弔服，遥哭不弔服邪？五服之國，天子多不能臨喪，則爲諸侯緦衰服於何時乎？蓋純絲也。緦言細如絲，則紂服即緦衰也。服問「公爲卿、大夫錫衰以居，出亦如之」，則天子爲諸侯緦衰以居，出亦如之矣。特當事弁絰，不當事但弁而不絰耳。春秋王室卑，則時且有弁而哭者，故記者因記之。又春官司服疏「君爲臣弔服，既葬除之」。諸侯五月而葬，王使人會葬，則未葬以前皆不以樂食也。春秋諸侯之葬，或渴或慢，則葬期未可必，故鄭注「殯斂之間」，言「蓋」以疑之。孔謂鄭以意斷，則未確可知已。

【杭氏集説】陳氏澔曰：諸侯薨而赴於天子，天子哭之。

姚氏際恒曰：鄭氏以「絰」爲衍字，此誤執周禮「王弔諸侯，弁絰緦衰」，故以此爲不見尸柩，不弔服，故不應絰也。不知弔既弁絰，遥哭亦可弁絰，何得因周禮弔服用絰，遂去此處「絰」字乎？其欲去「絰」字，又爲之説曰「麻不加于采」，不知此言常禮，天子至尊，似未可以拘也。

姜氏兆錫曰：注曰：「絰，衍字也。周禮『王弔諸侯，乃弁絰緦衰也』。」疏曰：「此遥哭之而已，故不服衰絰而止服爵弁紂衣。天子至尊，不見尸柩，不弔服也。」愚按注、疏核矣，今此兼稱經者，殆約舉弔哭二禮之服與？

【孫氏集解】鄭氏曰：服士之祭服以哭之，明爲變也。「或曰，使有司哭之」，非也，哀戚之事不可虚爲之。不以樂食，蓋謂殯斂之間。

愚謂哭諸侯，謂遥哭之也。爵弁，以爵色韋爲之。紂與緇同，黑色帛也。爵弁紂衣，即周禮司服所謂「韋弁服」也。絰，弔服之葛絰也。爵弁紂衣而加絰，蓋天子弔於未成服之服，故哭諸侯亦用之。士弔於未成服之前，朝服加絰，諸侯大夫皮弁加絰，天子爵弁服加絰，禮之差也。司服「王爲諸侯緦衰」，此謂巡守所至，遇有諸侯之喪，或諸侯來朝，薨於王國，而弔之於成服之後者。若薨於其國，赴於王而哭之，則聞喪即哭，故用未成服之弔服也。哀戚之事，非可代爲之者，或言使有司哭之，非也。大宗伯「朝覲、會同，則爲上相，王哭諸侯亦如之」，則非使人代哭，明矣。内宗「大喪，序哭者，哭諸侯亦如之」，外宗「大喪，叙内外朝莫哭者，哭諸侯亦如之」，則諸侯與王有服者，又當爲位而哭之也。

爲之不以樂食，此又記者之言也。大司樂：「諸侯薨，令去樂。大臣死，令弛縣。」弛縣者久，而去樂者暫。蓋諸侯雖尊，然其爲人衆，而其情亦視内臣爲稍疏，故其降殺如此。

王爲公卿當如諸侯之爲卿大夫，比卒哭，不舉樂。其爲諸侯，蓋比殯不舉樂與？諸侯之喪赴告之，及於王，必在既殯之後，蓋即以聞喪之日斷爲之限與？

○陳氏祥道曰：士之服，止於爵弁。而荀卿云「士韋弁」，孔安國曰「雀韋弁也」，則爵弁即韋弁耳。古文「弁」字象形，其制上鋭，如合手然。「韋」其質，「爵」其色也。敖氏繼公曰：考經傳物色之言爵者，惟爵韠、爵韋耳。若布與絲，則不聞以爵名，豈爵弁果以韋爲之與？

愚謂司服云「凡兵事，韋弁服」，詩云「韎韐有奭，以作六師」，是韋弁服配韎韐。士冠禮，爵弁亦配韎韐，是「爵弁」即「韋弁」，明矣。國之大事，在祀與戎，韋弁之尊次於冕，故軍事服之。士不得服冕，則以此爲上服而服之以助祭焉。

【朱氏訓纂】天子之哭諸侯也，爵弁絰，紂衣。注：服士之祭服以哭之，明爲變也。天子至尊，不見尸柩，不弔服，麻不加於采。此言「絰」，衍字也，時人聞有弁絰，因云之耳。周禮「王弔諸侯，弁絰緦衰」也。射慈喪服圖曰：天王弔三公，弁絰錫衰。弔六卿，弁絰錫衰。弔大夫，弁絰疑衰。弔士，弁絰緦衰。弔畿内諸侯，弁絰緦衰。皇覽：逸禮曰：「君使大夫弔於國君，禮，錫衰裳，弁有絰。下大夫爲介，亦如之。士介者、將命者緦衰裳，弁絰。異姓絰，同姓麻。」正義：薨在本國，天子遥哭之，不服緦衰。弔而服爵弁紂衣。紂衣，絲衣也。則諸侯以下，雖不見尸柩，仍弔服也。**或曰：使有司哭之。**注：非也，哀戚之事不可虚。**爲之不以樂食。**注：蓋謂殯斂之間。白虎通曰：天子哭諸侯，爵弁純衣。又曰：遣大夫弔，詞曰：「皇天降災，子遭離之，嗚呼哀哉！天王使臣某弔。」

【郭氏質疑】天子之哭諸侯也，爵弁絰，紂衣。或曰：使有司哭之。

鄭注：周禮：「王弔諸侯，弁絰緦衰。」不見尸柩，不弔服。此言「絰」，衍字。時人間有弁絰，因云之耳。

嵩燾案，周禮司服：「王爲三公九卿錫衰，爲諸侯緦衰，爲大夫疑衰。」疏云：「君爲臣弔服，既葬除之。」服問：「公爲卿大夫錫衰以居，出亦如之，惟當事弁絰。」鄭謂「絰，衍字」，即據服問爲説。春秋襄十二年左傳：「凡諸侯之喪，異姓臨於外，同姓於宗廟，同宗於祖廟，同族於禰廟。」似臨喪爲位以哭，即謂之當事，弁絰宜也。下云「使有司哭之」，謂聞喪必哭臨，天子不親臨，則使有司將事也。鄭以有司哭之爲非，而云哀戚之事不可虛，均非經旨。

三・一一一 **○天子之殯也，菆塗龍輴以椁，**菆木以周龍輴，加椁而塗之[一]，天子殯以輴車，畫轅爲龍。○菆，才官反。輴，敕倫反。轅，音袁。**加斧于椁上，畢塗屋，**斧謂之黼，

[一] 菆木以周龍輴加椁而塗之 閩、監、毛本同，嘉靖本同，衛氏集説同。惠棟校宋本「加」作「如」，宋監本、岳本同，續通解同。案：作「如」是也。正義云「象椁之形」，正申此「如」字之義。○按：穀梁僖九年疏引作「如」。○鍔按：「菆本」上，阮校有「天子之殯也節」六字。

白黑文也。以刺繡於縿幕，加椁以覆棺，已乃屋其上，盡塗之。○黼，音甫。刺，七亦反。縿，音消。幕，音莫。**天子之禮也。**

【疏】「天子」至「禮也」[一]。○正義曰：此一節論菆塗爲古天子殯法也。菆，叢也，謂用木菆棺而四面塗之[二]，故云「菆塗」也。

○「龍輴」者，殯時輴車載柩，而畫轅爲龍，故云「龍輴」也。

「以椁」者，亦題湊菆木，象椁之形，故云「以椁」。○「加斧于椁上」者，斧，謂繡覆棺之衣爲斧文也。先菆四面爲椁，使上與棺齊，而上猶開也。以棺衣從椁上入覆於棺，故云「加斧于椁上」也。

○「畢塗屋」者[三]，畢，盡也。斧覆既竟，又四注爲屋，覆上而下，四面盡塗之也[四]，故云「畢塗屋」。鄭云「菆木以周龍輴」者，謂叢衆木直壘周龍輴，至上乃題湊，則諸侯至上不題湊也。

[一] 天子至禮也　惠棟校宋本無此五字。
[二] 謂用木菆棺而四面塗之　此本「用」誤「困」，閩、監、毛本不誤。惠棟校宋本「菆」作「叢」，下「亦題湊菆木」同。
[三] 畢塗屋者　閩、監、毛本作「畢」，此本「畢」誤「塗」。
[四] 四面盡塗之也　閩、監、毛本作「塗」，此本「塗」誤「畢」。

【衛氏集説】鄭氏曰：菆木以周龍輴，加椁而塗之，天子殯以輴車，畫轅爲龍。斧謂之黼，白黑文也。以刺繡於縿幕，加椁以覆棺，已乃屋其上，盡塗之。

孔氏曰：此一節論菆塗爲古天子殯法也。菆，叢也，謂用木菆棺而四面塗之，故云「菆塗龍輴」。殯時用輴車載柩，而畫轅爲龍也。「以椁」者，題湊菆木，象椁之形也。斧，謂繡覆棺之衣爲斧文也。先菆四面爲椁，使上與棺齊，而上猶開也。以棺衣從椁上入覆於棺，故云「加斧于椁上」也。畢，盡也。斧覆既竟，又四注爲屋，以覆於上而下，四面盡塗之。

廬陵胡氏曰：菆塗龍輴以椁，畫龍於輴車之轅以殯之，又菆聚椁材以周龍輴而塗之。先儒云「以椁，加椁也」，恐非。

【吴氏纂言】鄭氏曰：菆木以周龍輴，如椁而塗之，天子殯以輴車，畫轅爲龍。斧謂之黼，白黑文也。刺繡於縿幕，加椁以覆棺，已乃屋其上，盡塗之。

孔氏曰：菆，叢也，謂用木叢棺而四面塗之，故云「菆塗」。「龍輴」者，殯時以輴車載柩，而畫轅爲龍也。「以椁」者，題湊叢木，象椁之形。加斧，謂繡覆棺之衣爲斧文也。先菆四面爲椁，上與棺齊，而上猶開也。以棺衣從椁入覆於棺，故云「加斧於椁上」也。畢，盡也。斧覆既竟，又四注爲屋，覆上而下，四面盡塗之，故云「畢塗屋」。菆衆木直壘周龍輴，至上乃題湊，諸侯至上不題湊也。

廬陵胡氏曰：菆塗龍輴以椁，畫龍於輴車之轅以殯之，又菆聚椁材以周輴而塗之。先儒云「以椁，如椁也」，恐非。

澄曰：菆木以周龍輴，即所謂椁也。鄭氏謂之「如椁」者，釋此椁字所以名爲椁之義。蓋椁猶郭也，外城周於内城者爲郭，故外棺周於内棺者亦名爲椁，其義如外城之郭也。鄭意則是，而立文不明，有以致胡氏之惑。

【陳氏集説】疏曰：菆，叢也。菆塗，謂用木叢棺而四面塗之也。龍輴，殯時用輴車載柩，而畫轅爲龍也。「以椁」者，此叢木象椁之形也。繡覆棺之衣爲斧文，先菆四面爲椁，使上與棺齊，而上猶開。以此棺衣從椁上入覆於棺，故云「加斧於椁上」也。畢，盡也。斧覆既竟，又四注爲屋，以覆於上而下，四面盡塗之也。　今按，菆塗龍輴，是輴車亦在殯中，非脱去輴車而殯棺也。

【納喇補正】菆塗龍輴以椁。

集説　疏曰：菆，叢也。菆塗，謂用木叢棺而四面塗之也。龍輴，殯時用輴車載柩，而畫轅爲龍也。「以椁」者，此叢木象椁之形也。

竊案　廬陵胡氏曰：「菆塗龍輴以椁，畫龍於輴車之轅以殯之，又菆聚椁材以周輴而塗之。先儒云『以椁，如椁也』，恐非。」臨川吴氏曰：「菆木以周龍輴，即所謂椁也。鄭氏謂之『如椁』者，釋此椁字所以名爲椁之義。蓋椁猶郭也，外城周於内城者爲郭，故外棺周於内棺者亦名爲椁，其義如外城之郭也。鄭意則是，而立文不明，是致胡氏之惑。」今案集説又仍疏文而不爲改定，則是以以椁爲象椁之形，而非真槨矣。

【方氏析疑】注、疏皆云既塗叢木，加斧，後更爲屋於上而盡塗之。如以布帛爲屋，則不可更塗；以瓦甓，則輴車重不能勝，而不可引，與設輴之義相左。蓋攢本加之龍輴之上以爲椁，四面畢塗，塗乾，然後加幄，如大夫攢外有幬，士殯外有帷。顔柳曰「天子龍輴而椁幬，諸侯輴而設幬」，則「屋」即「幬」，而加於攢木之外明矣。

【欽定義疏】**正義** 鄭氏康成曰：菆木以周龍輴，如椁而塗之，天子殯以輴車，畫轅爲龍。斧，謂之黼，白黑文也。以刺繡於縿幕，加椁以覆棺，已乃屋其上，盡塗之。

孔氏穎達曰：此論菆塗爲古天子殯法也。菆，叢也，謂用木叢棺而四面塗之，故云「菆塗」。龍輴，殯時用輴車載柩，而畫轅爲龍也。「以椁」者，題湊菆木，象椁之形也。斧，謂繡覆棺之衣爲斧文也。先菆四面爲椁，使上與棺齊，而上猶開也。以棺衣從椁上入覆於棺，故云「加斧於椁上」也。畢，盡也。斧覆既竟，又四注爲屋，以覆於上而下，四面盡塗之。

陳氏澔曰：案「菆塗龍輴」，是輴車亦在殯中，非脱去輴車而殯棺也。

吴氏澄曰：菆木以周龍輴，即所謂椁也。鄭氏謂之「如椁」者，釋此椁字所以名爲椁之義，蓋椁猶郭也。外城周於内城者爲郭，故外棺周於内棺者亦名爲椁，其義如外城之郭也。

案 此節以「菆塗龍輴以椁」爲句。以，如也。葬時有椁，此殯時叢木亦如之。下又詳其法，言四旁叢木與椁平，乃於棺上加斧，幬覆於棺上。叢木皆題湊，中高四周卑，如此既畢而後塗之，則成屋之四注矣。

【杭氏集説】陳氏澔曰：案「菆塗龍輴」，是輴車亦在殯中，非脱去輴車而殯棺也。

吴氏澄曰：菆木以周龍輴，即所謂椁也。鄭氏謂之「如椁」者，釋此椁字所以名爲椁之義。蓋椁猶郭也，外城周於内城者爲郭，故外棺周於内棺者亦名爲椁，其義如外城之郭也。

姚氏際恒曰：下篇云「天子龍輴爲椁幬，諸侯輴而設幬」，此不言幬而言椁，蓋言諸侯不得爲象椁之制，故此惟言椁，而曰「天子之禮也」。

朱氏軾曰：屋，覆蓋也。以龍輴載棺而殯，菆木以爲之椁，椁與棺平，乃加斧其上而屋之，畢，遂塗其四周而殯焉。鄭云「如椁」，謂如葬之椁也。

方氏苞曰：注、疏皆云既塗叢木，加斧，後更爲屋于上而盡塗之。如以布帛爲屋，則不可更塗；以瓦甓，則輴車重不能勝，而不可引，與設輴之義相左。蓋攢本加之龍輴之上以爲椁，四面畢塗，塗乾，然後加幄，如大夫攢外有幬，士殔外有帷。顔柳曰「天子龍輴而椁幬，諸侯輴而設幬」，則屋即幬，而加于攢木之外，明矣。

【孫氏集解】鄭氏曰：菆木以周龍楯如椁而塗之，天子殯以輴車，畫轅爲龍。斧，謂之黼，白黑文也。以刺繡於縿幕上，加椁以覆棺，已乃屋其上，盡塗之。

孔氏曰：菆，叢也，用木菆棺而四面塗之，故云「菆塗」也。「龍輴」者，殯時用輴車載柩，而畫轅爲龍也。「以椁」者，亦題凑菆木，象椁之形也。斧，謂繡覆棺之衣爲斧文也。先菆四面爲椁，使上與棺齊，而上猶開，以棺衣從椁上入覆於棺，故云「加斧於椁上」也。「畢塗屋」者，畢，盡也，斧覆既竟，又四注爲屋，覆上而下，四面盡塗之也。

愚謂菆塗龍楯以椁者，天子之殯以龍輴載柩，其外菆木四周，象葬時之椁然也。加斧於椁上，謂用夷衾以覆棺，其上畫爲斧文也。喪大記曰「君錦冒、黼殺，大夫玄冒、黼殺，士緇冒、赬殺」「自小斂以往用夷衾。夷衾質殺之，裁猶冒也」，是君之夷衾畫黼也。既夕禮「幠用夷衾」，賈疏云「夷衾本擬覆棺，故斂不用」，則殯時用夷衾覆棺，明矣。「畢塗屋」者，菆木與棺齊，以夷衾從椁上入覆於棺，乃以木題凑而盡塗之。屋者，言其題凑之狀，中高而四下，象屋之形也。左傳宋葬文公「椁有四阿」，言其僭天子也。天子椁有四阿，其菆塗象椁，亦爲四阿可知。

【朱氏訓纂】天子之殯也，菆塗龍輴以椁，注：菆木以周龍輴，加椁而塗之，天子殯以輴車，畫轅爲龍。**加斧于椁上，畢塗屋，天子之禮也。**注：斧謂之黼，白黑文也。以刺繡於縿幕，加椁以覆棺，已乃屋其上，盡塗之。

【郭氏質疑】天子之殯也，菆塗龍輴以椁，加斧于椁上，畢塗屋。

鄭注：菆木以周龍輴，加椁而塗之，天子殯以輴車，畫轅爲龍。斧謂之黼，以刺繡於縿幕，加椁以覆棺，已乃屋其上，盡塗之。

孔疏：菆，叢也。先菆四面爲椁，上與棺齊。繡覆棺之衣爲斧文，從椁上入覆於棺，故云「加斧於椁上」。又四注爲屋，以覆於上而四面塗之。

嵩燾案，鄭意菆塗、加幬，又屋其上，凡三事。説文：「菆，麻莖也。」既夕記：「御以蒲菆。」鄭注：「菆，牡蒲莖也。」左傳襄十二年：「左射以菆。」王逸注楚辭「梟翮曰巖」：「一作菆。」梟翮，謂梟莖也。然則菆塗者，用麻莖或牡蒲莖攢柩而塗之，取其柔能護棺，且受塗以椁者，謂方其外如椁。加斧於椁上，言椁上竝爲黼文以象翣。其謂畢塗屋者，旁廣而豐起如屋。喪大記「大夫殯，塗不暨於棺」，惟君得畢塗屋也。喪大記「飾棺，素錦褚」，鄭注：「以櫬覆棺。」即棺衣也。周素錦爲之，無繡黼者，覆棺之衣豈得加於椁上？縿幕之屬，則周禮幕人「所共之幕帟」，鄭注：「幕，張之於庭。」帟者，柩上承塵。王張帟三重，諸侯再重，又不得以覆棺也。既夕記「用軸」，鄭注：「軸，輁軸也。大夫、諸侯以上有四周，謂之輴，天子畫之以龍。」輴，一作「楯」，説文：「楯，欄檻也。」縱曰欄，横曰楯，天子殯車四周有楯，畫龍，而此注云「畫轅爲龍」，轅者，車前輈，所以駕馬。殯車不當用馬，考工記注輈長「丈四尺四寸」，以納之所殯之屋，將無所容，尤乖龍輴命名之義，此當以儀禮注爲正。

三·一一二 ○**唯天子之喪，有别姓而哭。**使諸侯同姓、異姓、庶姓，相從而爲位，别於朝覲來時。朝覲，爵同同位。○别，彼列反，注同。朝，直遥反，下同。

【疏】「唯天」至「而哭」[一]。○正義曰：此一節論哭天子之事，各依文解之。○注「使諸」至「同位」。○正義曰：異姓者，鄭注周禮云：「王昏姻甥舅。」「庶姓」者，謂與王無親者。此言「朝覲，爵同同位」，則不分别同姓、異姓。然覲禮「諸侯受舍於朝，同姓西面，異姓東面」，鄭注云：「分别同姓、異姓，受之將有先後也。」與此不同者，覲禮先公而後侯，先侯而後伯，是亦爵同同位，位就同姓之中[二]，先爵尊耳，與此無别。

【衛氏集説】鄭氏曰：使諸侯同姓、異姓、庶姓，相從而爲位，别於朝覲來時。朝覲，爵同同位。

孔氏曰：此一節論哭天子之事。鄭注周禮云「異姓，謂王昏姻甥舅」。庶姓，謂與王無親者。朝覲，爵同同位，則不分别同姓、異姓。然覲禮「諸侯受舍於廟，同姓西面，異

[一] 唯天至而哭　惠棟校宋本無此五字。○鍔按：「唯天」上，阮校有「唯天子之喪節」六字。

[二] 位就同姓之中　閩、監、毛三本同。惠棟校宋本「位」作「但」，是也，衛氏集説同。

姓東面」者，覲禮先公而後侯，先侯而後伯，是亦爵同同位，但就同姓之中，先爵尊爾。

【吴氏纂言】别，謂分别。

鄭氏曰：使諸侯同姓、異姓、庶姓，相從而爲位，别於朝覲來時。朝覲，爵同同位。

孔氏曰：此論哭天子之事。異姓，謂王昏姻甥舅。庶姓，謂與王無親者。朝覲，爵同同位，則不分别同姓、異姓。然覲禮「諸侯受舍於廟，同姓西面，異姓東面」者，覲禮先公而後侯，先侯而後伯，是亦爵同同位，但就同姓之中，先爵尊爾。

【陳氏集説】諸侯朝覲天子，爵同則其位同。今喪禮則分别同姓、異姓、庶姓，使各相從而爲位以哭也。

【郝氏通解】**天子之殯也，菆塗龍輴以椁，加斧于椁上，畢塗屋，天子之禮也。唯天子之喪，有别姓而哭。**

菆，叢也。用木叢柩，四面塗之也。輴，載柩之車，如牀，四周有欄楯，而畫龍于上，故曰龍輴。「以椁」者，輴外叢木象椁四面圍之也。斧，黼也，白黑曰黼，繡黼爲覆棺之衣也。周叢爲椁而開其上，加黼衣内覆棺上，又爲屋四注，以覆之而下，四面塗之也。别姓者，宗族爲同姓，婚姻爲異姓，無親者爲庶姓，分類爲位而哭也。

【欽定義疏】正義　鄭氏康成曰：使諸侯同姓、異姓、庶姓，相從而爲位，别於朝覲來時。朝覲，爵同同位。

孔疏：朝覲爵同同位，則不分别同姓、異姓。然覲禮「諸侯受舍於廟，同姓西面，異姓東面」者，覲禮先公而後侯，先侯而後伯，是亦爵同同位，但就同姓之中，先爵尊爾。

孔氏穎達曰：此論哭天子之事。鄭注周禮云「異姓，謂王昏姻甥舅」。庶姓，謂與王無親者。

案 周之宗盟，異姓爲後，故哭，同姓先，異姓後，庶姓則尤後也。若諸侯，則子入，卿、大夫序入，而哭不分同異姓矣。

【孫氏集解】鄭氏曰：使諸侯同姓、異姓、庶姓，相從而爲哭位，别於朝覲來時。朝覲，爵同同位。

愚謂「别姓而哭」謂分别同姓、異姓之諸侯而爲哭位也。喪大記：「既正尸，子坐於東方，卿、大夫、父兄、子姓立於東方，有司、庶士哭於堂下，北面，夫人坐於西方，内命婦、姑、姊妹、子姓立於西方，外命婦率外宗哭於堂上，北面。」士喪禮：「主人入，坐於牀東，衆主人在其後，西面。婦人俠牀，東面。親者在室。衆婦人户外，北面。衆兄弟堂下，北面。」此未小斂以前之哭位也。又士喪禮「朝夕哭，婦人即位於堂，南上，哭。丈夫即位於門外，西面，北上。外兄弟在其南，南上。賓繼之，北上，門東，北面，西上；門西，北面，東上；西方，東面，北上。主人即位，辟門，婦人拊心，不哭。主人拜賓，旁三，右還，入門，哭，婦人踊。主人堂下直東序，西面，兄弟皆即位，如外位。卿、大夫在主人之南，諸公門東少進，他國之異爵者門西少進」。門外之西方東面者，士也。士在門外，在西方東面，則在門内亦然。不言者，從可知也。此雖朝夕哭位，其實自小斂以後已然。諸侯朝夕哭位雖不可考，然未小斂以前，諸侯哭位與士禮大畧不殊，則朝夕哭位亦然。其異者，士禮門東之位，在諸侯當爲寄公之位；士禮門西之位，在諸侯當爲鄰國弔賓之位；士禮丈夫、外兄弟、卿、大夫各不相統，而諸侯則諸臣西面立，位皆北上，而統於君耳。是自諸侯以下皆無別姓而哭之法也。天子之喪，公、卿、大夫之位宜亦與諸侯以下無異。此之別姓而哭，惟諸侯之位，則同姓者在門東，異姓者在門西，而皆東上也。

【朱氏訓纂】注：使諸侯同姓、異姓、庶姓，相從而爲位，別於朝覲來時。朝覲，爵同同位。

三·一一三　○**魯哀公誄孔丘曰：「天不遺耆老，莫相予位焉。嗚呼哀哉，尼父！」**誄其行以爲謚也[一]。莫，無也。相，佐也。言孔子死，無佐助我處位者。尼父，因其字以

[一] 誄其行以爲謚也　閩、監、毛本同，岳本、嘉靖本同，衛氏集説同。考文引古本、足利本重「誄」字，宋監本作「誄累其行以爲謚也」。按：左傳哀十六年正義引禮記注「誄，累也。累列生時行迹，讀之以作謚」。○鍔按：「誄其」上，阮校有「魯哀公節」四字。

爲之謚[一]。○誄，力軌反。耆，巨支反。相，息亮反，注同。父，音甫。行，下孟反。

【疏】「魯哀」至「尼父」[二]。○正義曰：此一節論哀公誄孔子之事。孔子以哀公十六年夏四月己丑日卒，哀公欲爲作謚。作謚宜先列其生時行狀，謂之爲誄。

○「曰：天不遺耆老，莫相予位焉」者，作誄辭也。遺，置也。耆老，謂孔子也。莫，無也。相，佐也。言上天不置孔子，故無復佐助我處於位也。

○「嗚呼哀哉」，傷痛之辭也。

○「尼父」，尼則謚也，父且字甫，是丈夫之美稱，稱字而呼之「尼父」也[三]。

【衛氏集説】鄭氏曰：誄其行以爲謚也。莫，無也。相，佐也。言孔子死，無佐助我

[一] 尼父因其字以爲之謚　閩、監、毛本同，嘉靖本同，衛氏集説同。惠棟校宋本「其」作「且一」。岳本亦作「且」，無「一」字，宋監本同。考文引古本與宋本同，足利本與岳本同。段玉裁云：「『且字』見儀禮者四，見禮記者三，見公羊傳者三。疏家多不得其解，今案説文：『且，薦也』，凡承藉於下曰「且」。凡冠而字祇有一字耳，必五十而後以伯仲，故下一字所以承藉伯仲也。言伯某、仲某，是稱其字；單言某甫，是稱其且字。若韓非子於孔子單言『尼』，蓋五十以前事也。此注家『且字』之説也。」其説甚詳，不可備録。又云：「檀弓注『且字』，俗本譌作『其字』，今本左傳哀十六年疏引譌作『目字』，宋本禮記注疏譌作『且一字』三字。惟南宋禮記、監本及慶元本左傳哀十六年疏作『且字』，不誤。」

[二] 魯哀至尼父　惠棟校宋本無此五字。

[三] 稱字而呼之尼父也　惠棟校宋本作「呼」。此本「呼」字闕，閩本同。監、毛本作「謚」，非。

處位者。尼父，因其字以爲之謚。

孔氏曰：此一節論哀公誄孔子之事。孔子以哀公十六年夏四月己丑卒，哀公欲爲作謚，故先列其生時行狀，謂之爲誄。「天不遺耆老」以下，誄辭也。遺，置也。耆老，謂孔子也。嗚呼哀哉，傷痛之辭也。尼，謚也。父，字也，丈夫之美稱也。

山陰陸氏曰：據此左傳所録「公誄之曰『旻天不弔，不憖遺一老，俾屏余一人以在位』」，不脩春秋之辭也。今記脩之如此。

【吴氏纂言】山陰陸氏曰：據左傳所録曰「旻天不弔，不憖遺一老，俾屏予一人以在位」，不脩春秋之辭也。今記脩之如此。

朱子曰：誄者，哀死而述其行之詞。

孔氏曰：孔子以哀公十六年夏四月己丑卒，哀公列其生時行狀爲誄。「天不遺耆老」以下，誄辭也。遺，置也。耆老，謂孔子。嗚呼哀哉，傷痛之辭。尼，字。父，丈夫之美稱也。

澄曰：遺，猶留也。鄭氏曰：「莫，無也。相，助也。言孔子死，無佑助我處位者。」

按左傳載子貢之言云：「生不能用，死而誄之，非禮也。」

【陳氏集説】作謚者，先列其生之實行，謂之誄。大聖之行，豈容盡列？但言天不留此老成而無有佐我之位者，以寓其傷悼之意而已耳。稱孔斤者，君臣之辭，此與左傳之言不同。

鄭氏曰：尼父，因其字以爲之謚也。

【郝氏通解】誄，類也，類死者生平而哀之，猶今之行狀、挽辭云爾。鄭康成謂「因其字爲謚」，夫尼烏足以謚聖人乎？

按謚尼父而知哀公之愚矣。誄以成謚，誄其生不得行道而謚之曰「尼」。尼，泥也，止不行也，孟子云「止或尼之」。抑不思孔子不得位誰尼之，而遂用爲謚，何異於里人之「東家丘」者？解者曰，聖人之行難盡列，然則堯、舜、禹、文何獨不字乎？不然則鄭氏之説誤也。誄耳，非謚也。

【方氏析疑】左傳：「子貢曰：『君其不没於魯乎！夫子之言曰：「禮失則昏，名失則愆。」失智爲昏，失所爲愆。生不能用，死而誄之，非禮也。稱一人，非名也。君兩失之。』」周公制禮，謚以易名，誄以表行，誄不列行，謚不昭德，而以字爲謚，無非失禮。失名者，以見聖而不用稱名。而上干其過甚大，故獨舉二者而無暇及乎其餘耳。

【江氏擇言】鄭注：誄其行以爲謚也。尼父，因其字以爲之謚。

按，誄者，哀死之辭，與謚不同。尼父者，因其字而尊稱之耳，注、疏以爲謚，誤甚。左氏傳所載誄辭傷煩，且有稱「余一人」之失，記者删潤之如此。

【欽定義疏】正義 鄭氏康成曰：誄其行以爲謚也。莫，無也。相，佐也，言孔子死，無佐助我處位者。

孔氏穎達曰：此論哀公誄孔子之事。孔子以哀公十六年夏四月己丑卒。「天不遺耆老」以下，誄辭也。遺，置也。耆老，謂孔子也。嗚呼哀哉，傷痛之辭也。父，字也，丈夫之美稱也。

陸氏佃曰：據左傳所録「公誄之曰『旻天不弔，不憖遺一老，俾屏余一人以在位』」，不脩春秋之辭也。今記脩之如此。

朱子曰：誄者，哀死而述其行之辭。

陳氏澔曰：稱孔丘者，君臣之辭。

姚氏舜牧曰：生不能宗其道，於其死也誄之，其亦所謂虛辭也與！

存疑 鄭氏康成曰：尼父，因其字以爲之謚。

孔氏穎達曰：尼，謚也。案：説見「戰乘丘」，且謚法無「尼」。

【杭氏集説】朱子曰：誄者，哀死而述其行之辭。

陳氏澔曰：稱孔丘者，君臣之辭。

姚氏舜牧曰：生不能宗其道，於其死也誄之，其亦所謂虛辭也與！

楊氏慎曰：左傳所録有「屏予一人」之語，今記修之如此。

姚氏際恒曰：鄭氏曰：「尼父，因其字以爲之謚。」蓋父乃丈夫之美稱，豈謚乎！鄭欲以誄爲謚，故爲此妄説。

方氏苞曰：左傳：「子貢曰：『君其不没于魯乎！夫子之言曰：「禮失則昏，名失則愆。」失智爲昏，失所爲愆。生不能用，死而誄之，非禮也。稱一人，非名也。君兩失之。』」周公制禮，謚以易名，誄以表行，誄不列行，謚不昭德，而以字爲謚，無非失禮。失名者，以見聖而不用稱名。而上干其過甚大，故特舉二者而無暇及乎其餘耳。

任氏啟運曰：誄者，哀死而述其行之辭，非必有謚也。禮，去位大夫無謚，故舉字以誄之。

【孫氏集解】稱孔丘者，君臣之辭也。耆老，謂孔子。相，助也，言孔子死而無助我之位者，傷之之辭也。尼父，孔子之字也，孔子無謚而爲誄，誄之不必有謚，於此見矣。按左傳哀公誄孔子曰：「旻天不弔，不憖遺一老，俾屏予一人以在位，煢煢余在疚，嗚呼哀哉！尼父！無自律。」子贛曰：「生不能用，死而誄之，非禮也。稱一人，非名也。」與此所載不同，大約檀弓所載與左氏不同者，皆當以左氏爲確。

【朱氏訓纂】注：誄，累其行以爲謚也。莫，無也。相，佐也。言孔子死，無佐助我處位者。尼父，因且字以爲之謚。江氏永曰：誄者，哀死之辭，與謚不同。段氏玉裁曰：「案説文『且，薦也』，凡承藉於下曰且。凡冠而字，祇有一字耳，必五十而後以伯仲，故下一字所以承藉伯仲也。」言伯某、仲某，是稱其字，單言某父，是稱其且字。

三·一一四　○**國亡大縣邑，公、卿、大夫、士皆厭冠，哭於大廟三日**[一]**，君不舉。**軍敗失地，以喪歸也[二]。厭冠，今喪冠，其服未聞。○大縣，「郡縣」之縣。厭，于葉反，注同。大，音泰。**或曰：君舉而哭於后土。**后土，社也。

【疏】「國亡」至「后土」[三]。○正義曰：此一節論人君爲國致憂之事。

○「國亡大縣邑」者，亡，失也[四]，國之軍敗，亡失土邑也[五]。

○「公、卿、大夫、士皆厭冠，哭於大廟三日」者，公，孤也。士喪禮云「公卿大夫繼主人」，鄭云「公，大國之孤，四命」者是也。「厭冠」，喪冠也。國既失地，是諸侯無德所招，故諸臣皆著喪冠而哭於君之大廟三日也。失地爲先祖所哀，故在廟也。

○「君不舉」者，「舉」謂舉樂也。臣入廟三日哭，故君亦三日不舉樂也。

「或曰：君舉而哭於后土」者，后土，社也。又有或者言亦舉樂，而自於社中哭之，社

[一]　哭於大廟三日　閩、監本同，石經同，岳本、嘉靖本同，衛氏集説本同。毛本「大」作「太」，非，疏同，釋文亦作「大」。○鍔按：「哭於」上，阮校有「國亡大縣邑節」六字。

[二]　以喪歸也　閩、監、毛本同，岳本、嘉靖本同，衛氏集説同。考文引古本、足利本「喪」下有「禮」字。

[三]　國亡至后土　惠棟校宋本無此五字。

[四]　亡失也　監、毛本作「亡」。此本「亡」誤「云」，閩本同。

[五]　亡失土邑也　閩、監、毛本作「土」，此本誤「士」。

主土故也。然二處之哭，鄭皆不非，未知孰是。庾蔚云：「舉者，謂舉饌。」引周禮膳夫「王日一舉」，又「王齊日三舉」，注云：「殺牲盛饌曰舉。」案庾蔚及前通合而爲用也。

【衛氏集説】鄭氏曰：軍敗失地，以喪歸也。厭冠，今喪冠，其服未聞。后土，社也。

孔氏曰：此一節論人君爲國致憂之事。國既失地，諸臣皆著喪冠而哭於君之太廟三日也。失地爲先祖所哀，故在廟。臣既於廟三日哭，故君亦三日不舉樂也。又有或者言亦舉樂，而自于社中哭之，社主土故也。庾氏曰：「舉者，謂舉饌。」引周禮膳夫「王日一舉」，又「王齊日三舉」，注云：「殺牲盛饌曰舉。」

金華應氏曰：哭於太廟者，傷祖宗基業之虧損。哭於后土者，傷土地封疆之朘削也。不舉，自貶損也。曰「君舉」者，非也。

廬陵胡氏曰：失敗喪地，此末世之事，知記禮者乃後代人也。

【吴氏纂言】鄭氏曰：軍敗喪地，以喪歸也。厭冠，今喪冠。后土，社也。

孔氏曰：亡，失也，軍敗亡失土邑也。公，孤也。大國之孤，四命曰公。失地爲先祖所哀，故哭於大廟也。舉，謂舉樂。臣入廟三日哭，君亦三日不舉樂。庾蔚云「舉，謂舉饌」，殺牲盛饌曰舉。又有或人言君亦舉，而自於社中哭之，社主土故也。

【陳氏集説】厭冠，喪冠也，説見曲禮。盛饌而以樂侑食曰舉。后土，社也。應氏曰：哭於大廟者，傷祖宗基業之虧損。哭於后土者，傷土地封疆之朘削也。不舉，自貶損也。曰「君舉」者，非也。

【郝氏通解】厭冠，喪冠，厭帖不起也。哭於大廟，傷先業之虧也。盛饌作樂曰舉，君不舉，自貶也。后土，社也，哭於后土，傷土地之削也。

【欽定義疏】正義 鄭氏康成曰：軍敗失地，以喪歸也。厭冠，今喪冠，其服未聞。后土，社也。

孔氏穎達曰：此論人君爲國致憂之事。公，孤也。國既失地，是諸侯無德所招，故諸臣皆著喪冠而哭於君之太廟三日。失地爲先祖所哀，故在廟也。臣既於廟三日哭，故君亦三日不舉樂。又有或者言亦舉樂，而自於社中哭之，社主土故也。

庾氏蔚之曰：舉，謂舉饌。周禮膳夫：「王日一舉。」案：王制云：「天子食，日舉以樂。」

辨正 應氏鏞曰：哭於大廟者，傷祖宗基業之虧損。哭於后土者，傷土地封疆之朘削也。不舉，自貶損也。曰「君舉」者，非也。

案 周禮大司馬「若師不功，則厭而奉主車」，鄭注：「厭，喪冠也。」左傳「秦伯素服郊次，鄉師而哭」，則哭之服其素服與？

【杭氏集説】姚氏際恒曰：言失師喪地，乃春秋時事也。

朱氏軾曰：舉而哭，謂君率諸臣共哭也。不舉，謂諸臣自哭，不待君之舉也。

【孫氏集解】鄭氏曰：軍敗失地，以喪歸也。厭冠，今喪冠，其服未聞。后土，社也。

愚謂縣，邑之大者。左傳：「克敵者，上大夫受縣，下大夫受郡。」公，四命之孤也。厭冠，蓋即素冠，其制厭伏，與喪冠同也。其服則素服，周禮大司馬「師不功，則厭而奉主車」，下篇云「軍有憂，則素服哭於軍門之外」，則此厭冠當素服，明矣。殺牲盛食曰舉。軍敗失地，以喪禮處之，故群臣皆厭冠，哭於大廟三日，君又爲之三日不舉也。必哭於大廟者，以土地人民受之先祖故也。后土，社也。或言君舉而自往社中哭之，以社主土故也。

應氏鏞曰：曰舉者，非也。

【朱氏訓纂】注：軍敗失地，以喪歸也。厭冠，今喪冠，其服未聞。后土，社也。

【郭氏質疑】公、卿、大夫、士皆厭冠，哭於大廟。

鄭注：厭冠，今喪冠，其服未聞。

嵩燾案，周禮大司馬「若師不功，則厭而奉主車」，鄭司農云：「厭謂厭冠，喪服也，軍敗以喪禮。春秋傳曰：『秦伯素服郊次，鄉師而哭。』」司服：「大札、大荒、大烖，素服。」素服者，損盛服也。鄭注周禮兼服言之，語自明曉。既夕記：「冠六升，外縪，纓條屬，厭。」賈公彦疏：「吉冠，從武上鄉内縫之，縪餘在内謂之内縪。凶冠，從武下鄉外縫之，謂之外縪。以其冠在武下過，鄉上反縫，故云厭也，五服之冠皆厭。」孔氏曲禮疏乃云，厭冠，謂厭帖無梁、纚。問喪：「親始死，雞斯。」鄭注：「雞斯，當爲笄纚。」笄纚者，去冠也。小斂括髮而後去纚。厭冠，易冠而已，未宜竝纚去之。晉書輿服志：「古者冠無幘，冠下有纚。」漢世易「纚」爲「幘」，漢輿服志冠有「鐵卷梁，展筩」。晉書以「纚」爲「展筩」，而進賢冠有五梁、三梁、兩梁、一梁之別。鄭注士冠禮「纚，今之幘梁也」。幘、梁連文，則若古之笄纚。非括髮無去笄纚之理，厭冠自爲冠制，孔疏以去梁纚當之，不獨非厭冠之義，亦稍失事實矣。

三日，君不舉。或曰：君舉而哭於后土。

鄭注：后土，社也。

孔疏：或者言亦舉樂，而自於社中哭之。

嵩燾案，兩「舉」字連文而義各別。周禮膳夫：「王日一舉，以樂侑食。邦有大故則不舉。」鄭注：「殺牲盛饌曰舉。大故，寇戎之事。」玉藻諸侯日特牲，朔月少牢。論語敘魯樂師有亞飯、三飯、四飯之名。王制所謂「日舉以樂」，蓋天子、諸侯同之，舉必以樂。經言「三日不舉」，自謂不特殺，非謂不舉樂也。下云「君舉而祭於后土」，又別爲祭告之禮，不承上爲文。師氏：「凡祭祀、賓客、會同、喪紀、軍旅，王舉則從。」舉者，通辭也。肆師：「凡師甸，用牲於社。」小司徒：「凡會同、軍旅、甸役之禱祠，爲位。國有禍烖，亦如之。」大司馬：「若師有功，愷樂獻於社；不功，則厭而奉主車。」鄭注：「主，謂遷廟之主及社主在軍者。」「奉，送也，送主歸於廟社。」是凡軍旅之事，出入必於社。詩：「靡神不舉。」曲禮：「凡祭，有其舉之。」王制：「山川神祇，有不舉者，爲不敬。」「君舉」者，謂君自告祠於社而哭之。孔疏不達其義，集説遂引應氏之言，以爲「君舉」非也，殆失之遠矣。

三・一一五　○**孔子惡野哭者。**爲其變衆。周禮銜枚氏[一]「掌禁野叫呼歎呼於國中者[二]，行歌哭於國中之道者。」○惡，烏路反。銜枚，上音咸，下木杯反。呼，火故、火胡二反。

【疏】「孔子惡野哭者」[三]。○正義曰：哭非其地謂之野。爲變衆，故惡之也。

【衛氏集説】鄭氏曰：爲其變衆。周禮銜枚氏：「掌禁嘂呼歎嗚於國中者，行歌哭於國中之道者。」

孔氏曰：哭非其地謂之野。

[一]　周禮銜枚氏　監、毛本作「銜」，岳本、嘉靖本同。此本「銜」誤「御」，閩本同。○鍔按：「周禮」上，阮校有「孔子惡野哭者節」七字。

[二]　掌禁野叫呼歎呼於國中者　閩、監、毛本同。惠棟校宋本下「呼」作「嗚」，宋監本、岳本、嘉靖本同，考文引古本、足利本同。衛氏集説作「掌嘂呼歎嗚於國中者」，無「野」字。作「嘂」「嗚」字與周官經合。釋文出「叫呼」。

[三]　孔子惡野哭者　惠棟校宋本無此六字。

横渠張氏曰：孔子惡野哭者，爲有服者之喪，不哭諸家而哭於野，是惡凶事也。所知自當哭於野。又若奔喪者，安得不哭於道？

嚴陵方氏曰：「子蒲卒，哭者呼滅，子高曰：『若是野哉！』」。孔子之所惡者，以其如此。故家語之文，則連言之。孔子嘗言「所知，吾哭諸野」，若此所謂野，豈其惡之哉？

廬陵胡氏曰：謂哭不以禮爲野。

【吴氏纂言】鄭氏曰：爲其變衆。周禮銜枚氏「掌禁野叫呼歎嗚於國中者，行歌哭於國中之道者」。

孔氏曰：哭非其地謂之野。

張子曰：爲有服者之喪，不哭諸家而哭於野，是惡凶事也，孔子惡野哭者謂此。所知自當哭於野。若奔喪，安得不哭于道？

方氏曰：孔子嘗言「所知，吾哭諸野」，豈其惡之哉？「子蒲死，哭者呼滅，子皋曰：『若是野哉！』」孔子之所惡者如此。

廬陵胡氏曰：哭不以禮爲野。

【陳氏集説】「所知，吾哭諸野」，夫子嘗言之矣。蓋哭其所知，必設位而帷之以成禮。此所惡者，或郊野之際，道路之閒，哭非其地，又且倉卒行之，使人疑駭，故惡之也。方氏説「哭者呼滅，子皋曰野哉，孔子惡者以此」，恐未然。

【郝氏通解】夫子嘗自言「所知，吾哭諸野」，謂設位爲帷，成禮也。此謂哭諸道路、郊野，無喪紀之位、擗踴之節者也。周禮銜枚氏禁野叫呼、行歌哭于國中之道者，惡其驚衆也。或云如成子皋所譏野哉哭者，然則所知哭諸野，亦非夫子之言矣。

【江氏擇言】鄭注：爲其變衆。

孔疏云：哭非其地曰野。

張子云：爲有服者之喪，不哭諸家而哭於野，是惡凶事也，孔子惡野哭者謂此。所知自當哭於野。若奔喪，安得不哭於道？

陳氏云：「所知，吾哭諸野」，夫子嘗言之矣。蓋哭其所知，必設位而帷之以成禮。此所惡者，或郊野之際，道路之間，哭非其地，又且倉卒行之，使人疑駭，故惡之也。方氏説「哭者呼滅，子皋曰野哉，孔子惡者以此」，恐未然。

按，陳氏説善矣。張子謂惡凶事，亦或有之。

【欽定義疏】 **正義** 鄭氏康成曰：爲其變衆。周禮銜枚氏「掌禁嘂呼歎嗚於國中者，行歌哭於國中之道者」。

張子曰：有服者之喪，不哭諸家而哭於野，是惡凶事也。所知自當哭於野，又若奔喪者，安得不哭於道？

存異 孔氏穎達曰：哭非其地謂之野。

方氏慤曰：「子蒲卒，哭者呼滅，子皋曰：『若是野哉！』」孔子之所惡者，以其如此。故家語之文連言之。

【辨正】陳氏澔曰：哭所知於野，必設位而帷之以成禮。此或郊野之際，道路之間，哭非其地，又且倉卒行之，使人疑駭，故惡之也。孔氏、方氏説恐未然。

【杭氏集説】張子曰：有服之喪，不哭于家，而哭于野，是惡凶事也。

胡氏詮曰：哭不以禮，謂之野。非其時、非其地與無其節，皆是也。蓋因上章之語而并記之。

陳氏澔曰：哭所知於野，必設位而帷之以成禮。此或郊野之際，道路之間，哭非其地，又且倉卒行之，使人疑駭，故惡之也。

姚氏際恒曰：此野自是「郊野」之野，但與前孔子云「所知，吾哭諸野」矛盾。檀弓多有如此者，今解者或謂是子皋譏「野哭」之野。或謂哭不以禮曰野。皆曲説。

朱氏軾曰：聖人不爲已甚，苟非傷情滅禮之至者，何至惡之？今人蓋棺甫畢，停置寺廟受弔。又客死，柩還，不容入寢。此張子所謂惡凶事而野哭者，宜孔子之惡之矣。

姜氏兆錫曰：方氏曰：「哭者呼滅，子皋曰野哉，孔子惡者以此。」陳注曰：「『所知，吾哭諸野』，子言之矣，然亦必設位而帷之以成禮。若哭非其地，又且倉卒，駭人，故惡之也。方氏説恐未然。」愚按方氏之義，今考家語爲有據，家語云：「子蒲卒，哭者呼滅，子游曰：『若是哭也，野哉！』孔子惡野哭者。哭者聞之，遂改之。」則方説亦無可疑矣。而陳注乃疑其未然者，其于前文「子蒲卒，哭者呼滅」章，先誤解「滅」字，故于此反疑方氏之不悖者爲悖，而以「吾哭諸野」之野曲爲解也。義詳「子蒲卒」章。

【孫氏集解】鄭氏曰：爲其變衆。周禮銜枚氏：「掌禁嚻呼歎鳴於國中者，行歌哭於國中之道者。」

張子曰：有服者之喪，不哭於家而哭於野，是惡凶事也。所知當哭於野。又若奔喪者，安得不哭於道？

【朱氏訓纂】注：爲其變衆。周禮銜枚氏：「掌禁野叫呼歎鳴於國中者，行歌哭於國中之道者。」　正義：哭非其地，謂之野。　陳可大曰：「所知，吾哭諸野」，夫子嘗言之矣。蓋哭其所知，必設位而帷之以成禮。此所惡者，或郊野之際，道路之間，哭非其地，又且倉卒行之，使人疑駭，故惡之也。

三·一一六　○**未仕者不敢稅人。如稅人，則以父兄之命。**不專家財也。稅，謂遺于人[一]。○稅，始銳反，謂以物遺人也。遺，維季反。

【疏】「未仕」至「之命」。○正義曰：此論人子之法也。「稅人」，謂以物遺人也。「未仕」，未尊[二]，則亦不敢專家財餉人也。「如稅人」，謂已仕者也，雖得遺人，亦當必稱父兄以將遺之[三]。

【衛氏集說】鄭氏曰：此不專家財也。稅，謂遺予人。

孔氏曰：此論人子之法。如稅人，謂已仕者也。

嚴陵方氏曰：未仕則無祿，故不敢稅人。其或禮有所不可廢，義有所不可免，則以父兄之命而已。

【吳氏纂言】鄭氏曰：不專家財也。稅，謂遺與人。

孔氏曰：未仕則不敢以物遺人。如稅人，謂已仕者也。雖得遺人，亦當稱父兄以將之，此人子之法也。

[一] 稅謂遺于人　閩、監、毛本同，嘉靖本同。衛氏集說「于」作「於」。惠棟校宋本「于」作「予」，宋監本同，岳本同。考文引古本、足利本亦作「予」，是；「人」下有「物」字，非。正義皆云「謂以物遺人也」，是足利本所據補也。○鍔按：「稅謂」上，阮校有「未仕者節」四字。

[二] 未仕未尊　閩、監、毛本如此，此本「未仕」誤「夫任」。

[三] 亦當必稱父兄以將遺之　閩、監、毛本作「稱」，此本誤「類」。

之命。方氏曰：未仕者無禄，故不敢稅人。其或禮有所不可廢，義有所不可免，則以父兄

【陳氏集說】稅人，以物遺人也。未仕者身未尊顯，故内則不可專家財，外則不可私恩惠也。或有情義之所不得已而當遺者，則稱尊者之命而行之。

【納喇補正】未仕者不敢稅人。

集說 稅人，以物遺人也。

竊案 「稅人」之稅當作「裞」。郝氏曰：「稅與襚同，贈死者衣服也。未仕者，則衣服不備，不敢襚人。」而謂以物遺人，非也。

【郝氏通解】稅、裞同，通作「襚」。以衣服贈死曰裞，古者斂尸用盛服，未仕則衣服不備，故不敢以襚人。如襚人，有父兄在，必以父兄之命。蓋衣服、財幣不敢自專也，玉藻云「親在，行禮於人，稱父」是也。

【欽定義疏】正義 鄭氏康成曰：不專家財也。稅，謂遺於人。孔氏穎達曰：此論人子之法。稅人，謂已仕者也，雖得遺人，亦必當稱父兄以將之。陳氏澔曰：未仕者身未尊顯，故内則不可專家財，外則不可私恩惠也。或有情義之所不得已而當遺者，則稱尊者之命而行之。案：孔、陳二説，對舉乃備，故並存之。

【杭氏集說】陳氏澔曰：未仕者身未尊顯，故内則不可專家財，外則不可私恩惠也。

或有情義之所不得已而當遺者，則稱尊者之命而行之。

姚氏際恒曰：稅、裞同，同通作「襚」，以衣贈死也。按此説亦可商。未仕而親没者，其何以稅人乎？玉藻云：「親在，行禮于人，稱父。」則已仕而親在者，固可不必稱父也。

陸氏奎勳曰：稅，同「襚」，贈死者衣服也。陳氏謂以物遺人，恐非。

【孫氏集解】鄭氏曰：不專家財也。稅，謂遺於人。

陳氏澔曰：未仕者身未尊顯，故内則不可專家財，外則不可私恩惠。或有情義之所不得已而當遺者，則稱父兄之命而行之。

愚謂稅，謂以財物助人喪事，即所謂賻也。

【朱氏訓纂】注：不專家財也。稅，謂遺予人。

【郭氏質疑】鄭注：不專家財也。稅，謂遺於人。

嵩燾案，「稅」當爲「裞」，説文：「贈終者衣被曰裞。」段氏玉裁云：「裞，蓋襚之或字。」而説文「襚」下云：「衣死人也。」以衣死人，故凡贈死者之衣，通名爲襚。許君自分兩義。鄭注士喪禮「襚之言遺也」，與此同訓。贈終者與生者皆可言遺，而以物遺人，不得爲稅。士喪禮，親者襚，不將命；庶兄弟襚，將命於室；朋友襚，親以進。凡五服之親及朋友，皆有襚。此云「稅人」，泛言之也。雜記：「諸侯相襚，以後路與冕服。先路、褒衣不以襚。」是凡致襚，各以其服。未仕者，玄端、弁服皆不得具，故無裞人之理。通言父兄，當假父兄已仕者之命行之，諸父、諸兄皆是也。内則：「子婦無私貨，無私器，不敢私假，不敢私與。」父兄在而私遺人，尤禮所必無者。鄭注「不專家財」，殆誤也。

三·一一七 ○**士備入而后朝夕踊。** 備，猶盡也。國君之喪，嫌主人哭[一]，入則踊。

【疏】「士備」至「夕踊」[二]。○正義曰：此一節論君喪，羣臣朝夕哭踊之事。「備」，盡也。國君喪，羣臣則朝夕即位哭踊。嗣君孝子，雖先入即位哭[三]，必待諸臣皆入列位畢後，乃俱踊者也。士卑最後，故舉士入爲畢也。所入有前後，而相待踊者[四]，孝子哀深，故前入也。踊須相視爲節，故俟齊也。

【衛氏集説】鄭氏曰：備，猶盡也。國君之喪，嫌主人哭，入則踊。

孔氏曰：此一節論君喪羣臣朝夕哭踊之事。嗣君雖先入即位哭，必待諸臣皆入列位畢後，乃俱踊也。士卑最後，故舉士入爲畢也。孝子哀深，故前入。踊必相視以爲節，

[一] 嫌主人哭　毛本作「嫌」，岳本、嘉靖本同，衛氏集説同。此本「嫌」字闕，閩、監本同。○鍔按：「嫌主」上，阮校有「士備入節」四字。

[二] 士備至夕踊　惠棟校宋本無此五字。

[三] 雖先入即位哭　閩、監、毛本作「位」，衛氏集説同。此本「位」誤「布」。

[四] 而相待踊者　惠棟校宋本作「而」，此本「而」字闕。閩、監、毛本作「必」，非。

故俟齊也。

【吴氏纂言】鄭氏曰：備，猶盡也。

孔氏曰：國君喪，羣臣朝夕即位哭踊。嗣君孝子哀深，雖先入即位哭，必待諸臣皆入列位畢，乃俱踊也。士卑最後，故士備入爲畢。入有前後，而相待踊者，踊須相視爲節，故俟齊也。

【陳氏集説】國君之喪，諸臣有朝夕哭踊之禮。哭雖依次居位，踊必相視爲節，不容有先後也。士卑，其入恒後。士皆入，則無不在者矣。故舉士入爲畢而後踊焉。

【郝氏通解】臣於君喪，朝夕哭踊，各依位次，踊必相視爲節。嗣君孝子雖先入即位哭，待衆集而後齊踊。士卑，最後入，士皆入，則衆無不至者矣。

【欽定義疏】正義 鄭氏康成曰：備，猶盡也。國君之喪，嫌主人哭，入則踊。

孔氏穎達曰：此論君喪，羣臣朝夕哭踊之事。嗣君雖先入即位哭，必待諸臣皆入列位畢後，乃俱踊也。士卑最後，故舉士入爲畢也。所入有前後，孝子哀深，故前入。踊必相視以爲節，故俟齊也。

案 士喪禮，朝夕哭門外，主人後即位而先入門哭，然後賓以次入。其踊，則又以徹者奠者之升降爲節，是士入後然後徹與奠，以爲踊節也。

【杭氏集説】此句原本脱解。

【孫氏集解】鄭氏曰：備，盡也。國君之喪，嫌主人哭，入則踊。

孔氏曰：國君之喪，群臣朝夕即位哭踊，踊須相視爲節。嗣君雖先入即位哭，必待諸臣皆入列位，乃俱踊也。士卑最後，故舉士入爲畢。

愚謂士喪禮朝夕哭，主人入門哭，婦人踊。主人堂下直東序，西面，兄弟皆即位，如外位。卿、大夫在主人之南，諸公門東，少進，他國之異爵者門西，少進。敵，則先拜他國之賓。凡異爵者，拜諸其位。徹者盥於門外，燭先入，升自阼階，丈夫踊。是主人待衆賓畢入乃拜賓。拜賓畢，乃踊也。嫌人君尊，或不待群臣畢入而踊，故明之。

【朱氏訓纂】注：備，猶盡也。國君之喪，嫌主人哭，入則踊。正義：士卑最後，故舉士入爲畢也。踊須相視爲節，故俟齊也。

【郭氏質疑】鄭注：國君之喪，嫌主人哭，入則踊。

嵩燾案，經意盡其臣以下達於士而致其哀，所以尊親也，鄭注得之。然據士喪禮朝夕哭，婦人即位於堂，哭，丈夫即位於門外，外兄弟在其南，賓繼之。主人即位，辟門，還，入門哭，婦人踊。主人堂下直東序，西面，兄弟皆即位，如外位。卿大夫在主人之南，諸公門東，少進，他國之異爵者門西，少進。拜賓，升自阼階，丈夫踊。是朝夕哭之儀。衆兄弟及賓先即位門外，而後主人即位，乃入門，哭。即位堂下，又序衆賓之等，以推及他國之異爵者，皆入即位，而後主人升堂，踊。自國君以達於士，其禮竝同。國君之喪紀，大夫、士各供其職，而庖人、酒正、司尊彝、司几筵之屬，凡有事於朝夕哭者，皆士也。經云「士備入」，蓋盡言之。孔疏以爲士卑最後入，亦誤。

三·一一八　○**祥而縞。**縞冠素紕也。○縞，古老反，注同。紕，避支反。**是月禫，徙月樂。**言禫，明月可以用樂。○禫，大感反。樂，音岳。

【疏】「祥而」至「月樂」[一]。○正義曰：祥，大祥也。縞，謂縞冠，大祥日著之。故小記「除成喪者，其祭朝服縞冠」是也[二]。

○「是月禫，徙月樂」者，鄭志曰：「既禫，徙月而樂作，禮之正也。孔子五日彈琴，自省樂，哀未忘耳。踰月可以歌，皆自身踰月所爲也。此非當月所受樂名。既禫始得備樂，而在心猶未忘能歡，徙月之樂極歡也。哀殺有漸，是以樂亦隨之也。」

【衛氏集説】鄭氏曰：徙月樂，言禫，明月可以用樂。

孔氏曰：祥，大祥也。縞，謂縞冠素紕，大祥日著之。故小記云「除成喪者，其祭也朝服縞冠」。既禫，徙月而樂作，禮之正也。

[一] 祥而至月樂　惠棟校宋本無此五字。○鍔按：「祥而」上，阮校有「祥而縞節」四字。

[二] 其祭朝服縞冠是也　閩、監、毛本同。惠棟校宋本「祭」下有「也」字，衛氏集説同。

嚴陵方氏曰：祥而縞，即玉藻所謂「縞冠素紕」，既祥之冠是也。「是月禫，徙月樂」者，魯人朝祥而莫歌，孔子以爲「踰月則其善」者，以此。

馬氏曰：三年之喪，人子之所自盡而猶不可以死傷生。故死與其往，則設祭以致存親之禮；生與其來，則除喪以明順變之道。祭禮曰：「喪道日損。」是以既奠則虞，成事則祔，期而小祥，再期而大祥。祥則禫，言祭有即吉之漸也。喪則喪冠、繩纓，練則以葛易麻，大祥則素縞。以除言喪，有即遠之漸也。祭不爲除喪，而除喪者必有祭，故凡變除者，皆以祭爲節。大祥之祭，可以從吉之時，而爲人子者不忍一朝之間釋衰絰而被玄黃，故又有禫以延之。雖然，祥禫之祭皆重喪之禮也，而先論其月，則異焉。以情攷之，蓋祥禫之制施於三年之喪，則其月同；施於期之喪，則其月異。於虞禮，亦曰二十五月。大祥中月而禫，言中月者以其在祥月之中，此三年之喪者也。雜記曰：「十一月而練，十三月而祥，十五月而禫。」此期之喪者也。康成之説，則欲以三年祥禫而視於期爲二十七月，豈知父在爲母亦固有所屈乎？爲父三年而得致哀戚之情，故祥禫同月，所以彌其日。爲母而期，則哀戚不得致於三年之中，故祥禫異月，所以彌其月。蓋三年所以爲極，而致於二十五月者，其禮不可過以三年之愛。而斷於期者，其情猶可伸。夫三年之喪，既以禫在祥月之中，而徙月可以作樂，故魯人朝祥莫歌，而孔子曰「踰月則其善也」。至於孟獻子既禫而不樂，則孔子以爲「加於人一等矣」。在禫月而樂者，聽於人者也；在徙月而樂者，作於己者也。雜記曰：「親喪外除。」故笙歌之樂不作於未禫之前。然則孔子既祥，五日彈琴而不成聲，十日而成笙歌。言十日者，蓋亦徙月之閒也。三年之喪至於徙禫之月而得作樂，則喪道終矣。此謂二十五月而禫者也。

【吴氏纂言】孔氏曰：祥，大祥也。縞，謂縞冠素紕。大祥日服縞冠而祭，祭後服禫。又閒一月禫祭，言於是月禫祭，則禫後之明月可以用樂也。

【陳氏集説】疏曰：祥，大祥也。縞，謂縞冠，大祥日著之。馬氏曰：祥禫之制，施於三年之喪，則其月同；施於期之喪，則其月異。雜記曰：「十一月而練，十三月而祥，十五月而禫。」此期之喪也。父在，爲母有所屈，三年所以爲極，而至於二十五月者，其禮不可過以三年之愛。而斷於期者，其情猶可伸。在禫月而樂者，聽於人也；在徙月而樂者，作於己也。

【郝氏通解】祥，大祥。縞，生絹，蒼白色以爲冠也。三年之喪，二十五月而祥，又閒一月而禫。期之喪，十一月而練，十三月而祥，十五月而禫。「是月」對「徙月」而言，非即祥之月也。徙月又越月也，按前章云「孔子既祥，五日彈琴，十日笙歌」，記言自矛盾如此。

【方氏析疑】二十四月期盡，以二十五月之初舉大祥之祭，是月之末舉禫祭，過是月而樂作。如此，則與二十五月而畢，及中月而禫，皆不相背。魯人既祥而歌，孔子曰「踰月則其善也」。踰月可歌，則亦可樂矣。記云「禫而内無哭」者，樂作矣故也。蓋禫而樂者，禮之常。故孟獻子縣而不樂，孔子以爲「加於人一等也」。

【欽定義疏】正義　鄭氏康成曰：縞冠素紕也。徙月樂，言禫明月可以用樂。

孔氏穎達曰：祥，大祥也。縞冠素紕，大祥日著之。故小記云「除成喪者，其祭朝服縞冠」。既禫，徙月而樂作，禮之正也。

方氏慤曰：玉藻：「縞冠素紕，既祥之冠。」「是月禫，徙月樂」者，魯人朝祥而莫歌，孔子以爲「踰月則其善」者，以此。

【杭氏集説】姚氏際恒曰：説見前「孟獻子禫」下。按，禫而徙祭之後，可以作樂。此云「徙月樂」者，或後賢以不忍而遲之，故爲是説與？據文義，「禫」字作「祥」字爲順，或字誤。朱仲晦遂謂喪禮只二十五月，馬彥醇祖述之，以其不合於「魯人朝祥暮歌，孔子謂踰月則善」「孟獻子禫而不樂，孔子謂加人一等」及「孔子既祥，十日成笙歌」諸章之義，乃極論魏王氏二十五月服終之是，鄭氏二十七月服終之非。嗟乎，即如鄭説三年之喪已短去九月，而若輩必欲短去其十一月者，是誠何心哉！

姜氏兆錫曰：按「是月禫，徙月樂」二句相連爲義，以見禫月不即歌樂之意，非謂祥之月即禫祭也。夫祥祭，服以是斷，故三年問云：「二十五月爲畢。」間傳云：「又期而大祥，中月而禫。」則二十七月而即吉也。喪大記云：「既祥，黝堊。」稍致飾也。下云：「祥而外無哭者，禫而内無哭者。」又云：「禫而從御，吉祭而復寢。」其變皆有漸，初非謂祥禫在一月中也。且雜記云：「期之喪，十一月而練，十三月而祥，十五月而禫。」此母屈于父而服齊衰期之節也。夫屈母于期，且中月而禫，况三年之喪無所屈，而祥禫乃在一月中乎？而馬氏乃以此漫謂「祥禫施於三年，其月同。施于期，其月異」。且謂「三年以爲極者，禮不可過。而斷于期者，情猶可伸也」。不亦曲而悖于禮乎？學者幸慎求之。

方氏苞曰：二十四月，以二十五月之初舉大祥之祭，是月之末舉禫祭，過是月而樂作。如此，則與二十五月而畢，及中月而禫，皆不相背。魯人既祥而歌，孔子曰「踰月則其善也」。踰月可歌，則亦可樂矣。記云「禫而内無哭」者，樂作矣故也。蓋禫而樂者，禮之常。故孟獻子縣而不樂，孔子以爲「加人一等者也」。

【孫氏集解】祥而縞。

鄭氏曰：縞冠素紕也。

孔氏曰：祥，大祥也。縞，縞冠也，大祥日著之。

是月禫，徙月樂。

鄭氏曰：言禫明月可以用樂。

孔氏曰：鄭志曰：「既禫，徙月而樂作，禮之正也。孔子五日彈琴，自省樂，哀未忘耳。踰月可以歌，皆自祥踰月所爲也。既禫始得備樂，而在心猶未能歡，徙月之樂極歡也。哀殺有漸，是以樂亦隨之也。」

○愚謂祥之日，鼓素琴，而尚未可歌也。踰月而可以笙歌，而尚未備縣也。禫而縣而猶未作也，踰月而金石之樂作矣。此除喪作樂之漸也。

【朱氏訓纂】祥而縞。注：縞冠素紕也。**是月禫，徙月樂。**注：言禫明月可以用樂。

【郭氏質疑】是月禫，徙月樂。

鄭注：禫明月可以用樂。

嵩燾案，鄭注儀禮「中月而禫」云：「與大祥間一月，自喪至中月，凡二十七月。」據三年問「三年之喪，二十五月而畢」，公羊傳「三年之喪，實以二十五月」，荀子禮論亦同。喪服小記：「再期之喪，三年也。期之喪，二年也。」古人叙次年月日，以見月見日起例。練祥所以筮日者，及十二月而練，及十四月而祥，皆以見月爲期。至於大祥，三年之期已届而服除矣，而孝子不忍變也，又爲之禫，以明即吉之有漸而盡一月之數焉。徙月者，終三年之期也，以所歷月計之，則固二十五月矣。間傳：「中月而禫，禫而飲醴酒。」禫祭以前未敢飲也。又曰「禫而牀」，禫祭以前未敢牀也。喪大記：「禫而從御，吉祭而復寢。」既禫而未逾吉祭，猶居黝堊，未復寢也。始喪而有襲經成服，既葬而有虞、卒哭，除喪而有祥、禫，皆所以重申其哀戚之情，不敢遽已也。經云「是月禫」，明祥、禫之相因也。云「徙月樂」，明吉祭復寢而後樂。「徙月」者，不盡於二十五月之辭也。雜記：「期之喪，十一月而練，十三月而祥，十五月而禫。」鄭注：「此父在爲母。」齊衰三年之喪而厭於父，稍紓祥禫之期，以達人子之至情，其餘期喪則否。戴德喪服變除禮引以爲據，而云「二十五月大祥，二十七月禫」，實爲漢儒論喪服之緣始。王肅之難，鄭義允矣。而云「二十六月作樂」，則猶未達禮文之精義也。後世定喪服之制，依於鄭、王二説，而鄭氏二十七月之論行之至今，爲定制，稍申餘日，使人知哀之不可以遽忘，義不能廢也。而喪服之寬假者固已多矣，此又古今人事之變然也。

三·一一九 ○**君於士，有賜帟。**帟，幕之小者，所以承塵。賜之則張於殯上。大夫以上，幕人職供焉[一]。○帟，音亦。共，音恭，本亦作「供」。

【疏】「君於士，有賜帟」[二]。○正義曰：「賜」，惠賜也[三]。「帟」者，幕之小者也。大

[一] 幕人職供焉　閩、監、毛本同，嘉靖本同，衛氏集説同。岳本「供」作「共」，釋文出「共焉」云：「本亦作『供』」。○按：供，正字；共，假借字。○鍔按：「幕人」上，阮校有「君於士節」四字。

[二] 君於士有賜帟　惠棟校宋本無此六字。

[三] 賜惠賜也　惠棟校宋本作「惠」，此本「惠」字闕。閩、監、毛本「惠」作「恩」，衛氏集説同。○鍔按：「集説同」下，阮校有「附釋音禮記注疏卷第八終」「惠棟校宋本此行題禮記正義卷第十一終」「宋監本題禮記卷第二經五千四百二十二字注五千三百二十字」「嘉靖本題卷終經五千二百一十九字注五千三百六十五字」等七十八字。

夫以上喪，則幕人職供之也。士唯有君恩賜之，乃得有帟也。

【衛氏集説】鄭氏曰：帟，幕之小者，所以承塵。賜之則張於殯上。大夫以上，幕人職供焉。

孔氏曰：賜，恩賜也。士唯有君恩賜之，乃得有帟也。

【吴氏纂言】鄭氏曰：帟，所以承塵。賜之則張於殯上。

孔氏曰：賜，惠賜也。帟，幕之小者。大夫以上喪，則幕人職供之。士惟有君恩賜之，乃得有帟也。

【陳氏集説】帟，幕之小者，置之殯上，以承塵也。大夫以上，則有司供之。士卑，又不得自爲，故君於士之殯以帟賜之也。

【郝氏通解】帟，幕也，所以覆柩。士必君賜而後有帟，然則大夫以上，有司自供之矣。

【方氏析疑】曰「有」者，不盡然，盡然則有司供之矣。

【欽定義疏】正義 鄭氏康成曰：帟，幕之小者，所以承塵，賜之則張於殯上。大夫以上，幕人職供焉。

孔氏穎達曰：賜，恩賜也。士惟有君恩賜之，乃得有帟也。

案 天官幕人「大喪共帷、幕、幄、帟、綬」，鄭謂「在旁曰帷，在上曰幕」。帟在幕及幄中，坐上承塵。幄、帟皆以繒爲之。大喪，王禮，故帷、幕、帟具供。若士則第有帷，喪大記所謂「塗上帷之」是也。帟則惟賜而後有之，蓋與夷槃賜冰同。

【孫氏集解】鄭氏曰：帟，幕之小者，所以承塵。賜之則張於殯上。大夫以上，幕人職供焉。

愚謂周禮幕人「掌帷、幕、幄、帟、綬之事」，掌次「凡喪，王則張帟三重，諸侯再重，孤卿大夫不重」，是大夫以上皆有帟，幕人自以其職共之。士本無帟，君所加恩，則有賜之以帟者也。

【朱氏訓纂】注：帟，幕之小者，所以承塵。賜之則張於殯上。大夫以上，幕人職供焉。

檀弓注疏長編卷十八

檀弓下第四[一]

【疏】正義曰：案：鄭目録云：「義同前篇，以簡策繁多，故分爲上下二卷。」

四·一 **君之適長殤，車三乘；公之庶長殤，車一乘；大夫之適長殤，車一乘。**皆下成人也。自上而下，降殺以兩：成人遣車五乘，長殤三乘，下殤一乘。尊卑以此差之。庶子言公，卑遠之。傳曰：「大功之殤，小從上[二]。」○適，丁曆反，下及下「適室」同。長殤，丁

[一] 鍔按：「檀弓下第四」上，阮校有「禮記注疏卷九校勘記」「阮元撰盧宣旬摘録」「附釋音禮記注疏卷第九」「惠棟校宋本禮記正義卷第十二」四十字。

[二] 大功之殤小從上　閩、監、毛本同。惠棟校宋本「小」作「中」，宋監本、岳本、嘉靖本同，考文引古本、足利本同。案：作「中」是也，正義可證。○鍔按：「大功」上，阮校有「檀弓下第四」「君之適長殤節」等十一字。

丈反，下及注同；下式羊反。乘，繩證反，下及注同。皆下，户嫁反。殺，色戒反。遣，棄戰反。差，初佳反，又初宜反。遠，于萬反。

【疏】「君之」至「一乘」[一]。○正義曰：此一節論諸侯及卿大夫之子送葬遣車之數。○「君」者，五等諸侯也。今此謂諸侯適子在長殤而死，故云「君之適長殤」也。

「車三乘」者，遣車也。葬柩朝廟畢，將行，設遣奠竟，取遣奠牲體臂、臑，折之爲段，用此車載之，以遣送亡者，故謂之遣車。然遣車之形甚小。周禮巾車云：「大喪，飾遣車。」鄭云「使人以次舉之以如墓也」。又雜記「遣車視牢具，置于四隅」，鄭云：「四隅，椁中之四隅。」以此而推，故知小也。所以必須遣車者，雜記云：「大饗既饗，卷三牲之俎，歸于賓館。父母而賓客之，所以爲哀也。」是言父母方將遠去，亦如賓客之義，所以載牲體送之也。但遣車之數，貴賤不同。若生有爵命車馬之賜，則死有遣車送之。諸侯七乘，大夫五乘，此後有明文。鄭惟諸侯既七乘，降殺宜兩，則國王宜九乘，士三乘也。今此所明，並是殤未成人，未有爵命車馬之賜而得遣車者，言其父有之，得與子也。王九乘，若適子成人則應七乘，在長殤而死則五乘，中殤從上亦五乘，下殤三乘也。若有國王庶子成人，則應五乘，長殤、中殤三乘，下殤一乘也。諸侯既自得七乘，其適子成人五乘，長

[一] 君之至一乘　惠棟校宋本無此五字。

殤三乘，故「君之適長殤，車三乘」也。中則從上，若下殤則一乘也。

○「公之庶長殤，車一乘」者，公亦諸侯也。適長殤既三乘，庶子若成人乃三乘，而長殤則一乘，故云「車一乘」也。中殤亦從上，若下殤則無。

「大夫之適長殤，車一乘」者，大夫自得五乘，適子成人三乘，長殤降二，故一乘也。中殤從上，亦一乘。若下殤及庶殤，並不得也。案下注云：「人臣賜車馬，乃得有遺車。」禮，三命始賜車馬，然諸侯大夫再命而下，則不合有遺車。今大夫適子長殤得有遺車一乘者，以其身爲大夫，德位既重，雖未三命，得有遺車。約鄭注雜記云，則士無遺車。禮，天子上士三命，得有車馬之賜，而云「士無遺車」者，謂諸侯之士及天子中士、下士也[一]。但喪禮質略，天子之臣與諸侯之臣命數雖殊，喪禮不異。故鄭云「大夫以上乃有遺車」，文主天子大夫[二]，其實兼諸侯大夫也。鄭以士無遺車者，文主諸侯之士，其實亦兼天子中、下士也。諸侯及大夫之子，熊氏云：「人臣得車馬賜者，遺車得及子。若不得車馬賜者，雖爲大夫，遺車不得及子。」案此經云「大夫之適長殤，車一乘」，則大夫之身五乘。下云「大夫五个，遺車五乘」，二文正同。但此總爲殤而言之，故言其子。下文爲晏子大儉，故舉國君及大夫之身，本無及子不及子之義，橫生異意，無所證據，熊氏非也。

[一] 及天子中士下士也　閩、監、毛本作「天」，此本「天」誤「大」。

[二] 文主天子大夫　監、毛本作「主」，衛氏集說同。此本「主」誤「王」，閩本同。下「文主諸侯之士」同。

雜記云「遣車視牢具」，則遣車一乘，當苞一个。士無遣車，既夕禮「苞三个」者，亦是豐小殺大禮之義。若服虔之意，視牢具者，視饔餼牢具。故襄二十五年崔杼葬莊公，「下車七乘」，服注云：「上公饔餼九牢[一]，遣車九乘。」與此異也。

○注「庶子」至「從上」。○正義曰：君是對臣之名，有地大夫以上皆有君號，公則五等之上，又同三公之尊。今庶子言公，就其尊號，是卑遠於庶子也。此有公、君相對，故爲此解。若文無所對，嫡與稱公[二]。故喪服云「公子，嫡子」是也。又鄭引喪服傳云「大功之殤，中從上」者，證此遣車亦中從上也。必知然者，服是生人所著，哀念死者，車亦生者所有，被及亡人。車服雖殊，皆緣生者之事，故車馬與服，同中從上。若其瓦棺、堲周之屬，本爲死者，中殤年實童幼，故從於下。盧植以爲遣車亦中從下，非其宜。

【衛氏集説】鄭氏曰：皆下成人也。自上而下，降殺以兩：成人遣車五乘，長殤三乘，下殤一乘。尊卑以此差之。庶子言公，卑遠之。

孔氏曰：此一節論諸侯及卿大夫之子送葬遣車之數。君，謂五等諸侯也。諸侯之適子在長殤而死，則遣車三乘。遣車之形甚小，葬柩朝廟畢，將行，設遣奠竟，取所奠牲體臂、臑，折之爲段，用此車載之，以遣送死者，使人以次舉之如墓，置於椁中之四隅。雜

[一] 上公饔餼九牢　閩、監、毛本作「牢」，此本誤「年」。
[二] 嫡與稱公　閩、監、毛本同，惠棟校宋本「與」作「亦」。

記云：「遣車視牢具，置于四隅。」又曰：「大饗既饗，卷三牲之俎，歸于賓館。父母而賓客之，所以爲哀也。」但遣車之數，貴賤不同。若生有爵命車馬之賜，則死有遣車送之。諸侯七乘，大夫五乘，此後有明文。鄭注謂「降殺宜兩」，則天子九乘，士三乘也。今此所明，並是殤未成人，未有爵命車馬之賜而得遣車者，言其父有之，得與子也。天子九乘，若適子成人則應七乘，在長殤而死則五乘，中殤從上亦五乘，下殤三乘也。若庶子成人則應五乘，長殤、中殤三乘，下殤一乘也。諸侯七乘，則適子成人五乘，長殤三乘，中殤從上，下殤則一乘也。公亦諸侯也，適長殤既三乘，庶子成人乃三乘，長殤則一乘，中殤亦從上，若下殤則無也。大夫五乘，適子成人三乘，長殤降兩，故一乘，中殤從上，亦一乘，若下殤及庶殤皆無也。案下注云「人臣賜車馬，乃有遣車」，今大夫適子長殤得有遣車一乘，以其身爲大夫，德位既重，雖未三命，得有遣車之賜。鄭注雜記云，則士無遣車。禮，天子上士三命，得有車馬之賜，而云「士無遣車」者，謂諸侯之士及天子中士、下士也。但喪禮質略，天子之臣與諸侯之臣命數雖殊，喪禮不異。故鄭云「大夫以上乃有遣車」，文主天子大夫，其實兼諸侯大夫也。鄭以士無遣車者，文主諸侯之士，其實亦兼天子中士、下士也。鄭注「庶子言公，卑遠之」者，蓋君是對臣之名，有地大夫以上皆有君號。公則五等之上。今庶子言公，就其尊號，是卑遠於庶子也。

【吴氏纂言】鄭氏曰：皆不成人也。自上而下，降殺以兩：成人遣車五乘，長殤三乘，下殤一乘。尊卑以此差之。庶子言公，卑遠之。傳曰「大功之殤，中從上」。

孔氏曰：車，遣車。柩朝廟畢，將行，設遣奠竟，取遣奠牲體臂、臑，折之爲段，用此車載之，以遣送亡者。遣車置于椁中之四隅，其形甚小。生有爵命車馬之賜，則死有遣車送之。貴賤不同數，王九，諸侯七，大夫五，士三。殤未成人，未有爵命車馬之賜而得遣車者，其父有之，得與子也。王九乘，適子成人則七乘，長殤五乘，中殤從上，下殤三乘也。王庶子成人五乘，長殤、中殤三乘，下殤一乘也。諸侯七乘，適子成人五乘，長殤三乘，中則從上，下殤一乘也。庶子成人三乘，長殤一乘，中從上，下殤無。大夫五乘，適子成人三乘，長殤一乘，中從上，下殤及庶殤並無。禮，人臣三命始賜車馬，乃得有遣車。諸侯、大夫再命而下，雖未三命，以身爲大夫，德位既重，得有遣車。士三乘者，天子上士，其中士、下士及諸侯之士，皆不得有遣車也。

【陳氏集説】此言送殤遣車之禮。君，謂國君，亦或有地大夫，通得稱君也。公，專言五等諸侯也。十六至十九爲長殤，葬此殤時，柩朝廟畢，將行，設遣奠以奠之，牲體分折包裹，用此車載之，以遣送死者，故名遣車。車制甚小，以置之椁内四隅，不容大爲之也。禮，中殤從上，君適長三乘，則中亦三乘，下則一乘也。公庶長一乘，則中亦一乘，下則無也。大夫適長一乘，則中亦一乘，下殤及庶殤並無也。

【郝氏通解】此記葬殤之禮。君，諸侯也。適，適子。公，即君也。適爲君嗣，庶爲公子，變君言公者，適庶之分也。公，共也，鄭玄云「庶子言公，卑遠之」也。庶，衆也。殤，未成人死者，十六至十九謂之長殤。車，謂送葬之車。曾子問云：「下殤土周，葬于園，輿機而往，途邇故也。」古者葬殤無棺，以牀機之屬輿尸，葬之家園而已。惟君之適子，十九歲死者，乃用棺斂，載送以車，其車三乘，則適中殤二乘、適下殤一乘可知也。公子爲庶者，長殤車一乘，則庶中下殤無車，輿機而往可知也。大夫惟適長殤車一乘，適中殤無車，而庶殤益可知也。

按鄭注以此車爲殉葬之偶車，載牲體藏之壙中者，即所謂遣車，非也。遣車之名，見于周禮巾車，云：「大喪，飾遣車。」又雜記云：「遣車，視牢具，置于四隅。」故鄭以四隅爲壙中，而以遣車爲明器。又後章「晏子遣車一乘，及墓而反」，「國君七个，遣車七乘；大夫五个，遣車五乘」。送行曰遣，謂送死者行之車，云「及墓反」，則是人所乘車，明矣。若明器，土木偶車，豈堪載牲體？既納之壙，又豈有反者？

【欽定義疏】正義 鄭氏康成曰：皆下成人也。自上而下，降殺以兩：成人遣車五乘，長殤三乘，下殤一乘。尊卑以此差之。庶子言公，卑遠之。孔疏：君對臣之名，有地大夫，皆有君號。公則五等之上，又同三公，就尊號以卑遠於庶子也。案：適長，君之正體，故特言。君庶長皆公子，故泛言「公」。傳曰：「大功之殤中從上。」案：禮，年十九至十六爲長殤，十五至十二爲中殤，十一至八歲爲下殤。大功中從上，小功中從下。

孔氏穎達曰：此論諸侯及卿大夫之子送葬遣車之數。遣車之形甚小，葬柩朝廟畢，將行，設遣奠竟，取所奠牲體臂、臑，折之爲段，用此車載之，以遣送亡者，使人以次舉之如墓，置於椁中之四隅。雜記云：「遣車視牢具，置於四隅。」但遣車之數，貴賤不同。若生有爵命、車馬之賜，則死有遣車送之，諸侯七乘，大夫五乘，後有明文。鄭謂降殺宜兩，則天子九乘，士三乘也。殤未成人，未有爵命車馬之賜而得遣車者，言其父有之，得與子也。天子九乘，若適子成人則應七乘，在長殤而死則五乘，中殤從上亦五乘，下殤三乘也。若庶子成人則應五乘，長殤、中殤三乘，下殤一乘也。諸侯七乘，則適子成人五乘，長殤三乘，中殤從上，下殤則一乘也。公亦諸侯也。適長殤既三乘，庶子成人乃三乘，長殤則一乘，中殤亦從上，若下殤則無。大夫五乘，適子成人三乘，長殤降兩，故一乘，中殤從上，亦一乘。若下殤及庶殤，皆無也。

存疑 孔氏穎達曰：案下注云「人臣賜車馬乃有遣車」，三命始賜車馬，諸侯大夫再命，不合有遣車。今大夫適子長殤得有遣車一乘，以其身爲大夫，德位既重，雖未三命，得有遣車。鄭注雜記云「士無遣車禮」。天子上士三命，得有車馬之賜，而云「士無遣車」者，謂諸侯之士及天子中士、下士也。但喪禮質略，天子之臣與諸侯之臣命數雖殊，喪禮不異。故鄭云「大夫已上乃有遣車」，文主天子大夫，其實兼諸侯大夫也。鄭以士無遣車者，文主諸侯之士，其實亦兼天子中士、下士也。熊氏云：「人臣得車馬賜者，遣車得及子。不得車馬賜者，遣車不得及子。」非也。

【案】鄭氏周官注謂「士無貳車」，而儀禮士喪明云「貳車」，鄭又以「喪禮攝盛」爲解。引雜記注「士無遣車」，蓋因士喪禮不言遣車爲說，此疏云「天子上士有遣車」，則不得謂「士無遣車」矣。又云以諸侯之士言之，則又非。「天子之臣與諸侯之臣命數雖殊，喪禮不異」矣，又引雜記「遣車視牢具」、周禮大行人牢禮之数，非以命数而何？且天子之大夫、士與諸侯之大夫、士命数迴殊，而謂「喪禮質略，諸侯之臣不異天子之臣」，不可信也。

【杭氏集說】盧氏植曰：遣車亦中從下。疏云非其宜。

熊氏曰：「人臣得車馬賜者，遣車得及子。不得車馬賜者，遣車不得及子。」非也。

萬氏斯大曰：此送葬之車，即士喪禮所謂「乘車載及弁服，纓、轡、貝、勒懸於衡。道車載朝服。槀車載蓑笠」之車也。以其爲送葬之車，故亦曰「遣車」。雜記云「遣車視牢具」，言其多寡之數，視朝聘時主國相待之牢具。禮器云：「諸侯七介七牢，大夫五介五牢。」故此下文云：「國君七个，遣車七乘。大夫五个，遣車五乘。」个、介通，書「一介臣」，中庸作「一个臣」，可見。凡禮儀降殺以兩，大夫五，則士當三，故士喪禮「車三乘」也。按士喪禮，將葬，柩朝於祖，薦車，薦馬，遣奠後，馬出自道，車各從其馬，駕於門外，及行，茵、苞、明器先，車從于後。苞者何？柩行時取遣奠牲下體，包之以葦，記云「葦苞，長三尺一編」是也。棺既下壙，贈畢，藏器于旁，加見，藏苞、筲于旁。舊説謂遣車以載遣奠、苞牲體得名，且泥雜記「遣車視牢具，置於四隅」之文，謂遣車之制甚小，載苞置於椁之四隅。夫甚小之車，豈能容三尺之苞？而苞之不以車載，喪禮業有明文，且藏于椁旁，並不于四隅，蓋不知下文孔子所謂「塗車，乃從葬之車」，而謬以遣車當之也。餘詳下文及雜記篇。

姚氏際恒曰：郝仲輿曰：「鄭以此車爲殉葬之隅車，載牲體藏之壙中者，即所謂遣車，非也。又雜記云『遣車，視牢具，置于四隅』，故鄭以四隅爲壙中，而以遣車爲明器。又後章『晏子遣車一乘，及墓而反』，云『及墓反』，則是人所乘車明矣。」愚按鄭于雜記「遣車視牢具」下有此説，然亦用「與」字爲疑詞。而雜記又云「既遣而包其餘」，既夕禮云「包牲取下體」，是當日實有此等禮。又左傳定三年，邾子先葬以車五乘，殉五人，亦可證。餘説見雜記上。若下云「晏子遣車一乘，及墓而反」，是謂遣車止一乘，以其儉于親。禮，窆後留賓，拜送賓。今窆訖即反，以其儉于賓，乃是兩事，非一事也。邾子喪禮之車，必謂人所乘者，非是，故辨之。

陸氏奎勳曰：鄭注以爲遣車，孔疏謂遣車之形甚小，葬則置于椁中之四隅，引鄭注、雜記爲證，而集説載之。按記云「遣車視牢具」「疏布輤，四面有章，置于四隅」，謂置所包牲體及粻也，豈并遣車而置之耶？

【孫氏集解】鄭氏曰：皆下成人也。自上而下，降殺以兩：成人遺車五乘，長殤三乘，下殤一乘。尊卑以此差之。庶子言公，卑遠之。大功之殤，中從上。

愚謂凡遺車，無直言車者，此車謂生時所乘，葬時用爲魂車者也。士喪禮薦車三乘：「乘車載皮弁服，道車載朝服，槀車載蓑笠。」左傳齊葬莊公「下車七乘」，説者謂齊舊用上公禮，車九乘，故以七乘爲貶。以此差而上下之，則天子十二乘，諸侯七乘，大夫五乘。君之適子降於君，車宜五乘，殤降於成人，故三乘，庶殤降於適殤，故一乘。大夫適子降於大夫，車宜三乘，殤降於成人，故一乘也。上篇云「周人以殷人之棺槨葬長殤，以夏后氏之塈周葬中殤、下殤」，則送死之物，中殤、下殤爲一等。君之適中、下殤車皆一乘也。然葬必有魂車，自一乘以下，不容復降，則公之庶中、下殤，大夫之庶殤，士之殤，皆一乘與？

【朱氏訓纂】注：皆下成人也。自上而下，降殺以兩：成人遺車五乘，長殤三乘，下殤一乘。尊卑以此差之。庶子言公，卑遠之。傳曰：「大功之殤，中從上。」　正義：君者，五等諸侯，公亦諸侯也。葬柩朝廟畢，將行，設遺奠竟，取遺奠牲體臂、臑，折之爲段，用此車載之，以遺送亡者，故謂之「遺車」。但遺車之數，貴賤不同。諸侯七乘，其適子成人五乘，長殤三乘，中則從上，若下殤則一乘也。大夫自得五乘，適子成人三乘，長殤降二，故一乘也，中殤從上，亦一乘。

【郭氏質疑】鄭注：降殺以兩：成人遺車五乘，長殤三乘，下殤一乘。尊卑以此差之。

孔疏：有地大夫以上皆有君號，公則五等之上，又同三公。而引鄭注雜記云「士無遣車」。

嵩燾案，雜記明言「遣車視牢具」，鄭云：「天子太牢，包九个。諸侯太牢，包七个。大夫太牢，包五个。士少牢，包三个。大夫以上乃有遣車。」鄭意以士喪禮不言遣車，而此經云「國君七个，遣車七乘。大夫五个，遣車五乘」，因據以爲説，證以諸傳記之言，似此言「車三乘」，即士禮也。而經但言「適長殤」「庶長殤」，不及成人。成人者，適子傳重者也。喪服：爲長子三年，爲眾子期，大夫爲子之爲士者大功。天子、諸侯以下及大夫爲長子皆同，大夫降其庶子，而君之庶子自爲公子，得別立氏，故庶殤亦用遣車。其君之適殤降爲三乘，大夫適殤降爲一乘，視所服爲斷。喪服「大功」：「公爲適子之長殤、中殤。大夫爲適子之長殤、中殤。」皆降一等。傳曰：「喪成人者，其文縟。喪未成人者，其文不縟。」三乘、一乘以示簡也。其君、大夫之適子，則自以杖即位。君之適子，牢具視君；大夫之適子，牢具視大夫，不宜更有降殺，爲主喪者，君、大夫也。鄭注「降殺以兩」，恐未然，君、公異稱。爲君之庶子，皆爲公子，以別於大夫。凡記稱君者，通謂諸侯。孔疏就字義分析言之，殆亦誤也。案士喪記「薦乘車，道車，槀車」，是士喪薦車凡三。周禮虎賁氏「及葬，從遣車而哭」，鄭注：「遣車，魂魄所馮依。」鄭意似以虎賁氏之遣車當乘車。經云「車三乘」「車一乘」，不云「遣車」，疑國君之適殤葬車視士。所謂車者，薦車之屬也，專言車，即不得爲遣車矣。

四·二 ○**公之喪，諸達官之長杖。**謂君所命，雖有官職不達於君，則不服斬。

【疏】「公之」至「長杖」[一]。○正義曰：此一節論臣爲君杖法。

「公」者，五等諸侯也。

「諸」者，非一之辭。

「達官」，謂國之卿大夫、士被君命者也。既被君命，故稱達官也。既達於官，而貴有其職，此對不達者爲長，故云「長」也。若遭君喪，則備服衰杖。故云「諸達官之長杖」也。不云衰，從可知也。

○注「謂君」至「服斬」。○正義曰：「不達於君」，謂府史之屬也，賤不被命，是不達於君也。不服斬衰，但服齊衰三月耳。故喪服「齊衰三月」章有「庶人爲國君」，鄭云：「不言民而言庶人，庶人或有在官者。」案彼注即是不達者也，皆是凡謂庶人在官者。若其近臣閽寺之屬，雖無爵命，但嗣君服斬，則亦服斬，與此異也。故喪服「斬衰」章云：「公士、大夫之衆臣，爲其君布帶、繩屨。傳曰：『近臣，君服斯服矣。』」鄭注云：「近臣，閽寺之屬。若大夫之臣，雖不被命於諸侯，得爲大夫之君服斬與杖。但衆臣降其帶屨，用布帶、繩屨耳。」

[一] 公之至長杖　惠棟校宋本無此五字。○鍔按：「公之」上，阮校有「公之喪節」四字。

【衛氏集説】鄭氏曰：達官，謂君所命雖有官職，不達於君，則不服斬。

孔氏曰：此一節論臣爲君杖法。公者，五等諸侯也。達官，謂國之卿大夫、士被君命者也。此對不達者，故云「長」。若遭君喪，則備服衰杖。不云衰，從可知也。不達於君，謂府史之屬，但服齊衰三月爾。若近臣閽寺之屬，雖無爵命，但嗣君服斬，則亦服斬，與此異也。故喪服「斬衰」章云：「公士、大夫之衆臣，爲其君布帶、繩屨。傳曰：『近臣，君服斯服矣。』」

嚴陵方氏曰：受命於君者，其名達於上，故謂之「達官」。若府史而下，雖爲在官，皆其官長所自辟除，則不可謂之達矣。孟子曰：「不能五十里，不達於天子。」與此所言「達」同義。夫杖所以輔病，恩之深者，其病宜重，受命於君者，其恩爲深。故公之喪，唯達官之長杖。

山陰陸氏曰：此言喪達官之長杖視長子歟？達官，卿也。長，蓋太宰言之緩詞。言諸，亦緩詞。著公於達官之長雖杖，少遼絶也。服問曰：「公爲卿大夫錫衰。」然則何以杖？錫衰而杖，恩也。若蜡，雖葛帶猶杖。

新安朱氏曰：「達官」，謂得自通於君者。如内則公卿、宰執與六曹之長，九寺、五監之長；外則監司、郡守得自通章奏於君者。凡此皆杖，次則不杖，如大常卿杖，大常少卿則不杖。若大常卿闕，則少卿代之杖。

【吴氏纂言】鄭氏曰：達官，謂君所命，雖有官職，不達於君，則不服斬。

孔氏曰：「公」者，五等諸侯也。「諸」者，非一之辭。達官，謂卿、士、大夫被君命，得達於君。達官，對不達者爲長。杖，謂服斬。若府史之屬賤，不得達於君者，則不服斬衰，但服齊衰三月爾。若近臣閽寺之屬，雖無君命，但嗣君服斬，則亦服斬。若大夫之臣，雖不被命於諸侯，得爲大夫之君杖而服斬，但降其帶屨，用布帶、繩屨。

方氏曰：受命於君者，其名達於上，故謂之「達官」。若府史而下，雖爲在官，皆其官長所自辟除，則不可謂之達矣。夫杖所以輔病，恩之深者，其病宜重，受命於君者，其恩爲深。故公之喪，惟達官之長杖。

朱子曰：「達官」，謂得自通於君者，如内則公卿、宰執與六曹之長，九寺、五監之長；外則監司、郡守得自通章奏於君者。凡此皆杖，次則不杖。如太常卿杖，太常少卿則不杖。若太常卿闕，則少卿代之杖。

【陳氏集説】方氏曰：受命於君者，其名達於上，故謂之「達官」。若府史而下，皆長官自辟除，則不可謂之達矣。受命於君者，其恩厚，故公之喪惟達官之長杖。今按凡官皆有長貳，此以長言，則不及貳也。

【郝氏通解】公，諸侯也。達官，謂姓名得通於君者。若府史以下自辟用者，不稱達官。長，官正也。惟達官之長杖，貳佐以下則否。君喪，羣臣皆斬衰不杖者，斬衰而已矣。

【方氏析疑】疏謂不達於君者，府、史、胥、徒，但服齊衰三月，非也。曰官，則非庶人在官者明矣。蓋鄉遂之官，族師、鄙師、酇長之類，鄉大夫所辟除，其名尚未達於君者是也。曰「達官之長」，則惟宮正、宮伯、膳夫、内宰、内府、外府、司書之長官則然。尚書所謂「百尹」是也，其屬則服焉，而不杖矣。

【欽定義疏】 **正義** 鄭氏康成曰：達官，謂君所命，雖有官職，不達於君，則不服斬。

孔疏：不達於君，謂府史之屬。不服斬衰，但服齊衰三月。若近臣閽寺之屬，雖無爵命，但嗣君服斬，則亦服斬。

案：喪服傳不以杖即位。

孔氏穎達曰：此論臣爲君杖法。公者，五等諸侯也。諸者，非一之辭。達官，謂國之卿大夫、士被君命者也。此對不達者，故云「長」。若遭君喪，則備服衰杖。不云衰，從可知也。若大夫之臣，得爲大夫君服斬與杖，衆臣降其帶屨，所謂衆臣爲其君布帶、繩屨也。

【杭氏集説】姜氏兆錫曰：達官者，方氏謂「受命于君，名達于上，謂之達官也」，明非官長自辟除者比矣。又稱達官之長者，官凡有正長，有領屬。杖言「長」，明不及其屬也。然考儀禮喪服篇，王侯、卿大夫之臣，皆爲君服三年之喪，其貴臣與衆臣衰、帶、屨有異，而冠、絰、杖無異。特尊貴者，視卑者先杖耳。詳見本篇「天子崩」章及四制篇。

方氏苞曰：疏謂不達于君者，府、史、胥、徒，但服齊衰三月，非也。曰官，則非庶人在官者明矣。蓋鄉遂之官，族師、鄙師、酇長之類，鄉大夫所辟除，其名尚未達于君者是也。曰「達官之長」，則惟宫正、宫伯、膳夫、内宰、内府、外府、司書之長官則然。尚書所謂「百尹」是也，其屬則服焉，而不杖矣。

【孫氏集解】有位於朝者曰達官。達官之長，謂大夫也。達官爲君皆杖，而曰「諸達官之長杖」者，謂以杖即位也。喪大記曰君之喪，「大夫寢門之外杖，寢門之内輯之」。特輯之而已，則得以杖即位矣。此達官之長杖也。喪服傳曰：公士、大夫之喪，「衆臣杖，不以即位」。則諸侯之士杖，不以即位可知。此達官而非長，則不杖也。

○注謂「有官職而不達於君，則不服斬」，非也。既有官職，豈有不服斬者？疏謂「不達於君，爲府史之屬」，亦非也。府史之屬，特庶人在官者耳。其爲君齊衰三月而已，安得與公卿、大夫論其杖、不杖之差乎？

【朱氏訓纂】注：謂君所命，雖有官職，不達於君，則不服斬。正義：公者，五等諸侯也。達官，謂國之卿大夫、士被君命者也。不達於君，謂府史之屬也。賤不被命，是不達於君也，但服齊衰三月。若近臣閽寺之屬，雖無爵命，嗣君服斬，則亦服斬。但降其帶屨，用布帶、繩屨耳。

【郭氏質疑】鄭注：達官，謂君所命。雖有官職，不達於君，則不服斬。

孔疏：達官，謂國之卿大夫、士被君命者也。不達於君，謂府史之屬。

嵩燾案，喪服，庶人爲國君齊衰三月，鄭注「庶人或有在官者」，不服斬衰，但服齊衰三月。疑經言「達官之長」，不言不達於君，言「達官之長杖」，並不言自長以下不服斬。府史之屬，庶人之在官者，不在此論。據喪大記「子皆杖，不以即位；大夫、士哭殯則杖，哭柩則輯杖」，是君喪，大夫、士皆杖，而以杖即位與否，自各不同。喪服「斬衰」章：「公士、大夫之衆臣爲其君，布帶、繩屨。傳曰：『衆臣杖，不以即位。近臣，君服斯服矣。』」大夫之衆臣，異於貴臣，而猶服斬，鄭云「不服斬」者，非也。經明言「達官之長」，自下士以上無不達於君者。朱子語類：「公卿、六官之長杖，次則不杖。」六官之屬，各有副貳，其職皆中大夫，恐無不杖之理。所云「諸達官」，猶立政之言「百司」「庶府」，顧命之言「百尹」「御事」。如宮伯上士二人，中士四人；司書上士二人，中士四人；牛人中士二人，下士四人；職喪上士二人，中士四人。並有職於喪紀者，而惟其長涖事，上士杖，則中士不杖，中士杖，則下士不杖，所謂「不以杖即位」是也。其衰服並同，鄭注所云，似屬無據。

四·三　○**君於大夫，將葬，弔於宮；及出，命引之，三步則止。**以義奪孝子。宮，殯宮。出，謂柩已在路。**如是者三，君退。**退，去也。三命引之，凡移九步。**朝亦如之，哀次亦如之。**君弔不必於宮。朝，喪朝廟也。次，他日賓客所受大門外舍也。孝子至此而哀，君或於是弔焉。○朝，直遥反，注同。

【疏】「君於」至「如之」[一]。○正義曰：此一節論君弔臣之禮。君於大夫之喪，將至葬時，君必親往弔於殯宮，謂就殯宮以弔孝子。弔禮既畢，及其柩出殯宮之門，孝子號慕攀轅，柩車不動，君奪孝子之情，命遣引之。引者三步則止。所以止者，引者不忍頓奪孝子之情，故且止。柩住，君又命引之，引之者三步而止。君又命引之，引之者三步而止。故如是者三。君又命引之，柩車遂行，君便退去。君或來弔，參差早晚，不必恒在殯宮。或當朝廟，明日將發之時，亦如柩出殯宮，命引之三步，如是者三之事，故云「朝亦如之」。君弔或晚，不及朝廟之時，朝廟已畢，柩出大門，至平生待賓客次舍之處[二]，孝子哀其平生次舍之處，停柩不行。君於是始弔，弔畢，君命引之使行，如上來之事，故云「哀次亦如之」。

○注「宮殯」至「在路」。○正義曰：知此是「殯宮」者，以下云朝及哀次，以朝廟及出大門哀次之事，此文在其前，以事前後，故知是殯宮也。

云「出，謂柩已在路」者，對宮中未行，今已出殯門，將往嚮廟，謂之在路。賀瑒以路

[一] 君於至如之　惠棟校宋本無此五字。○鍔按：「君於」上，阮校有「君於大夫節」五字。

[二] 至平生待賓客次舍之處　閩、監、毛本作「賓」，此本「賓」誤「殯」。

謂載柩之車，義亦通也。

○注「退去」至「九步」。○正義曰：鄭嫌「退」謂逡巡且退，故云「退，去也」。云「三命引之，凡移九步」者，以禮成於三，故知凡爲九步。鄭必分明言九步者，以經上云「引之三步則止」，下云「如是者三」，恐別更爲三，通前爲四，十有二步之嫌[一]，故明言九步也。九步既停，君又須命引之，則當四命也。或可君既三命，柩雖三步暫停，孝子更須有事，君即退。

○注「君弔」至「弔焉」。○正義曰：君於大夫，恩義或有厚薄，或弔有早晚，故云「君弔不必於宮」也。宮，謂殯宮也。從上可知也。知朝是喪朝廟者，朝與哀次相對，故知朝廟也。柩之朝廟，今日至廟，明日乃去。此弔謂明日將去之時，故有命引之。云「次，他日賓客所受大門外舍也」者，以覲禮諸侯受次舍于廟門外，明大夫大門外亦有賓次也。然主位在門東，孝子必哀門西賓次者，以平生門東待賓客無次，孝子見門西張次之處而哀，故云「哀次」。云「君或於是弔焉」者，以君弔正禮，當於殯宮，或於朝祖廟，無門外君弔之禮。君來弔或晚，有邂逅，於是弔焉，故云「或」。「或」是不定之辭。

[一] 十有二步之嫌　閩、監、毛本同，考文引宋板「十有」作「有十」。

【衛氏集説】鄭氏曰：以義奪孝子也。宮，殯宮也。出，謂柩已在路。三命引之，凡移九步。朝，喪朝廟也。次，他日賔客所受大門外舍也。孝子至此而哀，君或於是弔，不必於宮也。

孔氏曰：此一節論君弔臣之禮。君於大夫之喪，將至葬時，必親往弔孝子於殯宮。及其柩出殯宮之門，孝子號慕攀轅，君奪孝子之情，命遣引之，引者三步則止，不忍頓奪孝子之情也。君又命引之，引者三步又止。君又命引之，引者又三步而止。君又命引之，柩車遂行，君乃退去。君或來弔，參差早晚，不必皆在殯宮，或當朝廟，明日當發之時，或柩已出大門，至平生待賔次舍之處，孝子哀泣，停柩不行，君於是始弔。弔畢，君命引之使行，亦如上來之事。

【吴氏纂言】鄭氏曰：宮，殯宮也。出，柩已出在路。命引之，以義奪孝子也。三命引之，凡移九步。退，去也。朝，喪朝廟也。次，他日賓客所受大門外舍也。孝子至此而哀，君或於是弔，不必於宮也。

孔氏曰：君於大夫之喪，將至葬時，必親往弔孝子於殯宮。及其柩出殯宮之門，孝子號慕攀轅，柩車不動。君奪孝子之情，命遣引之，引者三步則止。所以止者，不忍頓奪孝子之情，故且止柩。君又命引之，引者三步又止。君又命引之，引者又三步而止。君又命引之，柩車遂行，君乃退出。君或來弔，參差早晚，不必皆在殯宮，或當朝廟，明日當發之時，或已出大門，至平日待賓客次舍之處，孝子哀泣，停柩不行，君於是始弔。弔畢，君命引之使行，亦如上來「如是者三」之事。

【陳氏集說】弔於宮，於其殯宮也。出，柩已行也。孝子攀號不忍，君命引之，奪其情也。引者三步即止，君又命引之，如是者三。柩車遂行，君即退去。君來時，不必恒在殯宮，或當柩朝廟之時，亦如之。或已出大門，至平日待賔客次舍之處，孝子哀而暫停柩車，則亦如之。

【郝氏通解】宮，殯宮。出，謂柩將行出宮。孝子攀號，君命引柩前，奪其情也。引者三步輒止，君又命引之，如是者三，柩乃行，君遂去。或當遷柩朝廟時，君至；或柩出門外倚廬之次，君至。其三命三引，皆如之。柩出宮門，經倚廬，孝子攀號，于此尤切。鄭以大門外賔客次舍之處爲哀次，恐非。

【方氏析疑】及出，命引之。

陳氏集說「孝子攀號不忍。君命引之，奪其情」，非也。送葬必執引，君於臣不親執，故命引以爲禮，即「稱言，視祝而踊」之義也。弔曰「寡君承事」，蓋弔喪以相助執事爲義。雖君於臣，亦然。

朝亦如之。

「如之」，謂命引者三也。出宮哀次，柩已行，故命引。朝廟之日，柩尚不行，不得命引，豈商祝御柩旋車時，命車少進，而記者遂以爲命引與？

【欽定義疏】正義 鄭氏康成曰：宫，殯宫也。出，謂柩已在路。三命引之，凡移九步。朝，喪朝廟也。次，他日賓客所受大門外舍也。孝子至此而哀。陳氏澔曰：「或出大門，至平日待賓客次舍之處，孝子哀而暫停柩車，則亦如之。」

孔氏穎達曰：此論君弔臣之禮。君於大夫之喪，將至葬時，必親往弔孝子於殯宫。及其柩出殯宫之門，君命遣引之，引者三步則止。君又命引之，引者三步又止。君又命引之，引者又三步而止。君又命引之，柩車遂行，君乃退去。君或來弔，參差早晚，不必皆在殯宫。或朝廟當發之時，或柩已出大門，至平生待賓次舍之處。君命引之使行，如上來之事。

姚氏舜牧曰：「命引之，三步則止」者，君念大夫平日效勞國家，一旦捐館舍出，不可不爲之助力，故於柩行命引之，以致其隆重之禮，而猶不忍其行之遽也。姑三步則止，如是者三焉，以致其不忍之情，是則君之所以禮大夫者耳。

案 禮，弔於葬者必執引，君尊不親執，故命人代爲之。以三爲度，此又君禮之别也。

存疑 鄭氏康成曰：以義奪孝子也，三步則止，不忍頓奪孝子之情也。

【杭氏集説】姚氏舜牧曰：「命引之，三步則止」者，君念大夫平日效勞國家，一旦捐館舍出，不可不爲之助力，故於柩行命引之，以致其隆重之禮。而猶不忍其行之遽也，姑三步則止，如是者三焉，以致其不忍之情，是則君之所以禮大夫者耳。鄭氏康成曰：「以義奪孝子也，三步則止，不忍頓奪其孝子之情也。」

姚氏際恒曰：引、綍同，柩車索也。下云「弔于葬者，不執引」，君尊，故命人引之。三命引，猶耕三推之義。注疏以「引」爲「引去」之引，謂奪孝子情，甚迂。

陸氏奎勳曰：弔于葬者，必執引，君尊，故命人代爲之，亦必以三爲度也。孔疏以爲奪孝子之情，大謬。

方氏苞曰：陳氏集説「孝子扳號不忍。君命引之，奪其情」，非也。送葬必執引，君于臣不親執，故命引以爲禮，即「稱言，視祝而踊」之義也。弔曰「寡君承事」，蓋弔喪以相助執事爲義。雖君于臣，亦然。「朝亦如之」，謂命引者三也。出宫哀次，柩已行，故命引。朝廟之日，柩尚不行，不得命引，豈商祝御柩旋車時，命車少進，而記者遂以爲命引與？

【孫氏集解】宫，柩所朝之廟也。將葬，弔於宫，謂葬日柩將行，而君弔之也。出，謂柩出廟門也。命引之者，命人執引，以引柩車也。弔於葬者必執引，君尊，故使人引之，以致其意。每引三步，三引則九步也。禮成於三。朝，謂葬前一日柩朝廟之時也。次，孝子居喪之所次，舍廬、堊室之處也。士喪禮「主人揖，就次」是也。哀次者，柩至次，則孝子哭踊以致其哀，士喪禮「乃行，踊無算」是也。君之來時不一，或當柩朝廟之時，或當柩已出宮至喪次之時，皆如弔於宮之禮，命引之者三也。○鄭氏謂宮爲殯宮，非也。士喪禮啟殯即遷於祖，固無可行弔禮之節。而柩至祖廟，設奠、薦車之後，乃云「質明，滅燭」，則啟殯時尚昧爽，君之弔必不能遽及乎此時而來也。又鄭氏謂引之爲以義奪孝子，亦非也。君使人引車，特以致其執紼助葬之意，非有他義也。又鄭氏以次爲大門外接賓客之處，亦非是。說見曾子問。

【朱氏訓纂】君於大夫，將葬，弔於宮，及出，命引之，三步則止。注：以義奪孝子。宮，殯宮。出，謂柩已在路。**如是者三，君退。**注：退，去也。三命引之，凡移九步。**朝亦如之，哀次亦如之。**注：君弔不必於宮。朝，喪朝廟也。次，他日賓客所受大門外舍也。孝子至此而哀，君或於是弔焉。　正義：君或來弔，參差早晚，不必恒在殯宮。或當朝廟，明日將發之時。君弔或晚，不及朝廟之時，柩出大門，至平生待賓客次舍之處。君於是始弔，畢，君命引之使行，如上來之事。

【郭氏質疑】及出，命引之，三步則止。如是者三。

鄭注：以義奪孝子。

嵩燾案，鄭意孝子不忍親柩之行，而君命引之，據下云「弔於葬者，必執引」，是凡執引，賓皆與有事焉。君臨大夫之葬，不親執而命引，周禮喪祝「及葬，御匶」。王弔，則與巫前」，則此命引者，喪祝之事也。雜記弔者之辭曰：「寡君有宗廟之事，不得承事，使一介老某相執綍。」君臨臣喪，雖親至，猶使人執引。三引而畢，略示助葬之義而已，孔疏「孝子攀轅，柩車不動，君奪孝子之情，命遣引之」。既夕禮：「商祝執功布以御柩，乃行，君使宰夫贈玄纁束。主人去杖，由左聽命，賓由右致命，主人哭，拜稽顙。」君臨葬，主人當迎拜，安得於此時有攀轅之事？似屬以意擬之。

四·四　○**五十無車者，不越疆而弔人。**氣力始衰。○疆，居良反，本又作「彊」，下「越疆」同。

【疏】「五十」至「弔人」[一]。○正義曰：此一節論衰老不許徒行遠弔之事。所以時不許越疆而弔人者[二]，五十既衰，越疆則道路遥遠，弔人又悲慼哀戚，恐增衰恐[三]，故不許也。

【衛氏集說】鄭氏曰：五十氣力始衰。

孔氏曰：此一節論衰老不許徒行遠弔之事。越疆則道路遥遠，弔人又悲感哀戚，恐

[一]　五十至弔人　惠棟校宋本無此五字。○鍔按：「五十」上，阮校有「五十無車者節」六字。
[二]　所以時不許越疆而弔人者　閩、監、毛本同，惠棟校宋本「時」作「特」。
[三]　恐增衰恐　閩、監、毛本同。惠棟校宋本下「恐」作「惡」，衛氏集説同。

增衰惡也。

嚴陵方氏曰：五十始衰，而老者不以筋力爲禮，故無車不越疆弔人也。

【吴氏纂言】鄭氏曰：五十氣力始衰。

孔氏曰：衰老不徒行遠弔，越疆則道路遥遠，弔人又悲感哀戚，恐增衰憊也。

方氏曰：五十始衰，老者不以筋力爲禮，故無車不越疆弔人也。

【陳氏集説】始衰之年，不可以筋力爲禮也。

【郝氏通解】五十始衰，所謂不以筋骨爲禮也。弔遠喪，使人代可也。

【欽定義疏】正義 鄭氏康成曰：氣力始衰。

孔氏穎達曰：此論衰老不許徒行遠弔之事。越疆則道路遥遠，弔人又悲感哀戚，恐增衰憊也。

方氏慤曰：五十始衰，而老者不以筋力爲禮也。

案 此指庶人之五十者言。若仕，則已爲大夫，當有車也。

【孫氏集解】鄭氏曰：氣力始衰。

愚謂老者不以筋力爲禮，故不越疆而弔人。

【朱氏訓纂】注：氣力始衰。

四·五　〇**季武子寢疾，蟜固不説齊衰而入見，曰：「斯道也，將亡矣。士唯公門説齊衰。」**季武子，魯大夫季孫夙也。世爲上卿，强且專政，國人事之如君。蟜固能守禮，不畏之，矯失俗也。道，猶禮也。〇蟜，居表反。蟜固，人姓名。説，他活反，本亦作「稅」，徐又音申鋭反，下同。見，賢遍反。矯，居表反。**武子曰：「不亦善乎！君子表微。」**時無如之何，佯若善之。表，猶明也。**及其喪也，曾點倚其門而歌。**明已不與也[一]。點，字晳，曾參父。〇點，多忝反。倚，于綺反，徐其綺反。晳，星曆反。

【疏】「季武」至「而歌」[二]。〇正義曰：此一節論季武子無禮，蟜固正之事[三]。武子，魯之執政上卿，時人畏之，事之如君，入其門皆説衰，唯蟜固不説齊衰而入見武子，謂武子曰：「我所以著齊衰而入者，以此著齊衰之道將亡絶矣。」以時人畏爾，入門者皆説

[一] 明已不與也　閩、監、毛本同，岳本同，嘉靖本同。惠棟校宋本「已」作「己」，是也，衛氏集説同。宋監本亦作「己」。〇鍔按：「明已」上，阮校有「季武子寢疾節」六字。
[二] 季武至而歌　惠棟校宋本無此五字。
[三] 論季武子無禮蟜固正之事　閩、監、毛本同，衛氏集説「無禮」作「强僭」。

齊衰，故此著齊衰入大夫之門[一]，其道將絶。又語武子：「若依正禮，士唯入公門乃説齊衰，而入大夫之門不合説也。」

言「將亡」者，其時嚮餘大夫之門，猶有著齊衰者，故云「將亡」。將亡者，未絶之辭。武子既得蟜固之言，心雖恚恨，身既寢疾，無奈之何，乃佯言若美之：「汝之所言，不亦善乎？」所以善者，若失禮顯著，凡人皆知；若失禮微細，唯君子乃能表明之。今説齊衰，失禮之微，汝能知之，是君子之人，故云「君子表微」。及武子之喪，曾點慕蟜固之直，乃倚武子之門而歌，明己不與武子，故無哀戚。

○注「季武」至「禮也」。○正義曰：知是上卿專政者，左傳文。云「國人事之如君」者，入君門説齊衰，今入武子之門亦説齊衰，是與君同也。此謂不杖齊衰，若杖齊衰，雖入公門亦不説之。具在下曲禮疏。

云「蟜固能守禮，不畏之，矯失俗也」者，謂失禮風俗，矯而正之。據鄭此言，則蟜固，人之姓名，其字從虫；若矯正之字，從矢。熊氏云：「或有人矯武子固陋。」對文不知，一何甚也！

注「時無」至「善之」。○正義曰：知非實善，云「佯善」者，其實善，則尋常不合説

[一] 故此著齊衰入大夫之門　閩、監、毛本同。考文引宋板無「齊」字，衛氏集説作「著衰入大夫之門」，亦無「齊」字。

齊衰，故知佯若善蟜固也。心實不善而佯善之，是無如之何。凡外貌爲陽，内心爲陰，實無内心，但有外貌者，謂之爲陽。故史記韓非説難云「陽收其身而實疏之，陰用其言而顯棄之」是也。此「陽」或言「佯」者，字相假借，義亦通也。

○注「點，字晳，曾參父」。正義曰：此史記仲尼弟子傳文，彼文「點」字作「箴」[一]。

【衛氏集説】鄭氏曰：季武子，魯大夫季孫夙也。世爲上卿，强且專政，國人事之如君。蟜固能守禮，不畏之，矯失俗也。道，猶禮也。武子無如之何，佯若善之。表，猶明也。點，字晳，曾參父，倚門而歌，明己不與也。

孔氏曰：此一節論季武子强僭，蟜固正之事。時人畏武子，入其門皆説衰，蟜固不説齊衰入見，且謂之曰「著衰入大夫之門，其道將亡絶矣」。將亡者，未絶之詞。蓋其時嚮餘大夫之門，猶有著齊衰者。武子既寢疾，乃佯言若美之，謂失禮顯著，凡人皆知；今説衰，失禮之微，唯汝君子之人乃能表明之也。曾點倚武子之門而歌，明己不與武子，故無哀戚也。凡外貌爲陽，内心爲陰，實無内心但有外貌者，謂之爲陽。陽，或言佯，字相假借。鄭知心實不善而佯善之者，若實善，則尋常不合説衰也。入公門説衰，謂不杖齊衰，若杖齊衰，入公門亦不説，具曲禮。

[一] 彼文點字作箴　閩本同，監本作「蒧」，毛本誤「葴」。

長樂陳氏曰：季孫夙之疾，蟜固不説齊衰而入見，示之以凶而欲其死也。季孫夙之死，曾點倚其門而歌，示之以吉而樂其死也。子産之未死，國人歌曰「子産而死，誰其嗣之」，況欲其死乎！李廣之死，知與不知皆爲盡哀，況樂其死乎！子産、李廣之感人，猶至於此，況不爲子産、李廣者乎！季孫夙則不然，疾而不爲人所矜愛，死而不爲人所哀悼，其失人心可知矣。周官閽人：「喪服不入宫。」曲禮：「席蓋、重素、苞屨、厭冠，不入宫門。」服問亦曰：「唯公門有説齊衰。」則非公門不得説齊衰矣。蟜固曰「斯道也，將亡矣」，武子則曰「君子表微」。蓋道之存則著，道之將亡則微。於其將亡而能明之，故謂之表微。季孫之善蟜固，豈得已歟？

【吴氏纂言】鄭氏曰：季武子，魯大夫季孫夙也，世爲上卿，强且專政，國人事之如君。蟜固能守禮，不畏之，矯失俗也。道，猶禮也。武子無如之何，佯若善之。表，猶明也。點，字皙，曾參父。倚門而歌，明己不與也。

孔氏曰：時人畏武子，入其門者皆説衰。蟜固不説齊衰入見，且謂之曰：「著衰入大夫之門，其道將亡絶矣。」若依正禮，士唯入公門乃説齊衰，入大夫之門不合説也。其時嚮餘大夫之門，猶有著齊衰者，故云「將亡」。將亡者，未絶之辭。武子心雖恚恨蟜固，身既寢疾，無奈之何，乃佯言若美之，謂失禮顯著，凡人皆知。今説衰，失禮之微，惟汝是君子之人，乃能表明之也。曾點倚武子之門而歌，明己不與武子，故無哀戚也。凡外貌爲陽，内心爲陰。實無内心，但有外貌者謂之陽，心實不善而佯善之。「陽」「佯」，字相假借。入公門説衰，謂不杖齊衰，若杖衰入公門，亦不説。

長樂陳氏曰：季孫夙之疾，蟜固不説齊衰而入見，示之以凶而欲其死也。季孫夙之死，曾點倚其門而歌，示之以吉而樂其死也。子產之未死，國人歌曰「子產之死，誰其嗣之」，況欲其死乎！李廣之死，知與不知皆爲盡哀，況樂其死乎！子產、李廣之感人猶至於此，季孫夙疾而不爲人所畏愛，死而不爲人所哀悼，其失人心可知。周官閽人：「喪服不入宮。」曲禮：「席蓋、重素、苞屨、厭冠，不入公門。」服問亦曰：「唯公門有税齊衰。」則非公門不説齊衰矣。蟜固曰「斯道也，將亡矣」，武子則曰「君子表微」，蓋道之存則著，道之將亡則微，於其將亡而能明之，故謂之表微。季孫之善蟜固，豈得已與？

【陳氏集説】季武子，魯大夫季孫夙也。蟜固，人姓名。點，字晳，曾子父也。武子寢疾之時，蟜固適有齊衰之服，遂衣凶服而問疾，且曰：大夫之門，不當釋凶服，惟君門乃説耳。此禮將亡，我之凶服以來，欲以救此將亡之禮也。武子善之，言失禮之顯著者，人皆可知；若失禮之微細者，惟君子乃能表明之也。武子執政，人所尊畏，固之爲此，欲以易時人之觀瞻。據禮而行，武子雖憾，不得而罪之也。若倚門而歌，則非禮矣。其亦狂之一端歟？記者蓋善蟜固之存禮，譏曾點之廢禮也。

【郝氏通解】此記行禮絶俗之事。季武子，季孫夙，魯大夫，專政，國人事之如君者也。蟜固，人名，猶論語長沮、桀溺、楚狂之類，蓋因事立名。蟜、矯通，言能矯强固執也。武子，國人所畏，蟜固不脱凶服入見，自言惟入國君門，有凶服者脱之，入大夫門不脱也。此禮將亡，我欲行此禮耳。武子佯善之，許其爲表微。表，明也。微，細也。倚其門而歌者，不哀其死。不脱齊衰而入者，不幸其生。然則武子之見棄於君子可知。雖然，凶服問疾、臨喪而歌，非禮也。記者始託名蟜固，末舉曾點，亦以微致其譏焉。蓋曾點，孔子之所謂狂也。

【方氏析疑】季氏有無君之心，自宿始。曾點之歌，以其死爲快也。蟜固之言，憤國人視猶君也。記者舉此，亦見宿雖自矯飾，而賢者固得其肺肝，非徒美固之得，譏點之失。

【欽定義疏】正義　鄭氏康成曰：季武子，魯大夫季孫夙案：一作「宿」。也，强且專政，國人事之如君。蟜固能守禮，不畏之，矯失俗也。道，猶禮也。武子無如之何，佯若善之。表，猶明也。點，字晳，曾參父。倚門而歌，明己不與也。孔疏：明己不與武子，故無哀戚也。

孔氏穎達曰：此論季武子强僭，蟜固正之之事。時人畏武子，入其門皆説衰。蟜固不説齊衰入見，且謂之曰：「著衰入大夫之門，其道將亡絶矣。」將亡者，未絶之辭，蓋其時嚮餘大夫之門，猶有著齊衰者。武子謂失禮顯者，凡人皆知；今説衰失禮之微，唯汝君子之人乃能表明之也。

陳氏澔曰：武子寢疾之時，蟜固適有齊衰之服，遂衣凶服而問疾。武子執政，人所尊畏，固之爲此，欲以易時人之觀瞻。據禮而行，武子雖憾，不得而罪之也。若倚門而歌，則非矣。記者蓋善蟜固之存禮，譏曾點之廢禮也。

案 季氏僭禮，至於説衰私門，其横極矣。蟜固當其疾時，以齊衰見之，以東匯陳氏説爲確。長樂陳氏謂示之凶而欲其死，豈無服而故爲此服以來乎？孔疏以「微」爲失禮之微，正見夙之横處。考武子卒在昭公七年，孔子方十七歲，曾晳少於子路，時止六七齡耳，未必有倚門而歌事，此亦出於傳聞。陳氏譏其廢禮，亦據記文言之耳。

又案：三家專魯禄，去公室，自季武子始。作軍城費，取下自封，襄公欲適諸侯以避其害，其平日作爲，一一皆無君之事，而容一蟜固，以示不敢自同於公門，吾誰欺？欺天乎？有王者作，夙也不勝誅矣。杜氏墓地攘爲己宫，又許葬，命哭，明己之不惑於妖祥，而待人忠厚。記中所載二事，其爲狙詐如此，世所稱姦人之尤者，其夙也夫？

【杭氏集説】陳氏澔曰：武子寢疾之時，蟜固適有齊衰之服，遂衣凶服而問疾。武子執政，人所尊畏，固之爲此，欲以易時人之觀瞻。據禮而行，武子雖憾，不得而罪之也。若倚門而歌，則非矣。記者蓋善蟜固之存禮，譏曾點之廢禮也。

萬氏斯大曰：按春秋書季武子之卒在魯昭公七年，孔子生于襄公二十二年，至此方十七歲。曾點之年，史記不著，論語四子侍坐，以齒爲序，點居子路下，子路少孔子九歲，時方八歲，點當益幼矣。倚門而歌，必無此事，即有之，亦是兒戲，乃欲據以言狂，何邪？

姚氏際恒曰：記者舉蟜固著凶服問疾，曾點倚門而歌，皆以見武子爲人所惡耳。陳可大謂「善蟜固之存禮，譏曾點之廢禮」，分别優劣，大失記者之意。按武子雖當卒時其勢自盛，其後即悼子、平子。蟜固何人，敢以凶服入武子之門，而武子不得已而佯喜之乎？其門又安得容人倚而歌乎？其言曾點者，以其爲狂故也。云「歌」者，亦附會論語言志時鼓瑟也。余友閻百詩曰：「按武子卒於昭七年，而襄二十二年孔子生。襄公三十一年薨，至昭七年，孔子十七歲。史記仲尼弟子傳，惟子路最長，少孔子九歲，即以點同子路之歲，是時僅七八齡，其能倚門而歌乎？况未必同子路之歲，則更幼矣。」尤足證其妄。

方氏苞曰：季氏有無君之心，自宿始。曾點之歌，以其死爲快也。蟜固之言，憤國人視猶君也。記者舉此，亦見宿雖自矯飾，而賢者固得其肺肝，非徒美固之得，譏點之失。

任氏啟運曰：儲欣謂别一曾點，則鄫世子巫奔魯不三十年，魯不聞有兩曾氏。

【孫氏集解】鄭氏曰：季武子，魯大夫季孫夙也。世爲上卿，强且專政，國人事之如君。蟜固能守禮，不畏之，矯失俗也。道，猶禮也。武子無如之何，佯若善之。表，明也。倚門而歌，明己不與也。點，字晳，曾參父。

愚謂蟜固不以强臣之勢奪其所守，而又自言其故以正君臣之分，其所以矯諂畏、警僭竊者深矣。微，小也，言禮之微小者，唯君子能表明之。税齊衰於私門，非失禮之小，而武子之言如此，亦自文之辭也。武子雖恨蟜固，而其所據者乃先王之禮，故不能以爲非而反以爲善。於此見禮之可以守身而無畏於强暴也。及武子卒，而曾點倚其門而歌，蓋亦以示其不畏季氏之意。故記者因蟜固之事而併記之，然歌於有喪者之門，則非禮矣。

○萬氏斯大曰：季武子卒在魯昭公七年，孔子方十七歲。四子侍坐，點齒在子路下，子路少孔子九歲，時方八歲，曾點當益幼矣，倚門而歌，必無是事。

【朱氏訓纂】季武子寢疾，蟜固不説齊衰而入見，曰：「斯道也，將亡矣。士唯公門説齊衰。」注：季武子，魯大夫季孫夙也。世爲上卿，强且專政，國人事之如君。蟜固能守禮，不畏之，矯失俗也。道，猶禮也。**武子曰：「不亦善乎！君子表微。」**注：時無如之何，佯若善之。表，猶明也。**及其喪也，曾點倚其門而歌。**注：明己不與也。點，字皙，曾參父。閻氏若璩曰：春秋昭七年「季孫宿卒」，孔子年十七。曾點少孔子若干歲未可知，然論語敘其坐，次於子路，則其少九歲以上可知。安有六七歲童子倚執政之門，臨喪而歌之事？

【郭氏質疑】及其喪也，曾點倚其門而歌。

鄭注：明己不與也。

嵩燾案，經意承上季武子專政，魯人事之如君。言之事之如君，則喪必廢樂，曾點自倚其門而歌，若不知有其喪者，故曰「不與」。孔疏云：「慕蟜固之直，倚武子之門而歌。」

曾點雖狂，亦何至故臨喪者之門而歌哉！義疏：「季武子卒在昭公七年，孔子年十七，曾晳少於子路，時止六七齡耳，未必有是事。」記禮者藉以明武子之僭，而士之守禮者能不爲之廢樂，與蟜固事相類而實兩不相蒙。疏申鄭義，失之。

四·六　○**大夫弔，當事而至，則辭焉。**辭，猶告也[一]。擯者以主人有事告也。主人無事，則爲大夫出。○擯，必刃反，本又作「儐」，同，後放此。爲，于僞反，下「亦爲」「爲之變」同。**弔於人，是日不樂。**君子哀樂不同日。「子於是日哭，則不歌。」○日，人一反。樂，音岳，又音洛，注同。**婦人不越疆而弔人。**不通於外。**行弔之日，不飲酒食肉焉。**以全哀也。**弔於葬者，必執引。若從柩及壙，皆執紼。**示助之以力。車曰引，棺曰紼。從柩，贏者。○引，音胤，注同，車索。壙，苦晃反，又音曠，後同。紼，音弗，棺索。贏，音盈。**喪，公弔之，必有拜者，**往謝之。**雖朋友、州里、舍人可也。**謂無主後。**弔曰：「寡君承事。」**示亦爲執事來。**主人曰：「臨。」**君辱臨其臣之喪。○臨，如字，徐力鴆反。**君遇柩於路，必使**

[一] 辭猶告也　閩本同，岳本同，嘉靖本同，衛氏集説同，惠棟校宋本同，宋監本同，考文引古本、足利本同，監、毛本「告」誤「去」。○鍔按：「辭猶」上，阮校有「大夫弔節」四字。

人弔之。君於民臣有父母之恩。**大夫之喪，庶子不受弔。**不以賤者爲有爵者主。

【疏】「大夫」至「受弔」[一]。○正義曰：此一節論弔哭之禮，各依文解之。

○「大夫弔」者，謂大夫弔士也。「當事」，當主人有大小斂殯之事也。大夫尊，來弔士，則孝子應出，下堂迎之，若正有事而至，則孝子遣人辭告之，道有事不得出也。

○注「辭猶」至「夫出」。○正義曰：此「出」者，正謂出之於庭，不得出門外，以男子之事，自堂及門故也。若未小斂以前，唯君命出。故士喪禮云「唯君命出」，鄭注云：「大夫以下時來弔襚，不出[二]。始喪，哀戚甚，在室。」是小斂以前不爲大夫出也。

正當小斂之節，大夫來弔，則辭之以有事。斂畢，當踊之時，延大夫而入，絶踊而拜之。或大夫正當斂後踊時始來，則亦絶踊拜之。故雜記云：「當袒，大夫至，雖當踊，絶踊而拜之。」注云：「尊大夫來，至則拜之，不待事已也。」若士來弔，雖當斂，不告以有事，事畢踊後，引士入，然後拜之。故雜記云「於士，既事成踊，襲而后拜之」是也。此云不當事則爲大夫出，於士雖不當事則不爲之出。然士喪禮既小斂以後，主人降自西階，遂拜賓。大夫特拜，士旅之。得出拜士者，以主人將襲絰於序東，因降階而拜之，非故爲

[一] 大夫至受弔　惠棟校宋本無此五字。
[二] 時來弔襚不出　閩、監本同。毛本「時」誤「待」，與儀禮士喪禮注不合。考文引宋板作「時」。

士而出拜之。不當事爲大夫出，謂出迎至庭。若大夫退，則出送于門外。故士喪禮「賓出，主人拜送于門外」，鄭注云：「廟門外也。」廟門，謂殯宫門也。

○「婦人不越疆而弔人」，此是凡弔之法。婦人無外事，故不越疆而弔人。

○「弔於葬者，必執引」，引，柩車索也。弔葬本爲助執事，故必相助引柩車也。

○「若從柩及壙，皆執紼」者，及，至也。紼，引棺索也。凡執引用人，貴賤有數，若其數足，則餘人不得遥行，皆散而從柩也。至壙下棺窆時，則不限人數，皆悉執紼，是助力也。

○注「示助」至「羸者」。○正義曰：「引」者，長遠之名，故在車，車行遠也。紼是撥舉之義，故在棺，棺唯撥舉，不長遠也。云「從柩，羸者」，羸，餘也。從柩者，是執引所餘羸長者也。何東山云：「天子千人，諸侯五百人，大夫三百人，士五十人。羸，數外也」。

○「喪，公弔之，必有拜」者。○喪，謂諸侯臣之喪。公來親弔，或遣人來弔，喪家雖無主後，必有以次疏親而往拜之，以謝其恩。疏親亦無，雖死者朋友及同州、同里及喪家典舍之人[一]而往拜之可也。此以無後，故許他人拜謝。若其有後，主人故自當親拜。是以既夕禮云「主人乘惡車」，鄭注云「拜君命」是也。

[一] 及喪家典舍之人　閩本同，惠棟校宋本同，衛氏集説同，監、毛本「舍」誤「含」。

〇「弔曰：『寡君承事』」者，此是君來語擯者，使傳君來之辭也。弔爲助事，故雖君之尊，亦稱承事也。

〇「主人曰：『臨』」者，主人辭謝之，曰：「君屈辱降臨某之喪。」文稱「寡君」，應是弔他國之臣。上承「公弔之」下，則是己國之臣。稱寡君者，以其示欲供承喪家之事，故謙言寡君，此謂大夫之喪也。若弔士，直稱「君」。故士喪禮「君使某弔，如何不淑」是也。

〇「君遇柩於路」者，君於其臣，當特弔於家[一]，故喪大記於大夫及士皆親弔之，又禮讖蕢尚受弔，及杞梁之妻不受野弔是也。其或卑小之臣及庶人之等，君不豫知其喪，造次遇柩於路，既有民臣之恩，以此使人弔，故鄭答張逸：「謂行而遇之，謂凡民也。」雖以民爲主，亦兼微小臣，君不豫知其喪，故此云兼臣也。

〇「大夫之喪，庶子不受弔」者，不受弔者，謂不爲主人也。適子主喪，受弔拜賓，若適子或有他故不在，則雖庶子不敢受弔，明己卑，辟適也。言人夫庶子不受弔，則士之庶子得受弔也。言「不受弔」，不可以賤者爲有爵者喪主也。

【衛氏集説】大夫弔，當事而至，則辭焉。

鄭氏曰：辭，猶告也。擯者以主人有事告也。主人無事，則爲大夫出。

[一] 當特弔於家　閩本同，惠棟校宋本同，衛氏集説同，監、毛本「特」誤「時」。

孔氏曰：自此至「不受弔」一節，論弔哭之禮。此謂大夫弔士。當事，主人有大小斂殯之事也。出，謂出於庭，不得出門外，以男子之事自堂及門故也。若未斂以前，唯君命出見。士喪禮，若正當小斂而大夫來弔，則辭之以有事。斂畢，當踊之時，則延之入，絶踊而拜之。若當斂後踊時來，則亦絶踊而拜之。故雜記云「當袒，大夫至，雖當踊，絶踊而拜之」。若士來弔，雖當斂，不告以有事，事畢踊後，而引士入，然後拜之也。故雜記云「於士，既事成踊，襲而後拜之」是也。

弔於人，是日不樂。婦人不越疆而弔人。行弔之日，不飲酒食肉焉。

鄭氏曰：君子哀樂不同日。「子於是日哭，則不歌。」婦人不通於外。弔日不飲酒食肉，以全哀也。

孔氏曰：婦人無外事，故不越疆而弔人。

長樂陳氏曰：婦人見兄弟，可以及閾而不可以踰閾；送迎，可以及門而不可以出門；弔人，可以出門而不可以越疆。許穆夫人欲歸唁於衛而不可得，則越疆而弔，人如之何而可？

弔於葬者，必執引。若從柩及壙，皆執紼。

鄭氏曰：示助之以力。車曰引，棺曰紼。從柩，贏者。

孔氏曰：弔葬本爲助執事，故必相助引柩車也。執引用人，貴賤有數，若其數足，贏餘之人皆散行從柩。至壙下棺窆時，則不限人數，皆悉執紼也。

東山何氏曰：執引，天子千人，諸侯五百人，大夫三百人，士五十人也。贏，數外也。

嚴陵方氏曰：引在前，屬之於車，以道柩也。紼在旁，屬之於棺，以弼柩也。道柩者，唯在路用之而已。弼柩者，至下棺亦用焉。故雖不執引，而或從柩及壙亦皆執紼也。曲禮曰：「助葬者，必執紼。」蓋謂是矣。

喪，公弔之，必有拜者，雖朋友、州里、舍人可也。弔曰：「寡君承事。」主人曰：「臨。」

鄭氏曰：拜者，往謝之也。

孔氏曰：諸侯臣之喪，公來親弔，或遣人來弔，喪家雖無主後，必有以次疏親往拜其君以謝恩。疏親亦無，雖死者朋友及同州、同里及喪家典舍之人往拜，亦可也。若有主後，則主人自當親往拜謝，是以既夕禮云「主人乘惡車」，鄭注云：「拜君命也。」弔曰「寡君承事」，此是君來語擯者，使傳辭也。弔爲助事，故雖君尊，亦曰承事也。曰「臨」者，主人辭謝之語，言君屈辱降臨某之喪。稱「寡君」，謙也。若弔士則直稱「君」，故士喪禮「君使某弔，如何不淑」是也。

君遇柩於路，必使人弔之。

鄭氏曰：君於臣民有父母之恩。

孔氏曰：君於其臣，當特弔於家，故喪大記於大夫及士皆親弔之。又禮讖《iii》尚受弔，及杞梁之妻不受野弔是也。其或卑小之臣及庶人之等，君不豫知其喪，造次遇柩於路，必使人弔也。

廬陵胡氏曰：遇柩於路，必使人弔之。若齊侯哭敝無存之類。

大夫之喪，庶子不受弔。

鄭氏曰：不以賤者爲有爵者主。

孔氏曰：不受弔，不爲主人也。適子主喪，受弔拜賓。若適子或有他故不在，則雖庶子，不敢受弔，明己卑，辟適也。

【吴氏纂言】大夫弔，當事而至，則辭焉。

鄭氏曰：辭，猶告也。擯者以主人有事告也，主人無事，則爲大夫出。

孔氏曰：大夫弔者，謂大夫弔士也。大夫尊，來弔士，孝子應出下堂迎之。若正當主人有小大斂殯之事，則孝子遣人辭告之，道有事不得出也。

弔於人，是日不樂。

鄭氏曰：君子哀樂不同日。子於是日哭，則不歌。

婦人不越疆而弔人。

鄭氏曰：不通於外。

孔氏曰：婦人無外事，故不越疆而弔人。

長樂陳氏曰：婦人見兄弟，可以及閾而不可以踰閾；送迎，可以及門而不可以出門；弔人，可以出門而不可以越疆。許穆夫人欲歸唁於衛而不可得，則越疆而弔人，如之何而可？

行弔之日，不飲酒食肉焉。

鄭氏曰：以全哀也。

弔於葬者，必執引。若從柩及壙，皆執紼。

鄭氏曰：示助之以力。車曰引，棺曰紼。從柩，贏者。

孔氏曰：弔葬本爲助執事，故必相助引柩車也。執引用人，貴賤有數，若其數足，贏餘之人皆散而從柩。至壙下棺之時，則不限人數，皆悉執紼也。

東山何氏曰：執引，天子千人，諸侯五百人，大夫三百人，士五十人。贏，數外也。

方氏曰：引在前，屬之於車以導柩。紼在旁，屬之於棺以弼柩。導柩者，惟在路用之而已。弼柩者，至下棺亦用焉。故雖不執引，而或從柩及壙皆執紼也。

喪，公弔之，必有拜者，雖朋友、州里、舍人可也。

鄭氏曰：拜者，往謝之也。

孔氏曰：喪，謂諸侯臣之喪。公親來弔，或遣人來弔，喪家雖無主後，必有以次疏親往拜之，以謝其恩。疏親亦無，則雖死者朋友及同州、同里及喪家典舍之人往拜可也。

此以無後，故許他人拜謝。若其有後，主人自當親拜。

弔曰：「寡君承事。」主人曰：「臨。」

鄭氏曰：承事，示亦爲執事來。

孔氏曰：「弔曰」者，君來語擯者之辭。上文公弔之，是弔己國之臣。此謙言「寡君」，是弔他國之臣，謂大夫之喪。若弔士，直稱君承事，示欲供奉喪家之事。「臨」者，主人辭謝之曰：「君屈辱降臨某之喪。」

君遇柩於路，必使人弔之。

鄭氏曰：君於民人有父母之恩。

孔氏曰：君於其臣當特弔於家，故喪大記於大夫、士皆親弔之。又禮譏賁尚受弔，及杞梁之妻不受野弔是也。其或卑小之臣及庶人等，君不豫知其喪，造次遇柩於路，必使人弔也。

廬陵胡氏曰：若齊侯哭敝無存之類。

大夫之喪，庶子不受弔。

鄭氏曰：不以賤者爲有爵者主。

孔氏曰：不受弔，不爲主人也。適子主喪，受弔拜賓。若適子或有他故不在，則庶子不敢受弔，辟適也。

【陳氏集説】大夫弔，當事而至，則辭焉。弔於人，是日不樂。婦人不越疆而弔人。行弔之日，不飲酒食肉焉。大夫弔，弔於士也。大夫雖尊，然當主人有小斂、大斂或殯之事而至，則殯者以其事告之。辭，猶告也。若非當事之時，則孝子下堂迎之。婦人無外事，故不越疆而弔。是日不樂，不飲酒食肉，皆爲餘哀未忘也。**弔於葬者，必執引。若從柩及壙，皆執紼。**引，引柩車之索也。紼，引棺索也。鄭氏曰：示助之以力。疏曰：弔葬，本爲助執事，故必相助引柩車。凡執引用人，貴賤有數，數足則餘人皆散行從柩。至下棺窆時，則不限人數，皆悉執紼也。引者，長遠之名，故在車，車行遠也。紼是撥舉之義，故在棺，棺惟撥舉，不長遠也。**喪，公弔之，必有拜者，雖朋友、州里、舍人可也。弔曰：「寡君承事。」主人曰：「臨。」**此謂國君弔其諸臣之喪。弔後主人當親往拜謝，喪家若無主後，必使以次疏親往拜。若又無疏親，則死者之朋友及同州、同里及喪家典舍之人往拜，亦可也。寡君承事，言來承助喪事，此君語擯者傳命以入之辭。主人曰臨者，謝辱臨之重也。**君遇柩於路，必使人弔之。**蕢尚畫宮受弔，不如杞梁之妻知禮。而此言弔於路，何也？蓋有爵者之喪，當以禮弔，此謂臣民之微賤者耳，禮不下庶人也。言必使人弔者，是汎言衆人之喪也。**大夫之喪，庶子不受弔。**大夫之喪，適子爲主，拜賓。或以他故不在，則庶子不敢受弔，不敢以卑賤爲有爵者之喪主也。

【郝氏通解】當事，謂當斂殯有事之時。辭，謂擯者以主人有事告也。哀樂不同日，故弔日不樂。婦人無外事，故弔不出疆。在路牽柩之索曰引，下壙懸柩之索曰紼。公弔，謂公家使人來弔，即當往拜謝。初喪，主人不能往，則使朋友與州里及喪家典舍之人代，可也。公使來弔，其辭曰「寡君承事」，主人往謝，其辭曰「辱臨」。君遇民之柩于路，必使人弔之，君於民有父母之恩也。大夫之喪，必適子爲主，適子不在，庶子不敢受弔，蓋賤者不敢爲有爵者主。若士庶無爵，庶子受之可矣。

【方氏析疑】大夫弔，當事而至，則辭焉。

辭以當事，不降拜也。喪大記：「士之喪，於大夫不當斂則出。」是當斂則辭也。雜記「當袒，大夫至，雖當踊，絶踊而拜之」，注：「當袒，蓋斂竟時也。」士喪禮，大斂，「有大夫則告」，注：「後來者，則告以方斂。」蓋先至者，已曾出拜，視斂有定位。後來者，斂畢，然後降拜之。據此三條，皆當斂則辭。而疏并言殯者，士喪禮「主人奉尸斂於棺，踊如初，乃蓋。主人降，拜大夫之後至者」，曰「乃蓋」，則殯後也。雜記「當袒，絶踊而拜之」者，大斂之初，主人西面，袒，直至視肂、卒塗、置銘、復位後，始踊，襲。則既殯，降拜大夫後至者，其時主人尚袒也。

弔於人，是日不樂。

朱軾曰：「是日」，終竟是日也。既弔不樂，哀未忘也。未弔不樂，樂則不弔也。

喪，公弔之，必有拜者，雖朋友、州里、舍人可也。

主人親往拜謝，於經傳無考，以文義測之，曰必有拜者，則非主人也。士喪禮：「君視大斂。」亦無親往拜文。君子不奪人之喪，故許以他人代也。注謂「無主後」，蓋因注士喪禮成服之日，「拜君命及衆賓」，誤謂主人親往拜謝，而援既夕篇「乘惡車」以爲據，不知所謂拜君命者，三日之後，君命歠粥也，拜衆賓助執事及來弔者也。又曰「不拜棺中之賜」，蓋大小斂既畢，或有後時而致含襚者，固辭不受，故無拜禮。乘惡車，則以筮宅，主人當往視掘土爲壙耳。古者臣有喪，君三年不呼其門，而忍令成服之日匍匐而如公所乎？答君之禮，猶可言也。創鉅痛深，心絶志摧，水漿不入者三日，而使徧拜衆賓之門，先王制禮乃如是不近於人情乎？以彼注决不可通，知此注亦誤也。舍人，謂其同居之親也。先朋友、州里，而後及舍人，何也？庶人不得與國君爲禮，必使其同僚中之朋友、州里中之姻親，爵位與同者代之拜。皆不可得，然後使同居大功之親，則不必其盡有爵位矣。

【欽定義疏】大夫弔，當事而至，則辭焉。

正義　鄭氏康成曰：辭，猶告也，擯者以主人有事告也。主人無事，則爲大夫出。

通論　孔氏穎達曰：此以下論弔哭之禮。大夫尊，來弔士，則孝子應出下堂迎之。若當主人有大小斂殯之事，則遣人辭告之，以有事不得出也。出，謂出於庭。若未斂以前，唯君命出，不爲大夫出。始喪，哀戚甚也。若正當小斂而大夫來弔，則辭之以有事。斂畢當踊之時，延大夫入，絶踊而拜之。若當斂後踊時來，則亦絶踊而拜之，尊大夫，不待事已也。大夫退，則出送於門外。若士來弔，雖當斂，不告以有事，事畢踊後而引士入，然後拜之。

案 士喪禮大夫有視斂之禮，記所謂「大夫升自西階，階東北面，東上」是也。此云「辭」者，彼大夫先事而至者，已曾出拜，位在階下，升視斂；此則當事而至，不及視斂，故辭之，事畢乃入。士喪禮既殯乃拜大夫之後至者，蓋兼有當事至者在也。

弔於人，是日不樂。

正義 鄭氏康成曰：君子哀樂不同日。「子於是日哭，則不歌。」

案 是日，終竟一日也。既弔不樂，哀則不樂也。未弔不樂，樂則不弔也。故曰「哀樂不同日」。

婦人不越疆而弔人。

正義 鄭氏康成曰：不通於外。

孔氏穎達曰：婦人無外事也。

陳氏祥道曰：婦人見兄弟，可以及閾而不可以踰閾；送迎，可以及門而不可以出門；弔人，可以出門而不可以越疆。許穆夫人歸唁於衛而不可得，則越疆而弔人，如之何而可？

行弔之日，不飲酒食肉焉。

正義 鄭氏康成曰：以全哀也。

弔於葬者，必執引。若從柩及壙，皆執紼。

正義 鄭氏康成曰：示助之以力。車曰引，孔疏：引，長遠之名，車行遠也。棺曰紼，孔疏：紼，撥舉之義。棺唯撥舉，不長遠也。從柩，贏者。孔疏：贏，餘也，謂數外之人。

孔氏穎達曰：弔葬，本爲助執事，故必相助引柩車也。執引用人，貴賤有數。何東山云：「天子千人，諸侯五百人，大夫三百人，士五十人。」案：雜記諸侯執紼五百人。周禮大司徒疏謂王喪，大司徒帥六卿之衆，取千人屬其六引。其三百人已下不見所據，亦降殺然與？若其數足，贏餘之人皆散行從柩。至壙下棺窆時，則不限人數，皆悉執紼也。

方氏慤曰：引在前，屬之於車，以道柩也。紼在旁，屬之於棺，以弼柩也。道柩者，唯在路用之而已。弼柩者，至下棺亦用焉。故雖不執引而或從柩及壙，亦皆執紼也。

喪，公弔之，必有拜者，雖朋友、州里、舍人可也。弔曰：「寡君承事。」主人曰：「臨。」

正義 鄭氏康成曰：拜者，往謝之也。雖朋友、州里、舍人，謂無主後者。承，言亦爲執事來。陳氏澔曰：「寡君承事」，言來承助喪事，此君語擯者傳命以入之辭。臨，言君辱臨其喪也。

孔氏穎達曰：諸侯臣之喪，公來親弔，或遣人來弔，喪家雖無主後，必以次疏親往拜，以謝其恩。疏親亦無，雖死者朋友及同州、同里及喪家典舍之人往拜，亦可也。若有主後，則主人自當親拜，是以既夕禮云「主人乘惡車」，鄭注云「拜君命」也。弔曰「寡君承事」，是君來語擯者使傳命之辭。弔爲助事，故雖君尊，亦曰「承事」也。稱「寡君」，應是弔他國之臣。承「公弔」之下，則己國之臣。以欲供喪事，謙也。曰「臨」者，主人辭謝之語，言君屈辱降臨某之喪。若弔士，則直稱君，故士喪禮「君使某弔，如何不淑」是也。

案 喪大記「有無後，無無主」，則弔必有拜者明矣。拜當合弔時及往拜謝言，注特指其一耳。

君遇柩於路，必使人弔之。

正義 鄭氏康成曰：君於臣民有父母之恩。

孔氏穎達曰：君於其臣，當特弔於家，故喪大記於大夫及士皆親弔之。又禮讖萇尚受弔，及杞梁之妻不受野弔是也。其或卑小之臣及庶人之等，君不豫知其喪，造次遇柩於路，必使人弔也。

胡氏銓曰：遇柩於路，必使人弔之，若齊侯哭敝無存之類。

大夫之喪，庶子不受弔。

正義 鄭氏康成曰：不以賤者爲有爵者主。

孔氏穎達曰：不受弔，不爲主人也。適子主喪，受弔拜賓。若適子或有他故不在，則雖庶子不敢受弔，明己卑，避適也。士之庶子得受弔。

案　無適子，則庶子之長者受弔。適子不在，雖同母之弟亦不受弔。知生者弔，或有與庶子相識而弔之者，亦不敢受，使人辭之。

【杭氏集説】大夫弔，當事而至，則辭焉。

萬氏斯大曰：辭，謂以殯斂之事，非辭之使去，弔者亦不因辭而去也。畢事，乃出拜之。按士喪禮，小斂于户内，奉尸侇于堂，主人降西階，拜賓。大斂時，有大夫則告。既斂，主人降，拜大夫之後至者。後至者，即當事而至者也。

姜氏兆錫曰：此下八節，皆言弔之禮也。

方氏苞曰：辭以當事，不降拜也。喪大記：「士之喪，於大夫不當斂則出。」是當斂則辭也。雜記「當袒，大夫至，雖當踊，絶踊而拜之」，注：「當袒，蓋斂竟時也。」士喪禮，大斂，「有大夫則告」，注：「後來者，則告以方斂。」蓋先至者，已曾出拜，視斂有定位。後來者，斂畢，然後降拜之。據此三條，皆當斂則辭。而疏并言殯者，士喪禮「主人奉尸斂于棺，踊如初，乃蓋。主人降，拜大夫之後至者」，曰「乃蓋」，則殯後也。雜記「當袒，絶踊而拜之」者，大斂之初，主人西面，袒，直至視肂、卒塗、置銘、復位後，始踊，襲。則既殯，降拜大夫後至者，其時主人尚袒也。

弔於人，是日不樂。

朱氏軾曰：「是日」，終竟一日也。既弔不樂，哀則不樂也。未弔不樂，樂則不弔也。故曰「哀樂不同日」。東坡之詰程子非知禮者，朱子語録載魯叔之問、朱子之答，蓋有爲而言之。余訂喪禮，論此頗詳。

喪，公弔之，必有拜者，雖朋友、州里、舍人可也。弔曰：「寡君承事。」主人曰：「臨。」

鄭氏康成曰：拜者，往謝之也。雖朋友、州里、舍人，謂無主後者。承，言亦爲執事來。「臨」，言君辱臨其喪也。

陳氏澔曰：「寡君承事」，言來承助喪事，此君語殯者傳命以入之辭。

萬氏斯大曰：按士喪禮「三日，成服杖，拜君命及眾賓」，謂往拜謝弔也。既夕記云「主人乘惡車」，注云「拜君命及眾賓所乘」是也。此言公弔之，必有拜者，正指往拜。然眾賓亦往拜，而獨言公者，喪家有主後，君與眾賓之弔皆當往拜。若無主後，則攝主當往拜君弔，而眾賓不往拜也。喪大記曰：「喪有無後，無無主。」雜記曰：「無族人，則前後家、東西家，或里尹主之。」故此言朋友、州里、舍人可也。檀弓「孔子哭伯高，子貢爲主」，且曰「爲爾哭也來者，拜之」，則來弔而有拜者，自不必言。但攝主於來弔者，君與眾賓皆拜，往拜則不及眾賓耳。

方氏苞曰：主人親往拜謝，于經傳無考，以文義測之，曰必有拜者，則非主人也。士喪禮：「君視大斂。」亦無親往拜文。君子不奪人之喪，故許以他人代也。注謂「無主後」云，蓋因注士喪禮成服之日「拜君命及衆賓」，誤謂主人親往拜謝，而援既夕篇「乘惡車」以爲據，不知所謂拜君命者，三日之後，君命歠粥也，拜衆賓助執事及來弔者也。又曰「不拜棺中之賜」，蓋大小斂既畢，或有後時而致含襚者，固辭不受，故無拜禮。乘惡車，則以筮宅，主人當往視掘土爲壙耳。古者臣有喪，君三年不呼其門，而忍令成服之日，而使徧匍匐而如公所乎？答君之禮，猶可言也。創鉅痛深，心絶志摧，水漿不入者三日，而使徧拜衆賓之門，先王制禮乃如是不近人情乎？以彼注決不可通，知此注亦誤也。舍人，謂其同居之親也。先朋友、州里，而後及舍人，何也？庶人不得與國君爲禮，必使其同僚中之朋友、州里中之姻親，爵位與同者代之拜。皆不可得，然後使同居大功之親，則不必其盡有爵位矣。

大夫之喪，庶子不受弔。

朱氏軾曰：無適子，則庶子之長者受弔。適子不在，雖適子同母弟，亦不受弔。

【孫氏集解】大夫弔，當事而至，則辭焉。

鄭氏曰：辭，告也。擯者以主人有事告也。主人無事，則爲大夫出。

孔氏曰：始喪，哀戚甚。小斂以前，不爲大夫出也。正當小斂之節，大夫來弔，則辭之以有事。斂畢當踊之時，絶踊而拜之。或大夫正當斂後踊時而來，則亦絶踊拜之。故雜記云：「當袒，大夫至，雖踊，絶踊而拜之。」若士來弔，雖當斂，不告以有事，事畢踊後，然後拜之。

愚謂大夫尊，來弔，當即拜之。若當事未得拜，則宜告之以其故也。主人雖未拜，弔者皆入即位矣。故上篇「子游裼裘而弔」「主人既小斂，袒，括髮，子游趨而出，襲裘帶絰而入」，是知主人雖有事未得拜賓，弔者已先入也。喪大記云「士於大夫，不當斂則出」，則不當事，雖未小斂，固爲大夫出矣。士喪禮「唯君命出」，謂未襲以前也。

弔於人，是日不樂。

鄭氏曰：君子哀樂不同日。「子於是日哭，則不歌。」

婦人不越疆而弔人。

婦人無境外之事也，惟三年之喪，則越疆而弔。

行弔之日，不飲酒食肉焉。

鄭氏曰：以全哀也。

弔於葬者，必執引。若從柩及壙，皆執紼。

鄭氏曰：示助之以力。車曰引，柩曰紼。從柩，贏者。

孔氏曰：引，柩車索也。引者，長遠之名，車行遠也。紼，引棺索也。紼是撥舉之義，棺惟撥舉，不長遠也。弔葬本爲助執事，故必助引柩車。及，至也。凡執引用人，貴賤有數，若其數足，則餘人不得遥行，皆散而從柩。至壙下棺窆時，則不限人數，皆悉執紼，示助力也。

愚謂引、紼，一物也。在塗時屬於柩車，謂之引。載時及至壙，説載除飾，皆屬於棺，謂之紼。王制疏云「停住之時，指其繒體，則謂之紼。若在塗，人挽而行之，則謂之引」是也。此疏以紼爲撥舉，乃據「孺子䵋」章注爲説，非確義也。又既夕禮「屬引」，鄭注云：「在軸輴曰紼。」在軸輴，謂朝廟時也。朝廟時，柩雖行而不遠，故亦不謂之引，而謂之紼也。

喪，公弔之，必有拜者，雖朋友、州里、舍人可也。弔曰：「寡君承事。」主人曰：「臨。」

此謂在他國而死者也。公弔之，謂所死國之君弔之也。拜，謂爲主以拜賓也。州里，謂死者同州里之人，今同在他國者。舍人，謂死者今在他國所館舍之人也。死於他國者，其親屬或不從行，則朋友及州里之人同在此國者，或又無朋友、州里，則此國所館舍之人，皆可爲主而拜君也。喪有無後，無無主，則死於異國者，雖非公弔，固必有拜賓者矣。嫌君尊，其禮或異，故以明之。承，助也，弔以助主人之喪事也。曰「寡君」者，稱於異國臣之辭也。曰「臨」者，尊君之辭，蓋曰君辱臨某之喪。

君遇柩於路，必使人弔之。

鄭氏曰：君於臣民有父母之恩。

愚謂大夫、士之喪，必赴於君，君當弔於其家。若未仕之士及庶人之喪，赴告不及於君，君不能悉弔也。若遇其柩於路，必使人弔之，所以廣仁恩也。

大夫之喪，庶子不受弔。

鄭氏曰：不以賤者爲有爵者主。

孔氏曰：不受弔，謂不爲主人也。適子爲主，受弔拜賓。若適子或有他故不在，則庶子不敢受弔，明己卑，避適也。言大夫庶子不受弔，則士之庶子得受弔也。

【朱氏訓纂】大夫弔，當事而至，則辭焉。注：辭，猶告也。擯者以主人有事告也。主人無事，則爲大夫出。　正義：此出者，正謂出之於庭，不得出門外。以男子之事自堂及門故也。若未小斂以前，唯君命出。然士喪禮，既小斂以後，主人降自西階，遂拜賓，大夫特拜，士旅之。得出拜士者，以主人將襲絰於序東，因降階而拜之，非故爲士而出拜也。**弔於人，是日不樂。**注：君子哀樂不同日。「子於是日哭，則不歌。」　王氏念孫曰：「不樂」之樂，如字讀，謂作樂也。歌詩與作樂相等，故注以不歌比不樂。**婦人不越疆而弔人。**注：不通於外。　正義：婦人無外事。**行弔之日，不飲酒食肉焉。**注：以全哀也。**弔於葬者，必執引。若從柩及壙，皆執紼。**注：示助之以力。車曰引，棺曰紼。從柩，贏者。　釋名：從前引之曰紼。紼，發也，發車使前也。　釋文：引，車索。紼，棺索。　正義：何東山云：「天子千人，諸侯五百人，大夫三百人，士五十人。贏，數外也。」**喪，公弔之，必有拜者，**注：往謝之。**雖朋友、州里、舍人可也。**注：謂無主後。正義：喪家雖無主後，必有以次疏親而往拜之。疏親亦無，雖死者朋友及同州、同里及喪家典舍之人而往拜之，可也。若有後，主人自當親拜。既夕禮云「主人乘惡車」，鄭注云「拜君命」是也。**弔曰：「寡君承事。」**注：示亦爲執事來。**主人曰：「臨。」**注：君辱臨其臣之喪。**君遇柩於路，必使人弔之。**注：君於民臣有父母之恩。正義：君於其臣，當特弔於家，故鄭答張逸「行而遇之，謂凡民也」。**大夫之喪，庶子不受弔。**注：不以賤者爲有爵者主。正義：適子主喪，受弔拜賓。若適子或有他故不在，則庶子不敢受弔，明己卑，辟適也。

【郭氏質疑】大夫弔，當事而至，則辭焉。

鄭注：辭，猶告也，擯者以主人有事告也。主人無事，則爲大夫出。

孔疏：當事，主人當大小斂殯之事。

嵩燾案，士喪禮，始死，襚，惟君命出，大夫則特拜之。及大斂，有大夫則告，主人奉尸斂於棺，降，拜大夫之後至者。蓋大斂有視斂之文，主人當先拜賓。儀禮云「有大夫則告」，即謂大夫之後至也。主人方奉尸入棺，故先告辭以示不能成拜之意。喪大記「士之喪，於大夫不當斂則出」，出即降拜之義。雜記：「大夫至，雖當踊，絶踊而拜之。於士，既事成踊，襲而後拜之。」士於大夫，雖當踊不辭，皆所以發明儀禮之旨。凡當事皆踊，大夫至，絶踊拜之，惟當大斂視斂有告辭之文。喪大記言「當斂」者，大斂也，殯則視殯、視塗，在主人降拜之後，不待辭矣。

喪，公弔之，必有拜者，雖朋友、州里、舍人可也。

鄭注：拜者，往謝之也。雖朋友、州里、舍人，謂無主後者。

嵩燾案，喪大記：「喪有無後，無無主。」故人皆可爲之拜，而拜謝之禮不見於經傳。鄭注士喪禮「三日，成服杖，拜君命及衆賓」云：「既殯之明日，必往拜謝。」孔疏於此云：若有主後，主人自當親拜。然經言必有拜者，不云往謝，亦不云無主後。喪必有主拜賓，凡賓至皆然。此云「公弔之」，似其禮特施之君。玩下「寡君承事」之文，與此云「舍人」，疑當爲異國之辭。所謂舍人者，館人也。朋友，謂出使之介及諸從行者。州里，則與同國之人先後竝至此國。爲在異國而受其君之弔，則其國之大夫、士不當主異國之喪而爲之拜其君。惟館人之義，自其生時已爲之主，至此而異國之朋友、州里無能爲主喪者，以館人攝主可也。士喪禮君入門，主人辟，君升自阼階，西鄉，君升主人，主人西楹東，北面。是君弔自爲主。此擯者之辭曰「寡君」，而受弔者曰「臨」，明雖在其國而固不爲之臣，則一以賓禮接之也。案雜記：「諸侯使人弔，其次含、襚、賵、臨，皆同日而畢事。」惟諸侯相與弔有臨，主人曰「臨」，尊之，亦以明此弔者之爲異國也。喪大記：「爲後者不在，則有爵者辭，無爵者，人爲之拜。」無爲主後，大夫、士以上有爵者皆辭不受弔，不得更受君弔，明矣。鄭注疑不可通。

檀弓注疏長編卷十九

四·七 ○**妻之昆弟爲父後者死，哭之適室。**以其正也。**子爲主，袒免哭踊。**親者主之。○免，音問。**夫入門右，**北面辟正主。○辟，音避，下「辟難」同。**使人立于門外，告來者，狎則入哭。**狎，相習知者。○使，色吏反，又如字。狎，户甲反。**父在，哭於妻之室。**不以私喪干尊。**非爲父後者，哭諸異室。○有殯，聞遠兄弟之喪，哭于側室。**嫌哭殯。**無側室，哭于門内之右。**近南者爲之變位。○近，「附近」之近。**同國則往哭之。**喪無外事。

【疏】「妻之」至「哭之」[一]。○正義曰：此一節論哭無服者之事。「適室」，正寢也。禮，女子適人者[二]，爲昆弟爲父後者不降[三]，以其正故也，故姊

[一] 妻之至哭之　惠棟校宋本無此五字。○鍔按：「妻之」上，阮校有「妻之昆弟節」五字。

[二] 禮女子適人者　惠棟校宋本同，衛氏集説同，閩、監、毛本「子」字重。○按：重「子」字是也。

[三] 爲昆弟爲父後者不降　衛氏集説同。閩、監、毛本「弟」下有「之」字，與儀禮喪服合。

妹之夫爲之哭於適室之中庭也。

○「子爲主」者，子，己子也。甥服舅緦，故命己子爲主受弔拜賓也。

○「袒免哭踊」者，冠尊，不居肉袒上[一]，必先免，故凡哭哀則踊[二]，踊必先袒，袒必先免，故袒免哭踊也。

○「夫入門右」者，夫謂此子之父，即哭妻兄弟者也。言夫者，據妻之爲喪也。子既爲主，位在東階之下，西嚮。父入門右，近南而北嚮哭也。鄭注知此北面者，鄭推子既爲主，在阼階下西嚮，父不爲主，若又西嚮，便似二主，故入門右而北面，示辟爲主之處也。鄭又所以知父必北面者，曾子問云，衛靈公弔季康子，魯哀公爲主，「康子立於門右，北面」，辟主人之位。故鄭知此當北面，辟主人之位也。而禮本多將鄭注「北面」爲經文者，非也。案古舊本及盧、王禮亦無「北面」字，唯鄭注云北面耳。庾蔚亦謂非經文也。

○「使人立于門外，告來者」者，以門內有哭，則鄉里聞之，必來相弔，故主人所使人出門外，告語來弔者，述所哭之由[三]。明爲主在子，不關己也。

[一] 冠尊不居肉袒上　衛氏集說同，宋本亦同。閩、監、毛本「袒」下有「之」字。考文云：「宋板『肉』作『内』，誤。」

[二] 必先免故凡哭哀則踊　惠棟校宋本同。閩、監、毛本「必先免」作「必先去冠而加免」，非。

[三] 述所哭之由　惠棟校宋本作「由」，衛氏集說同。此本「由」誤「市」。閩、監、毛本作「事」，非也。

〇「狎則入哭」者，若弔人與此亡者曾經相識狎習，當進入共哭。「父在，哭於妻之室」者，此夫若父在，則適室由父，故但於妻室之前而哭之，亦子爲主，使人立於門外也。故鄭注云「不以私喪干尊」。〇「非爲父後者，哭諸異室」者，案奔喪禮「妻之黨哭諸寢」，此哭於適室及異室者，寢是大名，雖適室及妻室、異室，總皆曰寢。此云「子爲主，袒免哭踊」，則夫入門右亦哭踊。知者，以其上文「申祥之哭言思[一]，婦人倡踊」，故知夫入門右亦踊，但文不備耳。〇注「近南者爲之變位」。〇正義曰：此「哭於門内之右」，謂庶人無側室者，故内則云「庶人無側室」者。言「近南爲之變位」，以其尋常爲主，當在阼階東，西面，今稱「門内之右」，故知「近南爲之變位」也。必變之者，以哭於大門内之右，既非常哭之處，故繼門而近於南也。鄭云近南則猶西面，但近南耳。必知西面者，案士喪禮「朝夕哭，衆主人、衆兄弟繼婦人南，皆西面」，明此哭兄弟亦西面也。下云「同國則往哭之」，上云「聞遠兄弟之喪」，謂異國也。所以同國則往哭，異國則否者，以其已有喪殯，不得嚮他國，故鄭云「喪無外事」。

【衛氏集説】妻之昆弟爲父後者死，哭之適室。子爲主，袒免哭踊。夫入門右，使人

[一] 申祥之哭言思　閩、監本同，衛氏集説同，毛本「祥」作「詳」。

立于門外，告來者，狎則入哭。父在，哭於妻之室。非爲父後者，哭諸異室。

鄭氏曰：子爲主，親者主之也。狎，相習知者。父在，則不以私喪干尊，故哭於妻之室。

孔氏曰：自此至「往哭之」，論哭無服者之事。適室，正寢也。禮，女子適人者，爲昆弟爲父後者不降，以其正故也，故姊妹之夫爲之哭於適室之中庭。「子爲主」者，甥服舅緦，故命己子爲主，受弔拜賓也。冠尊，不居肉袒上，故凡哭哀必踊，踊必先袒，袒必先免，故「袒免哭踊」也。「夫入門右」者，夫謂此子之父，即哭妻兄弟者也。據妻之爲喪，故言夫。子既爲主位，東階之下，西嚮，父入門右，近南而北嚮哭也。父不爲主，若又西嚮，便似二主。入門右，北面，示辟爲主之處。據申祥之哭言思，婦人倡踊，則夫入門右，亦哭踊也。門内有哭，則鄉里聞之，必來相弔，故使人立於門外，告語來弔者，述所哭之由，明爲主在子，不關己也。若弔者與此亡者曾經相識狎習，則當入與共哭。若此夫之父在，則適室由父，故但於妻室之前哭之。非爲父後哭諸異室者，案奔喪禮「妻之黨哭諸寢」，蓋寢是大名，雖適室及妻室、異室，總皆曰寢。

嚴陵方氏曰：哭諸異室者，以其別於適也。

有殯，聞遠兄弟之喪，哭于側室。無側室，哭于門内之右。同國則往哭之。

鄭氏曰：哭於側室，嫌哭殯也。哭于門内之右，近南者爲之變位。

孔氏曰：哭於門内之右，謂庶人無側室者，故内則云「庶人無側室」者。言「近南爲之變位」，以其尋常爲主，當在阼階東，西向。今稱「門内之右」，故知「近南爲之變位也」。遠兄弟，謂異國也。若同國，則往哭之。

嚴陵方氏曰：哭于側室者，欲其遠殯宫也。哭于門内之右者，不居主位，示爲之變也。同國則往哭之者，以其不遠故也。

【吴氏纂言】妻之昆弟爲父後者死，哭之適室。子爲主，袒免哭踊。夫入門右，使人立于門外，告來者，狎則入哭。父在，哭於妻之室。非爲父後者，哭諸異室。

鄭氏曰：子爲主，親者主之也。狎，相習知者。父在則不以私喪干尊，故哭於妻之室。

澄曰：子，謂妻之子。夫，謂妻之夫。適室，正寢也。禮，女子適人者爲昆弟爲父後者不降服朞，其夫爲妻之兄弟雖無服，然亦爲之哭于適室之中庭，以其正故也。子，己子，於死者爲甥也，爲舅服緦，故命之使爲主，受弔拜賓也。己無服故不爲主，而使子有服者爲主也。凡哭哀則踊，踊必先袒，袒必先免。夫，即此子之父。子既爲主位，在東階之下，西嚮，其父入門右，近南而北向哭也，亦踊。門内有哭，則鄉里聞之必來相弔，故使人出門外語來弔者，述所哭之由。若弔人與此亡者曾相識狎習，則進入共哭也。側室，謂妻之室。父在，則適室乃父之室，不敢以私喪干尊者，但於妻室之前哭之，亦子爲主，使人出門外也。異室非適寢，又非妻之室。

方氏曰：哭諸異室者，以別於適也。

有殯，聞遠兄弟之喪，哭于側室。無側室，哭于門内之右。同國則往哭之。

鄭氏曰：哭于側室，嫌哭殯也。

孔氏曰：庶人無側室者，哭于大門内之右。禮，爲主者當在阼階東，西面。今大門内之右，既非常哭之處，故繼門而近於南，猶西面也。遠兄弟，謂異國者。蓋喪無外事，己有殯，不得向他國，故爲位哭之。若兄弟在同國，則往其家而哭之也。

【陳氏集説】妻之昆弟爲父後者死，哭之適室。子爲主，袒免哭踊。夫入門右，使人立于門外，告來者，狎則入哭。父在，哭於妻之室。非爲父後者，哭諸異室。此聞妻兄弟之喪而未往弔時禮也。父在，己之父也。爲父後，妻之父也。門外之人以來弔者告，若是交游習狎之人，則徑入哭之，情義然也。　疏曰：女子子適人者爲昆弟之爲父後者不降，以其正故也，故姊妹之夫爲之哭於適室之中庭。「子爲主」者，甥服舅緦，故命己子爲主，受弔拜賓也。「袒免哭踊」者，冠尊，不居肉袒之上，必先去冠而加免，故凡哭哀則踊，踊必先袒，袒必先免，故袒免哭踊也。夫入門右者，謂此子之父，即哭妻兄弟者。**有殯，聞遠兄弟之喪，哭于側室。無側室，哭于門内之右。同國則往哭之。**側室者，燕寢之旁室也。門内，大門之内也。上篇言「有殯，聞遠兄弟之喪，雖緦必往」，其亦謂同國歟？方氏曰：哭于側室，欲其遠殯宮也。于門内之右者，不居主位，示爲之變也。同國則往者，以其不遠也。

【納喇補正】使人立于門外，告來者，狎則入哭。

集説　門外之人以來弔者告，若是交游習狎之人，則徑入哭之。

竊案　孔疏：「妻之昆弟爲父後者死，哭之適室。門内有哭，則鄉里聞之，必來相弔，故使人出門外語來弔者，述所哭之由。若弔人與此亡者曾相識狎習，則入與共哭。」今集説謂告來者爲以來弔者告，謂狎爲與生者交游習狎之人，皆誤。

【郝氏通解】妻之昆弟爲父後者死，哭之適室。子爲主，袒免哭踊。夫入門右，使人立于門外，告來者，狎則入哭。父在，哭於妻之室。非爲父後者，哭諸異室。

妻昆弟爲父後者，是妻父之家嗣也。適室，己之正寢也。己無服，己子爲舅緦，故子爲喪主。袒免哭踊，皆子也。稱夫者，對妻而言。入門右，入寢門西，就客位，避主也。告來者，謂來弔者至，則以告也。狎，内戚也。父在，謂己有父在，不敢哭于正寢，而哭于妻之室。妻黨也，非爲父後，則妻之庶昆弟之喪也，哭諸異室，不于妻室也。

有殯，聞遠兄弟之喪，哭于側室。無側室，哭于門内之右。同國則往哭之。

有殯，親喪在殯也。側室，傍室，遠于殯宮也。門内，大門内。于右，不爲主也。同國往哭，他國則否。

按前章言「有殯，聞遠兄弟之喪，雖緦必往」。此言「同國則往」，意相矛盾，父母新喪，而弔人之喪，情亦未允。

【方氏析疑】此謂不同國者，如同國，則疾革時，妻當歸視，屬纊至卒哭，然後還。夫及甥當往弔哭，不宜爲位以接來者。蓋此及下「有殯，聞兄弟之喪」，皆不同國者，同國則往哭。乃總結上文，特起「夫入門右」之文，於「袒免哭踊」後者，明袒免哭踊乃甥之爲舅，夫哭妻之兄弟，無袒免也。

朱軾曰：女主不拜男賓，故使其子主之。若女賓至，則妻自爲主。

【欽定義疏】妻之昆弟爲父後者死，哭之適室。子爲主，袒免哭踊。夫入門右，使人立于門外，告來者，狎則入哭。父在，哭於妻之室。非爲父後者，哭諸異室。

正義　鄭氏康成曰：哭之適室，以其正也。子爲主，親者主之也。夫入門右，北面，辟正主也。狎，相習知者。父在，哭於妻之室，不以私喪干尊也。

孔氏穎達曰：此下論哭無服者之事。適室，正寢也。禮，女子適人者，爲昆弟爲父後者不降，以其正故也，故姊妹之夫爲之哭於適室之中庭。「子爲主」者，甥服舅緦，故命己子爲主，受弔拜賓也。冠尊，不居肉袒之上，必先去冠而加免，故凡哭哀則踊，踊必先袒，袒必先免，故袒免哭踊也。「夫入門右」者，夫謂此子之父，即哭妻兄弟者也。據妻之爲喪，故言夫。子既爲主位，東階之下，西嚮，父入門右，近南而北嚮哭也。父不爲主，若又西嚮，便似二主。入門右北面，示辟爲主之處。據申詳之哭言思，婦人倡踊，則夫入門右，亦哭踊也。門内有哭，則鄉里聞之必來相弔，故使人立於門外，告語來弔者，述所哭之由，明爲主在子，不關己也。若弔者與此亡者曾經相識狎習，則當入與共哭。此夫若父在，則適室由父，故但於妻室之前哭之。奔喪禮「妻之黨哭諸寢」，蓋寢是大名，適室及妻室、異室，總皆曰寢。

吴氏澄曰：其夫爲妻之兄弟，雖無服，然亦爲之哭。己無服，故不爲主，而使子有服者爲主也。

陳氏澔曰：此聞妻兄弟之喪而未往哭時禮也。父在，己之父也。爲父後，妻之父也。

方氏慤曰：哭諸異室者，以其別於適也。

有殯，聞遠兄弟之喪，哭于側室。無側室，哭于門内之右。同國則往哭之。

正義　鄭氏康成曰：哭於側室，嫌哭殯也。哭於門内之右，近南者爲之變位。孔疏：以其尋常爲主，當在阼階東，西面。今稱「門内之右」，故知近南爲之變位，猶西面也。同國往哭，喪無外事也。

孔氏穎達曰：哭於門内之右，謂庶人無側室者。遠兄弟，謂異國也。若同國則往哭之，異國則否，以己有喪殯，不得嚮他國也。

通論　陳氏澔曰：側室者，燕寢之旁室也。門内，大門之内也。上言有殯，聞遠兄弟之喪，雖緦必往，其亦謂同國與？

【杭氏集説】妻之昆弟爲父後者死，哭之適室。子爲主，袒免哭踊。夫入門右，使人立于門外，告來者，狎則入哭。父在，哭於妻之室。非爲父後者，哭諸異室。

吴氏澄曰：其夫爲妻之兄弟雖無服，然亦爲之哭。己無服，故不爲主而使子有服者爲主也。

陳氏澔曰：此聞妻兄弟之喪而未往哭時禮也。父在，己之父也。爲父後，妻之父也。

姚氏際恒曰：孔氏曰：「此云『子爲主，袒免哭踊』，則夫入門右亦哭踊。知者，以上文『申詳之哭言思，婦人倡踊』，故知夫入門右亦踊，但文不備耳。」按彼云「婦人倡踊」，此云「子爲主，袒免哭踊」，彼此不同，安得妄爲紐合乎！餘説詳上「小功不爲位」章。

朱氏軾曰：哭之適室，妻哭其昆弟也。「子爲主」者，女主不拜男賓，故使其子主之。若女賓至，則妻自爲主。袒免哭踊，子哭也。子於母昆弟服緦，故爲主而哭之哀。夫于妻昆弟無服，故入門右。而入門而右者，客禮也。狎則入哭，狎，狎死者也。知生者弔，知死者傷，婦人私喪，故但有知死之傷，而無知生之弔，此亦言男賓。若女賓，則有入弔而不哭者矣。父在，夫之父在也，則妻自哭于其室，而不于適室。若非爲己父後，則并不于己室，而于别室。

方氏苞曰：此謂不同國者，如同國，則疾革時，妻當歸視，屬纊至卒哭，然後還。夫及甥當往弔哭，不宜爲位以接來者。蓋此及下「有殯，聞兄弟之喪」，皆不同國者，同國則往哭。乃總結上文，特起「夫入門右」之文，于「袒免哭踊」後者，明袒免哭踊乃甥之爲舅。夫哭妻之兄弟，無袒免也。

有殯，聞遠兄弟之喪，哭于側室。無側室，哭于門内之右。同國則往哭之。

孔氏穎達曰：哭于門内之右，謂庶人無側室者。遠兄弟，謂異國也。若同國，則往哭之，異國則否。以己有喪殯，不得嚮他國也。

陳氏澔曰：側室者，燕寢之旁室也。門内，大門之内也。上篇言「有殯，聞遠兄弟之喪，雖緦必往」，其亦謂同國與？

姚氏際恒曰：據此云「有殯，聞遠兄弟之喪」，各哭於家。同國，往哭。上篇但云「有殯，聞遠兄弟之喪，雖緦必往」，未免欠分明。

【孫氏集解】妻之昆弟爲父後者死，哭之適室。子爲主，袒免哭踊。夫入門右，使人立于門外，告來者，狎則入哭。父在，哭於妻之室。非爲父後者，哭諸異室。

鄭氏曰：哭之適室，以其正也。狎，相習知者。哭於妻之室，不以私喪干尊。

孔氏曰：適室，正寢也。禮，女子子適人者爲昆弟之爲父後者不降，故姊妹之夫爲之哭於適室之中庭。子，己子也。甥服舅緦，故命己子爲主，受弔拜賓也。「袒免哭踊」者，冠尊，不居肉袒之上。故凡哭哀則踊，踊必先袒，袒必去冠而加免也。「使人立於門外，告來者」，以門内有哭，則鄉里聞之，必來相弔。故主人使人出門外，告語來弔者，述所哭之人也。猝則入哭者，若弔人與此亡者相識猝習，當進入共哭也。父在，哭於妻之室者，此夫若父在，則適室由父，故但於妻室之前而哭之，亦子爲主也。案奔喪禮「妻之黨哭諸寢」，此哭於適室及異室者，寢是大名，雖適室及妻室、異室，總皆曰寢。

愚謂此亦爲位而哭者也。「子爲主」者，妻之兄弟無服，而子爲舅服緦，故使之爲主而拜賓。「袒免哭踊」者，哭有服之親之禮然也。「爲主」者，在中庭西面，夫入門而右，亦西面，在其子之少南。凡哭而爲位者，哭者與主人必同面，而以親疏爲敘列也。申祥之哭言思，婦人倡踊。此哭妻之兄弟，婦人亦當在阼階上之位，但子既爲主，則其子倡踊矣。子爲主者，常禮也。無子，乃使婦人倡踊耳。「使人立於門外，告來者」，謂人有聞哭而來者，則告以所爲哭之人。蓋凡哭人者之禮皆然。猝則入哭，謂所親猝之人則當入而弔哭也。「父在，哭於妻之室」，此謂父子同宫者也。若父子異宫，雖父在，亦哭諸適室也。異室，側室也。非爲父後者，降於適子，故哭諸側室。

○鄭氏謂「夫入門右，北面」，孔氏云：「鄭知此北面者，子既爲主，在阼階下，西面，父若又西面，便似二主也。又曾子問云衛靈公弔季康子，魯哀公爲主，康子立於門右，北面，辟主人之位。故知此當北面，辟主人之位也。」

愚謂士喪禮，主人、衆主人、衆賓皆西面，初不以二主爲嫌，何以此父與子同西面則嫌二主乎？君弔於臣，主人之位皆在門右，北面，故季康子於衛靈公之弔亦然，初不以辟主人之位也。鄭氏謂「夫入門右，北面」，蓋據「曾子北面而弔」之文。孔疏所言，殊失鄭義，但鄭注本非曾子北面而弔，乃弔於不爲位者之禮，非可以例此也。

有殯，聞遠兄弟之喪，哭于側室。無側室，哭于門内之右。同國則往哭之。

鄭氏曰：哭於側室，嫌哭殯也。哭於門内之右，近南者爲之變位。同國則往哭之，喪無外事。

孔氏曰：遠兄弟之喪，謂異國也。内則云：「庶人無側室。」尋常爲主，當在阼階東，西面，今稱門内之右，是非常哭之處，繼門而近於南也。鄭云「近南」，則猶西面，但近南耳。同國則往哭，異國則否者，以其已有喪，不得嚮他國也。

愚謂上篇言「有殯，聞遠兄弟之喪，雖緦必往」，以不同居而謂之遠也。此云「有殯，聞遠兄弟之喪，哭于側室」，以不同國而謂之遠也。側室，室在寢室之旁側者也。兄弟哭於廟，此不於廟者，喪自未啟以前，於廟皆無事焉，不宜忽以哭輕喪而至也。門内，殯宫之門内也。哭于門内之右，謂在中庭之少南而西面，所以別於哭殯之位也。不哭於寢門之外者，以其爲内親也。雜記曰：「有殯，聞外喪，哭之他室。入奠，卒奠出，改服即位，如始即位之禮。」

【朱氏訓纂】妻之昆弟爲父後者死，哭之適室。注：以其正也。**子爲主，袒免哭踊。**注：親者主之。　正義：子，己子也。甥服舅緦，故命己子爲主。冠尊，不居肉袒上，故袒免哭踊。**夫入門右，**注：北面，辟正主。**使人立于門外，告來者，狎則入哭。**注：狎，相習知者。**父在，哭於妻之室。**注：不以私喪干尊。**非爲父後者，哭諸異室。有殯，聞遠兄弟之喪，哭于側室。**注：嫌哭殯。**無側室，哭于門内之右。**注：近南者，爲之變位。**同國則往哭之。**注：喪無外事。正義：哭於門内之右，謂庶人無側室者。上云「聞遠兄弟之喪」，謂異國也。以己有喪殯，不得嚮他國。

四·八 **○子張死，曾子有母之喪，齊衰而往哭之。或曰：「齊衰不以弔。」**以其無服非之。**曾子曰：「我弔也與哉？」**於朋友哀痛甚而往哭之，非若凡弔。○與，音餘。

【疏】「子張」至「與哉」[一]。○正義曰：此一節論哭朋友失禮之事。○注「以其」至「非之」[二]。○正義曰：言曾子與子張無服，不應往哭，故或人非之也。若有服者，雖緦亦往也。

【衛氏集説】鄭氏曰：於朋友哀痛甚而往哭之，非若凡弔。或人以其無服非之。孔氏曰：此一節論哭朋友失禮之事。曾子於子張無服，不應往哭。若有服者，雖緦

[一] 子張至與哉 惠棟校宋本無此五字。○鍔按：「子張」上，阮校有「子張死節」四字。

[二] 以其至非之 閩、監、毛本同，惠棟校宋本作「以其無服非之」。

亦往也。

嚴陵方氏曰：三年之喪而弔哭，不亦虚乎？則齊衰而弔，固非禮也。而曾子言我弔非若凡人之弔可疑，故以「與哉」結之。

【吴氏纂言】鄭氏曰：於朋友哀痛甚而往哭之，非若凡弔。或人以其無服非之。孔氏曰：曾子與子張無服，不應往哭。若有服者，雖緦亦往也。方氏曰：子曰：「三年之喪而弔哭，不亦虚乎？」則齊衰而弔，固非禮也。而曾子言我弔非若凡人之弔可疑，故以「與哉」結之。

【陳氏集説】以喪母之服而哭朋友之喪，踰禮已甚。故或人止之，而曾子之意則曰，我於子張之死，豈常禮之弔而已哉！今詳此意，但以友義隆厚，不容不往哭之。又不可釋服而往，但往哭而不行弔禮耳。故曰「我弔也與哉」。劉氏曰：曾子嘗問「三年之喪弔乎」，夫子曰：「三年之喪，練，不羣立，不旅行。君子禮以飾情，三年之喪而弔哭，不亦虚乎？」既聞此矣，而又以母喪弔友，必不然也。凡經中言曾子失禮之事，不可盡信，此亦可見。

【納喇補正】集説 以喪母之服而哭朋友之喪，踰禮已甚。又引劉氏曰：「曾子嘗問『三年之喪弔乎』，夫子曰：『君子禮以飾情，三年之喪而弔哭，不亦虚乎？』既聞此矣，而又以母喪弔友，必不然也。」

竊案　三年之喪不弔哭者，謂不弔泛常之人也。曾子之齊衰而往哭子張者，情親誼厚，所謂知死者傷，而非知生者弔也，故曰「我弔也與哉」。劉氏輕肆訾毁，過矣。後儒復多從之，皆於曾子問之文考之未詳耳。

【郝氏通解】有三年之喪，不當弔人。然同志之友死，而哀痛情深，即不脱齊衰往哭，亦可弔也與哉？言非弔也，弔則麻絰而已。按雜記「三年之喪不弔，如有服，將往哭之，則服其服而往」，正與此合。蓋哭死與弔生異，弔生禮輕而哭死情重，鄭注未達。

【方氏析疑】**子張死，曾子有母之喪，齊衰而往哭之。**

孔子之喪，二三子皆絰而出。三年始治任而歸，皆禮所未有。故子張之喪，曾子齊衰而往哭之，志同道同，情親義重，不異於同氣。他日又曰「有宿草而不哭」焉，是朋友之心喪，不異期之兄弟也。

【江氏擇言】陳氏云：今詳此意，但以友義隆厚，不容不往哭之，又不可釋服而往，但往哭而不行弔禮耳。故曰「我弔也與哉」。

朱文端公云：「弔也與哉」，謂哭之，非弔之也。

按，陳氏及文端公説是。

【欽定義疏】正義　鄭氏康成曰：或人以其無服，非之。曾子言於朋友哀痛甚而往哭之，非若凡弔。

陳氏澔曰：以母喪之服而哭朋友之喪，踰禮已甚，故或人止之。曾子之意，但以友義隆厚，不容不往哭之。又不可釋服而往，但往哭而不行弔禮耳，故曰「我弔也與哉」。

【辨正】黃氏震曰：齊衰者，曾子爲母服，非爲弔子張而服也。往哭者，友朋哀痛之情，特就因其服而往，非以此服行弔禮也。諸家乃以曾子爲文過，夫曾子豈文過者哉？

【案】門人於孔子若喪父，孔子於顔回若喪子。曾子於子張宜若兄弟，不容不往哭，而又不可釋服而往，故即以母服往哭之。然哭以傷之，非弔也。禮「知生者弔，知死者傷」，故曾子曰「我弔也與哉」，使察其意耳。孔氏以曾子爲失禮，過矣。

【杭氏集説】黃氏震曰：齊衰者，曾子有母喪，非爲弔子張而服也。往哭者，友朋哀痛之情，特就因其服而往，非以此服行弔禮也。諸家乃以曾子爲文過，夫曾子豈文過者哉？

陳氏澔曰：以母喪之服而哭朋友之喪，踰禮已甚，故或人止之。曾子之意，但以友義隆厚，不容不往哭之。又不可釋服而往，但往哭而不行弔禮耳，故曰「我弔也與哉」。

姚氏際恒曰：此亦似毀曾子。曾子嘗問「三年之喪弔乎」，夫子曰：「三年之喪而哭弔，不亦虛乎？」則曾子果不應弔矣。或謂此爲傷死，非弔生也。然雜記云「三年之喪，不弔，如有服，將往哭之，則服其服而往」。曾子于子張無服，則亦不應往傷其死也。

姜氏兆錫曰：陳注引劉氏之説曰：「曾子嘗問『三年之喪弔乎』，夫子曰：『三年之喪，練，不羣立，不旅行。君子禮以飾情，三年之喪而弔哭，不亦虛乎？』既聞此而又以母喪往哭其友，恐不然。凡經中言曾子失禮之事，不可盡信也。」愚按有殯，非兄弟，雖鄰不往。此禮之大閑也，况親承聖教而背此耶？豈其未聞教之初則然與？或曰知生者弔，死者傷，曾子所謂「傷而不弔」也，嗟乎，豈其然哉！

方氏苞曰：孔子之喪，二三子皆絰而出。三年始治任而歸，皆禮所未有。故子張之喪，曾子齊衰而往弔之，志同道同，情親義重，不異于同氣。他日又曰「有宿草而不哭」焉，是朋友之心喪，不异期之兄弟也。

齊氏召南曰：劉氏曰：「曾子嘗問『三年之喪弔乎』，夫子曰：『君子禮以飾情，三年之喪而弔哭，不亦虚乎？』既聞此矣，而又以母喪弔友，必不然也。凡經中言曾子失禮之事，不可盡信。」

【孫氏集解】哭與弔不同，弔者所以慰人之戚，哭者所以自致其哀。上篇云：「有殯，聞遠兄弟之喪，雖緦必往。」雜記云：「三年之喪，雖功衰，不弔。如有服而將往哭之，則服其服而往。」孔子於門人猶父子，則曾子於子張猶兄弟，故援有殯哭兄弟之義而往哭之，非弔也。爲朋友，弔服加麻，而曾子齊衰而往，不服其服者，蓋兄弟，骨肉也，其恩由父而推，故可以釋服而服其服；朋友，異姓也，其恩由己而成，則不可以釋服而服其服矣。哭之者，情之所不可已；不服其服者，禮之所不容過也。

【朱氏訓纂】注：於朋友哀痛甚而往哭之，非若凡弔。黄東發曰：齊衰者，曾子爲母服，非爲弔子張而服也。往哭者，友朋哀痛之情，特因其服而往，非以此服行弔禮也。

【郭氏質疑】子張死，曾子有母之喪，齊衰而往哭之。

孔疏：此論哭朋友失禮之事。

嵩燾案，上經云：「有殯，聞遠兄弟之喪，雖緦必往。」雜記：「三年之喪，不弔，如有服而往哭之，則服其服而往。」經言孔子之喪顔淵若喪子而無服，喪子路亦然。曾子於子張之喪，當視兄弟，兄弟有往哭之義。其有服者，服其服而往，朋友不當爲之制服，故曾子仍其齊衰而往哭之，亦若喪兄弟而無服也。曾子曰「吾弔也與哉」，情傷而語亦深矣。孔疏以爲失禮，非也。

四·九　**○有若之喪，悼公弔焉，**悼公，魯哀公之子。○悼，音道。**子游擯由左。**擯，相侑喪禮者。喪禮廢亡，時人以爲此儀當如詔辭而皆由右相，是善子游正之。孝經説曰：「以身擯侑。」○擯，必忍反，注同。相，息亮反，下同。詔，音照。侑，音又。

【疏】「有若」至「由左」[一]。○正義曰：此一節論擯相之法。在主人曰擯，在客曰介。○注「擯相」至「擯侑」。○正義曰：庾蔚云：「相主人以禮接賓，皆謂之擯，亦無

[一] 有若至由左　惠棟校宋本無此五字。○鍔按：「有若」上，阮校有「有若之喪節」五字。

當於吉凶。」鄭以爲相侑喪禮，據此事而言之。大宗伯注：「出接賓曰擯，入詔禮曰相。」云「喪禮廢亡，時人以爲此儀當如詔辭而皆由右相，是善子游正之」者，少儀云「詔辭自右」，鄭云：「爲君出命也。立者尊右。」案立者尊右，若己傳君之詔辭，詔辭爲尊，則宜處右。今擯者居右也。若於喪事，則惟賓主居右[一]，而己自居左。而當時禮廢，言相喪亦如傳君詔辭，己自居右。子游知禮，故推賓居右，己居左也。

云「孝經説曰：『以身擯侑』」者，引孝經説證擯是相侑也。孔子身爲君作擯侑，故論語云「君召使擯」是也。

【衛氏集説】鄭氏曰：悼公，魯哀公之子。擯，相侑喪禮者。善子游正之。

孔氏曰：此一節論擯相之法。在主人曰擯，在客曰介。大宗伯注云：「出接賔曰擯，入詔禮曰相。」喪禮廢亡時，人以爲此儀當如詔辭，而由右相。少儀曰「詔辭自右」，鄭云：「爲君出命也。立者尊右。」若己傳君之詔辭，爲尊則宜處右。若於喪事，則推賔居右，而己自居左。子游如此，是知禮也。

嚴陵方氏曰：吉事尚左，凶事尚右，子游爲擯而由左，則尚右故也。

山陰陸氏曰：子游擯由左，著雖朋友方伸，君臣不得變也。據泄柳死，其徒由右相。

[一] 則惟賓主居右　閩、監、毛本同。考文引宋板「惟」作「推」。衛氏集説作「則推賓居右」，續通解同。

【吴氏纂言】鄭氏曰：擯，相侑喪禮者。喪禮廢亡，時人以爲此儀當如詔辭而由右，子游正之。

孔氏曰：相主人以禮謂之擯，大宗伯注：「出接賓曰擯，入詔禮曰相。」少儀云：「詔辭自右，立者尊右。」若己傳君之辭，爲君出命，則君之辭命爲尊宜處右，於喪事則賓主右而已左。當時禮廢，相喪亦如傳君辭之居右。子游知禮，故推賓居右，己居左也。

澄曰：按雜記「泄柳之母死，相者由左。泄柳死，其徒由右相」。泄柳賢人，居母之喪，相禮者由左，以其知禮也。及泄柳死，其徒非能如泄柳之知禮，故從時俗之失禮而由右相。

方氏曰：凶事尚右，子游爲擯而由左，尚右故也。

【陳氏集説】悼公，魯君哀公之子。擯，贊相禮事也。立者尊右，子游由公之左，則公在右，爲尊矣。少儀云「詔辭自右」者，謂傳君之詔命，則詔命爲尊，故傳者居右。時相喪禮者亦多由右，故子游正之也。

【郝氏通解】悼公，魯君哀公子。擯，主人相禮者。凶事尚右，讓尊者居右，故由左。凡吉事，擯者出迎賓由右。

【欽定義疏】正義　鄭氏康成曰：悼公，魯哀公之子。

存疑　鄭氏康成曰：擯，相侑喪禮者。喪禮廢亡，時人以爲此儀當如詔辭而皆由右相，是善子游正之。孝經説曰：「以身擯侑。」

孔氏穎達曰：此論擯相之法。在主人曰「擯」，在客曰「介」。大宗伯注云：「出接賓曰擯，入詔禮曰相。」少儀曰：「詔辭自右。」鄭云：「爲君出命也，立者尊右。」傳君之詔辭爲尊，則宜處右。若於喪事，則惟賓主居右，而已自居左。子游如此，是知禮也。

方氏慤曰：吉事尚左，凶事尚右。子游爲擯而由左，則尚右故也。

案 此是君弔於臣之禮。君弔於臣，升降皆自阼階，臣不敢有其室也。擯爲主人導君以入也。由左，自阼階也。鄭以贄幣自左，詔辭自右推之，已誤。孔以賓主論之，云賓主居右而已自居左，更誤，有氏可以君爲賓乎？衛湜本改云「推賓居右而已自居左」，則子游自居於主，推悼公爲賓，更繆。方氏「吉尚左，凶尚右」之説尤無涉，豈吉事之擯皆由右乎？

【杭氏集説】鄭氏康成曰：擯，相侑喪禮者。喪禮廢亡，時人以爲此儀當如詔辭而皆由右相，是善子游正之。孝經説曰：「以身侑擯。」

萬氏斯大曰：按禮，君臨臣喪，必升自阼階，君爲自主，臣不敢有其室也。子游擯，請事也。士喪禮「公賵，擯者出請事」，故知弔亦請事。由左，尊君也，不敢以賓禮待君也。然觀雜記云：「泄柳之母死，相者由左。泄柳死，其徒由右相。」泄柳之徒爲之也。似凡喪擯皆由左，而由右始于泄柳之徒，然則子游之由左，何以特誌之乎？蓋君弔則擯當由左，賓弔則擯當由右，當時君弱臣强，君弔擯亦由右，而子游獨由左，故美而誌之。泄柳之由左，殆因當時美子游之由左，遂以爲賓弔亦當然，相沿而失之耳。

姚氏際恒曰：此譽子游。禮，凶事尚右，擯由左，則尊者居右。

【孫氏集解】鄭氏曰：悼公，魯哀公之子。擯，相侑喪禮者。喪禮廢亡，時人以爲此儀當如詔辭，而皆由右，是善子游正之。

孔氏曰：少儀「詔辭自右」，鄭云：「爲君出命也。」

案立者尊右，已傳君之詔辭，詔辭爲尊，則宜處右。若喪事，則惟賓主居右，而已自居左。當時禮廢，言相喪亦如傳君詔辭，已自居右。子游知禮，故正之。

【朱氏訓纂】注：悼公，魯哀公之子。擯，相侑喪禮者。喪禮廢亡，時人以爲此儀當如詔辭而皆由右相。是善子游正之。　方性夫曰：吉時尚左，凶事尚右。子游爲擯由左，尚右故也。

【郭氏質疑】鄭注：喪禮廢亡，時人以爲此儀當如詔辭而皆由右相。子游正之。

嵩燾案，少儀「贊幣自左，詔辭自右」，皆擯者所有事。贊幣者，賓幣；詔辭者，主人之辭，蓋亦尊左之意。凡吉事尚左，凶事尚右，此云「由左」，又非事也。鄭注大宗伯「出接賓曰擯」，而注儀禮云「出以東爲左，入以東爲右」。由左者，傳命而出之辭也，士喪禮「乃奠，升自西階」，鄭注：「以君在阼階。」君弔於臣，升降由阼階，則主人自由西階。有若未嘗仕魯，而悼公弔之，當待以賓師之禮，而不以臣禮。子游擯，由阼階而出，迎於門左，所以成悼公之志。而明有之不爲臣，爲能以道重於君也。鄭注以意擬之，未能自證其説。案士喪禮：「有襚者，則將命。擯者出請，入告，主人待於位，擯者出告須，以賓入。」若君至，則主人出，迎於外門外，無擯者請事之文。君臨臣喪，巫祝桃茢，執戈居前，擯者不爲導也。悼公弔有若之喪，而子游爲擯，必不以君臨臣喪之禮行之。子游之由左，蓋亦擯禮之常，而施之於君則變也。記禮者著其事於經，以明人君重道，士亦以道自重如此，舊注皆失之。

四·一〇　○**齊穀王姬之喪，**穀當爲「告」，聲之誤也。王姬，周女，齊襄公之夫人。○穀，音告。又古毒反。**魯莊公爲之大功。或曰：由魯嫁，故爲之服姊妹之服。或曰：外祖母也，故爲之服。**春秋周女由魯嫁，卒，服之如内女服姊妹是也。天子爲之無服，嫁於王者之後乃服之。莊公，齊襄公女弟文姜之子，當爲舅之妻，非外祖母也。外祖母又小功也。○爲之，于僞反，下及注同。王，如字，徐于況反。

【疏】「齊穀」至「之服」[一]。○正義曰：此一節論諸侯爲王姬著服之事。案莊二年

[一]　齊穀至之服　惠棟校宋本無此五字。○鍔按：「齊穀」上，阮校有「齊穀王姬之喪節」七字。

秋，齊王姬卒，齊來告魯。

云「王姬之喪，魯莊公爲之大功」，或人解之云：「王姬，周女也。命魯爲主，由魯嫁，比之魯女，故爲之服出嫁姊妹之服。」更有或人解云：「王姬爲莊公外祖母，故爲之著大功之服。」此或人之言，乃爲二非也。王姬是莊公舅妻，不得爲外祖母，是一非；假令爲外祖母，正合小功，不服大功，是二非也。

○注「王姬」至「夫人」。○正義曰：案莊公十一年，王女共姬爲齊桓公夫人〔一〕，知此王姬非齊桓公夫人者，以桓公夫人經無「卒」文，是不告於魯。襄公夫人，莊二年經書「王姬卒」，是來告魯，此言「齊告王姬之喪」，故知是襄公夫人。

○注「春秋」至「服之」。○正義曰：春秋莊二年「齊王姬卒」，穀梁傳云：「爲之主者，卒之也。」案莊元年秋，「築王姬之館于外」，下云「王姬歸于齊」，是由魯嫁也。喪服「大功」章〔二〕，君爲姑姊妹、女子子嫁於國君者，著大功之服。王姬既比之内女，故服大功也。云「天子爲之無服」者，以尊卑不敵故也。若嫁於王者之後，天子以賓禮待之，則亦大功也。其女反爲兄弟爲諸侯者亦大功，以喪服女子出嫁爲兄弟大功故也。

案喪服云「女子子爲父後者期」，謂大夫、士之妻有往來歸宗之義。故喪服傳云：

〔一〕爲齊桓公夫人　閩、監、毛本作「桓」。此本「桓」作「相」，下「非齊桓公夫人者」同。
〔二〕喪服大功章　閩、監、毛本同，惠棟校宋本「喪」上有「案」字。

「婦人雖在外，必有歸宗，曰小宗。」鄭答趙商云：「自其家之宗。」言宗及小宗，故知是大夫、士也。諸侯夫人父母卒，無復歸寧之理，故知諸侯夫人爲兄弟爲諸侯者但大功耳，不得服期。熊氏以爲服期，非也。案服小記云〔一〕：「與諸侯爲兄弟者服斬。」卑賤降等，雖不爲臣，猶服斬衰，與此别也。

【衛氏集説】鄭氏曰：穀當爲「告」，聲之誤也。王姬，周女，齊襄公之夫人。春秋周女由魯嫁，卒，則服之如内女服姊妹是也。天子爲之無服，嫁於王者之後乃服之。莊公，齊襄公女弟文姜之子，當爲舅之妻，非外祖母也。外祖母，又小功也。

孔氏曰：此一節論諸侯爲王姬著服之事。案莊二年，齊王姬卒，穀梁傳云「爲之主者，卒之」。案元年秋，「築王姬之館于外」，下云「王姬歸于齊」，是由魯嫁也。或人解之曰，王姬之嫁，命魯爲主，由魯嫁，比之魯女，故爲之服出嫁姊妹之服。案喪服「大功」章，君爲姑姊妹、女子子嫁於國君者，著大功之服。王姬既比之内女，故服大功也。鄭注「天子無服」者，以尊卑不敵故也。若王者之後，天子以賓禮待之，則亦大功也。

石林葉氏曰：王姬之服，檀弓所不能決審。主王姬嫁者，當爲之服姊妹之服，則莊公爲之固然，何疑于外祖母乎？若以爲外祖母服，則主王姬嫁者自不應有服。然而喪

〔一〕案服小記云　閩本同。惠棟校宋本「案」下有「喪」字，此本「喪」字脱耳。監、毛本改「案」作「喪」，非也。

服記，外祖母服小功，非大功，則檀弓非特不能正主王姬嫁者之有服，亦自不能知外祖母之服小功也。

嚴陵方氏曰：古者天子之女下嫁於諸侯，必以諸侯之同姓者爲之主，以君臣之義不可以昏姻而廢故也，此王姬所以得由魯而嫁歟？以其嘗爲之主，故喪則必告，告必爲之服，亦宜矣。而或以爲外祖母，故爲之服，則非也。

【吴氏纂言】鄭氏曰：穀當爲「告」，聲之誤也。王姬，周女，齊襄公之夫人。春秋周女由魯嫁，卒，服之如内女服姊妹是也。天子爲之無服，嫁於王者之後乃服之。莊公，齊襄公女弟文姜之子，當爲舅之妻，非外祖母也，外祖母又小功也。

孔氏曰：按莊二年秋，齊王姬卒，齊來告魯，魯莊公爲服大功。或人云周女嫁，命魯爲主，比之魯女，故爲服出嫁姊妹之服。更有或人云王姬爲莊公外祖母，故爲服大功，此言非也。王姬是莊公舅妻，不得爲外祖母，一非。假令爲外祖母，正合小功，不服大功，二非。

澄曰：第二或曰，蓋不學之人既不通春秋，王姬，齊襄公夫人，而誤以爲齊僖公夫人；又不通禮，外祖母服小功，而誤以爲服大功。第一或曰雖自穀梁以來有是説，竊疑古無此禮，故春秋書「齊王姬卒」以譏也。葉氏以「或曰」爲記者設爲疑辭。

石林葉氏曰：主王姬嫁者，當爲之服姊妹之服，則莊公爲之固然，何疑於外祖母乎？

若以爲外祖母服，則主王姬嫁者自不應有服。記者所不能決審，非特不能正主王姬嫁者之有服，亦不能知外祖母之服小功也。

【陳氏集説】穀，讀爲「告」。齊襄公夫人王姬卒，在魯莊之二年，赴告於魯。其初由魯而嫁，故魯君爲之服出嫁姊妹大功之服，禮也。或人既不知此王姬乃莊公舅之妻，而以爲外祖母，又不知外祖母服小功，而以大功爲外祖母之服，其亦妄矣。鄭氏曰：春秋周女由魯嫁，卒，則服之如内女服姊妹是也，天子爲之無服，嫁於王者之後乃服之。

【納喇補正】集説 齊襄公夫人王姬卒，在魯莊之二年，赴告於魯。其初由魯而嫁，魯君爲之服出嫁姊妹大功之服，禮也。

竊案 魯主王姬，服之如内女，雖自穀梁以來有此説，然嘗疑古無此禮，故春秋書「王姬卒」以譏之。石林葉氏亦云：王姬之服，檀弓所不能決，是以設爲疑辭。且服稱情而爲之者也，莊公於王姬厚矣，如不共戴天之仇何？集説乃以禮許之，未敢以爲然也。

【郝氏通解】穀作「告」，聲之誤也。魯莊公，桓公子，齊襄公甥。襄公淫女弟文姜，而殺魯桓公，則莊公之父讎也。及襄公娶王姬，莊公爲主婚。王姬死，告魯，而莊公又爲服，悖謬甚矣。穀梁之例曰「由嫁者死爲大功」，于禮無徵，即有之，忘殺父之讎，行由嫁之禮，義所不出，廢可也。母之母曰外祖母，服小功。齊襄公夫人，魯莊公舅之妻，無服，記誤矣。

【欽定義疏】正義　鄭氏康成曰：穀，當爲「告」，聲之誤也。王姬，周女，齊襄公之夫人。春秋周女由魯嫁，卒，則服之如内女服姊妹是也。天子爲之無服，孔疏：天子無服，以尊卑不敵故也。嫁於王者之後乃服之。莊公，齊襄公女弟文姜之子，當爲舅之妻，非外祖母也。外祖母又小功也。

孔氏穎達曰：此論諸侯爲王姬著服之事。案莊二年，齊王姬卒。穀梁傳云：「爲之主者，卒之。」案元年秋，「築王姬館於外」，下云「王姬歸於齊，是由魯嫁也」。君爲姑姊妹、女子嫁於國君者，著大功之服，王姬既比之内女，故服大功也。

【杭氏集説】吴澄曰：主昏不宜有服，故春秋書「王姬卒」以見譏。

姚氏際恒曰：記禮者但言服制之事，説者必謂魯莊公不應服讐國之喪，非記文意。王姬，齊襄公夫人。魯莊公母文姜，齊襄公女弟。王姬乃魯莊公母舅之妻，或何以有外祖母之説？此贅。

顧氏炎武曰：鄭康成于禮經多所駮正，如此文亦其一也。

任氏啟運曰：按禮，天子女嫁諸侯無服，嫁二王後大功。諸侯女嫁士、大夫無服，嫁諸侯大功。愚謂天子既無服矣，而天子使魯主之，則義服大功可也。

【孫氏集解】鄭氏曰：穀當爲「告」，聲之誤也。王姬，周女，齊襄公之夫人。春秋周女由魯嫁，卒，服之如内女服姊妹是也。天子爲之無服，嫁於王者之後乃服之。莊公，齊襄公女弟文姜之子，當爲舅之妻，非外祖母。外祖母又小功也。

孔氏曰：莊元年秋，「築王姬之館於外」，下書「王姬歸於齊」，是由魯嫁也。莊十一年，王女共姬爲齊桓公夫人。知此王姬非齊桓公夫人者，以桓公夫人經無「卒」文，是不告於魯。莊二年書「王姬卒」，是襄公夫人，此言「齊告王姬之喪」，故知是襄公夫人。王姬，是莊公舅妻，不得爲外祖母。假令爲外祖母，正合小功，不服大功，此或人之言有二非也。

○趙氏汸曰：齊告王姬之喪，魯莊公爲之服大功，此禮所未有。魯人以我主其昏，欲以説齊耳。公爲之服姑姊妹之服，故書「卒，同内女」。後齊桓王姬，亦魯主之，而卒不書，可見主昏修服之非禮，而桓公不可以非禮説，故弗爲也。

【朱氏訓纂】齊穀王姬之喪，注：穀當爲「告」，聲之誤也。王姬，周女，齊襄公之夫人。**魯莊公爲之大功。或曰：由魯嫁，故爲之服姊妹之服。或曰：外祖母也，故爲之服。**注：春秋周女由魯嫁，卒，服之如内女服姊妹是也。天子爲之無服，嫁於王者之後乃服之。莊公，齊襄公女弟文姜之子，當爲舅之妻，非外祖母也。外祖母又小功也。

四·一一〇**晉獻公之喪，秦穆公使人弔公子重耳，**獻公殺其世子申生，重耳辟難出奔，是時在翟，就弔之。○重，直龍反，注及下皆同。難，乃旦反。翟，音迪，本又作「狄」。**且曰：「寡人聞之，亡國恒於斯，得國恒於斯**[一]**。**言在喪代之際。**雖吾子儼然在憂服之中**[二]**，喪亦不可久也，時亦不可失也，孺子其圖之！」**勸其反國，意欲納之。喪，謂亡失位。孺，稺也[三]。○嚴，魚檢反，本亦作「儼」，同。喪，息浪反，注及下皆同。孺，如樹反，後同。稺，直吏反，本又作「稚」，同。**以告舅犯。**舅犯，重耳之舅狐偃也，字子犯。**舅犯曰：「孺子其辭焉！喪人無寶，仁親以爲寶。**寶，謂善道可守者。仁親，親行仁義。**父死之謂何？又因以爲利，**欲反國求爲後，是利父死。**而天下其孰能説之？孺子其辭焉！」**説，猶解也。**公子重耳對客曰：「君惠弔亡臣重耳，身喪父死，不得與於哭泣之哀，以爲君憂。**謝之。○與，音預。**父死之謂何？或敢有他志，以辱君義。」**

[一] 亡國恒於斯得國恒於斯　閩、毛本同，石經同。監本作「恆」，岳本作「恒」。嘉靖本作「恒」，衛氏集説同。○鍔按：「亡國」上，阮校有「晉獻公之喪節」六字。

[二] 雖吾子儼然在憂服之中　閩、監、毛本同，岳本同，嘉靖本同，衛氏集説同。石經「儼」字闕。釋文出「嚴然」云：「本亦作『儼』。」正義本作「儼」。

[三] 孺稺也　岳本同，嘉靖本同。閩、監、毛本「稺」作「稺」，衛氏集説同。釋文出「稺也」云：「本又作『稚』。」考文引古本作「孺猶稺也」。○按：稺、稚，古今字。

【疏】「晉獻」至「君義」[一]。○正義曰：此一節論公子重耳不因父喪以取國之事，各依文解之。

○「且曰」至「圖之」。○使者弔重耳，重耳受弔禮已畢，使者出門，則應遂還賓館。使者方須致穆公之命以勸重耳，故言「且曰」。言「且」者，非特弔耳，且者，兼有餘事。使者且更言曰，稱穆公之命，言寡人聞前古以來，失亡其國，恒於此喪禍交代之時，得其國家，亦恒在於此交代之時。言此喪禍交代之際，是得國失國之機，求之則得，不求則失。雖吾子儼然端静在憂戚喪服之中，無求國之意，然身喪在外，亦不可久，爲言辛苦也。得國之時，亦不可失，言當求也。欲使重耳從其言，故云「孺子其圖之」。

○「父死」至「君義」。○言父身死亡，謂是何事，正是凶禍之事。既是凶禍，豈得又因此凶禍以有爲己利，欲求反國？必其如此，而天下聞之，其誰解説我以爲無罪？公子重耳用舅犯之言出而對客，既叙其弔意，又謝其欲納之言。

「君惠弔亡臣重耳」，此一句是叙其弔意。言身喪父死，不得在國與於哭泣之哀，以爲君之憂慮，欲納於我。既謝其恩，又道不可之意，言以父死謂是何事，豈復敢悲哀之外別有他志，以屈辱君之義事乎！言己無他志，不敢受君勸以反國之義。言「義」者，宜也。

[一] 疏晉獻至君義　此節疏在「以辱君義」之下，閩、監、毛本同。惠棟校宋本無此五字，云：「『晉獻』至『君義』疏文一則在下節『則遠利也』之下。」

穆公之意以重耳反國爲宜，故云「義」也。

四·一二 **稽顙而不拜，哭而起，起而不私。** 他志謂私心[一]。○稽，音啟。顙，桑黨反。**子顯以致命於穆公。** 使者，公子縶也。盧氏云：「古者名字相配，顯當作『韅』。」○顯，依注音韅，呼遍反，徐苦見反。使，色吏反。縶，陟立反，後同。**穆公曰：「仁夫公子重耳！夫稽顙而不拜，則未爲後也，故不成拜。哭而起，則愛父也。起而不私，則遠利也。」**○夫，音符。遠，于萬反。

【疏】「稽顙」至「遠利也」[二]。○正義曰：此穆公本意勸重耳反國，重耳若其爲後，則當拜謝其恩。今不受其勸，故不拜謝，穆公以其不拜，故云「未爲後也」。所以「稽顙」者，自爲父喪哀號也。凡喪禮，先稽顙而後拜乃成，今直稽顙而不拜，故云「不成拜」也。

今既聞父死勸其反國之義，哀慟而起，若欲攀轅然，故云「哭而起，則愛父也」。以

［一］他志謂私心　此五字在「起而不私」之下，惠棟校宋本同，岳本同，嘉靖本同。閩、監、毛本移置上「以辱君義」之下。又「私」字，惠棟校宋本作「利」，宋監本同，岳本同，考文引古本、足利本同，續通解同。

［二］稽顙至遠利也　惠棟校宋本無此六字。

其愛父，故起若欲攀轅。既哭而起，不私與使者言，必無心反國，是遠利也。

鄭注知在翟弔之及使者公子縶者，並國語文。云：「縶弔重耳而退，弔公子夷吾於梁，如弔重耳之命。夷吾見使者，再拜稽首，起而不哭，退而私於公子縶曰：『里克與我矣，吾命之以汾陽之田百萬；丕鄭與我矣，吾命之以負蔡之田七十萬。亡人苟入，埽除宗廟，定社稷[一]，且入河外列城五。』」言亡人之所懷。案國語之説夷吾，則穆公美重耳之言，皆是形夷吾而起。

【衛氏集説】鄭氏曰：獻公殺其世子申生，重耳辟難出奔，是時在翟，秦穆公使人就弔之。於斯，謂在喪代之際也。喪亦不可久，喪，謂亡失位。孺，稺也。勸其反國，意欲納之。舅犯，重耳之舅狐偃，字子犯。仁親，親行仁義。寶，謂善道可守者。又因以爲利，謂欲反國求爲後，是利父死也。説，猶解也。使者，公子縶也。顯，當作「韅」。

孔氏曰：此一節論公子重耳不因父喪以取國之事。使者弔重耳，既畢，又致穆公之命，以勸重耳，故言「且曰」。且者，非特弔，兼有餘事也。得國失國，其機恒在喪禍交代之際，求之則得，不求則失。雖儼然端静在憂戚喪服之中，然身喪在外，亦不可久。得國之時，亦不可失，欲使重耳圖之。舅犯言父死是何等事，正是凶禍之時，豈得又因以爲己

[一] 埽除宗廟定社稷　惠棟校宋本作「埽除」，此本「埽除」誤「婦祭」，閩、監、毛本誤「歸祭」。按：考文但云宋板「歸」作「埽」，不云「祭」作「除」，非。

利，天下聞之，其誰解説我以無罪？公子重耳出而對客，言「君惠弔亡臣重耳」，此一句是叙其弔意。既謝其恩，又道不可之意，言豈復敢於悲哀之外别有他志，以辱君之義也。穆公意以重耳反國爲義也，穆公本勸重耳反國，重耳若欲爲後則當拜謝其恩，今不受其勸，故不拜穆公，以其不拜，故云「未爲後也」。所以稽顙者，自爲父喪哀號也。凡喪禮，先稽顙而後拜，乃成。今直稽顙而不拜，故云「不成拜」也。既聞父死，勸其反國，哀慟而起，若欲攀轅然，是其愛父也。既起而不私與使者言，必無心反國，是「遠利也」。鄭注知在翟弔之及使者公子縶，並國語文。

嚴陵方氏曰：孟子曰：「不仁而得國者，有之矣。不仁而得天下者，未之有也。」夫不仁，猶或有得國者，而况於仁乎？觀重耳拒秦穆公之言，則其仁可知矣。故終能霸，有全晋。然重耳之所爲，特受之於舅犯而已。向使自得於天資，非由於人授，推是以爲國，則一語一默一動一静，無非仁也。又安得孔子有「譎而不正」之譏哉！

廬陵胡氏曰：儼然，猶嶄然。仁親以爲寶，仁愛於親也，勸之孝於親。「父死之謂何？又因以爲利。」若争國，是利父喪。

【吴氏纂言】鄭氏曰：獻公殺其世子申生，重耳辟難出奔，是時在翟，就弔之。於斯，言在喪代之際。喪，謂亡失位。勸其反國，意欲納之。孺，穉也。舅犯，重耳之舅狐偃，字子犯。又因以爲利，謂欲反國求爲後，是利父死。它志，謂利心。子顯，使者公子縶也。

顯，當作「𩕳」。

孔氏曰：重耳受弔禮畢，使者方致穆公之命，故言「且曰」，言非特弔，兼有餘事。穆公之命言寡人聞前古以來，失亡其國及得其國，恒在此喪禍交代之時，此際是得國失國之機，求之則得，不求則失。雖吾子儼然在喪服憂戚之中，然身喪在外，亦不可久，得國之時亦不可失。欲使重耳從其言而圖反國，故云「孺子其圖之」。舅犯言父死之凶禍是謂何事？豈得又因此以爲己利，欲求反國？重耳用舅犯之言，出而對客，言「君惠弔亡臣重耳」，是叙其弔意也。言身喪父死，不得在國與於哭泣之哀，以爲君之憂，謝其欲納己之意也。乃言父死是謂何事？豈敢悲哀之外，别有它志，以辱君之義乎？義，謂勸反國。義者，宜也，以反國爲宜，故云義。穆公勸重耳反國，重耳爲後則當拜，今不受其勸，故不拜。所以稽顙者，自爲父喪哀號也。凡喪禮，先稽顙而後拜，乃成。今直稽顙而不拜，故云「不成拜」也。聞父死，覿其反國之言，哀慟而起，故云「愛父也」。既哭而起，不私與使者言，是無心反國，故云「遠利也」。按國語「縶弔公子夷吾於梁，如弔重耳之命。夷吾見使者，再拜稽首，起而不哭，退而私於公子縶」云云。穆公之美重耳，皆爲形夷吾而言。

澄曰：晉獻公之子，見於春秋經傳者五人，太子申生，其次重耳，其次夷吾。獻公嬖驪姬生奚齊，其娣生卓，欲立奚齊，故殺申生而逐重耳、夷吾。獻公卒，奚齊立，申生之傅里克殺之，卓立，又弒之。時晉國無君，里克使人召重耳于狄，舅犯令重耳辭之。吕甥亦使人召夷吾於梁，冀芮令夷吾諾之。吕甥乃請君于秦，於是穆公遣公子縶使狄弔重耳，又使梁弔夷吾，俱勸其反國。重耳竟從舅犯之謀而辭，夷吾則私於使者許賂秦而求入。穆公遂納夷吾立爲惠公，立十五年卒，穆公乃納重耳立爲文公。此時晉國有欲立重耳者，有欲立夷吾者，其黨各分。重耳若入，應須殺夷吾。利父之死，又殺弟，以争而得國，事悖名惡，故舅犯令重耳辭穆公之命。又其時齊桓猶在，縱反國不過君晉。比至十五年之後，則夷吾自死，晉國不治，人人思得重耳爲君。又其時齊桓已卒，宋襄圖霸不成，楚人馮陵中夏有可以霸之機。故重耳一歸國之後，即能繼齊而霸諸侯，不但君一國而已。霸者，必假仁義，舅犯言喪亡之人它無可以得人之貴重，唯能愛親而爲孝子，則人貴重之。仁親，謂愛親也。寶，謂人所貴重也。若幸父之死而利己之爲君，是不孝也，天下其誰喜之。説，謂喜也。此皆霸者之假仁，而舅犯教重耳行之。故子顯歸秦復命，而穆公歎重耳之仁，稱其愛父，稱其遠利，是其假仁足以得穆公之貴重矣。此其所以終能成霸歟？其功皆舅犯之謀也。

【陳氏集説】晉獻公之喪，秦穆公使人弔公子重耳，且曰：「寡人聞之，亡國恒於斯，得國恒於斯。雖吾子儼然在憂服之中，喪亦不可久也，時亦不可失也，孺子其圖之！」獻公薨時，重耳避難在狄，故穆公使人往弔之。弔爲正禮，故以「且曰」起下辭。「寡人聞之」者，此使者傳穆公之言也。恒於斯，言常在此死生交代之際也。儼然，端静持守之貌。喪，失位也。喪不可久，時不可失者，勉其奔喪反國，以謀襲位，故言「孺子其圖之」也。此時秦已有納之之志矣。**以告舅犯。舅犯曰：「孺子其辭焉！喪人無寶，仁親以爲寶。父死之謂何？又因以爲利，而天下其孰能説之？孺子其辭焉！」**舅犯，重耳舅狐偃，字子犯也。公子既聞使者之言，入以告之子犯，犯言當辭而不受可也。失位去國之人，無以爲寶，惟仁愛思親乃其寶也。父死謂是何事，正是凶禍大事，豈可又因此凶禍以爲反國之利，而天下之人孰能解説我爲無罪乎？此所以不當受其相勉反國之命也。**公子重耳對客曰：「君惠弔亡臣重耳，身喪父死，不得與於哭泣之哀，以爲君憂。父死之謂何？或敢有他志，以辱君義。」稽顙而不拜，哭而起，起而不私。**公子既聞子犯之言，乃出而答客。惠弔亡臣重耳，謝其來弔也。不得與哭泣之哀，言出亡在外，不得居喪次也。以爲君憂者，致君憂慮我也。他志，謂求位之志。辱君義者，辱君惠弔之義也。不私，不再與使者私言也。**子顯以致命於穆公。穆公曰：「仁夫公子重耳！夫稽顙而不拜，則未爲後也，故不成拜。哭而起，則愛父也。起而不私，則遠利也。」**鄭注：用國語，知使者爲公子縶，字子顯，故讀「顯」謂「縶」也。喪禮，先稽顙後拜，謂之成拜。爲後者成拜，所以謝弔禮之重。今公子以未爲後，故不成拜也。愛父，猶言哀痛其父也。不私與使者言，是無反國之意，是遠利也。愛父遠利，皆仁者之事，故稱之曰「仁夫公子重耳」。

【方氏析疑】哭而起，則愛父也。

常禮，無哭而起之文。重耳痛不得執喪於殯所，故過禮以明哀，是以秦伯稱其愛父也。

【郝氏通解】晉獻公嬖驪姬，殺世子申生，公子重耳避奔狄。秦穆公之夫人於重耳，兄弟也。獻公死，穆公使子顯弔重耳，勸之反國。「恒於斯」，謂得失在此時也。喪，出亡也。孺子，謂重耳，嗣君在喪稱子。舅，重耳舅狐偃，字子犯。以告，重耳告也。辭，勿受也。喪人，猶亡人。仁親，念父也。寶，重也。父死是何等事，而乘此謀國也。説，猶解也。客即子顯。稽顙，以頭擊地，盡哀也。不拜，不謝也。不私，不與使者私言也。未爲後，未爲嗣君主喪，則不受弔拜謝也。哭則哀父，不私則無謀國之意而遠利，所以爲仁也。

按舅犯之訓，重耳之對，皆矯詐無實，記者摭其事，不察其心，豈可爲行禮之法？春秋于重耳，蓋甚惡之。

【欽定義疏】晉獻公之喪，秦穆公使人弔公子重耳，且曰：「寡人聞之，亡國恒於斯，得國恒於斯。雖吾子儼然在憂服之中，喪亦不可久也，時亦不可失也，孺子其圖之！」以告舅犯。舅犯曰：「孺子其辭焉！喪人無寶，仁親以爲寶。父死之謂何？又因以爲利，而天下其孰能説之？孺子其辭焉！」公子重耳對客曰：「君惠弔亡臣重耳，身喪父死，不得與於哭泣之哀，以爲君憂。父死之謂何？或敢有他志，以辱君義。」稽顙而不拜，哭而起，起而不私。子顯以致命於穆公。穆公曰：「仁夫公子重耳！夫稽顙而不拜，則未爲後也，故不成拜。哭而起，則愛父也。起而不私，則遠利也。」

正義 鄭氏康成曰：獻公殺其世子申生，重耳辟難出奔，是時在翟，秦穆公使人就弔之。於斯，謂在喪代之際也。喪，謂亡失位。孺，稺也。勸其反國，意欲納之。舅犯，重耳之舅狐偃，字子犯。寶，謂善道可守者。又因以爲利，謂欲反國求爲後，是利父死也。說，猶解也。他志，謂利心。子顯，使者公子縶也。盧氏云：「古者名字相配，顯當作『韅』。」

孔氏穎達曰：此論公子重耳不因父喪以取國之事。使者弔重耳，既畢，又致穆公之命以勸重耳，故言「且曰」者，非特弔，兼有餘事也。得國失國，其機恒在喪禍交代之際，求之則得，不求則失。雖儼然端静在憂戚喪服之中，然身喪在外不可久，得國之時亦不可失，欲重耳圖之。重耳入告舅犯，舅犯言父死是何等事，豈得又因以爲己利，天下聞之，其誰解説我以爲無罪？公子重耳出而對客，既叙其弔意，謝其欲納之恩。又道不可之意，言豈復敢於悲哀之外別有他志，以辱君之義也？穆公本勸重耳反國，重耳若欲爲後，則當拜謝其恩，今不受其勸，故不拜。穆公以其不拜，故云「未爲後」也。所以稽顙者，自爲父喪哀號也。凡喪禮，先稽顙而後拜乃成，今直稽顙而不拜，故云「不成拜」也。既聞父死，勸其反國，哀慟而起，是其愛父也。既起而不私與使者言，必無心反國，是遠利也。

陳氏澔曰：公子既聞使者之言，入以告之子犯，犯言當辭而不受可也。父死是凶禍大事，豈可因此以爲反國之利？所以不當受其相勉反國之命也。爲後者成拜，所以謝弔禮之重，今公子以未爲後，故不成拜也。愛父，猶言哀痛其父也。愛父遠利，皆仁者之事，故稱之曰：「仁夫公子重耳。」

存異　鄭氏康成曰：仁親，親行仁義。案：大學鄭注亦云「親愛仁道」，不如朱子訓「仁愛其親」爲正。

【杭氏集説】以告舅犯。舅犯曰：「孺子其辭焉！喪人無寶，仁親以爲寶。父死之謂何？又因以爲利，而天下其孰能説之？孺子其辭焉！」

齊氏召南曰：按此注于文義不切，其注大學則云「仁親，猶言親愛仁道也」，明不因喪規利也，視此爲稍切矣。

公子重耳對客曰：「君惠弔亡臣重耳，身喪父死，不得與於哭泣之哀，以爲君憂。父死之謂何？或敢有他志，以辱君義。」稽顙而不拜，哭而起，起而不私。

齊氏召南曰：按國語作：「再拜不稽首，起而哭，退而不私。穆公曰：『重耳仁，再拜不稽首，不没于後也。起而哭，愛其父也。退而不祈，不没於利也。』」與此文所記不同。

子顯以致命於穆公。穆公曰：「仁夫公子重耳！夫稽顙而不拜，則未爲後也，故不成拜。哭而起，則愛父也。起而不私，則遠利也。」

盧氏植曰：使者，公子縶也。古者名字相配，顯當作「韅」。

方氏苞曰：常禮，無哭而起之文。重耳痛不得執喪于殯所，故過哀以明禮，是以秦伯稱其愛父也。

【孫氏集解】晉獻公之喪，秦穆公使人弔公子重耳，且曰：「寡人聞之，亡國恒於斯，得國恒於斯。雖吾子儼然在憂服之中，喪亦不可久也，時亦不可失也，孺子其圖之！」

晉獻公，名詭諸。秦穆公，名任好。公子重耳，獻公子，後立爲文公。文公爲驪姬所譖，出亡在狄，而獻公薨，穆公使人就弔之。「且曰」者，致弔辭之後，復言此也。斯，謂喪代之際也。喪，失位也。穆公欲納文公，故勸其因喪代之際以圖反國。

以告舅犯。舅犯曰：「孺子其辭焉！喪人無寶，仁親以爲寶。父死之謂何？又因以爲利，而天下其孰能説之？孺子其辭焉！」公子重耳對客曰：「君惠弔亡臣重耳，身喪父死，不得與於哭泣之哀，以爲君憂。父死之謂何？或敢有他志，以辱君義。」稽顙而不拜，哭而起，起而不私。

舅犯，文公舅狐偃，字子犯。仁親，仁愛其親也。言爲人子者，當以愛親爲寶。若因父死以求反國，則是利父之死，非人子愛親之心矣。舅犯勸文公辭秦使，而文公從其言也。稽顙而不拜，但自致其哀而不拜賓，蓋庶子在外受弔之禮也。適子受弔，則拜稽顙。起而不私，與使者無私言也。

子顯以致命於穆公。穆公曰：「仁夫公子重耳！夫稽顙而不拜，則未爲後也，故不成拜。哭而起，則愛父也。起而不私，則遠利也。」

鄭氏曰：使者公子縶也。盧氏云：「古者名字相配，顯當作『韅』。」

愚謂未爲後者，文公不受穆公之命，故不敢以喪主之禮自居也。文公譎而不正，非能誠於愛親者，然當時晉人與之，秦伯助之，有可以得國之勢，而不欲因喪以圖利，則居然仁者之心，其視惠公之重賂以求入者，相去遠矣。此所以卒能反國而霸諸侯與？

【朱氏訓纂】晉獻公之喪，秦穆公使人弔公子重耳，注：獻公殺其世子申生，重耳辟難出奔，是時在翟，就弔之。**且曰：「寡人聞之，亡國恒於斯，得國恒於斯。**注：言在喪代之際。**雖吾子儼然在憂服之中，喪亦不可久也，時亦不可失也，孺子其圖之！」**注：勸其反國，意欲納之。喪，謂亡失位。孺，稺也。**以告舅犯。**注：舅犯，重耳之舅狐偃也，字子犯。**舅犯曰：「孺子其辭焉！喪人無寶，仁親以爲寶。**注：寶，謂善道可守者。朱子大學注「仁親，謂仁愛其親」。**父死之謂何？又因以爲利，**注：欲反國求爲後，是利父死。**而天下其孰能説之？孺子其辭焉！」**注：説，猶解也。**公子重耳對客曰：「君惠弔亡臣重耳，身喪父死，**彬謂喪，亡也。**不得與於哭泣之哀，以爲君憂。**注：謝之。**父死之謂何？或敢有他志，以辱君義。」**注：他志，謂利心。**稽顙而不拜，哭而起，起而不私。子顯以致命於穆公。**注：使者，公子縶也。盧氏云：「古者名字相配，顯當作『韅』。」一切經音義：稽，至也。顙，頟也。謂頟至地也。**穆公曰：「仁夫公子重耳！夫稽顙而不拜，則未爲後也，故不成拜。哭而起，則愛父也。**呂氏春秋報更篇：「人主胡可以不務哀士？」高注：「哀，猶愛也。」檀弓「哭而起，則愛父也」，愛，猶哀也。**起而不私，則遠利**

也。」正義：穆公本意勸重耳反國，今不受其勸，故不拜謝，故云「未爲後也」。凡喪禮，先稽顙而後拜，今直稽顙而不拜，故云「不成拜」也。聞勸其反國，哀慟而起，則愛父也。不私與使者言，無心反國，是遠利也。

四・一三 ○**帷殯，非古也，自敬姜之哭穆伯始也。** 穆伯，魯大夫，季悼子之子公甫靖也。敬姜，穆伯妻，文伯歜之母也。禮，朝夕哭，不帷。○歜，昌燭反。

【疏】「帷殯」至「始也」[一]。○正義曰：此一節論哭殯不合帷殯之事。

○注「穆伯」至「不帷」。○正義曰：知「穆伯是季悼子之子公甫靖」者，世本文。知「敬姜是文伯歜之母」者，下文云「文伯之喪，敬姜晝夜哭」，又國語云「敬姜自績，文伯諫之」是也。

「朝夕哭，不帷」，是雜記文。以孝子思念其親，故朝夕哭時，乃褰徹其帷也。今敬姜之哭穆伯，以辟嫌之故，遂朝夕哭，不復徹帷。故下文云「穆伯之喪，敬姜晝哭」與此同也。案春秋文十五年「公孫敖之喪，聲已不視，帷堂而哭」，公孫敖亦是穆伯。此不云「聲已之哭穆伯始」者，聲已是帷堂，非帷殯也。聲已哭在堂下，怨恨穆伯，不欲見其堂，

[一] 帷殯至始也 惠棟校宋本無此五字。○鍔按：「帷殯」上，阮校有「帷殯節」三字。

故帷堂。敬姜哭於堂上，遠嫌，不欲見夫之殯，故帷殯。案張逸答陳鏗云[一]：「敬姜早寡，晝哭以辟嫌。帷殯或亦辟嫌，表夫之遠色也。」

【衛氏集説】鄭氏曰：穆伯，魯大夫，季悼子之子公甫靖也。敬姜，穆伯妻，文伯歜之母也。禮，朝夕哭，不帷。

孔氏曰：此一節論哭殯不合帷殯之事。孝子思念其親，朝夕哭時，褰徹其帷。今敬姜之哭穆伯，以辟嫌之，故遂朝夕哭，不徹帷。故下文云「穆伯之喪，敬姜晝哭」，與此同也。案春秋文十五年「公孫敖之喪，聲已不視，帷堂而哭」，公孫敖亦是穆伯，然聲已是帷堂，非帷殯也。聲已哭在堂下，怨恨穆伯，不欲見其堂，故帷堂。敬姜哭于堂上，遠嫌，不欲見夫之殯，故帷殯。

張氏逸曰：敬姜早寡，晝哭以辟嫌，帷殯或亦辟嫌，表夫之遠色也。

【吴氏纂言】鄭氏曰：禮，朝夕哭，不帷。敬姜，穆伯妻，文伯歜之母。穆伯，魯大夫，季悼子之子公甫靖也。

孔氏曰：孝子思念其親，朝夕哭時，褰徹其帷。今敬姜之哭穆伯以辟嫌之，故朝夕哭，不徹帷。下云「穆伯之喪，敬姜晝哭」與此同也。按春秋文十五年「公孫敖之喪，聲

[一] 案張逸答陳鏗云　閩本同，惠棟校宋本同，監、毛本「鏗」誤「鑑」。

已不視帷堂而哭」，公孫敖亦是穆伯。然聲已帷堂，非帷殯也。聲已哭在堂下，怨恨穆伯，不欲見其堂，故帷堂。敬姜哭於堂上，遠嫌，不欲見夫之殯，故帷殯。張逸答陳鏗云：「敬姜早寡，晝哭以辟嫌，帷殯或亦辟嫌，表夫之遠色也。」

【陳氏集説】禮，朝夕哭殯之時，必褰開其帷。敬姜哭其夫穆伯之殯，乃以避嫌而不復褰帷，自此以後，人皆傚之。故記者云「非古也」。穆伯，魯大夫，季悼子之子公甫靖也。

【郝氏通解】柩在殯，朝夕哭，必揭其帷。敬姜，魯大夫穆伯妻，夫死哭，必以晝，帷殯，遠嫌也。魯人效之，後遂皆帷殯。

【欽定義疏】正義 鄭氏康成曰：穆伯，魯大夫，季悼子之子公甫靖也。敬姜，穆伯妻，文伯歜之母也。禮，朝夕哭，不帷。

張氏逸曰：敬姜早寡，晝哭以辟嫌。帷殯，或亦辟嫌，表夫之遠色也。

孔氏穎達曰：此論哭殯不合帷殯之事。孝子思念其親，朝夕哭時，褰徹其帷。今敬姜之哭穆伯，以辟嫌之故，遂朝夕哭，不徹帷。下文云「穆伯之喪，敬姜晝哭」，與此同也。

陳氏澔曰：敬姜辟嫌而不褰帷，自此已後，人皆傚之，故記者曰「非古」。

【杭氏集説】陳氏澔曰：敬姜辟嫌而不褰帷，自此已後，人皆傚之，故記曰「非古」。

萬氏斯大曰：按士喪禮，既殯，朝夕哭，婦人即位於堂，南上，哭。無帷殯之文。敬姜賢婦，以遠嫌帷殯，無乖禮意，故不曰「非禮」，而曰「非古」。姚氏際恒曰：敬姜朝夕哭，垂其帷，是能守禮別嫌。今男子從之，故曰「非古也」。與雜記「朝夕哭，不帷」之説同。

【孫氏集解】鄭氏曰：穆伯，魯大夫，季悼子之子公甫靖也。敬姜，穆伯妻，文伯歜之母也。禮，朝夕哭，不帷。

孔氏曰：孝子思念其親，故朝夕哭時，褰徹其帷。敬姜少寡，辟嫌，故朝夕哭，不復徹帷，表夫之遠色也。案春秋文十五年「公孫敖之喪，聲已不視，帷堂而哭」，公孫敖亦是穆伯。此不云「聲已之哭穆伯始」者，聲已哭在堂下，是帷堂，非帷殯也。

愚謂婦人無堂下哭位，聲已之哭，亦當在堂上，但聲已怨恨穆伯而帷堂，人不取法。自敬姜行此，人以爲知禮而慕效之，故言帷殯自敬姜始。

【朱氏訓纂】注：穆伯，魯大夫，季悼子之子公甫靖也。敬姜，穆伯妻，文伯歜之母也。禮，朝夕哭，不帷。　正義：按張逸答陳鏗云：「敬姜早寡，晝哭以辟嫌，帷殯或亦辟嫌，表夫之遠色也。」

念父母生己，不欲傷其性。

四·一四 ○**喪禮**[一]，**哀戚之至也。節哀，順變也。君子念始之者也。**始，猶生也，念父母生己，不欲傷其性。

【疏】「喪禮」至「者也」[二]。○正義曰：此一節記人總論孝子遭喪，所爲哭踊、復魄、飯含、重主、殯葬、反哭之事，各依文解之。

○「喪禮，哀戚之至也」者，言人或有禍災，雖或悲哀，未是哀之至極。唯居父母喪禮，是哀戚之至極也。既爲至極，若無節文，恐其傷性，故辟踊有節筭，裁節其哀也。故下文：「辟踊，哀之至，有筭，爲之節文也。」所以節哀者，欲順孝子悲哀，使之漸變也。故下文云「愠，哀之變也」。所以必此順變者，君子思念父母之生己，恐其傷性，故順變也。

【衛氏集説】鄭氏曰：始，猶生也。念父母生己，不欲傷其性。

孔氏曰：自此至「孔子善殷」一節，總論孝子遭喪所爲哭踊、復魄、飯含、重主、殯葬、反哭、虞祔等事。居父母喪，是哀戚之至極也。既爲至極，若無節文，恐其傷性，故辟

[一] 喪禮節　惠棟校云：「『喪禮』節、『復盡愛』節、『拜稽顙』節、『飯用』節、『銘明旌』節、『奠以』節、『辟踊』節、『袒括』節、『弁絰』節、『有敬』節、『歠主人』節、『反哭』節、『反哭之弔』節、『孔子』節、『葬於』節、『既封』節、『既反哭』節、『葬日』節、『是日』節、『殷練』節，宋本合爲一節。」

[二] 喪禮至者也　惠棟校宋本無此五字。

踊有節，所以裁節其哀也。所以節哀者，欲順孝子悲哀，使之漸變也。所以順變者，君子思念父母之生己，恐其傷性也。

嚴陵方氏曰：始而生之者，親也。終而成之者，子也。苟過於哀而不知變，則或以死傷生矣。故節哀順變者，以君子念始之者也。

李氏曰：始者，天也。始之者，親也。

【吴氏纂言】孔氏曰：人有禍災，雖或悲哀，未是至極。惟居父母喪禮，是哀戚之至極也。既爲至極，若無節文，恐其傷性，故擗踊有算，裁節其哀也。所以節哀者，欲順孝子悲哀，使之漸變也。所以順變者，君子思念父母之生己也。

鄭氏曰：始，猶生也。念父母生己，不欲傷其性。

李氏曰：始者，天也。始之者，親也。

方氏曰：始而生之者親，終而成之者子，苟過於哀而不知變，則或以死傷生矣。

澄曰：「順變」二字，釋節哀之義。順，謂順孝子哀心不沮止之。然爲之節，使之雖哀而有變，則其哀不至過甚傷生也。

【陳氏集説】孝子之哀，發於天性之極至，豈可止遏？聖人制禮以節其哀，蓋順以變之也。言順孝子之哀情以漸變而輕減也。始，猶生也，生我者父母也，毁而滅性，是不念生我者矣。

【郝氏通解】孝子哀戚不可忍，故先王制爲禮以達其情，而又爲之節以防其過，所以順其哀而變之，非逆其情而遏之也。君子于哀戚之至，無可若何？惟思親始生我，待以終。今當送終之日，重自毁傷，是負吾親也。念此節哀，先王所以順變也。

【江氏擇言】按，變謂父母大故也。喪雖哀痛之極，君子猶勉强節哀以順變，如三日而食、哭踊有節之類。所以然者，念始之者也。經文本意似如此，即毁不危身之意。

【欽定義疏】正義 鄭氏康成曰：始，猶生也。念父母生己，不欲傷其性。

孔氏穎達曰：此下總論孝子遭喪，所爲哭踊、復魄、飯含、重主、殯葬、反哭、虞祔等事。居父母喪，是哀戚之至極也。既爲至極，恐其傷性，故辟踊有節，以裁節其哀，欲順孝子悲哀，使之漸變。所以然，君子思念父母之生己，恐其傷生也。

案 節，減也。「減」與「除」異。「減」從重而輕，「除」從有而無。將變有爲無，先變重爲輕，斯其變也順而易。如三月變食粥爲疏食，變四升、三升爲六升之受服；期年又變爲菜果，爲功衰；大祥而食鹽醬，服纖縞，如是而後復常。三月而變，小祥而又變。至於三年而除，則所待除者無多，故亦勉而爲之。故曰「順變」，謂順其性而遞變之，亦若漸積引導，使之不自覺者。先王制禮，不敢不及，亦不敢過，節使之然也。哀本於天性，先王即以天性制之，故曰「君子念始之者」是也。曰「順變」，則非奪其情可知。

【杭氏集説】朱氏軾曰：節，減也。「減」與「除」異，「減」從重而輕，「除」從有而無，重變爲輕，有變爲無，皆變也。將變有爲無，先變重爲輕，斯其變也，順而易。如三月變食粥爲疏食，變四升、三升爲六升之受服；期年又變爲菜果，爲功衰；大祥而食醢醬，服纖縞，如是而後復常。當其三月而變也，人子之心弗忍也，然猶稍減耳，禮在，不得不然也。當其小祥而變也，人子之心又弗忍也，猶稍減耳，禮在，不得不然也。至于三年而除，則所待除者無多，故亦勉而爲之。假如初未變而從輕，至三年而驟奪焉，烏可得哉！此經曰「順變」，「順」字最妙，謂順其性而遞變之，亦若漸積引導，使之不自覺者。然先王制爲此禮，蓋恐賢智之過，不免傷生滅性，人子即不自惜其身，獨不念此身父母所生乎？

陸氏奎勳曰：即先王制禮，不敢過、不及之意。

【孫氏集解】鄭氏曰：始，猶生也。念父母生我，不欲傷其性。

孔氏曰：凡人或有禍災，雖或悲哀，未是至極。惟遭父母喪禮，是哀戚之至極也。既是至極，恐其傷性，故辟踊有節算，裁節其哀也。所以節哀者，欲順孝子悲哀，使之漸變也。

愚謂下文所言，自復至於虞祔，皆歷據喪禮而釋其義。而此節則總釋喪禮之義也。大宗伯「以凶禮哀邦國之憂」，其目有五，而惟喪禮爲哀戚之至，蓋人之哀戚，莫甚於哀其父母之死也。節哀者，謂始死哭不絕聲，既殯則有朝夕與無時之哭，卒哭有朝夕哭，練不復朝夕哭，但有思憶無時之哭，祥而外無哭，禫而内無哭，所以節限其哀也。順變者，謂順其哀之隆殺而漸變之而輕也。蓋人之於其父母也，至死不窮，若不爲之節限，必將至於滅性矣。君子念父母生我之心，必不欲其如此，是以雖至哀而必爲之節也。

【朱氏訓纂】注：始，猶生也。念父母生己，不欲傷其性。　正義：言人或有禍災，雖或悲哀，未是至極。唯居父母喪，是哀戚之至極也。若無節文，恐其傷性，故辟踊有筭，裁節其哀也。

四・一五　**復，盡愛之道也，有禱祠之心焉。**復，謂招魂。且分禱五祀，庶幾其精氣之反。○禱，丁老反，一音丁報反。祠，音詞。**望反諸幽，求諸鬼神之道也。**鬼神處幽闇，望其從鬼神所來。**北面，求諸幽之義也。**鄉其所從來也。禮，復者升屋北面[一]。○鄉，本又作「嚮」，同許亮反。

【疏】「復盡」至「義也」[二]。○正義曰：始死，招魂復魄者，盡此孝子愛親之道也。非直招魂，又分禱五祀，冀精氣之復反，故云「有禱祠之心焉」。言招魂之時，於平生館

[一]　禮復者升屋北面　此本此下與釋文相接處脱一「○」。○鍔按：「禮復」上，阮校有「復盡愛之道也節」七字。

[二]　復盡至義也　惠棟校宋本無此五字。

舍求魂欲反，又於五祀禱請求之。復與五祀，總是祈禱，故云「禱祀之心焉」，以總結之。又解復魄之時，冀望魂神於幽處而來，所以望諸幽者，求諸鬼神之道也。言鬼神處在幽闇，故望幽以求之，又解望幽所在，北方是幽闇，復者北面求鬼神之義。○注「復謂」至「之反」。○正義曰：招魂者，是六國以來之言，故楚辭有招魂之篇。禮則云「復」，冀精氣反，復於身形。

「分禱五祀」者，既夕禮文。直言乃行禱者，謂非直招魂，兼有分禱，俱是求神之義。言分遣其人，以禱五祀。五祀，博言之耳，士唯二祀。

【衛氏集説】鄭氏曰：復謂招魂，且分禱五祀，庶幾其精氣之反也。鬼神處幽闇，望其從鬼神所來。北面，鄉其所從來也。禮，復者升屋北面。

孔氏曰：始死招魂復魄，盡此孝子愛親之道也。非直招魂，又分禱五祀，故云「有禱祠之心焉」。

嚴陵方氏曰：孝子之事親，固有愛之道。及其死也，猶復以冀其復生，則愛之道於是爲盡，故曰「盡愛之道也」。冀其復生，故所以有禱祠之禮也。特有是心耳，故曰「有禱祠之心」。莊子曰：「鬼神守其幽。」則幽者，鬼神之道也。復之時，望其魂氣自幽而反，故曰「望反諸幽」。南爲陽，有明之義；北爲陰，有幽之義，故曰「北面，求諸幽也」。

清江劉氏曰：復，盡愛之道也，有禱祠之心焉。禱祠，猶願幸耳。史記曰「此禱祠而求也」。

山陰陸氏曰：鄭氏謂分禱五祀，誤矣。分禱五祀是直禱耳。

【吴氏纂言】孔氏曰：始死，招魂復魄，人子之盡其孝也。

鄭氏曰：復，謂招魂，庶幾其精氣之反也。鬼神處幽暗，望其從鬼神所來。禮，復者升屋北面，向其所從來也。

方氏曰：幽者，鬼神之處，復之時望其魂氣自幽而反，故曰「望反諸幽」。南爲陽明，北爲陰幽，故曰「北面求諸幽也」。

清江劉氏曰：禱祠，猶願幸，史記曰「此禱祠而求也」。

山陰陸氏曰：鄭謂分禱五祀，誤矣。分禱五祀，是直禱爾。

澄曰：凡禱祀者，冀其神之來格也。復者，孝子之心冀其神之來。復如禱祠然，故曰「有禱祠之心」。

【陳氏集説】行禱五祀而不能回其生，又爲之復，是盡其愛親之道，而禱祠之心猶未忘於復之時也。「望反諸幽」，望其自幽而反也。鬼神處幽暗，北乃幽陰之方，故求諸鬼神之幽者，必向北也。

【納喇補正】復，盡愛之道也，有禱祠之心焉。

集説 行禱五祀而不能回其生，又爲之復，是盡其愛親之道，而禱祠之心猶未忘於復之時也。

竊案 鄭注：「復，謂招魂。且分禱五祀，庶幾其精氣之反。」山陰陸氏駁之曰：「鄭謂分禱五祀，是直禱耳。」清江劉氏曰：「禱祠，猶願幸。史記云：『此禱祠而求也。』」集説兼用兩説，遂以爲「行禱五祀而不能回其生，又爲之復，猶未忘禱祠之心」，誤矣。凡禱祠者，冀其神之來格也；復者，冀其神之來復。如禱祠然，故曰「有禱祠之心」，非未忘行禱五祀之心也。

【郝氏通解】復，謂始死升屋招魂也。不忍舍其親而望其復生，極盡仁愛之道也。求諸人不得而求諸鬼，故曰「有禱祠之心」。禱祠之心，窮迫無可奈何也。「望反諸幽」以下，皆釋所以禱祠之義。禮，復者北面，北當幽州鬼方，故曰求諸鬼神之道。「求諸幽之義」，所以爲禱祠也。鄭康成以禱五祀解，鑿矣。

【欽定義疏】正義 鄭氏康成曰：復，謂招魂。鬼神處幽暗，望其從鬼神所來。北面，鄉其所從來也。禮，復者升屋北面。

孔氏穎達曰：始死，招魂復魄，盡此孝子愛親之道也。

方氏慤曰：孝子之事親，固有愛之道。及其死也，猶復以冀其復生，故曰「盡愛之道」也。冀其復生，所以有禱祠之心。幽者，鬼神之道，望其魂氣自幽而反，故曰「望反諸幽」。北爲陰，有幽之義，故曰「北面，求諸幽也」。

存異 鄭氏康成曰：分禱五祀，庶幾其精氣之反。案：行禱五祀，在未卒前，與「復」無與。鄭合言之，誤也。

【杭氏集説】姚氏際恒曰：此言復，而鄭氏言禱五祀，甚舛。

齊氏召南曰：注及疏分字，誤也。

【孫氏集解】鄭氏曰：復，謂招魂。望求諸幽，鬼神處幽暗，望其從鬼神所來。禮，復者升屋北面。

愚謂盡愛之道，謂盡愛親之道也。禱祠，禱於神以祈親之生。士喪禮，疾病，行禱五祀是也。復亦所以求親之生，故曰「有禱祠之心」。人子於親之將死，至情迫切，所以求其生者無所不至，故復與禱爲事不同，而其爲心一也。復者北面，北者，幽陰之方也。人死則有鬼神之道，鬼神處於幽陰，故望其方而求之也。

【朱氏訓纂】復，盡愛之道也，有禱祠之心焉。注：復謂招魂，且分禱五祀，庶幾其精氣之反。**望反諸幽，求諸鬼神之道也。**注：鬼神處幽闇，望其從鬼神所來。**北面，求諸幽之義也。**注：鄉其所從來也。禮，復者升屋北面。正義：五祀，博言之耳。士唯二祀。

【郭氏質疑】君子念始之者也。復，盡愛之道也，有禱祠之心焉。

鄭注：始，猶生也。念父母生己，不欲傷其性。

嵩燾案，經方言「哀戚之至」，不當有自惜其生之情。「節哀順變」，通喪事始終言之，言服以次而變哀，亦以次而節，自是段首總括語，於「念始」之意無取。王氏章句屬下「復，盡愛之道」爲言，蓋人之生形與氣相依，而氣爲之始。其生也，氣聚於身，知覺運動，皆氣之所充周也。其卒也，氣散而返之太虛，而身與判焉。復之爲義，及其初判而假生人之氣呼而召之。「禱祠」云者，幸其或感而通神，應以來返也。案鄭注以「分禱五祀」言之。據士喪記，行禱五祀在未卒前，與復無涉。氣既判而之幽，因以鬼神之義求之也。念始之者，一氣之往復也。君子謂始制斯禮者於此求之，意味深長。鄭注屬之上文，非也。

檀弓注疏長編卷二十

四·一六　**拜稽顙，哀戚之至隱也。稽顙，隱之甚也。**隱，痛也。稽顙者，觸地無容[一]。

【疏】「拜稽」至「甚也」。○正義曰：孝子拜賓之時[二]，先爲稽顙而後拜者，哀戚之至痛。就拜與稽顙二事之中，稽顙爲痛之甚。此「拜稽顙」，「拜」文在上。以周禮言之，將拜稽顙。或可下文殷、周並陳，此云「拜稽顙」，或舉殷禮，故先言拜也。○注「隱痛」。○正義曰：釋詁文也。

【衛氏集説】鄭氏曰：隱，痛也。稽顙者，觸地無容。

孔氏曰：孝子拜賓之時，先稽顙而后拜者，哀戚之至痛也。就拜與稽顙二事之中，

[一] 稽顙者觸地無容　閩、監、毛本同，岳本同，衛氏集説同。嘉靖本「者」作「首」，考文引古本「容」作「荅」，下有「也」字。按：「荅」字非也。○鍔按：「稽顙」上，阮校有「拜稽顙節」四字。

[二] 正義曰孝子拜賓之時　惠棟校宋本無「正義曰」三字。

稽顙尤爲痛之甚也。

嚴陵方氏曰：孝子哀痛之容，有若手之辟，足之踊，口之哭，目之泣，鼻之洟，固非一類，特不若稽顙之爲甚爾。

【吴氏纂言】鄭氏曰：稽顙，首觸地無容，隱痛也。

孔氏曰：孝子拜賓，先稽顙而後拜者，哀戚之至痛。就拜與稽顙之中，稽顙尤爲痛甚。

方氏曰：孝子哀痛之容，若手之辟，足之踊，口之哭，目之泣，鼻之洟，固非一類，特不若稽顙之甚爾。

澄曰：「至」字句絶，「隱也」二字爲句，初觀方説似勝於孔，細紬繹之則方明而淺，孔微而深。拜稽顙，謂拜賓而必稽顙者。因賓來弔，觸動孝子哀親之心，故拜以答其爲己親死而來之恩，但拜以答之，已爲哀戚之至而痛親之死。然常時答賓，只當是空首之拜。重喪之拜，先作稽顙一拜者，此人痛之甚也。後一拜，雖亦是痛而用常禮之拜，則不若過於常拜者之爲痛甚也。

【陳氏集説】隱，痛也。稽顙者，以頭觸地，無復禮容。就拜與稽顙言之，皆爲至痛，而稽顙則尤其痛之甚者也。

【郝氏通解】稽顙，以顙擊地也。隱，痛也。拜則五體投地，而首爲五體之尊，以顙擊地，中情隱痛之甚，無可奈何也。

【江氏擇言】孔疏云：拜賓，先稽顙而后拜者，哀戚之至痛。

吴氏云：「至」字句絶，「隱也」二字爲句。

按，「哀戚之至隱也」，從孔疏作一句讀。

【欽定義疏】正義 鄭氏康成曰：隱，痛也。稽顙者，觸地無容。

孔氏穎達曰：孝子拜賓之時，先稽顙而後拜者，哀戚之至痛也。就拜與稽顙二事之中，稽顙尤爲痛之甚也。

案 三年之喪，稽顙而後拜。稽顙者，因賓之來弔而痛己親也。拜者，因痛己親而感賓之來弔也。拜與稽顙，皆哀戚之至。哀謂哀聲，戚謂憂容，所以聲容之戚且哀者，以其心之愴痛也。拜也，稽顙也，莫不痛心，而稽顙之痛，較拜爲尤甚焉。惟喪有稽顙，常行見君惟稽首，平敵惟頓首耳。

【杭氏集説】姚氏際恒曰：隱，痛也。上言拜稽顙，大概論人子喪親爲此拜稽顙之禮，乃哀戚之至痛也。下文當言稽顙爲痛之甚，所以繹稽顙之義也，不必求深。孔氏曰「就拜與稽顙二事之中，稽顙爲痛之甚」，按凶通用拜，若謂以拜與稽顙二事較，而稽顙爲痛之甚，不成拜雖非痛之甚，而亦爲痛也，不可通矣。孔氏以其不合於「稽顙而后拜」之義，分周禮、殷禮，尤非。

朱氏軾曰：三年之喪，稽顙而後拜。稽顙者，因賓之來弔而痛己親也。拜者，因痛己親而感賓之來弔也。拜與稽顙，皆哀戚之至。哀謂哭聲，戚謂憂容。所以聲容之戚且哀者，以其心之愴痛也。拜也，稽顙也，莫不痛心，而稽顙之痛較拜爲尤甚焉。

齊氏召南曰：按此「拜」字須讀，言拜而必用稽顙也，疏非。

【孫氏集解】鄭氏曰：隱，痛也。稽顙，觸地無容。

愚謂拜所以禮賓，稽顙所以致哀，故二者皆爲至痛，而稽顙之痛爲尤甚。

【朱氏訓纂】注：隱，痛也。稽顙者，觸地無容。　正義：孝子拜賓，先稽顙而後拜者，哀戚之至痛也。

四·一七　**飯用米、貝[一]，弗忍虛也。不以食道，用美焉爾。**尊之也。食道褻，米、貝美。○飯，扶晚反。褻，息列反。

【疏】「飯用」至「焉爾」。○正義曰：死者既無所知[二]，所以飯用米、貝，不忍虛其口。既不忍虛其口，所以不用飲食之道以實之。必用米、貝者，以食道褻，米、貝美，尊

[一] 飯用米貝　閩、監、毛本作「貝」，石經同，岳本同，嘉靖本同，衛氏集説同。此本「貝」誤「具」，注、疏同。○鍔按：「飯用」上，阮校有「飯用米貝節」五字。

[二] 正義曰死者既無所知　惠棟校宋本無「正義曰」三字。

之，不敢用褻，故用米，美善焉爾[一]。飯食，人所造作，細碎不絜，故爲褻也。米、貝，天性自然爲美。凡含用米、貝，案喪大記云：「君沐粱，大夫沐稷，士沐粱。」又以所沐之米以飯之。故士喪禮「祝淅米于堂[二]」，又云「祝受米，奠于貝北[三]，主人左扱米，實于右」，是飯用沐米也。則是諸侯用粱，大夫用稷，士用粱。士用粱者，謂天子之士。諸侯之士用稻。故士喪禮云「稻米一豆[四]，實於筐」是也。以次差之，天子當沐黍與？是天子飯用黍也。其含，案周禮典瑞云：「大喪，其飯玉、含玉[五]。」鄭注云「含玉，如璧形而小耳」。是天子用璧也。又飯玉，碎玉以雜米也，故云「共飯玉」。雜記云「含者執璧將命」，是諸侯亦含以璧也。卿大夫無文。案成十七年，公孫嬰齊夢贈瓊瑰，注云「食珠玉，含象」，則卿大夫蓋用珠也。案士喪禮「貝三，實于笲」，注云：「貝，水物。古者以爲貨，江水出焉。笲，竹器名。」是士用貝三，依雜記則大夫當五，諸侯七，天子九。何休注云公

[一] 故用米美善焉爾　閩、監、毛本同，浦鏜校「米」下補「貝」字。
[二] 祝淅米于堂　閩、監、毛本作「淅」，此本「淅」誤「浙」。
[三] 祝受米奠于貝北　閩、監、毛本作「貝北」，此本「貝北」誤「具此」。
[四] 故士喪禮云稻米一豆　閩、監、毛本作「云」，此本誤「元」。
[五] 大喪共飯玉含玉　閩、監、毛本如此，衛氏集説同，此本上「玉」誤「王」。

羊[一]：「天子以珠，諸侯以玉，大夫以碧[二]，士以貝。」又禮緯稽命徵[三]：「天子飯以珠，含以玉。諸侯飯以珠，含以璧。卿大夫飯以珠，含以貝[四]。」此等或是異代禮，非周法也。

【衛氏集説】鄭氏曰：尊之也。食道褻，米、貝美。

孔氏曰：飯用米、貝，不忍虚其口也。食道，謂飲食之道。飲食，人所造作，故爲褻也。米、貝，天性自然爲美。士喪禮，飯用沐米。貝，水物，古以爲貨。天子飯用黍，諸侯以粱，大夫以稷，士以稻，天子之士亦以粱。其含，案周禮典瑞云「大喪，共飯玉、含玉」，鄭注「王含玉，如璧形而小耳」，是天子用璧。又飯玉，碎玉以雜米也，故云「共飯玉」。雜記云「含者執璧將命」，是諸侯以璧。卿大夫無文。成十七年，公孫嬰齊夢贈瓊瑰，注云「食珠玉，含象」，則卿大夫用珠也。士用貝三。

嚴陵方氏曰：弗忍虚，則無致死之不仁。不以食道，則無致生之不知。

【吴氏纂言】鄭氏曰：尊之也。食道褻，米、貝美。

[一] 何休注公羊云　閩、監、毛本如此，此本「云」字誤在「公」上。盧文弨校删「云」字，疑依北宋本。
[二] 大夫以碧　閩、監、毛本「碧」作「璧」，盧文弨云：「本書作『大夫以碧』。」
[三] 又禮緯稽命徵　閩本同，考文引宋板同。監本「徵」誤「微」，毛本同，脱「緯」字。
[四] 含以貝　閩、監、毛本作「以貝」，此本「以貝」誤「此具」。

孔氏曰：弗忍虛，謂不忍虛其口。食道，謂飯食之道。飯食，人所造作爲褻。米、貝，天性自然爲美。士喪禮「飯用沐米」。貝，水物，古以爲貨。天子飯用黍，諸侯以粱，大夫以稷，士以稻，天子之士亦以粱。其含，周禮典瑞「大喪，共飯玉、含玉」，注云「含玉，如璧形而小」，是天子用璧。飯玉，碎玉以雜米也。雜記云「含者執璧將命」，是諸侯含亦以璧。卿大夫無文。左傳成十二年，公孫嬰齊夢贈瓊瑰，注云「食珠玉，含象」，則卿大夫含用珠也，士含用貝三。

方氏曰：弗忍虛，則無致死之不仁。不以食道，則無致生之不知。

【陳氏集説】實米與貝于死者口中，不忍其口之虛也。此不是用飲食之道，但用此美潔之物以實之焉爾。

【欽定義疏】正義 鄭氏康成曰：尊之也。食道褻，米、貝美。孔疏：食道，謂飲食之道。飲食，人所造作，爲褻。米、貝，天性自然爲美。

陳氏澔曰：實米與貝於死者口中，不忍其口之虛也。此不是用飲食之道，但用此美潔之物以實之焉爾。

通論 孔氏穎達曰：貝，水物，古以爲貨。天子飯用黍，諸侯以粱，大夫以稷，士以稻，天子之士亦以粱。其含，周禮典瑞「大喪，共飯玉，含玉」，注「含玉，如璧形而小」，是天子用璧。又飯玉，碎玉以雜米也。雜記「含者執璧將命」，是諸侯以璧。卿大夫無文。成十七年，公孫嬰齊夢贈瓊瑰，注云「食珠玉，含象」，則卿大夫用珠也。士喪禮貝三，依雜記則大夫當五，諸侯七，天子九。何休注公羊云：「天子以珠，諸侯以玉，大夫以璧，士以貝。」

存疑 孔氏穎達曰：士喪禮，飯用沐米。

案 士喪禮「祝淅米於堂，南面，用盆。管人受潘，煮於垼，用重鬲」，此沐米也。又曰「祝盛米於敦，奠於貝北」，此飯米也。孔氏謂「飯用沐米」，誤。

【杭氏集説】 陳氏澔曰：實米與貝於死者口中，不忍其口之虛也。此不是用飲食之道，但用此美潔之物以實之焉爾。

萬氏斯大曰：士喪禮「貝三」，依雜記則大夫當五，諸侯七，天子九，何休注公羊云：「天子以珠，諸侯以玉，大夫以璧，士以貝。」

【孫氏集解】 鄭氏曰：尊之也。食道褻，米、貝美。

孔氏曰：飯用米、貝，不忍虛其口也。飯食，人所造作爲褻。米、貝，天性自然爲美。案喪大記「君沐粱，大夫沐稷，士沐粱」。飯用沐米，士用粱，謂天子之士，諸侯之士用稻。士喪禮「稻米一豆，實於筐」是也。以次差之，天子當沐黍，是天子飯用黍也。周禮典瑞云「大喪，共飯玉、含玉」，鄭注云「含玉如璧形而小」，是天子含用璧。雜記云「含者執璧將命」，是諸侯亦含以璧也。卿大夫無文，案成十七年，公孫嬰齊夢贈瓊瑰，注云「食珠玉，含象」，則卿大夫蓋用珠也。士喪禮「用貝三」，依雜記，則大夫當五，諸侯七，天子九。

愚謂米所以飯，貝所以含，通而言之，則米、貝皆謂之飯，故曰「飯用米、貝」。飯用沐米，喪大記「士沐粱」，士喪禮「沐稻」，蓋列國土宜不一，而士或不能備有，故隨所有而用之，非必天子、諸侯之士之異也。弗忍虛者，所以爲愛。不以食道者，又所以爲敬也。詩毛傳云：「瓊瑰，石而次玉。」又左傳哀十一年「齊陳子命其徒具含玉」，是大夫含亦用玉也。雜記自天子至士皆用貝，是大夫以上兼用貝、玉，士則惟用貝也。

【朱氏訓纂】注：尊之也。食道褻，米、貝美。　正義：凡含用米、貝。　案喪大記「君沐粱，大夫沐稷，士沐粱」，又以所沐之米以飯之。士用粱者，謂天子之士，諸侯之士用稻，故士喪禮云「稻米一豆，實於筐」。以次差之，天子當沐黍與？案士喪禮「貝三，實于笄」，注「貝，水物，古者以爲貨」，是士用貝三。依雜記，則大夫當五，諸侯七，天子九。

四·一八　**銘，明旌也，**神明之精[一]。○銘，音名。旌，音精。**以死者爲不可別已，故**

[一] 神明之精　閩、監、毛本同，嘉靖本同。惠棟校宋本「精」作「旌」，宋監本、岳本同，衛氏集説同，考文引足利本同。○鍔按：「神明」上，阮校有「銘明旌也節」五字。

以其旗識之。不可別，形貌不見[一]。○別已，彼列反，注同。本或無「已」字，非。識，式至反，皇如字。**愛之，斯録之矣；敬之，斯盡其道焉耳。**謂重與奠[二]。○重與奠也，與，音如字。一本作「重與奠與」，二「與」並音餘。**重，主道也。**始死未作主，以重主其神也。重既虞而埋之，乃後作主。春秋傳曰：「虞主用桑[三]，練主用栗。」**殷主綴重焉，**綴，猶聯也。殷人作主，而聯其重，縣諸廟也。去顯考，乃埋之。○綴，丁劣反，又丁衛反。聯，音連。縣，音玄。**周主重徹焉**[四]。周人作主，徹重埋之。

[一] 不可別形貌不見　惠棟校宋本、岳本、宋監本、嘉靖本同。閩、監、毛本「可」誤「見」，衛氏集說作「不可別謂形貌不見也」。考文引古本、足利本亦作「不可別」。

[二] 謂重與奠　閩、監、毛本、岳本同，嘉靖本同，衛氏集說同。釋文出「重與奠也」云：「本作『重與奠與』。」考文引古本「謂重與奠」下有「也」字。正義云「故云『重與奠也』」，疑正義本與釋文本本同，無「謂」字，有「也」字。

[三] 虞主用桑　閩、監、毛本作「用」，岳本同，嘉靖本同，衛氏集說同。此本「用」誤「羽」。

[四] 周主重徹焉　閩、監、毛本同，石經同，岳本同，嘉靖本同，衛氏集說同。石經考文提要云：「坊本『重徹』二字倒置。案：陳澔集說本作『徹重』，誤也。宋大字本、宋本九經、南宋巾箱本、余仁仲、劉叔剛本俱作『重徹』。」

【疏】「銘明」至「徹焉」[一]。○正義曰：案士喪禮[二]「爲銘各以其物」，又司常云「大喪，共銘旌」，注云：「王則大常。」案司常云：「王建大常，諸侯建旂，孤、卿建旜，大夫、士建物。」則銘旌亦然，但以尺寸易之。案士喪禮士長三尺，大夫五尺，諸侯七尺，天子九尺，從遣車之差，以喪事略故也。若不命之士，則士喪禮云「以緇，長半幅」，長一尺；「經末，長終幅」，長二尺，總長三尺。

○「愛之，斯録之矣」[三]。○「愛之，斯録之」者，謂孝子思念其親，追愛之道。斯，此也，故於此爲重，以存録其神也。

○「敬之，斯盡其道焉耳」者，謂於此設奠，盡其孝養之道焉耳。鄭以下文有「重」及「奠」，故以此一經爲下張本，故云「重與奠也」。此「愛之，斯録之矣」及「敬之，斯盡其道焉耳」，亦得總焉於明旌之義[四]。故士喪禮「爲銘」之下，鄭注引此愛之敬之二事，以解節旌[五]，以義得兩通，故鄭彼此二解。

[一] 銘明至徹焉　閩、監、毛本同，惠棟校宋本作「銘明旌也」。
[二] 正義曰按士喪禮　惠棟校宋本無上三字。
[三] 愛之斯録之矣　閩、監、毛本同，惠棟校宋本無此六字。
[四] 亦得總焉於明旌之義　閩、監、毛本同，衛氏集説作「亦得總爲明旌之義」。
[五] 以解節旌　閩、監、毛本同。惠棟校宋本「節」作「銘」，是也。

○「重主」至「徹焉」。○言始死作重，猶若吉祭木主之道[一]。主者，吉祭所以依神。在喪，重亦所以依神，故云「重，主道也」。

○「殷主綴重焉」者，謂殷人始殯，置重于廟庭。作虞主訖，則綴重縣於新死者所殯之廟也。

○「周主重徹焉」者，謂周人虞而作主，而重則徹去而埋之，故云「周主重徹焉」。但殷人綴而不即埋，周人即埋，不縣於廟，爲異也。

○注「始死未作」至「練主用栗」。○正義曰：案士喪禮云「士有重無主」，而此云「重，主道」者，此據天子、諸侯有主者言之，卿大夫以下無主。春秋孔悝爲祏主[二]，鄭駁異義云：「孔悝祭所出君，故有主。」

云「重，既虞而埋之，乃後作主」者，謂既虞之後，乃始埋重。埋重之後，乃始作主。案天子九虞，九虞之後乃埋重，重與柎相近[三]。故公羊云「虞主用桑」，謂虞祭之末

[一] 猶若吉祭木主之道　閩、監本同。毛本「木」誤「本」。衛氏集説亦作「木」，考文引宋板同。

[二] 春秋孔悝爲祏主　監、毛本如此，此本「悝」誤「理」，「祏」誤「祐」，閩本「祏」亦誤「祐」。

[三] 重與柎相近　閩、監、毛本「柎」作「祔」。

也[一]。左傳云「祔而作主」，謂用主之初，俱是喪主[二]，其義不異。故異義：「公羊説虞而作主。左氏説天子九虞，十六日祔而作主，謂喪主[三]。許慎謹案左氏説與禮同。」鄭氏不駁，則是從左氏之義，非是虞祭之日即作主也，故此注云「埋重之後乃作主」也。其卒哭之祭，已用主也。必知然者，以「卒哭日成事」[四]，以吉祭易喪祭，故知與虞異也。

○注「殷人」至「埋之」。○正義曰：知縣之廟者，周主重徹焉，明殷之作主，重不徹焉。主之與重，本爲死者入廟，重既不徹，故知重隨死者縣於廟。

云「去顯考乃埋之」者，謂今死者世世遞遷，至爲顯考，其重恒在，死者去離顯考，乃埋其重及主，以其既遷，無復有廟。故顯考，謂高祖也[五]。其遷早晚，左氏以爲三年喪畢，乃遷廟。故僖三十三年左氏傳云：「烝、嘗、禘於廟。」杜、服皆以爲三年禘祭乃遷此廟，鄭則以爲練時，則不禘而遷廟主。故鄭注士虞禮「以其班祔」之下云：「練而遷廟。」又注鬯人「廟用卣」，謂「始禘時」。鄭必謂以練者，以文二年「作僖公主」，穀梁傳云：「於

[一] 謂虞祭之末也　閩、監、毛本作「祭」，此本誤「際」。
[二] 俱是喪主　閩、監、毛本同，惠棟校宋本「喪」作「桑」。
[三] 祔而作主謂喪主　閩、監、毛本同，惠棟校宋本「喪」作「桑」。
[四] 以卒哭日成事　閩、監、毛本同，考文引宋板「日」作「曰」。
[五] 故顯考謂高祖也　閩、監、毛本同，浦鏜云：「『故』衍字。」

練焉壞廟。壞廟之道，易檐可也，改塗可也。」范寧云：「親過高祖則毀其廟，以次而遷，將納新神，故示有所加。」是鄭之所據。其主之狀，范人云[一]：「正方，穿中央，達四方。天子長尺二寸，諸侯長一尺。」

○注「周人」至「埋之」。○正義曰：案既夕禮將葬，「甸人抗重出自道，道左倚之」，鄭注云：「重，既虞將埋之。」是鄭埋重於門外之道左也。若虞主，亦埋之於祖廟門外之道左。案異義：「戴禮及公羊説虞主埋於壁兩楹之間，一説埋之於廟北牖下。左氏説虞主所藏無明文。」鄭駁之云：「案士喪禮，重與柩相隨之禮，柩將出，則重倚於道左；柩將入於廟，則重止於門西。虞主與神相隨之禮亦當然。練時既特作栗主，則入廟之時，祝奉虞主於道左。練祭訖，乃出就虞主而埋之，如既虞埋重於道左。」是鄭既練埋虞主於廟門之道左也。

【吴氏纂言】銘，明旌也，以死者爲不可别已，故以其旗識之。愛之，斯録之矣；敬之，斯盡其道焉耳。

鄭氏曰：明旌，神明之旌也。不可別，謂形貌不見也。

孔氏曰：士喪禮：「爲銘，各以其物。」司常云「大喪，共銘旌」，注云：「王則大常。」

[一] 其主之狀范人云　閩、監、毛本同，惠棟校宋本「人」作「甯」。

按王建大常，諸侯建旂，孤、卿建旃，大夫、士建物，則銘旌亦然。但以尺寸易之，士長三尺，大夫五尺，諸侯七尺，天子九尺。

方氏曰：凡銘皆所以爲名，明旌謂之銘，故男子書名焉。夫愛之則不忍亡，故爲旌以録死者之名。敬之則不敢遺送死之道，所以爲盡也。

李氏曰：葬埋，謹藏其形也。祭祀，謹事其神也。銘誄繫世，謹傳其名也。以傳其名，故曰「録之」。事死而至於傳其名，故曰「盡其道」。鄭以爲重奠，則誤矣。

重，主道也。殷主綴重焉，周主重徹焉。

鄭氏曰：始死未作主，以重主其神。重既虞而埋之，乃後作主。虞主用桑，練主用栗。綴，猶聯也。殷人作主而聯其重，以縣諸廟。去顯考，乃埋之。周人作主，徹重埋之。

孔氏曰：人始死作重，猶若木主。主者，吉祭所以依神。在喪，重亦以依神，故曰「重，主道也」。殷人始殯，置重于廟庭，作虞主訖，則綴重縣於新死者之廟。顯考，謂高祖。死者世世遞遷，至爲顯考，其重常在，死者去離顯考，乃埋其重及主，以既遷無廟也。周人作主，則埋重，埋於門外道左。若虞主亦埋。按士喪禮「有重無主，卿大夫亦無主」，此云「重主道」者，據天子、諸侯有主者言之。

方氏曰：重設於始死之時，主立於既虞之後，則重非主也，有主之道爾。殷雖作主矣，猶綴重以縣於廟，不忍棄之也。周既作主矣，重遂徹而埋於土，不敢瀆之也。不忍棄之者，所以致其愛而質，故殷人行之。不敢瀆之者，所以致其敬而文，故周人行之。夫重與主皆所以依神，或曰重，或曰主，何也？始死而未葬則有柩矣，有柩而又設重，所以爲重也。既有廟矣，有廟而必立主，是爲主也。

馬氏曰：主一而已，不可二也。廟之有二主，齊桓公之末失矣。始死之際未有主，以神明不可一日無所依，見人子求神之至。殷綴之於廟，必待親盡廟毁而除之，蓋有所不忍，然不若周作主則徹重埋之，神明依於一，不可有二。殷已慤，慤而不文也。

【陳氏集説】銘，明旌也，以死者爲不可别已，故以其旗識之。愛之，斯録之矣；敬之，斯盡其道焉耳。士喪禮，銘曰「某氏某之柩」。初置于簷下西階上，及爲重畢，則置于重。殯而卒塗，始樹於肂坎之東。疏云「士長三尺，大夫五尺，諸侯七尺，天子九尺」。若不命之士，則以緇長半幅，赬末，長終幅，廣三寸。半幅，一尺也。終幅，二尺也。是總長三尺。夫愛之而録其名，敬之而盡其道，曰愛曰敬，非虚文也。**重，主道也。殷主綴重焉，周主重徹焉。**禮注云，士重木長三尺，始死作重以依神，雖非主而有主之道，故曰「主道也」。殷禮，始殯時置重于殯廟之庭，暨成虞主，則綴此重而懸於新死者所殯之廟。周人虞而作主，則徹重而埋之也。

【方氏析疑】周主重徹焉。

蓋棺之後，父母音容不可再見，故設木以象神，而魄體尚在柩，故名之曰「重」。及既葬，迎精而反，立主以栖神，子姓之心精專注於此，故名之曰「主」。既作主，復懸重，義無所取，不若徹而埋之爲安。

【欽定義疏】銘，明旌也，以死者爲不可別已，故以其旗識之。愛之，斯録之矣；敬之，斯盡其道焉耳。

正義 鄭氏康成曰：明旌，神明之旌也。不可別，謂形貌不見。愛之、敬之，謂重與奠。

孔氏穎達曰：孝子思念其親，追愛之道，故爲重以存録其神。又設奠，以盡其孝養之道。然亦得總爲明旌之義。

方氏慤曰：凡銘，皆所以爲名。明旌，謂之銘，故男子書名焉。夫愛之，則不忍忘，故爲旌以録死者之名。敬之，則不敢遺送死之道，所以爲盡也。

彭氏曰：明旌者，神明之也。有旌則可識，可識則可別，故曰「以死者爲不可別已，故以其旌識之」。

陳氏澔曰：士喪禮，銘曰「某氏某之柩」。初置於簷下西階上，及爲重畢，則置於重。殯而卒塗，始樹於肂坎之東。

通論 孔氏穎達曰：士喪禮：「爲銘，各以其物。」又司常云「大喪，共銘旌」，注：「王建大常，諸侯建旂，孤、卿建旜，大夫、士建物。」則銘旌亦然，但以尺寸易之。士喪禮，士長三尺，大夫五尺，諸侯七尺，天子九尺。陳氏澔曰：不命之士，則以緇長半幅，䞓末，長終幅，廣三寸。半幅，一尺也。終幅，二尺也。是總長三尺。

案 鄭以「愛敬」爲重與奠，孔意屬上「明旌」，蓋此二語實承上起下，明旌録之而重亦録之。明旌有敬道，而奠尤盡其道也。

重，主道也。殷主綴重焉，周主重徹焉。

正義 鄭氏康成曰：始死未作主，以重主其神。既虞而埋之，乃後作主。春秋傳曰：「虞主用桑，練主用栗。」綴，猶聯也。殷人作主而聯其重，以縣諸廟。去顯考，乃埋之。周人作主，徹重埋之。孔疏：殷人始殯，置重於廟庭，作虞主訖，則綴重縣於新死者之廟。顯考，謂高祖也。死者世世遞遷，至爲顯考，其重恒在，離顯考乃埋其重，以既遷無廟也。周人作主則埋重，既夕禮注「埋重於門外道左」是也。若虞主既練，亦埋於祖廟門外之道左。

孔氏穎達曰：人始死作重，猶若木主。主者，吉祭所以依神。在喪，重亦所以依神，故曰「重，主道也」。

方氏慤曰：重設於始死之時，主立於既虞之後。重非主也，有主之道爾。殷雖作主矣，猶綴重，亦縣於廟，不忍棄之也。周既作主矣，重遂徹而埋於土，不敢瀆之也。夫重與主，皆所以依神而已，或曰重，或曰主，何也？始死而未葬，則有柩矣。有柩而又設重，所以爲「重」也。既有廟矣，有廟而必立主，是爲「主」也。

通論 馬氏晞孟曰：主一而已，不可二也。然則所謂「重」者，安所用哉？始死之際未有主，以神明爲不可一日無所依，故作重，見人子求神之至焉。殷綴之於廟，必待親盡廟祧而除之，蓋有所不忍。然不若周主重徹焉，作主則埋之。孔子謂「殷已慤，吾從周」，此皆慤而不文也。

【杭氏集説】銘，明旌也，以死者爲不可别已，故以其旗識之。愛之，斯録之矣；敬之，斯盡其道焉耳。

彭氏曰：明旌者，神明之也。有旌則可識，可識則可别。故曰「以死者爲不可别也，故以其旗旌識之」。

陳氏澔曰：士喪禮，銘曰「某氏某之柩」。初置于簷下西階上，及爲重畢，則置於重。殯而卒塗，始樹於坎肂之東。又曰：不命之士，則以緇長半幅，經末，長終幅，廣三寸。半幅，一尺也。終幅，二尺也。是總長三尺。

朱氏軾曰：愛親者，不忍死其親，故録而識之。識之，非苟而已也，必盡其道焉。如旂長之别，長短之差是也。

齊氏召南曰：按士喪禮云：「爲銘，各以其物。亡則以緇，長半幅，經末，長終幅，廣三寸。書銘曰：『某氏某之柩。』竹杠長三尺，置于宇西階上。」

重，主道也。殷主綴重焉，周主重徹焉。

齊氏召南曰：按注未解重之制度。士喪禮曰「重，木刊鑿之。甸人置重于中庭，一在南」，注曰：「木也懸物焉曰重。士重長三尺。」

方氏苞曰：蓋棺之後，父母音容不可再見，故設木以象神，而魄體尚在柩，故名之曰「重」。及既葬，迎精而反，立主以栖神，子姓之心精專注于此，故名之曰「主」。既作主，復懸重，義無所取，不若徹而埋之爲安。

【孫氏集解】銘，明旌也，以死者爲不可别已，故以其旗識之。愛之，斯録之矣；敬之，斯盡其道焉耳。

鄭氏曰：明旌，神明之旌。不可别，形貌不見。

孔氏曰：案士喪禮「爲銘，各以其物」。又司常云「大喪，共銘旌」，注云：「王則大常。」案司常云「王建大常，諸侯建旂，孤、卿建旜，大夫、士建物」，則銘旌亦然。士喪禮，士長三尺，大夫五尺，諸侯七尺，天子九尺。若不命之士，則士喪禮云「以緇，長半幅」，長一尺，「經末，長終幅」，長二尺，總長三尺。

愚謂「録之」，謂識其名而存録之也。盡其道，謂其采章、尺度必視其爵位而爲之也。愛之，故不敢忘；敬之，故不敢苟。此二句申言銘旌之義，注、疏以重與奠言，非也。

重，主道也。殷主綴重焉，周主重徹焉。

鄭氏曰：始死，未作主，以重主其神也。重，既虞而埋之，乃後作主。春秋傳曰：「虞主用桑，練主用栗。」綴，猶聯也。殷人作主而聯其重，縣諸廟也。去顯考，乃埋之。按鄭據祭法，以高祖爲顯考，說見本篇。周人作主，徹重埋之。

孔氏曰：案士喪禮，士有重無主，而此云「重，主道」者，此據天子、諸侯有主者言之。始死作重，猶若木主。主者，吉祭所以依神。在喪，重亦所以依神，故曰「重，主道也」。殷人始殯，置重於廟庭，作虞主訖，則綴重縣於新死者之廟。死者世世遞遷，其重常在，至去離顯考，乃埋其重及主，以其既遷無廟也。周人作主，則埋其重於門外之道左也。

○孔氏曰：遷廟早晚，左氏以爲三年喪畢，乃遷廟。故僖三十三年左氏傳云「烝、嘗、禘於廟」，杜、服皆以爲三年禘祭，乃遷此廟。鄭則以爲練時則因禘而遷廟主。傅霖曰：因禘，當依疏作「不禘」。鏘鳴按：先生校毛本，改「不」爲「因」。故鄭注士虞禮「以其班祔之」下云「練而遷廟」。鄭必謂以練者，以文二年「作僖公主」，穀梁傳云：「於練焉壞廟，壞廟之道，易檐可也，改塗可也。」范寧云：「親過高祖則毁其廟，以次而遷。將納新神，故示有所加。」是鄭之所據。

朱子曰：吉凶之禮，其變有漸，故始死全用事生之禮。既卒哭祔廟，然後神之。然猶未盡變，故主復於寢，至三年而遷於廟也。其遷廟一節，鄭氏用穀梁「練而遷廟」之説，杜氏用賈逵、服虔之説，則以三年爲斷。其間同異得失，雖未有考，然穀梁但言「壞舊廟」，不言「遷新主」，則安知其非練而遷舊主，至三年而納新主耶？又曰：大戴禮諸侯遷廟篇云「君及從者皆玄服」，則是三年大祥之後，既除喪而後遷矣。其辭但告遷而不言祔，則是既祔之後，主復於寢，而至此方遷於廟矣。如穀梁云「易檐」「改塗」，禮志云「更釁其廟」，則是必先遷高祖於太廟夾室，然後可以壞釁其故廟，而納祖考之主。又俟遷祖考於新廟，然後可以壞釁其故廟，而納新祔之主矣。如左氏云「特祀於寢」，而國語有「日祭」之文，則是主復寢後，猶日上食矣。愚謂既葬，猶朝夕哭，不奠，士喪禮有明文。國語「日祭」，自謂未葬之奠耳。但穀梁所謂「練而壞廟」，乃在三年之内，似恐大速。禮志所謂釁廟而移故主，乃不俟其廟之虚而遽壞之，恐非人情。

愚謂大戴禮遷廟篇首言「成廟，將遷之新廟」，而其祝辭曰：「孝嗣侯某敢以嘉幣告於皇考某侯，成廟將徙，敢告。」此謂三年喪畢，以新死者之主遷之於廟也。穀梁傳云「練而壞廟」，此謂既練之後，遷其親盡者之主也。蓋既祔之後，主還於寢，新主練祥之祭皆於寢，而宗廟則復行時祭。左傳所謂「特祀於主，烝、嘗、禘於廟」也。至練，距大祥尚一年，姑以諸侯之禮言之，中間宗廟有三祫祭或二祫祭，如有二祫，則於第一祫祭畢，而遷高祖之主於大祖之夾室，於是高祖之廟虚，而可以改塗、易檐而修之矣。第二次祫祭畢，而遷祖之主於高祖廟，於是祖之廟虚，而可以改塗、易檐而修之矣。至喪畢，而納新主於祖之廟焉。若天子三昭三穆，而練祥相距，中容三祫，其遞遷之法亦如此。遷廟禮但言新主之入廟，而不言舊主之去廟，則舊主固已先遷矣。以是知練後因祫祭而遷舊廟，穀梁之説確然可據，不容復致疑於其間。而喪中於宗廟非竟不祭，左氏所謂「烝、嘗、禘於廟」，及「晉葬悼公」「烝於曲沃」者，未可以其出於春秋之亂世而非之也。

【王氏述聞】⊙故以其旗識之

銘，明旌也，以死者爲不可别已，故以其旗識之。

家大人曰：故以其旗識之，本作「故以其旗識識之」。上識是「旗識」之識，今作「幟」。下識是「表識」之識。今本無上識字，傳寫遺脱耳。釋文出「識之」二字云「式志反，皇如字」，則所見本已脱去上識字。周官小祝「置銘」，杜子春注引檀弓曰「銘，明旌也。以死者爲不可别，故以其旗識識之。」今本亦無上識字，蓋後人據誤本檀弓删之也。案釋文出「識識」二字，云「竝傷志反」，一讀下識如字，則陸氏所見本原有上識字，明矣。盧氏紹弓釋文攷證曰：「案注云『以死者爲不可别，故以其旗識之』，無識識連文。蓋陸氏所見本，旗作『識』，故以識識連文。」盧爲此説，蓋未攷士喪禮注也。士喪禮「爲銘」，鄭注曰：「銘，明旌也。以死者爲不可别，故以其旗識識之。」今本惟此注内「識」字未經删去，釋文出「旗識識之」四字，云：「上音試，下音式。」據此，則杜、鄭所見本皆有上識字，明矣。古「旗幟」字通作「識」，説文曰：「幑，識也。」周官司常「掌九旗之物，名各有屬，以待國事」，鄭注曰：「屬，謂徽識也。」「徽」與「幑」同，疏曰：「徽識，謂在朝、在軍所用小旌，故以屬言之。」又下文曰

「皆畫其象焉，官府各象其事，州里各象其名，家各象其號」，鄭注曰「事、名、號者，徽識，所以題別衆臣，樹之於位，朝者各就焉」。三者旌旗之細也，士喪禮曰：「爲銘，各以其物。亡則以緇，長半幅，赬末，長終幅，廣三寸，書名於末。」此蓋其制也。徽識之書，則云「某某之事」「某某之名」「某某之號」。今大閲禮象而爲之兵，凶事若有死事者，亦當以相別也。疏曰：「云『三者旌旗之細也』者，對上大常已下爲旌旗之大者也。云『此蓋其制也』者，此在朝表朝位，其銘旌制亦如此。案禮緯云：『天子之杠高九仞，諸侯七仞，大夫五仞，士三仞。』士喪禮『竹杠長三尺』，則死者以尺易仞，天子九尺，諸侯七尺，大夫五尺，士三尺，其旌身亦以尺易仞也。若然，在朝及在軍，綴之於身，亦如此。故云『此蓋其制也』。」若然，徽識爲旌旗之小者，故司常謂之「屬」。死之銘旌，即生之徽識。是銘旌之制，亦小於旌旗，而檀弓謂之「旗識」者，以其爲旌旗之屬，故兼旗言之耳。謂之旗識則可，謂之旗則不可，以此知經文必有識字也。後人於檀弓脱文不能校補，而轉據誤本檀弓以删周官之注，惟賴有士喪禮注及兩處釋文，足以證明其失耳。

【朱氏訓纂】銘，明旌也，注：神明之旌。釋名：銘，名也，記明其功也。廣雅：銘，銘記。**以死者爲不可別已，故以其旗識之。**注：不可別，形貌不見。盧注：「形掩藏，不可別，故旌其別也。」王氏念孫曰：故以其旗識之，本作「故以其旗識識之」。上識是「旗識」之識，下識是「表識」之識。周官小祝「置銘」，杜子春注引檀弓曰：「銘，明旌也。以死者爲不可別，故以其旗識識之。」士喪禮「爲銘」，鄭注曰：「銘，明旌也。

以死者爲不可别，故以其旗識識之。」**愛之，斯録之矣；敬之，斯盡其道焉耳。**注：謂重與奠。**重，主道也。殷主綴重焉，周主重徹焉。**注：始死未作主，以重主其神也。重既虞而埋之，乃後作主。春秋傳曰：「虞主用桑，練主用栗。」綴，猶聯也。殷人作主而聯其重，縣諸廟也，去顯考，乃埋之。周人作主，徹重埋之。正義：案士喪禮「爲銘，各以其物」，士長三尺，大夫五尺，諸侯七尺，天子九尺。若不命之士，則士喪禮云「以緇，長半幅」，長一尺；「經末，長終幅」，長二尺，總長三尺。始死作重，猶吉祭木主之道。主者，吉祭所以依神。在喪，重亦所以依神。殷人始殯，置重於廟庭，作虞主訖，則綴重縣於新死者之廟。周人虞而作主，重則徹去而埋之。范寧穀梁傳注云：「親過高祖，則毁其廟，以次而遷。將納新神，故示有所加。」其主之狀，范寧云：「正方，穿中央，達四方。天子長尺二寸，諸侯長一尺。」

【郭氏質疑】愛之，斯録之矣；敬之，斯盡其道焉耳。

鄭注：謂重與奠。

嵩燾案，孔疏云：此亦得總爲銘旌之義，故士喪禮「爲銘」下，鄭注引此。疑疏義優於注，鄭意以下有「主人自盡」語，因以與此「盡其道」聯合言之。「愛之，斯録之」，謂不忍其死而遂已也，爲之表而識之，以明其身死而名存也。司常「王建大常，諸侯建旂，孤卿建旜，大夫、士建物」，鄭於「大喪，共銘旌」下注云：「王則大常。」是銘旌各視所建之旗，盡其道而不過，所以昭敬也。疏亦未能發明其義。方氏慤云：「敬之，則不敢遺送死之道。銘旌者，死而揭其名於旌，示人以弗忘，非所以送死也。」

重，主道也。殷主綴重焉，周主重徹焉。

鄭注：春秋傳「虞主用桑，練主用栗」。殷人作主而聯其重，縣諸廟。去顯考，乃埋之。

嵩燾案，春秋文二年「作僖公主」，公羊傳云：「虞主用桑，練主用栗。」穀梁傳云：「喪主於虞，吉主於練，作主壞廟有時日，於練焉壞廟，易檐、改塗可也。」左傳云：「君薨，卒哭而祔，祔而作主，特祀於主，烝、嘗、禘於廟。」疑殷人練而祔，因有虞主，有練主。公、穀所述殷禮也，左氏所述蓋周禮。周、秦之交，當已襲用殷禮，故公、穀皆據以爲説。何休公羊注：「期年練祭，埋虞主於兩階之間，易用栗。」所謂「綴重」者，桑主也。何休引士虞記「桑主不文，吉主皆刻而謚之」。案今士虞記無此文，或逸禮也。綴重於主以棲神，所繫仍在重也。練而易主，而後徹重。周卒哭而祔，則但有栗主無桑主，比葬而遂徹重焉。荀子：「書其銘，置於其重。」周禮：「設重以置銘也。」鄭氏以爲縣重於廟，未知縣於何所。又云：「去顯考，乃埋之。」祭法，顯考廟，高祖廟也。是謂親盡毁廟，乃埋重。重與主並設，凡廟皆然，於禮尤無徵矣。案士喪禮：「重，木刊鑿之。甸人置重於中庭，三分庭一，在南。夏祝用二鬲，鬻餘飯，冪以疏布，繫用靲，縣於重，冪以葦席，北面。祝取銘置於重。既殯，祝取銘置於肂。既啟，遷於祖，祝復取銘置於重。正柩兩楹閒，置重如初。既祖，祝取銘置於茵。遣奠畢，甸人抗重出自道，道左倚之。」是重之大，當庭三分之一，旁縣二鬲。周禮陶人「鬲，實五觳」，鄭司農「觳受三斗」，鄭注「豆實三而成觳，觳受斗二升」，五觳蓋容六斗。鄭注士喪禮云「士二鬲，大夫四，諸侯六，天子八」，似喪具莫大於重。自始設重置銘，中間惟殯後置銘於肂所。云「刊鑿之」者，蓋鑿爲員孔，以樹銘旌之杠也。其後柩行，而先抗重倚於道左，嗣是不復言重，疑遂棄之道左。雜記「重既虞而埋之」，蓋反哭而虞，就所倚處埋之道左。凡爲重，三分庭之一，不得縣諸廟，明矣。殷主綴重，當是縣主於重以棲神，故曰「喪主不文」。置銘與縣主，其義一也。置銘以表柩，故亦爲神所棲。縣鬲者，食道也。經義分明，諸儒之言重者，恐皆失之。

四·一九 **奠以素器，以生者有哀素之心也。**哀素，言哀痛無飾也。凡物無飾曰素。**唯祭祀之禮，主人自盡焉爾，豈知神之所饗，亦以主人有齊敬之心也！**哀則以素，敬則以飾，禮由人心而已。○齊，側皆反。

【疏】「奠以」至「心也」。○正義曰：「奠」，謂始死至葬之時[一]祭名。以其時無尸，奠置於地，故謂之奠也。悉用素器者，表主人有哀素之心。既因用素表孝子哀素，遂

[一] 正義曰奠謂始死至葬之時 惠棟校宋本無「正義曰」三字。○鍔按：「正義」上，阮校有「奠以素器節」五字。

論虞祭之後[一]及卒哭練祥之祭。故云此等祭祀之禮。既見親終，於主人自盡致孝養之道焉爾[二]，豈知神之所饗須設此祭？所以設之者，亦以主人有齊敬之心，若親存然，故設祭亦如生存之有齊敬。今死亦齊敬，故云「亦」也。

○注「哀則」至「以飾」[三]。○正義曰：「哀則以素」謂葬前，「敬則以飾」謂虞後，故士虞禮不用素器也。知經中祭祀非尋常吉祭者，以上下所論皆是喪事，不應吉祭厠在其間。其實吉祭，主人亦有齊敬之心也。

【衛氏集説】銘，明旌也。以死者爲不可別已，故以其旗識之。愛之，斯録之矣；敬之，斯盡其道焉耳。重主道也。殷主綴重焉，周主重徹焉。奠以素器，以生者有哀素之心也。

鄭氏曰：明旌，神明之旌也。不可別，謂形貌不見也。愛之、敬之，謂重與奠。始死，未作主，以重主其神，重既虞而埋之，乃後作主。春秋傳曰：「虞主用桑，練主用栗。」綴，猶聯也。殷人作主而聯其重，以縣諸廟。去顯考，乃埋之。周人作主，徹重埋之。哀素，

[一] 遂論虞祭之後　閩、監、毛本同。惠棟校宋本「論」上有「廣」字，衛氏集説同。

[二] 於主人自盡致孝養之道焉爾　閩、監、毛本同，惠棟校宋本無「於」字。

[三] 哀則至以飾　閩、監、毛本同，惠棟校宋本作「哀則以素敬則以飾」。

言哀痛無飾也。凡物無飾曰素，哀則以素，敬則以飾，禮由人心而已。

孔氏曰：案士喪禮「爲銘，各以其物」。又司常云「大喪，共銘旌」，注云：「王則大常。」案司常云：「王建大常，諸侯建旂，孤、卿建旜，大夫、士建物。」則銘旌亦然，但以尺寸易之。案士喪禮，士長三尺，大夫五尺，諸侯七尺，天子九尺。孝子思念其親，追愛之道，故於斯爲重，以存録其神。又設奠，盡其孝養之道，鄭以愛之、敬之爲重與奠，然亦得總爲明旌之義，故鄭於士喪禮「爲銘」之下引此愛敬二事。人始死作重，猶若木主。主者，吉祭所以依神。在喪，重亦所以依神，故曰「重，主道也」。殷人始殯，置重於廟庭，作虞主訖，則綴重縣於新死者之廟。鄭注顯考謂高祖也，死者世世遞遷，至爲顯考，其重常在，死者去離顯考，乃埋其重及主，以既遷，無廟也。周人作主，則埋重，鄭注既夕禮「埋重於門外道左」是也。若虞主，亦埋於祖廟門外之道左。奠謂始死至葬之祭名，以其時無尸，奠置於地，故謂之奠。悉用素器，所以表主人有哀素之心也。鄭注「哀則以素」謂「葬前」，「敬則以飾」謂「虞後」。故士虞禮不用素器。

嚴陵方氏曰：凡銘，皆所以爲名。明旌謂之銘，故男子書名焉。夫愛之，則不忍亡，故爲旌以録死者之名。敬之，則不敢遺送死之道，所以爲盡也。重設於始死之時，主立於既虞之後，重非主也，有主之道爾。殷雖作主矣，猶綴重以縣於廟，不忍棄之也。周既作主矣，重遂徹而埋於土，不敢瀆之也。不忍棄之者，所以致其愛而質，故殷人行之。不敢瀆之者，所以致其敬而文，故周人行之。夫重與主，皆所以依神而已。或曰重，或曰主，何也？始死而未葬則有柩矣，有柩而又設重，所以爲重也。既有廟矣，有廟而必立主，是爲主也。

馬氏曰：主一而已，不可二也。廟之有主，齊桓公之末失也。然則所謂重者，安所用哉？始死之際，未有主，以神明爲不可一日無所依，故作重，見人子求神之至焉。殷綴之於廟，必待親盡廟祧而除之，蓋有所不忍。然不若周主重徹焉，作主則埋之，神明之依於一，不可以有二。孔子曰「殷已慤，吾從周」，凡此皆慤而不文也。奠以素器，若士喪禮有「素俎」，士虞禮有「素几」，皆爲是也。哀素者，哀而不文。

李氏曰：葬埋，謹葬其形也。祭祀，謹事其神也。銘誄繫世，謹傳其名也。以傳其名，故曰「録之」。事死而至於傳其名，故曰「盡其道」。鄭以爲重奠，則誤矣。

廬陵胡氏曰：不可别，溟溟難見。

唯祭祀之禮，主人自盡焉爾。豈知神之所饗，亦以主人有齊敬之心也！

孔氏曰：既因上文用素以表哀素，遂廣論虞祭之後及卒哭練祥之祭，故云此等祭祀之禮。主人既見親終，自盡致孝養之道，豈知神之所享須設此祭？所以設之者，以主人有齊敬之心也。

廬陵胡氏曰：自盡，加飾。

慈湖楊氏曰：此章及下子游曰「既葬而食之，未見其有享之者」。嗚呼，鬼神之道，不如是也。孔子曰：「未能事人，焉能事鬼？」蓋曰知人則知鬼矣，形有死生，神無死生。故孔子之祭，如鬼神之實在，而羣弟子觀孔子祭時精神，以爲如在也。今子游以爲未見其享之，是求鬼神之道於形也。

【吴氏纂言】馬氏曰：素者，哀而不文。素器，若士喪禮「素俎」。

鄭氏曰：哀素，哀痛無飾也。凡物無飾曰素。哀則以素，敬則以飾，禮由人心而已。

孔氏曰：「奠」，謂始死至葬之祭名，以其時無尸，奠至於地，故謂之奠。悉用素器，所以表主人哀素之心。祭祀之禮者，因上奠用素以表哀素，遂論虞祭後卒哭練祥之祭。「哀則以素」謂葬前，「敬則以飾」謂虞後，故士虞禮不用素器。

廬陵胡氏曰：「自盡」，謂加飾也。

澄曰：虞以前親喪未久，奠而不謂之祭，其奠也，非不敬其親也，哀心特甚，禮尚質樸，無心於飾，故用素器。虞以後親喪漸久，卒附練祥，雖猶在喪制之中，然已是祭祀之禮。其祭祀也，非不哀其親也，敬心加隆，非如初喪之素器也。然其盡禮而漸文，豈是爲死者真能來饗而然？亦自盡其禮，以致敬親之心焉爾。大概喪主於哀，祭主於敬，故喪奠以素器之質而見其哀，祭祀以盡禮之文而寓其敬。「哀」之下曰「素」，素者，質朴之義，謂其哀心因器之質朴而見也。「敬」之上曰「齊」，齊者，整肅之義，謂因禮之整肅而其敬心在是也。「齊敬」曰「亦」者，亦上文「哀素」也。喪之哀，哀死者也，稱生者，對死者而言也。祭之敬，敬鬼神也，稱主人，對鬼神而言也。

慈湖楊氏曰：此章及下文子游曰：「既葬而食之，未見其饗之者。」嗚呼，鬼神之道，不如是也。孔子曰：「未能事人，焉能事鬼？」蓋曰知人則知鬼，形有死生，神無死生。故孔子之祭，如鬼神之實在，而羣弟子觀孔子祭時，精神以爲如在。今子游以爲未見其饗之，是求鬼神之道於形也。

【陳氏集説】鄭氏曰：哀素，言哀痛無飾也。凡物無飾曰素。哀則以素，敬則以飾，禮由人心而已。　方氏曰：士喪禮有「素俎」，士虞禮有「素几」，皆其哀而不文故也。喪葬凶禮，故若是。至於祭祀之吉禮，則必自盡以致其文焉。故曰「唯祭祀之禮，主人自盡焉爾」。然主人之自盡，亦豈知神之所享必在於此乎？且以表其心而已耳。

【納喇補正】集説　方氏曰：士喪禮有「素俎」，士虞禮有「素几」，皆其哀而不文故也。喪葬凶禮，故若是。至於祭祀之吉禮，則必自盡以致其文焉。然主人之自盡，亦豈知神之所饗必在於此乎？且以表其心而已耳。

竊案　注疏「奠以素器」句謂葬前，「祭祀之禮」謂虞後，以士虞禮不用素器故也。吴氏亦云：「虞以前親喪未久，奠而不謂之祭，其奠也，非不敬其親也，哀心特甚，無心於飾，故用素器。虞以後親喪漸久，卒附祥禫，雖猶在喪制之中，然已是祭祀之禮，其祭祀也，非不哀其親也，敬心加隆，非如初喪之素器也。」愚以此章前後考之，皆言喪禮，則此祭祀之禮，指虞後卒祔祥禫爲合，集説竟以爲祭祀之吉禮，非矣。

【郝氏通解】飯用米、貝，弗忍虚也。不以食道，用美焉爾。銘，明旌也，以死者爲不可別已，故以其旗識之。愛之，斯録之矣；敬之，斯盡其道焉耳。重，主道也。殷主綴重焉，周主重徹焉。奠以素器，以生者有哀素之心也。唯祭祀之禮，主人自盡焉爾，豈知神之所饗，亦以主人有齊敬之心也！

飯，謂初死飯含，不用飲食，而用米與貝，爲不忍死者口虚，以美物實之，非爲食也。銘，以帛書某氏柩，所以明死者而旌別之也。旗，即銘旌，愛其親而不忍忘，故録其既死之名。敬其親而不敢遺，故盡其送死之道耳。重，以木爲之，高三尺，形如人，北面，左衽，束帶，擁食，取易象大過「不養不可動」之義，故曰重蓋死者魂魄所依也。重設于始死之時，主立于既虞之後。始死未作主，以重爲主也。在廟曰主，殷人既作主，并重亦綴而懸于廟。周人既作主，則徹重而埋于廟門外。始死至葬，猶以人道事之。有奠無祭器，用素，哀主質也。既葬反虞，則以神道事之。卒祔練祥，皆用祭器，祭主敬，盡禮也。豈知死者真能來饗？惟自盡其齊敬之心而已。哀敬兼至，孝之至也。

【方氏析疑】似因奠而概論其祭祀之禮，皆主人自盡其心，不必分吉凶爲義。

【江氏擇言】鄭注：凡物無飾曰素。哀則以素，敬則以飾，禮由人心而已。

按，因奠以素器，由生者有哀素之心，遂廣言祭祀之禮。凡所以備物者，皆是致其齊敬之心也，不止謂祭器加飾。

【欽定義疏】正義　鄭氏康成曰：哀素，言哀痛無飾也。凡物無飾曰素。哀則以素，敬則以飾，禮由人心而已。

孔氏穎達曰：奠，謂始死至葬之祭名，以其時無尸，置奠於地，故謂之「奠」。悉用素器，所以表主人有哀素之心也，遂論虞及卒哭練祥之祭。「哀則以素」謂葬前，「敬則以飾」謂虞後，故士虞禮不用素器。云此等祭祀之禮，既見親終，主人自盡致孝養之道焉爾，豈知神之所饗須設此祭？所以設之者，亦以主人有齊敬之心也。

存疑　吴氏澄曰：虞以前親喪未久，奠而不謂之祭，其哀特甚，無心於飾，故用素器。虞以後親喪漸久，卒祔練祥，雖猶在喪制之中，然已是祭祀之禮，敬心加隆，非如初喪之素器也。其盡禮而漸文，豈謂死者真能來饗？而然亦自盡其禮，以致敬親之心焉爾。

馬氏晞孟曰：素器，若士喪禮有「素俎」，士虞禮有「素几」也。「哀素」者，哀而不文。

案　「豈知」二字，正不敢自必而盡其齊敬，十六字當作一句讀，所謂以其恍惚與神明交，庶或饗之，庶或饗之也。若以神未必果饗釋之，疏矣。

【杭氏集説】吴氏澄曰：虞以前親喪未久，奠而不謂之祭，其哀特甚，無心於飾，故用素器。虞以後親喪漸久，卒祔練祥，雖猶在喪制之中，然已是祭祀之禮，敬心加隆，非如初喪之素器也。其盡禮而漸文，豈爲死者真能來饗？而然亦自盡其禮，以致敬親之心焉爾。

姚氏際恒曰：楊慈湖曰：「此章及下子游曰：『既葬而食之，未見其有享之者。』嗚呼！鬼神之道，不如是也。形有生死，神無生死，故孔子之祭，如鬼神之實在。今子游以爲未見其享之，是求鬼神之道于形也。」愚按記文，「豈知神之所饗」與「未見其有饗」本説得執滯不通，而楊氏以形亡神在釋氏之説駁之，尤爲紕繆，不可不辨。惟孔子曰「祭如在」，一一「如」字下得甚活，至哉言乎！二説皆折倒。

姜氏兆錫曰：鄭説：「哀素，哀痛無飾也。凡物無飾曰素。哀以素，敬以飾，禮由人心而已。」方説：「士喪禮有『素俎』，士虞禮有『素几』，皆哀而不文。祭禮必致其文，則主人自盡焉耳。此豈知神饗必在于此，亦以表其心而已。」愚按祭亦不專用文，但視素喪則文矣。然表齊敬、表哀素，其發于心則一也，故記者明之。

方氏苞曰：似因奠而概論其祭祀之禮，皆主人自盡其心，不必分吉凶爲義。

【孫氏集解】鄭氏曰：哀素，言哀痛無飾也。凡物無飾曰素。哀則以素，敬則以飾，禮由人心而已。

愚謂祭則有尸，有尸則有飲食之禮。葬前不立尸，直以饌具奠置於地而已，故曰奠。祭祀之禮，謂既葬之後，虞祔練祥，皆立尸而行祭禮也。奠用素俎、瓦敦、甒豆、無縢之籩，皆素器也。至虞而籩豆俎敦之屬，皆用吉祭之器矣。蓋奠主哀，故器無飾，祭主敬，故器有飾。自盡，謂自盡其敬神之心，而不敢用初喪之素器也。豈知神之所饗，必於此有飾之器乎？亦以主人自盡其齊敬之心耳。

【朱氏訓纂】注：哀素，言哀痛無飾也。凡物無飾曰素。哀則以素，敬則以飾，禮由人心而已。　正義：奠，謂始死至葬之時祭名，以其時無尸，奠置於地，故謂之奠也。「哀則以素」謂葬前，「敬則以飾」謂虞後。故士虞禮不用素器也。

【郭氏質疑】鄭注：哀則以素，敬則以飾。

孔疏：「哀則以素」謂葬前，「敬則以飾」謂虞後。故士虞禮不用素器。

嵩燾案，士喪禮云「素俎」，既夕記云「素勺」，士虞禮云「素几，葦席」，似祔廟後乃除素器，虞、卒哭皆素也。案下云「卒哭曰成事，以吉祭易喪祭」，士虞記卒哭，即位皆哭，三獻皆踊，猶喪祭也。惟云「丈夫説絰帶於廟門外」「婦人説首絰」，爲受服之始，其明日祔以吉祭。記禮者連爲之辭耳。喪禮錦冒黼殺、龍帷黼荒皆用飾，而祭器用素無飾。奠者，人子自致其誠以上交乎鬼神，所以用素，猶人子自盡之情也。「豈知神之所饗」，猶言何以知神之所饗，齊敬之至，若或饗之，則亦饗之於人子之心而已。哀、敬二者皆所自致，奠之用素器者，此義也。祭祀之禮，正承上「奠」字言之，鄭意析奠與祭祀爲二事，恐失經旨。

四·二〇 **辟踊，哀之至也。有筭[一]，爲之節文也。** 筭，數也。○辟踊，婢亦反，下音勇。筭，桑亂反。

【疏】「辟踊」至「文也」。○正義曰：撫心爲辟[二]，跳躍爲踊。孝子喪親，哀慕至懣，男踊女辟，是哀痛之至極也。若不裁限，恐傷其性，故辟踊有筭，爲準節文章。準節之數，其事不一，每一踊三跳，三踊九跳，都爲一節。士含死日三日而殯，凡有三踊：初死日襲，襲而踊。明日小斂，小斂而踊。又明日大斂，大斂又踊，凡三日爲三踊也。大夫五踊，含死日四日而殯：初死日一踊，明日襲又一踊，至三日小斂朝一踊，至小斂時又一踊，至四日大斂朝不踊，當大斂時又一踊，凡四日爲五踊。諸侯七踊，含死日六日而殯：初死日一，明日襲又一，至三日小斂朝一，當小斂時又一，四日無事一，五日又一，至六日朝不踊，亦當大斂時又一，凡六日七踊。周禮王九踊，含死日八日而殯：死日一，明日襲一，其間二日爲二，至五日小斂爲二，其間二日又二，至八日大斂，則其朝不踊也，大斂時又一，凡八日九踊。故云「爲之節文」也。故雜記云「公七踊，大夫五踊，士三踊」，鄭注

[一] 有筭 閩、監本同，石經同，岳本同，嘉靖本、衛氏集説同。毛本「筭」作「算」，注同，疏同。○鍔按：「有筭」上，阮校有「辟踊節」三字。

[二] 正義曰撫心爲辟 惠棟校宋本無「正義曰」三字。

云「士小斂之朝不踊，君、大夫大斂之朝乃不踊」是也。

【陳氏集説】疏曰：撫心爲辟，跳躍爲踊，是哀痛之至極。若不裁限，恐傷其性，故有算以爲之準節。每一踊三跳，三踊九跳，爲一節。士三日有三次踊，大夫四日五踊，諸侯六日七踊，天子八日九踊，故云「爲之節文」也。

【欽定義疏】正義　鄭氏康成曰：算，數也。

孔氏穎達曰：撫心爲辟，跳躍爲踊。孝子喪親，哀慕至懣，男踊女辟，是哀痛之極至也。若不裁限，恐傷其性，故辟踊有算，爲準節文章。每一踊三跳，三踊九跳，爲一節。士三日而殯，凡有三踊：初死日襲，襲而踊；明日小斂，踊；又明日大斂，踊。凡三日爲三踊也。大夫四日而殯，初死日一踊，明日襲又一踊，至三日小斂朝一踊，小斂時又一踊，至四日大斂朝不踊，當大斂時又一踊，凡四日爲五踊。諸侯六日而殯，初死日一，明日襲一，至三日小斂朝一，當小斂時又一，四日無事一，五日一，至六日朝不踊，當大斂時又一，凡六日七踊。周禮王八日而殯，死日一，明日襲一，其間二日爲二，至五日小斂爲二，其間二日又二，至八日大斂朝不踊，大斂時又一。凡八日九踊。故云「爲之節文」也。故雜記云：「公七踊，大夫五踊，士三踊」，鄭注云「士小斂之朝不踊，君、大夫大斂之朝乃不踊」是也。

方氏愨曰：有算則有節，有節則文，無節則質，故謂之「節文」。

案 哀之至者，不自知其哀之至而辟踊。先王於不可算者而爲之算，要以示哀之有度，而無庸過焉耳。非欲孝子且辟且記，且踊且數，亦非令相者、祝者爲之握算而推之抑之也。

【杭氏集説】孔氏穎達曰：士三日而殯，凡有三踊：初死日襲而踊，明日小斂踊，又明日大斂踊。此三日爲三踊也。大夫四日而殯，初死日一踊，明日襲又一踊，至三日小斂朝一踊，小斂時又一踊，至四日大斂朝不踊，當大斂時又一踊，凡四日爲五踊。諸侯六日而殯，初死日一，明日襲一，至三日小斂朝一，當小斂時又一，四日無事一，五日一，至六日朝不踊，當大斂時又一，凡六日七踊。周禮，王八日而殯，死日一，明日襲一，其間二日爲二，至五日小斂爲二，其間二日又二，至八日大斂朝不踊，大斂時又一，凡八日九踊。故云「爲之節文」也。故雜記云「公七踊，大夫五踊，士三踊」，鄭注云：「小斂之朝不踊，君、大夫大斂之朝乃不踊」是也。

朱氏軾曰：哀之至者，不自知其哀。哀至而辟踊，先王于不可算者而爲之算，要以示哀之有度，而無庸過焉耳。非孝子且辟且記，且踊且數，亦非令相者、祝者爲之握算，而推之抑之也。

【孫氏集解】鄭氏曰：算，數也。

孔氏曰：撫心爲辟，跳躍爲踊。孝子喪親，哀慕至懣，男踊女辟，是哀痛之至極。若不節限，恐傷其性，故辟踊有算，爲準節文章。準節之數，其事非一，每一踊三跳，三踊九跳，爲一節。士三踊，大夫五踊，諸侯七踊，天子九踊，故云「爲之節文」。

愚謂有算之義有二：一是每踊三者，三爲一節；一是天子至士，多少有差。故疏云「準節之數，其事非一」也。

【朱氏訓纂】注：筭，數也。　正義：撫心爲辟，跳躍爲踊。孝子喪親，哀慕至懣，男踊女辟，是哀痛之至極也。若不裁限，恐傷其性，故辟踊有節。士含死日三日而殯，凡三踊，初死日襲而踊，明日小斂踊，又明日大斂踊，凡三日爲三踊也。大夫五踊，含死日四日而殯，初死日一踊，明日襲又踊，三日小斂朝一踊，至小斂時又踊，至四日大斂朝不踊，當大斂時又踊，凡四日爲五踊。諸侯七踊，含死日六日而殯，初死日一，明日襲又一，至三日小斂朝一，當小斂時又一，四日無事一，五日又一，至六日朝不踊，亦當大斂時又一，凡六日七踊。周禮，王九踊，含死日八日而殯，死日一，明日襲一，其間二日爲二，至五日小斂爲二，其間二日又二，至八日大斂朝不踊，大斂時又一，凡八日九踊。故云「爲之節文」也。

四·二一　**袒、括髮，變也。慍，哀之變也。去飾，去美也。袒、括髮，去飾之甚也。有所袒，有所襲，哀之節也。**

【疏】「袒括」至「節也」。○正義曰：言袒衣括髮者[一]，是孝子形貌之變也。悲哀愠恚者，是孝子哀情之變也。去其尋常吉時服飾也者，是去其華美也。孝子去飾，雖有多塗，袒、括髮者，就去飾之中最爲甚也。孝子悲哀，理應常袒，何以有所袒、有所襲時者？表明哀之限節，哀甚則袒，哀輕則襲。

【衛氏集説】辟踊，哀之至也。有筭，爲之節文也。袒、括髮，變也。愠，哀之變也。去飾，去美也。袒、括髮，去飾之甚也。有所袒，有所襲，哀之節也。

鄭氏曰：筭，數也。

孔氏曰：撫心爲辟，跳躍爲踊。孝子喪親，哀慕志懣，男踊女辟，是哀痛之至極也。若不裁限，恐傷其性，故辟踊有筭爲準節。準節之數不一，每一踊三跳，三踊九跳，爲一節。士三踊，大夫五，諸侯七，天子九也。袒衣括髮，孝子形貌之變也。悲哀愠恚，孝子哀情之變也。去其吉時服飾，是去其華美也。去飾雖有多塗，袒、括髮最爲甚也。有所袒、有所襲者，表明哀之限節也。哀甚則袒，哀輕則襲。

嚴陵方氏曰：有筭則有節，有節則文，無節則質，故謂之「節文」。袒則去其衣，括髮則投其冠，衣冠者，人之常服而已，故曰「袒、括髮，變也」。發於聲音，見於衣服，而生

[一] 正義曰言袒衣括髮者　惠棟校宋本無「正義曰」三字。○鍔按：「正義」上，阮校有「袒括髮節」四字。

於陰者，此哀之常也。及有感而愠，以至於辟踊者，陽作之也，此其變歟？故曰「愠，哀之變也」。經曰「愠斯戚，戚斯歎，歎斯辟，辟斯踊」，蓋謂是矣。

【吴氏纂言】辟踊，哀之至也。有筭，爲之節文也。袒、括髮，變也。愠，哀之變也。去飾，去美也。袒、括髮，去飾之甚也。有所袒，有所襲，哀之節也。

鄭氏曰：筭，數也。

孔氏曰：撫心爲辟，跳躍爲踊。孝子喪親，哀慕志懣，男踊女辟，是哀痛之至極。若不裁限，恐傷其性，故辟踊有筭爲準節，準節之數不一，每一踊三跳，三踊九跳，爲一節。士三踊，大夫五，諸侯七，天子九也。士含死日三日而殯，初死日襲而踊，明日小歛而踊，又明日大歛而踊，凡三日爲三踊。大夫含死日四日而殯，初死日一踊，明日襲一踊，三日小歛朝一踊，至小歛時一踊，四日大歛朝不踊，當大歛時一踊，凡四日爲五踊。諸侯含死日六日而殯，初死日一踊，明日襲一踊，三日小斂朝一踊，當小斂時一踊，四日朝一踊，五日朝一踊，六日朝不踊，當大歛時一踊，凡六日七踊。天子含死日八日而殯，死日一踊，明日襲一踊，三日朝一踊，四日朝一踊，五日朝一踊，當小歛時一踊，六日朝一踊，七日朝一踊，八日朝不踊，當大歛時一踊，凡八日九踊。袒衣括髮，孝子形貌之變也。悲哀愠恚，孝子哀情之變也。去其吉時服飾，是去其華美也。去飾雖有多途，袒、括髮最爲甚也。孝子悲哀，禮應常袒，有袒時、有襲時者，表明哀之限節，哀甚則袒，哀輕則襲。

方氏曰：有筭則有節，有節則文，無節則質，故謂之「節文」。衣冠者，人之常服，袒則去其衣，括髮則投其冠，故曰「變也」。發於聲音，見於衣服，而生於陰者，此哀之常。及有感而愠，以至於辟踊者，陽作之也，此其變與？故曰「哀之變」。後章云「愠斯戚，戚斯嘆，嘆斯辟，辟斯踊」，蓋謂是矣。

澄曰：此條是釋辟踊及袒、括髮之義。以「哀之至也」釋「辟踊」，以「變也」釋「袒、括髮」。「愠」又是申釋「辟踊」，哀之變則轉釋「愠」之義也。「去飾」又是申釋「袒、括髮」，「去美」則轉釋「去飾」之義也。有筭者，言辟踊之節也。有所袒、有所襲者，言袒、括髮之節也。辟踊之節，言之於始；袒、括髮之節，言之於末者，錯雜以爲文也。

【陳氏集説】疏曰：袒衣括髮，形貌之變也。悲哀愠恚，哀情之變也。去其尋常吉時之服飾，是去其華美也。去飾雖多端，惟袒而括髮，又去飾之中最甚者也。理應常袒，何以有袒時、有襲時？蓋哀甚則袒，哀輕則襲，哀之限節也。

【郝氏通解】辟踊，哀之至也。有算，爲之節文也。袒、括髮，變也。愠，哀之變也。去飾，去美也。袒、括髮，去飾之甚也。有所袒，有所襲，哀之節也。

辟，撫心也。踊，頓足也。女辟男踊，過毁傷生，故爲之算。一踊三跳，三踊九跳，是爲一節。雜記云：「公七踊，大夫五踊，士三踊。」以殯日久近爲踊之疏數，皆所謂「節文」也。肉袒括髮，變其常也。愠悶無聊，至于戚嘆辟踊，又哀之變也。服御去飾，情惡而去其美也。去飾而至于袒、括髮，去飾之甚也。袒而復襲其衣，以節哀也。

悲哀愠恚者，孝子哀情之變也。

【江氏擇言】孔疏云：袒衣括髮，孝子形貌之變也。悲哀愠恚者，孝子哀情之變也。

按，袒，肉袒也，喪禮亦左袒，以左袂扱於前衿帶。士喪禮「主人左袒，扱諸面之右」是也。括髮者，去笄纚，以麻括髮而露紒也。袒、括髮之節在小斂後。爲父喪，小斂至大斂皆括髮。爲母喪，小斂一括髮，及奉尸侇於堂，拜賓，即位而著免也。士喪禮袒、襲之節，初喪時凡三：飯含一袒、襲，小斂一袒、襲，大斂一袒、襲。葬時凡四：啟殯一袒、襲，祖時一袒、襲，柩行一袒、襲，窆時一袒、襲也。

又按，「愠」字上下文無所屬，似可疑。「愠」但與「喜」對耳，何爲哀之變？疑是「袒」字之誤。此又因袒、括髮爲喪服之變而分言之也。凡袒皆爲哀之變，初喪之袒爲飯含變也，二斂之袒爲斂變也，葬時之袒爲舉柩變也。又去飾爲去美。始死，笄纚，徒跣，已是去飾。至小斂，袒而括髮，爲去飾之甚。詳文勢，「愠」似當爲「袒」。

【欽定義疏】正義　孔氏穎達曰：袒衣括髮，孝子形貌之變。悲哀愠恚，孝子哀情之變。去其吉時服飾，是去其華美也。去飾雖有多塗，袒、括髮，最爲甚也。孝子悲哀，理應常袒，何以有所袒、有所襲時者？表明哀之限節也，哀甚則袒，哀輕則襲。

方氏慤曰：袒則去其衣，括髮則投其冠，故曰「袒、括髮，變也」。發於聲音，見於衣服，而生於陰者，此哀之常也。及有感而愠，而至於辟踊者，陽作之也，此其變與？故曰

「愠，哀之變也」。

吴氏澄曰：此條是釋辟踊及袒、括髮之義。以「哀之至」釋「辟踊」，以「變」釋「袒、括髮」。「愠」又申釋「辟踊」，「哀之變」則轉釋「愠」之義也。「去飾」又申「釋袒、括髮」，「去美」則轉釋「去飾」之義也。有算，言辟踊之節。有所袒、有所襲，言袒、括髮之節。辟踊之節，言之於始；袒、括髮之節，言之於末者，錯亂以爲文也。

【杭氏集説】吴氏澄曰：此條是釋辟踊及袒、括髮之義。以「哀之至」釋「辟踊」，以「變」釋「袒、括髮」。「愠」又申釋「辟踊」，「哀之變」則轉釋「愠」之義也。「去飾」又申釋「袒、括髮」，「去美」則轉釋「去飾」之義也。有算，言辟踊之節。有所袒、有所襲，言袒、括髮之節。辟踊之節，言之於始；袒、括髮之節，言之末者，錯亂以爲文也。

萬氏斯大曰：按士喪禮，主人親含尸，左袒，含畢，襲。小斂訖，袒，奉尸侇于堂，襲。將大斂，袒，斂於棺，卒塗，襲。將葬，啟殯，袒，朝於祖，襲。載柩，袒，卒束，襲。將祖，袒，既祖，襲。柩行，袒，出宫，襲。將窆，屬引，袒，窆訖，襲。又君視斂、君賵，皆袒，事畢襲。此言「有所袒、有所襲，哀之節」者，蓋喪中有事，則哀加甚，事過則哀少殺，而袒襲因之。然其所以袒者，以便於行事，遂因以爲節耳。此與裼襲不同，亦與袒裼不同。裼襲，指裘外之衣，說見前。袒裼，則袒去裘外之裼衣，而全露其裘，故「裼襲」爲行禮質文之變，而「袒裼」爲傲慢無禮之容也。此喪中之袒，則捲起衣袂而露其臂，襲則掩之。蓋孝子未成服衣深衣，成服衣衰，袂皆二尺二寸，不袒則妨于治事。射儀之袒襲，祭及養老割牲之袒，皆然。覲禮之「右肉袒」，乃自右袒去朝服也。士虞禮之「鉤袒」，乃以手指鉤其袂而起之也。此二者與諸袒有異，亦不可混「袒裼」説。

【孫氏集解】孔氏曰：袒衣括髮者，是孝子形貌之變。悲哀愠恚者，是孝子哀情之變也。去其吉時服飾者，是去其華美也。去飾雖有多途，而袒、括髮爲去飾之最甚也。孝子悲哀，理應常袒，何以有所袒、有所襲？蓋哀甚則袒，哀輕則襲，哀之節限也。

愚謂袒、括髮者，飾之變於外也。愠者，情之變於中也。上以二者並言，而下乃專以袒、括髮言之者，以哀情之變，其事易明，不煩申釋也。

【朱氏訓纂】正義：袒衣括髮，孝子形貌之變也。悲哀愠恚者，孝子哀情之變也。江氏永曰：袒，肉袒也。喪禮亦左袒，以左袂扱於前衿帶。士喪禮「主人左袒，扱諸面之右」是也。括髮者，去笄纚，以麻括髮而露紒也。爲父喪，小斂至大斂皆括髮。爲母喪，小斂一括髮，及奉尸侇於堂，拜賓，即位而著免也。士喪禮，袒襲之節，初喪時凡三：飯含一，小斂一，大斂一。葬時凡四：啟殯一，祖行一，柩時一，窆時一也。

四·二二 **弁絰葛而葬，與神交之道也。**接神之道，不可以純凶。天子、諸侯變服而葬，冠素弁[一]，以葛爲環絰。既虞卒哭，乃服受服也。雜記曰：「凡弁絰，其衰侈袂。」○括，觀闊反。慍，庾、皇紆粉反，積也，又紆運反，怨恚也，徐又音鬱。去，羌呂反，下及注「去樂」「去桃茢」並同。衰，七雷反。侈袂，昌氏反，下彌世反。

【疏】注「接神」至「侈袂」。○正義曰：葬時居喪[二]著喪冠麻絰，身服衰裳，是純凶也。又尋常弁絰以麻爲環絰，今乃去喪冠，著素弁，又加環絰，用葛不以麻，故云「交神之道[三]，不可以純凶。」

云「天子、諸侯變服而葬」者，以下云「有敬心焉」，以日月踰時，故敬心乃生。大夫與士，三月而葬，敬心未生，故知天子、諸侯也。

云「冠素弁，以葛爲環絰」者，素謂素帛爲弁，故鄭注周禮司服云「弁如爵弁而素」。不云麻，是用素絹也。以「葛」以「弁絰」連文，故云「葛環絰」。然則要帶猶用麻也。

[一] 天子諸侯變服而葬冠素弁　閩、監、毛本同，岳本同，嘉靖本同。考文引古本、足利本「天」上有「故」字，衛氏集説「冠」上有「故」字，皆以意增。正義云「云『天子諸侯變服而葬』者」，是「天」上無「故」字也；「云『冠素弁以葛爲環絰』者」，是「冠」上無「故」字也。○鍔按：「天子」上，阮校有「弁絰葛而葬節」六字。

[二] 正義曰葬時居喪　惠棟校宋本無「正義曰」三字。

[三] 故云交神之道　閩、監、毛本同。惠棟校宋本「交」作「接」，與注合。

云「卒哭，乃服受服也」者，以受服者無文，故鄭解不定。喪服注「天子、諸侯既虞，大夫、士卒哭，乃受服」，此云「卒哭乃受服」是不定。喪服以大夫以上卒哭與虞，其月不同，士虞與卒哭同在一月，故解爲大夫以上既虞、士卒哭受服。皇氏云：「檀弓足本[一]當言『既虞』，與喪服注會，云『卒哭』者誤也。」

引雜記「其衰侈袂」者，證既服弁絰，其衰亦改。案喪服，衰袂二尺二寸，袪尺二寸，則葬時更制，其衰袂三尺三寸，袪尺八寸，是改喪服之衰也。熊氏、皇氏等並爲錫衰。皇氏又引鄭説稱鄭冲云：「小記曰『諸侯弔，必皮弁錫衰』，則此弁絰之衰，亦是弔服也。」案喪服改葬尚服緦麻，今葬服錫衰，其義疑也。

【郭氏質疑】弁絰葛而葬。

鄭注：天子、諸侯變服而葬。冠素弁，以葛爲環絰。既虞卒哭，乃服受服。雜記曰：「凡弁絰，其衰侈袂。」

嵩燾案，經言葬服之異，僅見於此。既夕禮「髽，散帶垂」，鄭注「爲將啟變也」，以後無明文。喪服小記，父母之喪偕，其葬服斬衰，又云：「久而不葬者，主喪者不除，其餘以麻終月數。」孔叢子亦云：「三年之喪，未葬，服不變。」似葬以前從重服無變。喪

[一] 檀弓定本　閩、監、毛本作「定」，此本「定」作「足」。

服「改葬，緦」，鄭注：「服緦三月而除之。」是服除改葬猶服緦也。喪服小記「爲兄弟既除喪，及其葬也，反服其服」，是兄弟服除而葬猶服本服也。間傳：「既虞卒哭，去麻服葛。期而小祥，要絰不除。」卒哭易葛帶，小祥除首絰，首絰先除而不易葛帶，絰易葛而不除，故曰「除服者先重者，易服者易輕者」。而於葬服以葛爲環絰，恐非事也。鄭意亦知其不可通，乃云「逾時哀衰」「大夫、士三月而葬，未逾時」，故據以爲天子、諸侯之禮。喪禮，受服以卒哭爲斷。雜記「親喪外除」，言日月已竟而哀未忘也，乃以七月、五月爲逾時，而易葛絰以葬，似稍乖禮意矣。陳氏集説因謂禮於山川之神，於弁絰葛而葬，意又爲無著。據下「周人弁而葬，殷人冔而葬」，是所易者冠也。周禮弁師「王之弁絰，弁而加環絰」，鄭注：「環絰，大如緦之麻絰。」雜記：「小斂環絰，公、大夫、士一也。」則兼斬衰之苴絰、齊衰之牡麻絰言之。凡絰皆環，而苴絰之與弔服，麻有疏細，絰有廣狹，鄭氏援周禮司服「凡弔事，弁絰服」之文，遂據以爲弔服，竝所服衰，亦爲侈服之弔衰，直以吉服從事，此禮所必不然者。南史吴苞傳「冠黄葛巾」，宋書陶潛傳「取頭上葛巾漉酒」，竝冠服之至簡者。葬服之弁，或葛爲之，仍準六升之冠。案士虞禮「主人及兄弟如葬服，賓執事者如弔服」，卒哭受服，虞猶始服之衰也。用此知葬服必無變易，所異者易冠而弁耳。絰之用麻，證之諸經無易葛之文。孔疏之云葛絰麻帶爲婦人之受服，喪服無此制也。

所追反。

四・二三　**有敬心焉。**踰時哀衰而敬生，敬則服有飾。大夫、士三月而葬，未踰時。○衰，

【疏】注「大夫」至「踰時」。○正義曰：案鄭箴膏肓云：「人君，殯數來日，葬數往月，大夫以上殯皆以來日數。」則大夫并死月四月而葬。云「未踰時」者，謂未踰一時。假令四月而死，七月而葬，是未踰越夏之一時也，非如春秋之踰年也。若以爲踰年言之，則三月死，至四月，是亦踰時。穀梁傳云：「古者行役不踰時。」豈三月行，不至四月即須反？故知不然也。

【朱氏訓纂】弁絰葛而葬，與神交之道也。注：接神之道，不可以純凶。天子、諸侯變服而葬，冠素弁，以葛爲環絰。既虞卒哭，乃服受服也。雜記曰：「凡弁絰，其衰侈袂。」　正義：素，謂素帛爲弁，故鄭注司服云「弁，如爵弁而素」，不云麻，是用素絹也。以「葛」以「弁絰」連文，故云葛環絰，然則要帶猶用麻也。　江氏永曰：小宗伯成葬有祭墓之禮，下文「有司以几筵，舍奠於墓左」，則葬時有交神之道。神，謂后土之神。蓋先君體魄託於斯，是以不敢純凶，然亦惟貴者有此禮，大夫以下則不敢輕變服也。**有敬心焉。**注：踰時哀衰而敬生，敬則服有飾。大夫、士三月而葬，未踰時。

四·二四 **周人弁而葬，殷人冔而葬。**周弁、殷冔，俱象祭冠而素，禮同也。○冔，況甫反。

【疏】注「周弁」至「同也」。○正義曰：士冠禮「周弁，殷冔，夏收」，王制云：「夏后氏收而祭，殷人冔而祭，周人弁而祭。」此「弁」既對「冔」，故知俱象祭冠。

【衛氏集説】弁絰葛而葬，與神交之道也。有敬心焉。周人弁而葬，殷人冔而葬。

鄭氏曰：接神之道，不可以純凶。天子、諸侯變服而葬，故冠素弁，以葛爲環絰。既虞卒哭，乃服受服也。雜記曰：「凡弁絰，其衰侈袂。」踰時哀衰而敬生，敬則服有飾。周弁、殷冔，俱象祭冠而素，禮同也。

孔氏曰：居喪著喪冠、麻絰，身服衰裳，是純凶也。著素弁，又加環絰，用葛不以麻，故鄭云「接神不可純凶也」。鄭知天子、諸侯者，以下云「有敬心焉」。日月踰時，敬心乃生。大夫、士三月而葬，敬心未生也。素弁，謂素帛爲弁，故注周禮司服云「弁如爵弁而素」，不云麻，是用素絹也。以「葛」與「弁絰」連文，故云葛環絰，然則要帶仍用麻也。喪服注「天子、諸侯既虞，大夫、士卒哭，乃受服」。蓋大夫以上卒哭與虞，其月不同，士虞與卒哭同在一月故也。引雜記者，既服弁絰，其衰亦改。喪服「袂二尺二寸，袪尺二寸」，則葬時更制，其衰袂三尺三寸，袪尺八寸，是改喪服之衰也。王制云：「夏后氏收而祭，殷人冔而祭，周人弁而祭。」故鄭知俱象祭冠也。士冠禮：「周弁，殷冔，夏收。」

嚴陵方氏曰：與神交之道，則心主乎敬。夫厭冠、麻絰，居喪之禮也。至於葬，則以弁易冠，以葛易麻者，示敬故也。子游曰：「飯於牖下，小斂於户内，大斂於阼，殯於客位，祖於庭，葬於墓，所以即遠也。」比至於葬，則即遠之至矣，故以神道交之。

山陰陸氏曰：弁絰葛，在下則葛帶也，絰仍用麻。「弁絰葛而葬」，卿大夫以下禮。知然者，以下「周人弁而葬，殷人冔而葬」知之也。喪致哀而已，葬則有敬心焉。弁而葬，冔而葬，則其敬心益隆。

【吴氏纂言】弁絰葛而葬，與神交之道也。有敬心焉。周人弁而葬，殷人冔而葬。

鄭氏曰：接神之道不可以純凶，天子、諸侯變服而葬，故冠素弁，以葛爲環絰。既虞卒哭，乃服受服也。雜記云：「凡弁絰，其衰侈袂。」踰時哀衰而敬生，敬則服有飾。周弁、殷冔，俱象祭冠而素，禮同也。

孔氏曰：居喪著喪冠、麻絰，身服衰裳，是純凶也。葬時去喪冠著素弁，又加環絰，用葛不用麻，不純凶也。鄭知天子、諸侯者，以下云「有敬心焉」。日月踰時，敬心乃生。大夫、士三月而葬，敬心未生也。素弁，謂素帛爲弁，如爵弁而素。「葛」與「弁絰」連文，故云葛環絰，然則腰帶仍用麻也。

方氏曰：與神交之道，主乎敬。夫厭冠、麻絰，居喪之禮也，至於葬則以神道交之，故以弁易冠，以葛易麻，示敬故也。

山陰陸氏曰：弁絰葛，在下則葛帶也，絰仍用麻。「弁絰葛而葬」，卿大夫以下禮。知然者，以下「周人弁而葬，殷人冔而葬」知之也。喪致哀而已，葬則有敬心焉。弁而葬，冔而葬，則其敬心益隆。

【陳氏集説】弁絰葛而葬，與神交之道也。有敬心焉。周人弁而葬，殷人冔而葬。居喪時冠服皆純凶，至葬而吾親託體地中，則當以禮敬之心，接於山川之神也。於是以絹素爲弁，如爵弁之制，以葛爲環絰在首，以送葬，不敢以純凶之服交神者，示敬也。故曰「有敬心焉」。

【郝氏通解】弁絰葛而葬，與神交之道也。有敬心焉。周人弁而葬，殷人冔而葬。厭冠、麻絰，居喪之服也。至葬，則以弁易厭冠，以葛易麻絰也。蓋喪主哀親之也。至葬即于遠而時漸久，以神明待之，故有敬心焉。致敬生文，不純用凶也。周之弁，殷之冔，皆祭冠。王制云：「夏后氏收而祭，殷人冔而祭，周人弁而祭。」故曰「弁葛而葬者，與神交之道也」。按葬用吉冠，非禮也。蓋制相似而疏麻布爲之，即喪冠也。説者遂以祭山川解，鑿也。

【江氏擇言】弁絰葛而葬，與神交之道也。有敬心焉。周人弁而葬，殷人冔而葬。

鄭注：接神之道，不可以純凶。天子、諸侯變服而葬，冠素弁，以葛爲環絰。踰時哀衰而敬生，敬則服有飾。

按，小宗伯成葬有祭墓之禮，下文「有司以几筵，舍奠於墓左」，則葬時有交神之道。神，謂后土之神。東滙陳氏亦謂「當以禮敬之心，接於山川之神」是也。蓋先君體魄託於斯，是以不敢純凶，然亦惟貴者有此禮，大夫以下則不敢輕變服也。鄭注謂「天子、諸侯」「逾時哀衰而敬生」者，非；陸氏謂「卿大夫以下禮」者，尤非。既夕士禮無「弁絰葛」之文。

【欽定義疏】弁絰葛而葬，與神交之道也。有敬心焉。周人弁而葬，殷人冔而葬。

正義　鄭氏康成曰：接神之道，不可以純凶。天子、諸侯變服而葬，冠素弁，以葛爲環絰。既虞卒哭，乃服受服也。雜記曰：「凡弁絰，其衰侈袂。」逾時哀衰而敬生，敬則服有飾。大夫、士三月而葬，未逾時。周弁、殷冔，俱象祭冠而素，禮同也。孔疏：居喪，著喪冠麻絰，身服衰裳，是純凶也。尋常弁絰，以麻爲環絰，今葬素弁，環絰用葛不以麻，接神不可純凶也。鄭知天子、諸侯者，以下云「有敬心焉」。日月逾時，敬心乃生也。素弁，謂素帛爲弁。以「葛」與「弁絰」連文，故云「葛環絰」，然則要帶仍用麻也。天子、諸侯既虞，大夫、士卒哭，乃受服。蓋大夫已上卒哭與虞，其月不同，士虞與卒哭同在一月也。引雜記者，證既服弁絰，其衰亦改。喪服「袂二尺三寸，袪尺二寸」，則葬時既制其衰袂三尺三寸，袪尺八寸，是改喪服之衰也。王制云：「夏后氏收而祭，殷人冔而祭，周人弁而祭。」故鄭知俱象祭冠也。士冠禮：「周弁，殷冔，夏收。」

通論　方氏慤曰：與神交之道，則心主乎敬。夫厭冠、麻絰，居喪之禮也。至於葬，則以弁易冠，以葛易麻者，示敬故也。子游曰：「飯於牖下，小斂於户内，大斂於阼，殯於客位，祖於庭，葬於墓，所以即遠也。」比至於葬，則即遠之至矣，故以神道交之。

存異 陸氏佃曰：弁絰葛，在下則葛帶也，絰仍用麻。「弁絰葛而葬」，卿大夫已下禮。知然者，以下「周人弁而葬，殷人冔而葬」知之也。喪致哀而已，葬則有敬心焉。弁而葬，冔而葬，則其敬心益隆。

陳氏澔曰：敬山川之神，不敢以純凶之服交神也。

案 上記「葛要絰」疏云：「小祥，男子去首絰，惟餘要葛。」是變必由首絰始，此弁絰葛，當如孔説，首絰用葛，而要帶仍用麻。陸謂易要帶而首絰不易，非也。鄭以天子七月而葬，已逾兩時，諸侯五月而葬，亦逾一時，故曰「哀衰而敬生」。若大夫三月，士逾月，則哀心方重，故士喪無「弁絰葛」之文。陸改爲卿大夫已上禮，似大夫亦然矣。又此「敬」字，鄭正從「哀」字推出，謂非其忘哀也。與神交，謂吾父母未葬，奠而不祭，以人道待之，至葬日虞，乃以神道待之耳。陳氏謂「山川之神」，大繆。下有司釋奠於道左，主人已先歸矣，孝子何嘗以弁絰葛祭山川之神？

【杭氏集説】弁絰葛而葬，與神交之道也。有敬心焉。周人弁而葬，殷人冔而葬。

陳氏澔曰：敬山川之神，不敢以純凶之服交神也。

萬氏斯大曰：按王制「周人弁而祭，殷人冔而祭」，祭，交神之事，吉禮也。今葬亦首加弁，嫌過近於吉，故仍加麻絰於首而要葛帶，不純凶，亦不純吉。曰「與神交之道」，何也？親始死，有尸，既殯，有柩，葬則尸柩俱歸于無，迎精而反，祭之宗廟，以鬼享之，親而神之。自此而始服祭服之弁，而以神道事其親，故曰「與神交之道」也。舊説解爲「山川之神」者，非。

姚氏際恒曰：注疏謂冠素弁，以葛爲環絰，其要帶仍用麻。或謂葛爲葛帶。未詳孰是，然葬時用此冠帶，恐未宜，故鄭氏謂「天子、諸侯禮」者，以大夫、士三月而葬，則其時尤近，故不得不作天子、諸侯禮耳。

朱氏軾曰：未葬，奠而不祭，以人道事之也。葬日虞，則神之矣，以爲神之而有敬心是也。謂「逾時哀衰敬生」則不可，「反哭而弔，哀之至也」，則葬可知矣，矧敬生于哀，寧有敬而不哀者乎？

姜氏兆錫曰：按節首當有「絰也者，實也」句，錯在上篇。説見本注。

【孫氏集解】弁絰葛而葬，與神交之道也。有敬心焉。周人弁而葬，殷人冔而葬。

鄭氏曰：接神之道，不可以純凶。天子、諸侯變服而葬。既虞卒哭，乃服受服也。逾時則哀久而敬生，敬則服有飾。大夫、士三月而葬，未逾時。

愚謂弁，爵弁也。士冠記云「周弁，殷冔，夏收」，此三者皆士之祭冠也。下文云「周人弁而葬，殷人冔而葬」，以「弁」與「冔」並言，其爲爵弁明矣。弁絰葛，謂爵弁而加葛経，即前所謂「爵弁絰，紂衣」之服也。士喪禮，葬不變服，弁絰葛而葬，人君之禮也。「與神交之道」者，始死全用事生之禮。將葬而漸神之，故變服而葬，以交於神明者，不可以不敬也。蓋大夫、士之父，全乎父者也，其尊近，致其哀而已。天子、諸侯之父，兼乎君者也，其尊遠，故至葬則哀久而敬生，而不敢以凶服接之。觀於書之顧命，則天子在喪有用吉服以行事者；而曾子問世子生，告殯，大祝、大宰、大宗皆冕服，皆此義也。既葬，反喪服而反哭。

【朱氏訓纂】注：周弁、殷冔，俱象祭冠而素，禮同也。

檀弓注疏長編卷二十一

四·二五 **歠主人、主婦、室老，爲其病也，君命食之也。**尊者奪人易也。歠，歠粥也。

○歠，徐昌悦反，一音常悦反。爲其，于僞反，下注「爲父母」「爲有凶」「爲人甚」同。食，音嗣。易，以豉反。粥，之六反，後同。

【疏】「歠主」至「之也」。○正義曰：此一節[一]論尊者奪孝子情之法。「歠」者，親喪三日之後，歠粥之時。「主人」，亡者之子。「主婦」，亡者之妻。「室老」，家之長相。此三者，並是大夫之家貴者，爲其歠粥，病困之，故君必有命食疏飯也。若非三者，雖復歠粥致疾病，君不命食之，以其賤故也。其士之主人、主婦，君不命也。喪大記主婦食疏食，謂既殯之後。此主婦歠者，謂未殯前。故問喪云「鄰里爲之糜粥以飲食之」。

【衛氏集説】鄭氏曰：尊者奪人易也。歠，歠粥也。

[一] 正義曰此一節 惠棟校宋本無「正義曰」三字。○鍔按：「正義」上，阮校有「歠主人主婦室老節」八字。

孔氏曰：此論尊者奪孝子情之法。主人，亡者之子。主婦，亡者之妻。室老，家之長相。此三人並是大夫之家貴者，爲其歠粥，病困之，故君必有命食疏飯也。

山陰陸氏曰：謂親喪三日之後，君命以粥歠焉。故曰：「爲其病也，君命食之也。」鄭氏謂「尊者奪人易」，此言大夫以上篤於愛，鄰里或不能勉，據問喪云「鄰里爲之糜粥以飲食之」。

【吴氏纂言】鄭氏曰：歠，歠粥也。君命食之，尊者奪人易也。

孔氏曰：主人，亡者之子。主婦，亡者之妻。室老，家之長相。此三人並是大夫之家貴者。

山陰陸氏曰：據問喪云「鄰里爲之糜粥以飲食之」，此言君命食之，謂大夫以上篤於愛，鄰里或不能勉。親喪三日之後，君命以粥歠焉，故鄭氏謂「尊者奪人易」。

澄曰：孔疏云「爲其歠粥，病困，故君命食疏飯」。澄按，歠粥亦是食之，不必以命食疏飯爲食之也。

【陳氏集説】疏曰：親喪歠粥之時。主人，亡者之子。主婦，亡者之妻，無則主人之妻也。室老，家之長相。此三人並是大夫之家貴者，爲其歠粥，病困之，故君必命之食疏飯也。若士喪，君不命也。喪大記言「主婦食疏食」，謂既殯之後。此主婦歠者，謂未殯前。

【納喇補正】集説　疏曰：親喪歠粥之時，主人、主婦、室老，此三人並是大夫之家貴者，爲其歠粥，病困之，故君必命之食疏飯也。若士喪，君不命也。喪大記言「主婦食疏食」，謂既殯之後。此主婦歠者，謂未殯前。

竊案　問喪云：「鄰里爲之糜粥以飲食之。」蓋謂士以下。此言君命食之，謂大夫以上也。親喪，三日不食，過此恐致滅性。惟士則鄰里勸其食糜粥，大夫以上則君以糜粥命之食，故曰「歠主人、主婦、室老」。歠，使之歠粥也。集説引疏云「爲其歠粥，病困，故君命食疏飯」，是以食之與歠分爲二矣，故吴氏駁之矣。又案喪大記雖云大夫之喪，妻妾疏食水飲，然主人、室老、子姓皆食粥，故曰「三年之喪，饘粥之食，至既葬，然後疏食水飲」耳。豈得據大記一端，遂廢通喪之禮乎？

【郝氏通解】歠，食粥也。初喪三日，主人、主婦及家之長相皆不飲不食三日。爲其病困，以君命命食，乃歠粥。

【方氏析疑】親喪三日，不舉火，故鄉里爲之糜粥以飲食之，士庶人之禮也。大夫之家，則貴者君命歠，餘同士庶人。君命食之，即命歠也。若命疏食，則主人、主婦不宜同命。

【欽定義疏】正義　鄭氏康成曰：尊者奪人易也。歠，歠粥也。

孔氏穎達曰：此論尊者奪孝子情之法。歠者，親喪三日之後，歠粥之時。主人，亡者之子。主婦，亡者之妻。室老，家之長相。此三人並是大夫之家貴者。爲其歠粥，病困，故君命食疏食。喪大記「主婦食疏食」，謂既殯之後。此主婦歠者，謂未殯前。據問喪云「鄰里爲之糜粥以飲食之」。案士喪，君不命，故鄰里食之。此言君命食之，謂大夫已上。

通論 陸氏佃曰：謂親喪三日之後，君命以粥歠焉，故曰「爲其病也，君命食之也」。

【杭氏集説】 姚氏際恒曰：成容若曰「親喪，三日不食，過此恐致滅性。惟士則鄰里勸其食糜粥，大夫以上則君之糜粥命之食，故曰『歠主人、主婦、室老』。歠，使之歠粥也。疏云『爲其歠粥，病困，故君命食疏飯』，是以食之與歠分爲二矣。」此本陸氏説。愚按喪大記云「大夫之喪，主人、室老、子姓皆食粥」，是三日後本應食粥，不必君爲之勸也。今解爲過三日不食説，文無此義，未免添補，當以疏説爲是。

陸氏奎勳曰：謂使之食糜粥即歠也，大夫以上君命之，士則鄰里勸之。集注依孔疏，謂命之食疏飯。豈可以始死之神訛爲既葬之文？

姜氏兆錫曰：陸氏曰：「禮，親喪三日不食，而大夫以上君于時命之歠粥者，蓋爲其德至愛篤，鄰里或不能勉其食而至于病，所以重其禮而奪情，以致養也。若士以下，則君不命矣。問喪云『鄰里爲之糜粥以飲食之』是也。舊注曰凡此三人，並是大夫之家之貴者，當親喪歠粥之時爲歠粥，病困，故君命之食疏飯也。」愚按三年之喪，飦粥之食，既葬，然後疏食水飲，此天下之達禮。命其於歠粥之時，易粥而飯，非禮之正，況本文「歠主人、主婦、室老」爲句，而以「爲其病也」「君命食之也」二句釋其義。若以「歠」與「食之」分爲兩義，初非本章釋經之例。且既以「歠」字爲歠粥之時，即「歠」字自爲一句，「主人主婦室老」六字更無所著，而其于句義亦更不得通矣。今故斷以陸氏正之也。考喪大記「三日不食」之後，主人、室老皆食粥，妻妾疏食水飲，主婦疏食，非食粥也，其通曰「歠主人、主婦、室老者」，統于主人也。或疑主婦自不食而疏食，不得云歠主婦。則主婦自不食而疏食，又何得云當主婦歠粥之時乎？此關于禮教，非小學者詳之。

方氏苞曰：親喪三日，不舉火，故鄉里爲之糜粥以飲食之，士庶人之禮也。大夫之家，則貴者君命歠，餘同士庶人。君命食之，即命歠也。若命疏食，則主人、主婦不宜同命。

【孫氏集解】鄭氏曰：尊者奪人易也。歠，歠粥也。

愚謂此謂大夫之喪也。歠，謂未殯前歠粥也。主人、主婦，死者之子與妻。室老，其貴臣也。三人者，爲大夫未殯，皆不食，而有時歠粥者，蓋君爲其困病，故命食之以粥，以尊者之命奪其情也。問喪云：「鄰里爲之糜粥以飲食之。」蓋士無君命，故鄰里爲飲食之也。

【朱氏訓纂】注：尊者奪人易也。歠，歠粥也。　正義：歠者，親喪三日之後，歠粥之時。主人，亡者之子。主婦，亡者之妻。室老，家之長相。此三者並是大夫之家貴者，爲其歠粥，病困之，故君必有命食疏飯也。

四・二六 **反哭升堂，反諸其所作也。**親所行禮之處。○處，昌慮反，下同。**主婦入于室，反諸其所養也。**親所饋食之處。○養，徐羊尚反。

【疏】「反哭」至「養也」。○正義曰：謂葬窆訖[一]，反哭升於廟。所以升堂者，反復於親所行禮之處。行禮者，謂平生祭祀冠昏在於堂也。主婦反哭所以入於室，反復於親所饋食供養之處。此皆謂在廟也。故既夕禮「主人反哭，入，升自西階，東面」，鄭注云：「反諸其所作也。」又云「主婦入于室」，注云：「反諸其所養也。」下始云「遂適殯宮」。故知初反哭在廟也。下云「反哭之弔也」，亦謂在廟也。

【衛氏集説】鄭氏曰：堂，親所行禮之處。室，親所饋食之處。

孔氏曰：室，謂饋食供養之處。堂者，親平生祭祀冠昏在于堂也。皆謂在廟也。故既夕禮「主人反哭，入，升自西階，東面」，鄭注云：「反諸其所作也。」又云「主婦入于室」，注云：「反諸其所養也。」下始云「遂適殯宮」，故知初反哭在廟也。

嚴陵方氏曰：言主婦入室，則升堂者主人而已。主人升堂，主婦入室，陰陽之義。

廬陵胡氏曰：所作，親動作之處。

新安朱氏曰：須知得此意思，則所謂踐其位、行其禮等事，行之自安，方見得繼志、

[一] 正義曰謂葬窆訖　惠棟校宋本無「正義曰」三字。○鍔按：「正義」上，阮校有「反哭升堂節」五字。

述事之事。

【吴氏纂言】鄭氏曰：堂，親所行禮之處。室，親所饋食之處。孔氏曰：親平生祭祀冠昏在堂，饋食供養在室，皆謂在廟也。儀禮既夕篇云「主人反哭，入，升自西階，東面」，又云「主婦入于室」。下始云「遂適殯宫」，故知初反哭在廟也。方氏曰：主婦入室，則升堂者主人而已。主人升堂，主婦入室，陰陽之義。澄曰：所作，謂親平生行禮所作爲之處。所養，謂親平生享先所孝養之處也。

【陳氏集説】此堂與室皆謂廟中也。卒窆而歸，乃反哭於祖廟。其二廟者則先祖後禰。所作者，平生祭祀冠昏所行禮之處也。所養者，所饋食供養之處也。

【欽定義疏】正義　鄭氏康成曰：堂，親所行禮之處。室，親所饋食之處。孔氏穎達曰：葬窆訖，反哭於廟。升堂，是親平生祭祀行禮之地。主婦入於室，是於親所饋食供養之處也，此謂在廟也。下始云「遂適殯宫」，故知初反哭在廟也。

【杭氏集説】陸氏奎勳曰：此迎精而反之禮。升堂入室，本文甚明，孔疏謂皆在廟中，此時固無禰廟，亦不應未祔而先哭于祖廟也。

【孫氏集解】鄭氏曰：堂，親所行禮之處。室，親所饋食之處。孔氏曰：謂葬訖反哭於廟，所以升堂者，反復於親所行禮之處，謂生平祭祀冠昏在於堂也。主婦反哭，所以入於室者，反復於親所饋食供養之處。此皆謂在廟也，故既夕禮「主人反哭，入，升自西階，東面」「主婦入於室」。下始云「遂適殯宫」，故知初反哭在廟也。

愚謂反哭者，葬時柩從廟而去，既葬，則反於廟而哭，以致其哀也。反諸其所作者，反於死者平時祭祀冠昏所行禮之處，而哀親之不復行禮於是也。反諸其所養者，反於死者平時行饋食祭禮之處，而哀親之不復饋養於是也。

【朱氏訓纂】**反哭升堂，反諸其所作也。**注：親所行禮之處。**主婦入於室，反諸其所養也。**注：親所饋食之處。　正義：謂葬窆訖，反哭，升於廟。所以升堂者，謂平生祭祀冠昏在於堂也。所以入室，反復於親所饋食供養之處。此皆謂在廟也。

【郭氏質疑】鄭注：堂，親所行禮之處。室，親所饋食之處。

孔疏：反哭於廟。行禮者，謂生平祭祀冠昏皆在堂也。既夕禮「遂適殯宫」，故知初反哭在廟也。

嵩燾案，坊記：「殷人弔於壙，周人弔於家。孔子曰：『死，民之卒事也，吾從周。』」與此章文義互相發明。弔於家，知不當受弔於廟也。既夕禮，乃反哭，升自西階，婦人入，升自阼階，主婦入於室，賓弔者升自西階，主人拜稽顙，送於門外，遂適殯宫，皆如啟位。疏援「遂適殯宫」，遂以升自西階爲在廟。下云「葬日虞」，既葬當立虞主，無因復至於廟。問喪：「入門弗見也，上堂弗見也，入室弗見也。」既夕禮「遂適殯宫」，殯宫，柩所存也，自在西階之上，而不必當階。適殯宮，所以爲哀之至也。疏以「升堂」「入室」皆在廟，恐未然。

四·二七 **反哭之弔也，哀之至也。反而亡焉，失之矣，於是爲甚。**哀痛甚。**殷既封而弔，周反哭而弔。**封，當爲「窆」。窆，下棺也。○封，依注音窆，彼驗反，下同。

【疏】注「封當」至「棺也」[一]。○正義曰：知非既封土爲墳者[二]，以既夕禮「實土三，主人拜鄉人，乃反哭」。周既如此，明殷亦然，且殷既不爲墳，故知封當爲「窆」。

【陳氏集説】反哭之弔也，哀之至也。反而亡焉，失之矣，於是爲甚。賓之弔者，升自西階，曰「如之何」，主人拜稽顙，當此之時亡矣失矣，不可復見吾親矣，哀痛於是爲甚也。賓弔畢而出，主人送于門外，遂適殯宮，即先時所殯正寢之堂也。

【孫氏集解】反哭之弔也，哀之至也。反而亡焉，失之矣，於是爲甚。

士喪禮反哭，「賓升自西階，弔曰『如之何』，主人拜稽顙」。問喪曰：「入門而弗見

[一] 封當至棺也　閩、監、毛本同，惠棟校宋本作「封當爲窆窆下棺也」。○鍔按：「封當」上，阮校有「反哭之弔也節」六字。

[二] 知非既封土爲墳者　閩、監、毛本作「土」。此本「土」誤「士」，下「實土三」同。

也，上堂又弗見也，入室又弗見也，亡矣、喪矣，不可復見已矣。故哭泣辟踊，盡哀而止矣。」故弔無不哀，而反哭爲尤甚。

四·二八　**孔子曰：「殷已慤，吾從周。」**慤者，得哀之始，未見其甚。○慤，本又作「殼」，苦角反，注及後同。

【疏】注「慤者」至「其甚」。○正義曰：廟是親之平生行禮之處，今反哭於廟，思想其親而不見，故悲哀爲甚。壙者，非親存所在之處。今柩暫來至此，始有悲哀，未是甚極。今弔者於此而來，哀情質慤，故云「慤」也。

【衛氏集説】反哭之弔也，哀之至也。反而亡焉，失之矣，於是爲甚。殷既封而弔，周反哭而弔。孔子曰：「殷已慤，吾從周。」

鄭氏曰：於是爲甚，哀痛甚也。封，當爲「窆」。窆，下棺也。

孔氏曰：此言謂在廟也。思想其親而不見，故悲哀爲甚。壙者，非親存所在之處。今弔者於此而來，哀情質慤，故云「慤」也。

嚴陵方氏曰：人之始死也，則哀其死。既葬也，則哀其亡。其亡，則哀爲甚矣，故反哭之時有弔禮焉。問喪曰：「入門而弗見也，上堂又弗見也，入室又弗見也。亡矣喪矣，不可復見已矣。故哭泣辟踊，盡哀而止矣。」大宗伯：「以喪禮哀死亡。」蓋死亡之别如此。既封而弔者，受弔於壙也。反哭而弔者，受弔于家也。夫弔也者，所以弔其哀而已。喪雖爲哀，然不若反哭之哀爲甚。此孔子所以謂殷爲「已慤」。周人弔于家，示民不偕也。子曰：「死，民之卒事也，吾從周。」其言蓋本諸此。

山陰陸氏曰：「已慤」，猶言大慼也。禮器曰：「七介以相見也，不然則已慤。」

【吴氏纂言】反哭之弔也，哀之至也。反而亡焉，失之矣，於是爲甚。殷既封而弔，周反哭而弔。孔子曰：「殷已慤，吾從周。」

鄭氏曰：於是爲甚，哀痛甚也。封，當爲「窆」。窆，下棺也。

方氏曰：人之始死，則哀其死，既葬，則哀其亡。其亡，則哀爲甚，故反哭之時有弔禮焉。既封而弔者，受弔於壙也。反哭而弔者，受弔於家也。夫弔者所以弔其哀，葬雖爲哀，然不若反哭之哀爲甚，孔子所以謂殷爲「已慤」。

孔氏曰：此亦謂在廟也。思想其親而不見，故悲哀爲甚。壙者非親存在之處，弔於此者，哀情質慤也。

山陰陸氏曰：「已慤」，猶言大蹷也，禮器云「七介以相見，不然則已蹷」。

【陳氏集説】殷既封而弔，周反哭而弔。孔子曰：「殷已慤，吾從周。」殷之禮，窆畢，賓就墓所弔主人。周禮，則俟主人反哭而後弔。孔子謂殷禮太質。慤者，蓋親之在土，固爲可哀，不若求親於平生居止之所而不得，其哀爲尤甚也。故弔於墓者，不如弔於家者之情文爲兼盡，故欲從周也。

【郝氏通解】反哭升堂，反諸其所作也。主婦入於室，反諸其所養也。反哭之弔也，哀之至也。反而亡焉，失之矣，於是爲甚。殷既封而弔，周反哭而弔。孔子曰：「殷已慤，吾從周。」

此言既葬反哭之義。主人升堂，求諸其親存日行禮之處。主婦入室，求諸其舊所饋食之處。而皆不復見其親，哀痛於是爲甚，故其時寘有弔者，殷禮甫葬即弔于墓，周禮待其反哭弔于家。臨穴盡哀，殷禮大質，草土之間猶見其墓，不若反而亡焉之爲甚，故周人得之，夫子所欲從也。

【欽定義疏】反哭之弔也，哀之至也。反而亡焉，失之矣，於是爲甚。殷既封而弔，周反哭而弔。孔子曰：「殷已慤，吾從周。」

正義 鄭氏康成曰：哀痛甚也。封，當爲「窆」。窆，下棺。慤者，得哀之始，未見其甚也。

孔氏穎達曰：在廟思想其親而不見，故悲哀爲甚。壙者，非親存所在之處，今柩至此，弔者於此而來，哀情質慤，故云「慤」也。

方氏慤曰：人之始死也，則哀其死。既葬也，則哀其亡。其亡，則哀爲甚矣，故反哭之時有弔禮焉。問喪曰：「入門而弗見也，上堂又弗見也，入室又弗見也。亡矣喪矣，不可復見已矣。故哭泣辟踊，盡哀而止矣。」既封而弔者，受弔於壙也。反哭而弔者，受弔於家也。夫弔也者，所以弔其哀而已。窆雖爲哀，然不若反哭之哀爲甚，此孔子所以謂殷爲「已慤」。周人弔於家，示民不偝也。子曰：「死，民之卒事也，吾從周。」其言蓋本諸此。

陳氏澔曰：賓之弔者，升自西階，曰「如之何」，主人拜稽顙，當此之時亡矣失矣，不可復見吾親矣，哀痛於是爲甚也。親之在土固爲可哀，不若求親於平生居止之所而不得，其哀爲尤甚也。故弔於墓者，不如弔於家者之情文爲兼盡，故欲從周也。

【杭氏集説】反哭之弔也，哀之至也。反而亡焉，失之矣，於是爲甚。殷既封而弔，周反哭而弔。孔子曰：「殷已慤，吾從周。」

陳氏澔曰：賓之弔者，升自西階，曰「如之何」，主人拜稽顙，當此之時亡矣失矣，不可復見吾親矣，痛哀於是爲甚也。親之在土，固爲可哀，不若求親於平生居止之所，而不得其哀爲尤甚也。故弔於墓者，不如弔於家者之情文爲兼盡，故欲從周也。

【孫氏集解】殷既封而弔，周反哭而弔。孔子曰：「殷已慤，吾從周。」

鄭氏曰：封，當爲「窆」。窆，下棺也。慤者，得哀之始，未見其甚。

陳氏澔曰：殷之禮，窆畢，賓就墓所弔主人。周禮，則俟主人反哭而後弔。孔子謂殷禮大質慤者，蓋親之在土，固爲可哀，不若求親於平生所居止之所而不得，其哀爲尤甚。故弔於墓者，不如弔於家者之情文爲兼盡也。

愚謂「慤」，與「七介以相見也，不然則已慤」之慤同，言其質有餘而文不足也。蓋葬事甫畢，即行弔禮，則於禮節悤遽而無從容之意，故曰「已慤」。不若反哭而弔，則反而亡焉，既足以深致其哀，而於禮節亦不至於迫蹙而無序也。

【朱氏訓纂】反哭之弔也，哀之至也。反而亡焉，失之矣，於是爲甚。注：哀痛甚。**殷既封而弔，周反哭而弔。孔子曰：「殷已慤，吾從周。」**注：封，當爲「窆」。窆，下棺也。慤者，得哀之始，未見其甚。　正義：廟是平生行禮之處，今反哭於廟，思親而不見，故悲哀爲甚。壙非親存所在之處，弔者於此而來，哀情質慤，故云「慤」也。

四·二九　**葬於北方，北首，三代之達禮也，之幽之故也。**北方，國北也。○首，手又反。

【疏】「之幽之故也」。○正義曰：上「之」訓往[一]，下「之」語助，言葬於國北及北首者，鬼神尚幽闇，往詣幽冥故也。殯時仍南首者，孝子猶若其生，不忍以神待之。

【衛氏集說】鄭氏曰：北方，國北也。

[一] 正義曰上之訓往　惠棟校宋本無「正義曰」三字。○鍔按：「正義」上，阮校有「葬於北方節」五字。

孔氏曰：之幽之故，上「之」訓往，下「之」語助。言葬于國北及北首者，鬼神尚幽闇，往詣幽冥故也。殯時仍南首者，孝子猶若其生，不忍以神待之。

嚴陵方氏曰：南方以陽而明，北方以陰而幽。人之生也，則自幽而出乎明，故生者南向。及其死也，則自明而反乎幽，故死者北首。凡以順陰陽之理而已。三代之禮，雖有文質之變，至于葬之北方，北首，則通而行之者，皆所以順死者之反乎幽故也。

【吴氏纂言】鄭氏曰：北方，國北也。

孔氏曰：之幽之故，上「之」訓往，下「之」語助。言葬於國北及北首者，鬼神尚幽闇，往詣幽冥故也。殯時仍南首者，孝子猶若其生，不忍以神待之。

方氏曰：南方以陽而明，北方以陰而幽。人之生也，則自幽而出乎明，故生者南鄉。及其死也，則自明而反乎幽，故死者北首。凡以順陰陽之理而已。三代之禮，雖有文質之變，至於葬之北方，北首，則通而行之者，皆所以順死者之反乎幽故也。

【陳氏集説】北方，國之北也。殯猶南首，未忍以鬼神待其親也。葬則終死事矣，故葬而北首。三代通用此禮也，南方昭明，北方幽暗，「之幽」釋所以北首之義。

【欽定義疏】正義 鄭氏康成曰：北方，國北也。

孔氏穎達曰：之幽，言葬於國北及北首者，鬼神尚幽闇，往詣幽冥故也。殯時仍南首者，孝子猶若其生，不忍以神待之。

方氏慤曰：三代之禮，雖有文質之變，至於葬之北方，北首，則通而行之者，皆所以順死者之反乎幽故也。

【杭氏集説】萬氏斯大曰：古者井田制行，民皆族葬，故孟子云「死徙無出鄉」，王制云「墓田不請」。所謂北方，北首，亦就其鄉之北耳。下文「文子觀於九京」，豈九京亦在晉國之北，諸大夫皆於此葬乎？

姚氏際恒曰：古皆葬於北方，後世乃有擇地之説。

【孫氏集解】鄭氏曰：北方，國北也。

孔氏曰：言葬於國北及北首者，鬼神尚幽闇，往詣幽冥故也。殯時仍南首者，孝子猶若其生，不忍以神待之。

【朱氏訓纂】正義：鬼神尚幽闇，往詣幽冥故也。殯時仍南首者，孝子猶若其生，不忍以神待之。

四·三〇　**既封，主人贈，而祝宿虞尸。**　贈，以幣送死者於壙也[一]。於主人贈，祝先歸。

[一]　贈以幣送死者於壙也　閩、監、毛本同，岳本同，嘉靖本同，衛氏集説同，考文引古本「幣」下有「帛」字。○鍔按：「贈以」上，阮校有「既封節」三字。

【疏】「既封」至「虞尸」[一]。○正義曰：「既封」，謂葬已下棺。鄭不破窆字者，從上可知也。

云「主人贈，而祝宿虞尸」者，謂主人以幣贈死者於壙之時，祝先歸宿戒虞尸。案既夕禮，主人贈用制幣，玄纁束帛也[二]。案士虞禮記云：「男，男尸。女，女尸。」是虞有尸也。

【陳氏集説】柩行至城門，公使宰夫贈玄纁束。既窆，則用此玄纁贈死者於墓之野，此時祝先歸而肅虞祭之尸矣。宿，讀爲肅，進也。虞，猶安也。葬畢，迎精而反，日中祭之於殯宮，以安之也。男則男子爲尸，女則女子爲尸。尸之爲言主也，不見親之形容，心無所係，故立尸而使之著死者之服，所以使孝子之心主於此也。禫祭以前，男女異尸、異几，祭於廟則無女尸，而几亦同矣。少牢禮云「某妃配」，是男女共尸。

【欽定義疏】正義　鄭氏康成曰：贈，以幣送死者於壙也。虞，喪祭也。

孔氏穎達曰：既封，謂葬已下棺。主人以幣贈之時，祝先歸宿戒虞尸。案既夕禮，主人贈用制幣，玄纁束帛也。士虞禮記云：「男，男尸。女，女尸。」是虞有尸也。

方氏慤曰：宿，亦戒也。以事戒之曰「戒」，以期戒之曰「宿」。祭統言「宮宰宿夫

[一] 既封至虞尸　閩、監、毛本同，惠棟校宋本作「既封主人贈」，無下「正義曰」三字。

[二] 主人贈用制幣玄纁束帛也　閩、監、毛本同，浦鏜云：「『帛』衍文。」按：浦鏜云衍文，與既夕禮合，然疏家正不必拘也。

人」，與此言「宿」同義。

吴氏澄曰：此條言葬後虞祭之事。虞不筮尸，擇可爲尸者宿之。

陳氏澔曰：柩行至城門，公使宰夫贈玄纁束。既窆，則用此玄纁贈死者於墓。虞，猶安也。葬畢，迎精而反，日中祭之於殯宮，以安之也。尸之爲言主也，不見親之形容，心無所依，故立尸而使著死者之服，所以使孝子之心主於此也。禫祭已前，男女異尸、異几。祭於廟則無女尸，而几亦同矣。少牢禮云「某妃配」，是男女共尸。

案 虞禮注，骨肉歸土，魂氣無所不之，孝子謂其傍徨，三祭以安之。葬矣亡矣，魂氣之傍徨者，杳不可即矣。祭以安之，使神依乎主，而儼然在上，斯離者不離矣。

【杭氏集説】吴氏澄曰：此條言葬後虞祭之事。虞不筮尸，擇可爲尸者宿之。

陳氏澔曰：柩行至城門，使宰夫贈玄纁束。既窆，則用此玄纁贈死者於墓。虞，猶安也。葬畢，迎精而反，日中祭之於殯宮，以安之也。尸之爲言主也，不見親之形容，心無所依，故立尸而使著死者之服，所以使孝子之心主於此也。禫祭已前，男女異尸、異几，祭於廟則無女尸，而几亦同矣。少牢禮云「某妃配」，是男女共尸。

【孫氏集解】鄭氏曰：贈，以幣送死者於壙也。於主人贈，祝先歸。

孔氏曰：既封，謂葬既下棺也。主人贈而祝宿虞尸者，謂主人以幣贈死者於壙之時，祝先歸宿戒虞尸。案既夕禮，主人贈用制幣，玄纁束帛。又士虞禮記云：「男，男尸。

女，女尸。」是虞有尸也。

愚謂虞，安也，葬反而祭於殯宫，以安神也。虞始有尸，蓋親之形體既藏，孝子之心無所繫，故立尸以象死者而事之。宿，進也。進之使於祭時而來也。主人贈而祝宿虞尸者，言祝之反而宿尸，以主人之贈爲節也。

【朱氏訓纂】注：贈，以幣送死者於壙也。於主人贈，祝先歸。正義：祝先歸，宿戒虞尸。案既夕禮，主人贈用制幣，玄纁束帛也。案士虞禮記云：「男，男尸。女，女尸。」是虞有尸也。

四·三一　**既反哭，主人與有司視虞牲。**日中將虞，省其牲。**有司以几筵舍奠於墓左，反，日中而虞。**所使奠墓有司來歸，乃虞也。舍奠墓左，爲父母形體在此，禮其神也。周禮冢人：「凡祭墓爲尸。」○舍奠，音釋，注同。

【疏】「有司」至「而虞」。○正義曰：此謂既窆之後事也[一]。有司，脩虞之有司也。几，依神也。筵，坐神席也。席敷陳曰筵。舍，釋也。奠，置也。墓道嚮南，以東爲左，孝

[一]　正義曰此謂既窆之後事也　惠棟校宋本無「正義曰」三字。○鍔按：「正義」上，阮校有「既反哭節」四字。

子先反脩虞，故有司以几筵及祭饌置於墓左，禮地神也。言以父母形體所託[一]，故禮其地神以安之也。

「反，日中而虞」者，「反」謂所使奠墓左有司歸也。「虞」者，葬日還殯宮安神之祭名。必用日中者，是日時之正也。士虞禮云：「日中而行事。」注云：「朝葬，日中而虞。君子舉事，必用辰正也。再虞、三虞皆用質明。」案周人尚赤[二]，大事用日出，故朝葬也。

○注「所使」至「爲尸」。○正義曰：鄭恐奠墓有司未歸即非虞祭，故云「奠墓有司來歸，乃虞也」。必知歸始虞者，以經云「奠於墓左，反，日中而虞」，是奠墓者迴反，日中而虞。引周禮冢人「凡祭墓爲尸」者，證葬畢奠墓。案周禮冢人「爲尸」謂祈禱，不同者，以言「凡祭墓」，「凡」者非一，諸祭皆是。

【陳氏集説】士之禮，虞牲特豕。几，所以依神。筵，坐神之席也。席敷陳曰筵。孝子先反而視牲，別令有司釋奠以禮地神，爲親之託體於此也。舍，讀爲釋。奠者，置也。釋置此祭饌也。墓道向南，以東爲左。待此有司之反，即於日中時虞祭也。

【欽定義疏】正義 鄭氏康成曰：視虞牲，謂日中將虞，省其牲也。舍奠墓左，以父母形體在此，禮其神也。周禮冢人：「凡祭墓爲尸。」

[一] 言以父母形體所託 惠棟校宋本作「託」，此本誤「注」，閩、監、毛本作「在」，亦非。
[二] 案周人尚赤 閩、監、毛本同，衛氏集説「案」作「蓋」。

孔氏穎達曰：此既窆之後事。有司，脩虞之有司也。舍，釋也。奠，置也。墓道向南，以東爲左，孝子先反脩虞，故有司以几筵及祭饌置於墓左，以禮地神也。反，謂所使奠墓左有司歸也。必用日中者，是日時之正也。士虞禮注云：「君子舉事，必用辰正。再虞、三虞皆用質明。」蓋周人尚赤，大事用日出，故朝葬也。

吴氏澄曰：既實土，則主人迎精而反，反哭於廟及殯宫。反哭送殯畢，主人沐浴畢，與有司同省視虞祭所用之牲。墓所之有司當主人迎精而反之後，代爲主人舍奠於墓左，以禮地神，禮畢乃歸。未葬已前，每日朝夕哭，有奠無祭。雖殷奠有盛饌，亦不謂之祭也。及葬後而虞，則有司始謂之祭也。

陳氏澔曰：士之禮，虞牲特豕。几，所以依神。筵，坐神之席也。席敷陳曰筵。

案 本文兩言「有司」，或佐主人視牲，或爲主人釋奠，各有所司。未必待釋奠之有司反而後虞，當是謂主人之反，因日中而虞，必用是日之正故也。日中，以辰正之説爲確，故曰「是日不出」。此葬之日或有故，如日食之待變者與？

【杭氏集説】吴氏澄曰：既實土，則主人迎精而反，反哭於廟及殯宫。反哭送殯畢，主人沐浴畢，與有司同省視虞祭所用之牲。墓所之有司當主人迎精而反之後，代爲主人舍奠於墓，以禮地神，禮畢乃歸。未葬已前，每日朝夕哭，有奠無祭。雖殷奠有盛饌，亦不謂之祭也。及葬後而虞，則有司始謂之祭也。

陳氏澔曰：士之禮，虞牲特豕。几，所以依神。筵，坐神之席也。席敷陳曰筵。

陸氏奎勳曰：可見古無祭墓之禮。既葬禮神，有司代爲之也。又曰：此與下另爲一條，謂朝葬而至日中即虞。陳氏引孔疏謂「待有司之反」，非也。

齊氏召南曰：按士虞禮記曰「陳牲于廟門外，北首，西上」，注「西上，變吉也」。「日中而行事，殺於廟門西，主人不視豚解」，注「主人視牲不視殺，凡爲喪事畧也」。又按士虞記曰「始虞，用柔日」，注「葬之日日中虞，欲安之，柔日陰，取其静」，故下文曰「葬日虞」，後文疏暢矣。

【孫氏集解】鄭氏曰：視虞牲，謂日中將虞，省其牲也。舍奠墓左，以父母形體在此，禮其神也。周禮冢人：「凡祭墓爲尸。」

孔氏曰：几，依神也。筵，坐神席也。舍，釋也。奠，置也。墓道向南，以東爲左，有司以几筵及祭饌置於墓左，禮地神也。

愚謂視牲之有司與主人偕反者也，舍奠之有司則於主人之反留於墓而舍奠者也。主人歸而反哭，視牲，則舍奠之有司亦可以反矣，於是而行虞祭也。蓋虞祭以釋奠者之反爲節也。主人贈，而祝宿虞尸，有司反，日中而虞，所謂喪事雖遽不凌節者，於此可以見之。日中而虞，往葬而歸，非日中不足以藏事也。其或墓地稍遠，則虞之過乎日中者，固當有之矣。

【朱氏訓纂】既反哭，主人與有司視虞牲。注：日中將虞，省其牲。有司以几筵舍奠於墓左，反，日中而虞。注：所使奠墓有司來歸，乃虞也。舍奠墓左，爲父母形體在此，禮其神也。周禮冢人：「凡祭墓爲尸。」正義：此謂既窆後事也。几，依神也。筵，坐神席也。席敷陳曰筵。舍，釋也。奠，置也。墓道鄉南，以東爲左，孝子先反，故有司以几筵及祭饌置於墓左，禮地神也。虞者，葬日還殯宮，安神之祭名。士虞禮云「日中而行事」，注云：「朝葬，日中而虞。君子舉事，必用辰正也。再虞、三虞皆用質明。」

四·三二　**葬日虞，弗忍一日離也。**弗忍其無所歸。○離，力智反，下同。**是日也，以虞易奠。**虞，喪祭也。**卒哭曰「成事」。**既虞之後，卒哭而祭，其辭蓋曰[一]「哀薦成事」，成祭事也。祭以吉爲成。

【疏】注「既虞」至「爲成」。○正義曰：既虞祭之後，至於卒哭，其卒哭祭辭，蓋曰「成事」。所以稱「蓋」者，以其士虞禮無文，唯雜記及此有「卒哭成事」，故鄭約之爲解，

[一] 其辤蓋曰　閩、監、毛本「辤」作「辭」，岳本同，嘉靖本同，衛氏集説同。○鍔按：「其辤」上，阮校有「葬日虞節」四字。

又稱「蓋」以疑之。以虞祭之時，以其尚凶，祭禮未成。今既卒無時之哭，唯有朝夕二哭，漸就於吉，故云「成事」。祭以吉爲成，故也。其虞與卒哭，尊卑不同。案雜記：「士三月而葬，是月而卒哭。大夫三月而葬，五月而卒哭。諸侯五月而葬，七月而卒哭。」又雜記云：「內此天子七月而葬[一]，九月而卒哭。」雜記又云：「諸侯七虞，大夫五，士三。」士虞禮云。

謂之「虞」者，鄭注士虞禮云：「虞，安也。」所以安神。虞皆用柔日。柔日者，鄭注士虞禮云：「柔日陰，陰取其靜。」最後一虞用剛日，故士虞記云：「三虞、卒哭、他，用剛日。」鄭注云：「用剛日，剛日陽也，陽取其動。」謂動而將祔廟也。雜記云：「諸侯七虞。」然則天子九虞也。士三虞、卒哭同在一月。初虞已葬日而用柔，第二虞亦用柔日。假令丁日葬，葬日而虞，則己日二虞。後虞改用剛，則庚日三虞也。故鄭注士虞禮云：「士則庚日三虞。」三虞與卒哭相接，則壬日卒哭也。士虞禮云：「明日祔於祖父。」則祭明日祔也。士之三虞用四日，則大夫五虞當八日[二]，諸侯七虞當十二日，天子九虞當十

[一] 又雜記云內此天子七月而葬　閩、監、毛本同。惠棟校宋本無「又雜記云」四字，「內」作「約」，衛氏集說同。

[二] 則大夫五虞當八日　閩、監本同，毛本「大」誤「六」，考文引宋板作「大」。

六日。最後一虞與卒哭例同，用剛日。大夫以上卒哭者，去虞相校兩月[一]，則虞祭既終，不得與卒哭相接。崔氏解：「既正禮得終，其虞後，卒哭之前，剛日雖多，不須設祭，以正禮成也。故此下云『不忍一日末有所歸也』，謂不成正禮，赴葬赴虞是也。」崔又一解：「虞後卒之前[二]，不可無祭，亦以剛日接之。」恐此解非也。

【陳氏集説】**葬日虞，弗忍一日離也。**鄭氏曰：弗忍其無所歸。**是日也，以虞易奠。卒哭曰「成事」。**始死、小斂、大斂、朝夕、朔月、朝祖、賵遣之類，皆喪奠也。此日以虞祭代去喪奠，故曰「以虞易奠」也。「卒哭曰成事」者，蓋祝辭曰「哀薦成事」也。祭以吉爲成，卒哭之祭，乃吉祭故也。

【欽定義疏】**葬日虞，弗忍一日離也。**

正義　鄭氏康成曰：弗忍其無所歸也。

方氏慤曰：弗忍一日離其親，故不待明日而後虞也。

是日也，以虞易奠。卒哭曰「成事」。

正義　鄭氏康成曰：虞後卒哭而祭，其辭蓋曰「哀薦成事」，孔疏：士虞禮無文，稱「蓋」以

[一] 大夫以上卒哭者去虞相校兩月　閩、監本同。毛本「校」作「挍」，非。衛氏集説亦作「校」，無「者相」二字。○按：毛本全書皆作「挍」，避所諱也。

[二] 崔又一解虞後卒之前　閩、監、毛本同。惠棟校宋本「卒」下有「哭」字，是也。

疑之。成祭事也。祭以吉爲成。

孔氏穎達曰：虞祭尚凶，祭禮未成。今既卒無時之哭，惟有朝夕二哭，漸就於吉，故云「成事」。其虞與卒哭，尊卑不同。雜記「士三月而葬，是月而卒哭。大夫三月而葬，五月而卒哭。諸侯五月而葬，七月而卒哭」，約此天子七月而葬，九月而卒哭。雜記又云「諸侯七虞，大夫五，士三」，則天子九也。虞皆用柔日，陰取其靜。最後一虞用剛日，陽取其動，謂動而將祔也，故士虞禮云：「三虞、卒哭、他，用剛日。」士三虞卒哭，同在一月。假令丁日葬，葬日而虞，則己日二虞，後虞改用剛，則庚日三虞也。三虞與卒哭相接，則壬日卒哭也。士之三虞用四日，則大夫五虞當八日，諸侯七虞當十二日，天子九虞當十六日。大夫已上卒哭，去虞校兩月，則虞祭既終，不得與卒哭相接。其虞後卒哭之前，剛日雖多，不須設祭，以正禮既成故也。

陳氏澔曰：始死、小斂、大斂、朝夕、月朔、朝祖、賵遣之類，皆喪奠也。此日以虞祭代去喪奠，故曰「以虞易奠」。

敖氏繼公曰：卒哭，卒殯宮之哭也，蓋未葬，朝夕哭皆於殯宮。卒哭之後，雖存朝夕之節，然於次而不於宮，故曰「卒殯宮之哭也」。

案 士虞禮別無「卒哭」之文。雜記云「士三月而葬，是月也卒哭」，故先儒疑卒哭即三虞也。然雜記上大夫虞用少牢，卒哭用大牢，是異牲、異祭，且異月也。士三月而葬，是月卒哭。士三虞止四日，孔疏明言士三虞、卒哭同在一月。又云「士虞與卒哭相接」，如庚日三虞，壬日卒哭，則卒哭之去末虞中間越一日，安得以「三虞」即爲卒哭乎？儀禮記「虞、卒哭、他，用剛日」。鄭謂自三虞至卒哭中間，有他祭亦用剛日。謂之「他」者，假設言之，其義甚明。鄭又言「他」謂不及時而葬者，蓋以不及時而葬，中間更不止越日有祭，總謂之他耳。非以不及時釋「他」字義也。或疑卒虞後至祔，每剛日必祭，則太數。祔前兩月不祭，又太疏。不知中有月朔、月半及薦新之奠，皆所謂「他」也。

【杭氏集説】是日也，以虞易奠。卒哭曰「成事」。

陳氏澔曰：始死、小斂、大斂、朝夕、朔月、朝祖、賵遣之類，皆喪奠也。此日以虞祭代去喪奠，故曰「以虞易奠」。

敖氏繼公曰：卒哭，卒殯宫之哭也。蓋未葬，朝夕哭皆於殯宫，卒哭之後，難存朝夕之節，然於次而不於宫，故曰「卒殯宫之哭也」。

朱氏軾曰：虞禮注「骨肉歸于土，魂氣無所不之，孝子謂其傍徨，三祭以安之」。言虞者，猶治亂言亂也。葬矣亡矣，魂氣之傍徨者，杳不可即矣。祭以安之，使神依乎土，而儼然在上，斯離者不離矣。日中，謂不出此葬之日也。前此用奠，至是始祭，故曰「以虞易奠」。非虞後更不復奠也。初虞、再虞之次日，以及卒哭之後，未有不朝夕、朔奠者。

先儒謂「赴葬者赴虞」，未及卒哭，遇剛日接祭，無論祭數則瀆，即孝子杖而復起之身，日僕僕于裸獻，勉而爲之，誠意不足，祭猶不祭矣。

齊氏召南曰：按士虞記，始虞曰「哀薦祫事，適爾皇祖某甫」。再虞如初，曰「哀薦虞事」。三虞、卒哭、他，用剛日，亦如初，曰「哀薦成事」。鄭以三虞之文測卒哭之制，當是一例耳。又曰：按下「曰成事」，「曰」字衍。

四·三三 **是日也，以吉祭易喪祭，**卒哭，吉祭。○易，以豉反，徐音亦。**明日祔于祖父。**祭告於其祖之廟。○祔，音附。**其變而之吉祭也，比至於祔，必於是日也接，不忍一日末有所歸也。**末，無也。日有所用接之，虞禮所謂「他用剛日」也[一]。其祭，祝曰哀薦，曰成事。○比，必利反。

【疏】「其安」至「也」[二]。正義曰：上云虞、卒哭及祔，皆據得常正禮。此經所云謂

[一] 虞禮所謂他用剛日也 閩、監、毛本同，岳本同。惠棟校宋本「也」作「者」，嘉靖本同，考文引足利本同。○鍔按：「虞禮」上，阮校有「是日也節」四字。

[二] 其變至歸也○ 閩、監、毛本如此。此本「變」誤「安」，「也」上脱「歸」字，無「○」。惠棟校宋本無下「正義曰」三字。

不得正禮，故謂之變，以其變常禮也。所以有變者，或時有迫促，或事有忌諱，未及葬期，死而即葬者，即喪服小記所云：「赴葬者[一]赴虞者，三月而后卒哭。」彼據士禮而言，速葬速虞之後，卒哭之前，其日尚賒，不可無祭，謂之爲變。其既虞之後，變禮而之吉祭也。之，往也。既虞，往至吉祭，其禮如何？既虞，比至於祔以來，必於是日接。謂於是三虞、卒哭之間，剛日而連接其祭，謂恒用剛日。所以恒用剛日接之者，孝子不忍使親每一日之間無所歸依。

○注「末無」至「成事」。○正義曰：虞禮所謂「他用剛日」者，此經所云「變」者，虞禮謂之「他」也。案士虞禮云：「三虞、卒哭、他，用剛日，哀薦日成事[二]。」鄭注云：「他謂不及時而葬者[三]，喪服小記曰：『赴葬者赴虞者，三月而后卒哭。』則虞與卒哭之間有祭事者，亦用剛日。其祭無名謂之『他』者，假設言之耳。」如鄭此言，虞禮謂之「他」，此經謂之「變」，其義一也，皆據速葬速虞者而言之。

云「其祭，祝曰哀薦，曰成事」，雖所行三事，虞、卒哭及他之下，鄭意惟屬於他，故引

[一] 即喪服小記所云赴葬者　惠棟校宋本作「所云」，衛氏集説同。此本「所云」二字闕，閩、監、毛本作「篇云」。按：「篇」字非也。

[二] 哀薦日成事　閩、監、毛本「日」作「曰」，下「哀薦日成事」同。

[三] 他謂不及時而葬者　惠棟校宋本作「謂」，衛氏集説同。此本「謂」誤「用」，閩、監、毛本同。

來爲注。其依時葬及虞者，後去卒哭雖遠，其間不復祭，崔氏一解云：「雖依時葬，虞後至卒哭，仍以剛日接。」其義恐非也。喪服小記云「赴葬者」據士，故云「三月而卒哭」。此經亦據士，故云「比至於祔，必於是日也接」。若大夫以上，赴葬、赴虞之後爲接祭，至常葬之月[一]，終虞之祭日乃止，其祝亦稱哀薦，云「成事」焉[二]。

【陳氏集説】**是日也，以吉祭易喪祭，明日祔于祖父。**吉祭，卒哭之祭也。喪祭，虞祭也。卒哭在虞之後，故云「以吉祭易喪祭」也。祔之爲言「附」也，祔祭者，告其祖父以當遷他廟，而告新死者以當入此廟也。禮云「明日以其班祔」，明日者，卒哭之次日也。卒哭時，告于新主，曰：「哀子某來日隮祔爾于爾皇祖某甫。」及時，則奉新主入祖之廟，而并告之，曰：「適爾皇祖某甫，以隮祔爾孫某甫孫。」必祔祖者，昭穆之位同，所謂以其班也。畢事，虞主復于寢，三年喪畢，遇四時之吉祭，而後奉新主入廟也。虞祭，間一日而卒哭，與祔則不間日。**其變而之吉祭也，比至於祔，必於是日也接，不忍一日未有所歸也。**上文所言皆據正禮。此言變者，以其變易常禮也。所以有變者，以有他故，未及葬期而即葬也。據士禮，速葬速虞之後，卒哭之前，其日尚賒，不可無祭。之，往也。虞往至吉祭，其禮如何？曰：虞後，比至於祔，遇剛日而連接其祭。若丁日葬，則己日再虞，後虞

[一] 至常葬之月　閩、監、毛本同，衛氏集説「常」作「當」。

[二] 其祝亦稱哀薦云成事焉　閩、監、毛本同，惠棟校宋本「云」作「曰」，衛氏集説「云」「焉」二字無。

改用剛日，則庚日三虞也。此後遇剛日則祭，至祔而後止，此孝子不忍使其親一日無所依歸也。

【方氏析疑】是日也，以虞易奠。卒哭曰「成事」。是日也，以吉祭易喪祭，明日祔于祖父。

疏，先儒以第三虞與卒哭同是一事，鄭據雜記上「大夫虞用少牢，卒哭用太牢」破之，以爲三虞後更有卒哭之祭。按士虞禮，三虞曰「哀薦成事」，而別無卒哭之文，則第三虞即卒哭明矣。記多舛駁，恐未可據以破儀禮也。且禮於虞、祔多連舉之，以卒哭爲虞之一，舉虞可包卒哭也。間有虞、卒哭並舉者，亦不害末虞爲卒哭也。即以鄭所據雜記之文言之，安知非以末虞爲卒哭而易牲以祭哉！如士遣用少牢之類。此記義本連及，言虞則以祭易奠，卒哭則以吉祭易前二虞之喪祭，而「卒哭曰成事」繫以虞易奠，後文亦相承，正因末虞即卒哭。但古文簡徑，未明著三虞、卒哭曰成事耳。

嚴陵方氏謂「或祔於祖，或祔於父，各從其昭穆」，非也。祖父，猶王父，儀禮稱「祖父母，曾祖父母」是也。或曰祔於祖，則並告於禰，故連及之。

未殯之前、既啓之後，每遇大節，主人踊無算，則哭亦如之。三虞既畢，則無算之哭踊至此而終。若廬堊室之中，哀至而哭，情不能止，義亦不宜禁也。別記曰：「父母之喪，哭無時，使必知其反也。」承君命而使，即未踰練祥，期必近矣。舊説卒去無時之哭，似不可通。

其變而之吉祭也，比至於祔，必於是日也接，不忍一日末有所歸也。

據大夫三月而葬，五月而卒哭。諸侯五月而葬，七月而卒哭。自葬日虞至卒哭、祔，相去尚兩月，不聞有連接其祭之禮，何也？蓋天道三月一變，速葬速虞，苟不接其祭，則三月之内魂魄已若無依，孝子所不忍也。若大夫五月而卒哭，則所伸之期已在三月之外。諸侯七月而卒哭，更在五月之外。則哀宜漸殺，且爲期遠，必間日接之，過於數矣。大夫五月而卒哭，虞亦五。諸侯七月而卒哭，虞亦七。竊意前三虞與士同，其後則大夫每月一虞，諸侯每月再虞，以接於卒哭之祭。舊説大夫五虞八日，諸侯七虞十二日，於葬後則過於數，於祔前則過於疏，非義所安也。

【江氏擇言】卒哭曰「成事」。是日也，以吉祭易喪祭，明日祔于祖父。其變而之吉祭也，比至於祔，必於是日也接，不忍一日末有所歸也。

吴氏云：虞祭猶是喪祭，卒哭始於吉祭。明日，卒哭之次日也。變，亦易也。接，相連不間也。變而之吉祭，即上文所謂「以吉祭易喪祭」也。「比至於祔，必於是日也接」，即上所謂「明日祔於祖父」也。前言「弗忍一日離」，此言「不忍一日末有所歸」，盖言卒哭之末有餞禮，送神適祖廟矣，翼早急宜就祖廟，迎奉其神。若用虞祭之例，相隔一日而始祔祭，則卒哭後、祔祭前，此一日親之神無所依歸，孝子不忍，故祔祭必與卒哭之日相連接而不間日也。聖人制禮之意精矣。注疏以變爲非常禮之祭，未見明據。

按，孔氏不善玩經文，遂生謬解，吴氏正之，甚善。

【欽定義疏】是日也，以吉祭易喪祭，明日祔於祖父。

正義　鄭氏康成曰：卒哭，吉祭也。祔于祖父，祭告於其祖之廟也。

孔氏穎達曰：士虞禮云：「卒哭之明日，祔于祖父。」

司馬氏光曰：始虞，祝辭云「適爾皇祖某甫」，告之以適皇祖，所以安之，故置祔於卒哭之來日。

胡氏銓曰：既夕禮曰「卒哭明日，以其班祔」，蓋周禮也。祔，猶屬也，屬昭穆之次。

吴氏澄曰：是日，卒哭之日。虞祭猶是喪祭，卒哭始是吉祭，故曰「是日，以吉祭易喪祭」。明日，卒哭之次日。祖父，謂死者之祖考。孫祔於祖，昭穆同也。

陳氏澔曰：祔之爲言「附」也，祔祭者，告其祖父以當遷他廟，而告新死者以當入此廟也。卒哭時，告於新主曰：「哀子某來日隮祔爾於爾皇祖某甫。」及時，則奉新主入祖之廟，而并告之曰：「適爾皇祖某甫，以隮祔爾孫某甫。」孫必祔祖者，所謂以其班也。畢事，虞主復於寢。三年喪畢，遇四時之吉祭，而後奉新主入廟也。虞祭間一日而卒哭，與祔則不間日。

案　是日之祭爲吉祭，非復前此之喪祭也。初虞，以漸趨吉，至三虞則全吉矣。吉祭重敬，不似喪祭倉卒簡畧，一任悲哀已也。三虞之明日祔於祖父，有所祔，斯有所歸。必三虞而後祔者，初虞、再虞尚惝怳無憑，至三虞則魂氣已安，故用剛日以成之也。孫必祔於祖，方氏謂或祔於祖，或祔於父，誤。

通論 程子曰：喪須三年而祔，若卒哭而祔，則三年都無事。禮，卒哭猶存朝夕哭。若祭於殯宮，則哭於何處？古者君薨，三年喪畢，吉禘然後祔，因其祫祧主藏於夾室，新主遂自殯宮入於廟。國語言「日祭月享」，禮中豈有日祭之禮？此正謂在三年之中不徹几筵，故有日祭。朝夕之饋，猶定省之禮，如其親之存也。至於祔祭，須是三年喪終乃可祔也。

其變而之吉祭也，比至於祔，必於是日也接，不忍一日末有所歸也。

正義 鄭氏康成曰：末，無也。日有所用接之。

李氏格非曰：以生者之情，則不忍一日離。窮死者之理，則不忍一日末有所歸。虞祭，所以安神也，故以「一日離」言之。接祭，所以致情也，故以「不忍一日末有所歸」言之。

存疑 孔氏穎達曰：上虞、卒哭及祔，皆據得正禮者耳。「其變而之吉祭」者，謂不得正禮，變常禮也。所以有變者，或時有迫促，故事有忌諱，未及葬期，死而即葬者，即喪服小記所云：「赴葬者赴虞者，三月而后卒哭。」彼據士禮而言，速葬速虞之後，卒哭之前，其日尚賒，不可無祭，謂之爲變也。之，往也，謂既虞，往至吉祭也。「比至於祔，必於是日接」者，謂三虞、卒哭之間，剛日則連接其祭，蓋以孝子不忍親一日無所依歸也。此經亦據士，若大夫已上，赴葬、赴虞之後爲接祭，至當葬之月，終虞之祭日乃止，其祝亦稱「哀薦成事」。虞禮「他用剛日」，此經謂之「變」者，虞禮謂之「他」，其義一也。鄭注虞禮云：「他，謂不及時而葬者。」

辨正 吴氏澄曰：變，亦易也。接，相連不間也。「變而之吉」，即上文所謂「以吉祭易喪祭」也。「比至於祔，必於是日也接」，即上文所謂「明日祔於祖父」也。言喪祭變而趨吉祭，自卒哭始。相比逮及祔祭，必於此卒哭之日相連接而不間斷者，不忍使親之神一日無所歸也。蓋卒哭之末有餞禮，送神適祖廟矣，翼早急宜就祖廟，迎奉其神。若用虞祭之例，相隔一日而始祔祭，則卒哭後、祔祭前，此一日親之神無所依歸，孝子不忍，故祔祭必與卒哭之日相連接而不閒日也。蓋以神魂離殯宫適祖廟，不可使之一日無歸也。注疏以「變」爲非常禮之祭，謂速葬速虞者，於卒哭前再有非常之祭。考之經傳，未見明據。

敖氏繼公曰：「他」者，變易之辭。不用柔日而別用剛日，故曰「他」。

【杭氏集説】是日也，以吉祭易喪祭，明日祔於祖父。

吴氏澄曰：是日，卒哭之日。虞祭猶是喪祭，卒哭始是吉祭，故曰「是日以吉祭易喪祭」。明日，卒哭之次日。祖父，謂死者之祖考。孫祔於祖，昭穆同也。

陳氏澔曰：祔之爲言「附」也，祔祭者，告其祖父以當遷他廟，而告新死者以當入此廟也。卒哭時告於新主，曰：「哀子某來日隮祔爾於爾皇祖某甫。」及時，則奉新主入祖之廟，而并告之曰「適爾皇祖某甫，以隮祔爾孫某甫」。孫必祔祖者，所謂以其班也。畢事，虞主復於寢，三年喪畢，遇四時之吉祭，而後奉新主入廟也。虞祭間一日，而卒哭與祔則不間日。

方氏苞曰：疏，先儒以第三虞與卒哭同是一事，鄭據雜記上「大夫虞用少牢，卒哭用太牢」破之，以爲三虞後更有卒哭之祭。按士虞禮，三虞曰「哀薦成事」，而別無卒哭之文，則第三虞即卒哭明矣。記多舛駁，恐未可據以破儀禮也。且禮于虞、祔多連舉之，以卒哭爲虞之一，舉虞可包卒哭也，非以末虞爲卒哭而易牲以祭哉！如士遺用少牢之類。此記義本連及，言虞則以祭易奠，卒哭則以吉祭易前二虞之喪祭，而「卒哭曰成事」繫以虞易奠，後文亦相承，正因末虞即卒哭。但古文簡徑，未明著三虞、卒哭曰成事耳。嚴陵方氏謂「或祔于祖，或祔于父，各從其昭穆」，非也。祖父，猶王父，儀禮稱「祖父母，曾祖父母」是也。或曰祔于祖，則並告于禰，故連及之。未殯之前、既啓之後，每遇大節，主人踊無算，則哭亦如之。三虞既畢，則無算之哭踊至此而終。若廬堊室之中，哀至而哭，情不能止，義亦不宜禁也。別記曰：「父母之喪，哭無時，使必知其反也。」承君命而使，即未踰練祥，期必近矣。舊説卒去無時之哭，似不可通。

齊氏召南曰：按士虞記，賈疏云：「卒哭爲吉祭者，喪中自相對。」若据二十八月後吉祭而言，則禫祭以前摠屬爲喪祭也。

其變而之吉祭也，比至於祔，必於是日也接，不忍一日未有所歸也。

吴氏澄曰：變，亦易也。接，相連不間也。「變而之吉」，即上文所謂「吉祭易喪祭」也。「比至於祔，必於是日也接」，即祖父所謂「明日祔于祖父」也。言喪祭變而趨吉祭，自卒哭始。相比逮及祔祭，必於此卒哭之日相連接而不間斷者，不忍使親之神一日無所歸也。蓋卒哭之末有餞禮，送神適祖廟矣，翼早急宜就祖廟，迎奉其神。若用虞祭之例，相隔一日而始祔祭，則卒哭後、祔祭前，此一日親之神無所依歸，孝子不忍，故祔祭必與卒哭之日相連接而不間日也。蓋以神魂離殯宫適祖廟，不可使之一日無歸也。注疏以變爲非常禮之祭，謂速葬速虞者，於卒哭前再有非常之祭，考之經傳，未見明據。

萬氏斯大曰：按雜記，唯士葬與卒哭同月，天子至大夫卒哭皆後葬二月。先儒謂虞祭間日舉，唯可言於士禮。考之春秋，葬必柔日，葬日虞，故士虞禮云「虞用柔日也」。三間一日再虞之，間一日三虞，皆柔日，三虞之次日，剛日也，乃卒哭，卒哭之明日乃附。三虞、卒哭、祔祭，三日接續行事，故曰「其變而之吉祭也」。「比至於祔，必於是日也接」，變謂喪祭變吉祭也。先儒釋「變」爲變禮，固非，謂三虞與卒哭皆用剛日，唯卒哭與祔祭連接，亦非。士虞記曰：「始虞用柔日，曰『哀薦祫事』。」又曰：「再虞，皆如初，曰『哀薦虞事』。三虞。卒哭，他用剛日，亦如初，曰『哀薦成事』。」夫言「再虞，皆如初」，則「皆」字包三虞立文。以上文未及三虞，故下復言三虞以足之。「三虞」二字不連「卒哭」讀，「卒哭，他用剛日」，謂卒哭別用剛日也。且卒哭祝辭曰「哀薦成事」，正與此經「卒哭曰成事」合。先儒連「三虞」「卒哭」爲句，謂同用剛日，則虞祭亦可曰成事矣。不疑與此經戾乎？祔於祖父，祔主于祖廟也。上文云「重，主道也」，是知天子至大夫、士始死必有重，重徹必有主。先儒因士喪、士虞及特牲、少牢諸禮，皆不言主，遂謂天子有主，大夫、士無之，彼孔悝去國，猶載祏以行，無主何以有祏？祏以藏主。諸侯之不言主，特文不具耳。因此而謂士、大夫無主，然則大戴禮諸侯遷廟，第言「奉衣服」者，皆奉以從祝，不言奉主，將謂亦諸侯亦無主乎？主既祔，則主藏於廟。三年喪畢，諸侯則遷死者之高祖於祧，遷死者之祖于高祖之廟，而死者之主正位於祖廟，不拘昭穆，皆然。大夫、士則祖與高祖同廟異室，喪不遷高祖之主，而祖主遷于高祖之室，死者之主正位於祖室，不拘昭穆，皆然。先儒謂祔後主反於寢。上篇云「喪事有進而無退」，坊記亦云「喪禮每加以遠」。考士虞禮「將旦而祔，則薦」，薦，餞也，既餞而祔於祖矣。復反於寢，既進而退，自遠而近，有是理乎？

姚氏際恒曰：上云「是日也，以虞易奠」，蓋未葬曰奠，虞始曰祭也。此云「是日也，以吉祭易喪祭」，蓋虞曰喪祭，卒哭始曰吉祭也。「明日祔於祖父」者，卒哭祭之明日，祔于祖廟而爲祔祭也。「其變而之吉祭也，比至于祔，必於是日也接」者，「變」字即上「易」字，承上言，自喪祭易爲卒哭之吉祭也。比至於明日，祔祭必于卒哭祭之日接而行之，不忍其一日未有所歸也，與上「弗忍一日離」對。上言是日葬是日虞，故爲弗忍已之一日離其親。此言今日卒哭明日祔廟，故爲弗忍使其親每一日無有所歸，其義如此。鄭氏以此「變」字，引士虞禮「他用剛日」，即謂「他」字。孔氏引喪服小記「赴葬者赴虞者，三月而後卒哭」，謂不及時而葬爲變，此即鄭注士虞禮之説。皆牽强附會，不可從。

姜氏兆錫曰：舊注曰：上文所云皆據正禮，此言變者，謂變其常禮也。以有故速葬，虞祭雖行，而卒哭之吉祭尚遠，其中間不可無祭，故遇剛日則接連其祭，以至於祔，即喪服小記「赴葬者赴虞，三日而後卒哭」是也。之，往也，自虞往至吉祭，其禮如此，不忍使親一日無依也。愚按舊注援小記而言，似非無據，然細玩本文「變而之吉祭」，豈變易乎常禮之謂哉！况玩「其」字、「也」字，文勢直貫，至「是日也接」爲義，此謂吉祭與祔相接，非謂虞與吉祭相接也。接者，連續無間之義。惟今日吉祭，明日祔，故連續無間。而下文以「不忍一日未有所歸也」釋之，若謂赴虞者與吉祭尚遠，而每遇剛日則祭以接之，則每間一日而祭，初非無間之義，而下文何以云「不忍一日未有所歸」乎？且本節「不忍一日」句，與前「不忍一日離」同爲申釋之詞，義例對舉，尤無可疑者，安得破碎乖張如舊注乎！學者所宜潛究也。

方氏苞曰：舊説大夫五虞八日，諸侯七虞十二日，于葬後則過于數，于祔前則過于疏，非義所安也。

【孫氏集解】葬日虞，弗忍一日離也。是日也，以虞易奠。

虞以安神，葬日即虞，不忍一日離親之神也。葬前無尸，奠置於地。至虞，始立尸以行祭禮，故曰「以虞易奠」。雜記云「士三虞，大夫五，諸侯七」，則天子當九虞也。虞皆用柔日，假如士三虞，丁日葬而虞，則己日再虞，辛日三虞。士虞記云「三虞、卒哭、他，用剛日」，曰「哀薦成事」。先儒以「他用剛日」，兼蒙「三虞、卒哭」言之，故謂後一虞改用剛日，此不然也。此篇及曾子問、雜記皆云「卒哭成事」。士虞記「他用剛日」「哀薦成事」之文，專屬於卒哭。卒哭，他用剛日，則知三虞皆用柔日矣。

卒哭曰「成事」。是日也，以吉祭易喪祭，明日祔于祖父。

鄭氏曰：虞，喪祭也。既虞之後，卒哭而祭，其辭蓋曰「哀薦成事」，成祭事也。祭以吉爲成。

愚謂卒哭亦祭名。卒，止也，前此朝夕哭於殯宮，至是則止殯宮爲位之哭，惟朝夕哭於次而已，故曰「卒哭」，而因以爲其祭之名也。雜記：「士三月而葬，三月而卒哭。大夫三月而葬，五月而卒哭。諸侯五月而葬，七月而卒哭。」以此差之，則天子七月而葬，九月而卒哭也。大夫以上，虞與卒哭異月，士虞與卒哭同月，則以末虞之明日卒哭。虞皆用柔日，而卒哭改用剛日，以死者之神將自殯宫而往祔於廟。用剛日者，取其變動之義，故不用内事以柔日之例也。曰「成事」，謂祝辭所稱。士虞記「卒哭，曰哀薦成事」是也。士虞禮，主人即位於西階，亨於門西，牲升左胖，進柢。魚進鬐。皆喪祭之禮也。至卒哭而改用吉祭之禮，故曰「以吉祭易喪祭」。凡言吉祭有二：一是喪中卒哭之祭，此言「以吉祭易喪祭」，曾子問「其吉祭特牲」是也；一是喪畢吉祭，士虞記「是月也吉祭，猶未配」，大戴遷廟禮「乃擇日而吉祭焉」是也。祔，卒哭明日祭之名，祔猶附也，就死者祖父之廟而祭死者，使其神附屬於祖父也。必於祖父者，祔必以其昭穆也。既祔而反於寢，左傳曰：「凡君薨，卒哭而祔，祔而作主，特祀於主，烝、嘗、禘於廟。」特祀，謂祥禫也。喪畢，遇三時祫祭，則因祫而遷新主於廟。大夫、士無祫祭，則亦因吉祭而遷新主也。

其變而之吉祭也，比至於祔，必於是日也接，不忍一日末有所歸也。

吴氏澄曰：卒哭之末有餞禮，送神適祖廟矣，翼早急宜就祖廟，迎奉其神。若用虞祭之例，相隔一日而始祔祭，則卒哭後、祔祭前，此一日親之神無所依歸，孝子不忍，故祔必與卒哭相接也。

愚謂變，改也。之，往也。變而之吉祭，由喪祭變而至吉祭也。是日，卒哭之日也。接，連也。「必於是日也接」，謂祔用卒哭之明日，必於是卒哭之日相接連，不忍親之神一日無所依歸也。

鄭氏曰：日有所用接之，虞禮所謂「他用剛日」也。

孔氏曰：變，謂變常禮。所以有變者，或時有迫促，或事有忌諱，未及葬期，死而即葬者。喪服小記云：「赴葬者赴虞，三月而後卒哭。」彼據士禮而言。速葬速虞而後、卒哭之前，其日尚賒，不可無祭，謂之爲變。既虞，「比至於祔，必於是日也接」，謂於是三虞、卒哭之間，剛日而連接其祭。所以必用剛日接之者，孝子不忍使親每一日之間無所依歸。

愚謂此所言，初未有以見其爲變禮之意。且大夫以上，虞與卒哭皆間二月，中間未聞別有他祭，則士之赴虞而未卒哭者，中間亦不當有祭也。

【朱氏訓纂】葬日虞，弗忍一日離也。注：弗忍其無所歸。**是日也，以虞易奠。卒哭曰「成事」。**注：虞，喪祭也。既虞之後，卒哭而祭，其辭蓋曰「哀薦成事」，成祭事也。祭以吉爲成。　正義：鄭注士虞禮云「虞，安也」，所以安神。虞皆用柔日，最後一虞用剛日。雜記云「諸侯七虞」，然則天子九虞也。**是日也，以吉祭易喪祭，**注：卒哭，吉祭。**明日祔於祖父。**注：祭告於其祖之廟。**其變而之吉祭也，比至於祔，必於是日也接，不忍一日末有所歸也。**注：末，無也。日有所用接之，虞禮所謂「他用剛日」也。其祭，祝曰「哀薦」，曰「成事」。　吳幼清曰：虞祭猶是喪祭，卒哭始吉祭。明日，卒哭之次日也。變，亦易也。接，相連不間也。「變而之吉祭」，即上文所謂「以吉祭易喪祭」也。「比至於祔，必於是日也接」，即上所謂「明日祔於祖父」也。前言「弗忍一日離」，此言「不忍一日末有所歸」，蓋言卒哭之末有餞禮，送神適祖廟矣，翼早急宜就祖廟，迎奉其神。若用虞祭之例，相隔一日而始祔祭，則卒哭後、祔祭前，此一日親之神無所依歸，孝子不忍，故祔祭必與卒哭之日相連而不間也。聖人制禮之意精矣。注疏以變爲非常之祭，未見明據。

【郭氏質疑】卒哭曰「成事」。是日也，以吉祭易喪祭，明日祔于祖父。其變而之吉祭也，比至於祔，必於是日也接，不忍一日末有所歸也。

鄭注：既虞之後，卒哭而祭。日有所用接之，士虞禮所謂「他用剛日」也。

孔疏：虞、卒哭、祔皆常禮。此經云「變」，以其變常禮也。所以有變者，未及葬期而葬。喪服小記：「報葬者報虞，三月而後卒哭。」卒哭日賒，不可無祭。謂之爲變，三虞、卒哭之間接連其祭，恒用剛日。鄭注士虞記「三虞、卒哭、他，用剛日」云：「他，謂不及時而葬者。虞、卒哭之間有祭事，亦用剛日，其祭無名，謂之他者，假設言之。」

嵩燾案，鄭注於禮無徵。敖繼公儀禮集説：「三虞卒哭，謂三虞遂卒朝夕之哭。他者，變易之詞。不用柔日而用剛日，故謂之他。士虞記『三日而殯，三月而葬，遂卒哭，將旦而祔，則薦』。云『遂』者，以其與葬事相屬也。薦在三虞之夕，來日旦明祔廟，薦於寢以告之。」詳考諸經之文。敖氏之説最爲精覈，而義仍有未盡。喪禮，葬及練祥之祭，皆筮日。而虞、卒哭、祔不筮日，爲其事竝繫於葬也。喪事用柔日，三虞、卒哭獨以剛日。卒哭而祔，祔以柔日，故先期卒哭用剛。既夕禮「三虞卒哭，明日以其班祔」。士虞記連「三虞卒哭」爲文，而不别詳其儀，惟云「祭畢，未徹，乃餞」，餞即卒哭之祭也，是此二者同日。其云「三虞、卒哭，他用剛日」，蓋謂三虞、卒哭或有他故，易期祔廟，則此三虞與卒哭别爲一日，而皆用剛日。下云「三月而葬，遂卒哭」，葬而虞，三虞而卒哭，相承爲義。其云「將旦而祔，則薦」，則以他故不即祔廟，臨事而薦。薦、餞同義，皆謂卒哭之祭。初虞，辭曰「哀薦祫事」。再虞，曰「哀薦虞事」。三虞，曰「哀薦成事」。卒辭曰「來日某祔爾於皇祖某甫」。卒哭在三虞之夕，敖氏之説無可疑者。此經云「變而之吉祭，比至於祔，必於是日也接」，正發明此義。言虞屬之葬，卒哭屬之祔，葬而遂祔，則三虞卒哭，葬而不即祔，則卒哭之祭必與祔接。喪服小記：「報葬者報虞，三月而後卒哭。」亦此義也。經文錯舉其義，在善讀者之自會之。鄭注失之甚遠。

明日祔于祖父。

鄭注：祭告於其祖之廟。

嵩燾案，鄭注既夕禮：「祔，卒哭之明日祭名。祔，猶屬也。祭昭穆之次而屬之。」士虞記注：「祔已，復於寢。如既祫，主反其廟，練而後遷廟。」是鄭意但以祔爲祭名，相沿至今，循用其説。説文：「祔，後死者合食於先祖。」文二年左傳：「卒哭而祔，祔而作主，特祀於主，烝、嘗、禘於廟。」特祀者，練祥之祭，四時常祀及薦新，則同於祖廟。據儀禮之文，既葬而虞，以神道事之，而徹朝夕奠矣。喪祭止於虞，卒哭而用吉祭矣，必無饋食於寢之事。後世誠意不逮於古，而文或過之。賀氏循云：「自祔之後，惟朔月、月半殷奠。」士喪禮「朔月奠用特豚」，鄭注：「大夫以上，月半又奠。」然則士喪在殯，月半不殷奠，祔後乃殷奠乎？司馬家儀、朱子家禮竝有祔祭，而於初虞後云「罷朝夕奠」，亦竝不言朔月之殷奠。開元禮：「禫而祔。」程子云：「三年喪畢，吉禘，然後祔。祧主藏於夾室，新主遷於廟。」祔者，合食之謂。禫而吉祭，遷主於廟，非祔義矣。呂氏大臨云：「以昭穆之班祔於祖廟，有祭即而祭之，既除喪而后遷於新廟，故此謂之祔。」論祔義最盡，未可援漢以後通行之禮，强周制以從之也。

四·三四　**殷練而祔，周卒哭而祔，孔子善殷。**期而神之，人情[一]。○期，音基。

【衛氏集説】既封，主人贈，而祝宿虞尸。既反哭，主人與有司視虞牲。有司以几筵舍奠於墓左，反，日中而虞。葬日虞，弗忍一日離也。是日也，以虞易奠。

[一] 期而神之人情　惠棟校宋本此下標「禮記正義卷第十二終」，記云「凡二十三頁」。

鄭氏曰：贈，以幣送死者於壙也。有司視虞牲，謂日中將虞，省其牲也。舍奠墓左，以父母形體在此，禮其神也。周禮冢人：「凡祭墓爲尸。」虞，喪祭也。

孔氏曰：既封，謂葬已下棺，主人以幣贈之，時祝先歸，宿戒虞尸。案既夕禮，主人贈用制幣，玄纁束帛也。士虞禮記云：「男，男尸。女，女尸。」是虞有尸也。舍奠于墓左，既窆後之事也。有司，脩虞之有司也。几，依神也。筵，坐神席也。席敷陳曰筵。舍，釋也。奠，置也。墓道向南，以東爲左。孝子先反脩虞，故有司以几筵及祭饌置于墓左，以禮地神也。反，謂所使奠墓左有司歸也。虞者，葬日還殯宮，安神之祭名。鄭注士虞禮云：「虞，安也。必用日中者，是日時之正也。」士虞禮云「日中而行事」，注云：「朝葬，日中而虞。君子舉事，必用辰正也。再虞、三虞皆用質明。」蓋周人尚赤，大事用日出，故朝葬也。

嚴陵方氏曰：既封而贈，則虞祭有期矣，故祝先反而宿虞尸焉。宿，亦戒也。以事戒之則曰「戒」，以期戒之則曰「宿」。祭統言「宮宰宿夫人」，與此言「宿」同義。主人不親舍奠，而使有司代之者，欲速反而脩虞事故也。必待有司反而後虞祭者，葬禮畢，然後敢成葬反之禮故也。弗忍一日離其親，故不待明日而後虞也。「是日也，以虞易奠」者，以虞之禮漸吉故也。

卒哭曰「成事」。是日也，以吉祭易喪祭，明日祔于祖父。其變而之吉祭也，比至於

祔，必於是日也接，不忍一日末有所歸也。殷練而祔，周卒哭而祔。孔子善殷。

鄭氏曰：既虞之後，卒哭而祭，其辭蓋曰「哀薦成事」，成祭事也。祭以吉爲成，故云吉祭。祔于祖父，祭告于其祖之廟也。末，無也。孔子善殷，蓋期而神之，人情也。

孔氏曰：虞祭之時，以其尚凶，祭禮未成。今既卒無時之哭，唯有朝夕二哭，漸就于吉，故云「成事」。其虞與卒哭，尊卑不同，案雜記：「士三月而葬，是月而卒哭。大夫三月而葬，五月而卒哭。諸侯五月而葬，七月而卒哭。」約此天子七月而葬，九月而卒哭。雜記又云「諸侯七虞，大夫五，士三」，皆用柔日，最後一虞用剛日，故士虞禮云：「三虞、卒哭、他，用剛日。」雜記云「諸侯七虞」，然則天子九虞也。士三虞、卒哭同在一月。假令丁日葬，葬日而虞，則己日二虞，後虞改用剛，則庚日三虞也。三虞與卒哭相接，則壬日卒哭也。士之三虞用四日，則大夫五虞當八日，諸侯七虞當十二日，天子九虞當十六日，最後一虞與卒哭例同，用剛日。大夫以上卒哭去虞校兩月，則虞祭既終，不得與卒哭相接，其虞後卒哭之前，剛日雖多，不須設祭，以正禮既成故也。士虞禮云：「卒哭之明日，祔于祖父。」此虞、卒哭及祔皆據得正禮者耳。「其變而之吉祭」者，謂不得正禮，變常禮也。所以有變者，或時有迫促，或事有忌諱，未及葬期，死而即葬者，即喪服小記所云：「赴葬者赴虞者，三月而後卒哭。」彼據士禮而言。速葬、速虞之後，卒哭之前，其日尚賒，不可無祭，謂之爲變也。之，往也，謂既虞往至吉祭也。「比至于祔，必于是日接」

者，謂三虞、卒哭之間，剛日則連接其祭。蓋以孝子不忍親一日無所歸依也。此經亦據士，若大夫以上，赴葬、赴虞之後爲接祭，至當葬之月，終虞之祭日乃止，其祝亦稱「哀薦成事」。虞禮「他用剛日」，此經謂之「變」者，虞禮謂之「他」，其義一也。鄭注虞禮云「他，謂不及時而葬者」。

嚴陵方氏曰：「明日祔于祖父」者，謂祔廟也。以後死附先死而神事之，故謂之祔。或祔于祖，或祔于父，各從其昭穆也。

李氏曰：以其對奠，故曰「吉祭」。以其對未葬，故曰「成事」。變，他祭也，以其非正祭，故曰「變」。以其非常祭，故曰「他」。以生者之情，則不忍一日離也。窮死者之理，則不忍一日末有所歸也。夫窮死者之理，在乎盡生者之情。盡生者之情，在乎窮死者之理。虞祭所以安神也，故以「不忍一日離」言之。接祭所以致情也，故以「不忍一日末有所歸」言之。

廬陵胡氏曰：既夕禮曰「卒哭，明日以其班祔」，蓋周禮也。祔，猶屬也，屬昭穆之次。

河南程氏曰：喪須三年而祔，若卒哭而祔，則三年都無事。禮，卒哭猶存朝夕哭，若祭于殯宮，則哭于何處？古者君薨，三年喪畢，吉禘然後祔，因其祫祧主藏于夾室，新主遂自殯宮入于廟。國語言「日祭月享」，禮中豈有日祭之禮？此正謂在三年之中，不徹几筵，故有日祭。朝夕之饋，猶定省之禮，如其親之存也。至于祔祭，須是三年喪終乃可祔也。

涑水司馬氏曰：案士喪禮，始虞，祝詞云「適爾皇祖某甫」。告之以適皇祖，所以安之，故置祔于卒哭之來日。書儀。

藍田呂氏曰：禮之祔祭，各以昭穆之班祔于其祖。主人未除喪，主未遷于新廟，故以其主附藏于祖廟，有祭即而祭之，既除喪而後主遷于新廟，故謂之祔。左氏傳云：「君薨，祔而作主，特祀于主，烝、嘗、禘于廟。」周人未葬，奠于殯，虞則立尸，有几筵。卒哭而祔，祔始作主，既祔之祭有練、有祥、有禫，皆特祀其主于祔之廟。至除喪然後主遷新廟，以時而烝、嘗、禘焉。不立主者，其祔亦然。士虞禮及雜記所載「祔祭」皆是。殷人練而祔，則未練以前猶祭于寢，有未忍遽改之心。此孔子所以善殷。

會稽高氏曰：案禮記，虞、卒哭，明日祔于祖父。此周制也。若殷人，則以既練祭之明日祔，故孔子曰「周已戚，吾從殷」。蓋期而神之，人之情也。若卒哭而遽祔于廟，亦太早矣。然唐開元禮則既禫而祔，夫孝子哀奉几筵，至大祥而既徹之矣，豈可復使禫祭乃始祔乎？唐禮祥祭與禫祭隔兩月，此又失之于緩。故今于大祥徹靈座之後，則明日祔于廟，緣孝子之心不忍一日未有所歸也。

新安朱氏曰：衆言淆亂，則折諸聖孔子之言，萬世不可易矣。尚復何説？況「期而神之」之意，揆之人情，亦爲允愜。但其節文、次第今不可攷，而周禮則有儀禮之書，自始死以至祥禫，其節文度數詳焉。故温公書儀雖記孔子之言，而卒從儀禮之制，蓋其意謹于闕疑，以爲既不得其節文之詳，則雖孔子之言亦有所不敢從者矣。程子之説亦甚善，然鄭氏説「凡祔已，反于寢，練而後遷廟」，左氏春秋傳亦有「特祀于主」之文，則是古人之祔，固非遂徹几筵，程子于此恐其攷之有所未詳也。開元禮之説，則高氏既非之矣，然其自説，大祥徹靈座之後，明日乃祔于廟，以爲不忍一日末有所歸。殊不知既徹之後，未祔之前，尚有一夕其無所歸也。久矣，凡此皆有未安，恐不若且從儀禮、温公之説，次序、節文亦自確有精意，如檀弓諸説可見。

【吴氏纂言】既封，主人贈，而祝宿虞尸。既反哭，主人與有司視虞牲，有司以几筵舍奠於墓左。反，日中而虞。葬日虞，弗忍一日離也。是日也，以虞易奠。

鄭氏曰：贈，以幣送死者於壙也。有司視虞牲，謂日中將虞，省其牲也。舍奠墓左，以父母形體在此，禮其神也。虞，喪祭也。

孔氏曰：既封，謂葬已下棺。主人以幣贈之時，祝先歸宿戒虞尸。舍奠於墓左，既窆後之事也。几，依神也。筵，坐神席也。席敷陳曰筵。舍，釋也。奠，置也。墓道向南，以東爲左，孝子先反修虞，故有司以几筵及祭饌置于墓左，以禮地神也。反，謂所使奠墓左有司歸也。虞者，葬日還殯宫，安神之祭名。朝葬，日中而虞。

方氏曰：既封而贈，則虞祭有期矣，故祝先反而宿虞尸焉。宿，亦戒也。以事戒之則曰「戒」，以期戒之則曰「宿」。主人不親釋奠，而使有司代之者，欲速反而修虞事也。

必待有司反而後虞祭者，葬禮畢，然後敢成葬反之禮也。弗忍一日離其親，故不待明日而後虞也。「是日也，以虞易奠」者，以虞之禮漸吉故也。

澄曰：此條言葬後虞祭之事。封，從鄭讀作「窆」，謂既下棺，則主人以玄纁束贈死者於壙。當此時，祝先歸宿虞尸，虞不筮尸，擇可爲尸者宿之。既實土，則主人迎精而反，反哭于廟及殯宫。反哭送賓畢，主人浴，浴畢，與有司同省視虞祭所用之牲。墓所之有司當主人迎精而反之後，代爲主人舍奠於墓左，以禮地神，禮畢乃歸。主人必待此有司還反至家，當日中之時，乃行虞祭禮也。未葬以前，每日朝夕哭，有奠無祭。雖殷奠有盛饌，亦不謂之祭。及葬後而虞，則有尸，始謂之祭也。

卒哭曰「成事」。是日也，以吉祭易喪祭，明日祔于祖父。其變而之吉祭也，比至於祔，必於是日也接，不忍一日末有所歸也。殷練而祔，周卒哭而祔。孔子善殷。

鄭氏曰：既虞之後，卒哭而祭，其辭盖曰「哀薦成事」，成祭事也。祭以吉爲成。祔于祖父，告於其祖之廟也。末，無也。孔子善殷，盖期而神之，人情也。

孔氏曰：虞祭之時，以其尚凶，祭禮未成。今既卒無時之哭，惟有朝夕二哭，漸就於吉，故云「成事」。其虞與卒哭，尊卑不同。士三月而葬，是月而卒哭；大夫三月而葬，五月而卒哭；諸侯五月而葬，七月而卒哭；天子七月而葬，九月而卒哭。天子九虞，諸侯七虞，大夫五，士三，皆用柔日，最後一虞用剛日。士三虞、卒哭同在一月。假令丁日葬，葬日而虞，則已日二虞，後虞改用剛日，則庚日三虞也。三虞與卒哭相接，則壬日卒哭也。士之三虞用四日，則大夫五虞當八日，諸侯七虞當十二日，天子九虞當十六日。最後一虞與卒哭例同，用剛日。大夫以上，卒哭去虞校兩月，則虞祭既終，不得與卒哭相接。其虞後、卒哭之前，剛日雖多，不須設祭，以正禮既成故也。士虞禮云「卒哭之明日，祔于祖父」，此虞、卒哭及祔皆據得正禮者爾。「其變而之吉祭」者，謂不得正禮，變常禮也。所以有變者，或時有迫促，或事有忌諱，未及葬期，死而即葬，喪服小記所云「赴葬者赴虞，三月而后卒哭」。彼據士禮速葬、速虞之後，卒哭之前，其日尚賒，不可無祭，謂之「變」。之，往也，謂既虞往至吉祭也。「比至於祔，必於是日接」者，謂三虞、卒哭之間，剛日則連接其祭，蓋以孝子不忍使親一日之間無所歸依也，此亦據士。若大夫以上赴葬、赴虞之後爲接祭，至當葬之月，終虞之祭日乃止，其祝亦稱「哀薦成事」。士虞記云「三虞、卒哭、他，用剛日」，鄭注云：「他，謂不及時而葬者。」虞禮謂之「他」，此謂之「變」，一也。

澄曰：是日，謂卒哭之日也。虞祭猶是喪祭，卒哭始是吉祭，故曰「是日，以吉祭易喪祭」。明日，謂卒哭之次日也。祖父，謂死者之祖考，孫祔于祖，昭穆同也。變，亦易也。接，相連不間也。「變而之吉祭」，即上文所謂「以吉祭易喪祭也」。「比至於祔，必於是日也接」，即上文所謂「明日祔于祖父也」，言喪祭變而趨吉祭自卒哭始，相比逮及祔祭，必於此卒哭之日相連接而不間斷者，不忍使親之神一日無所歸也。前言「弗忍一日離」，蓋言孝子送形而往，既窆而還，則已與親之體魄離矣。迎精而反於家，急宜聚親之神魂與相交際。若不遄修虞祭而待明日，則是此葬之一日與親相離，孝子不忍，故不待明日虞而於葬日虞也。此言「不忍一日未有所歸」，蓋言卒哭之末有餞禮，送神適祖廟矣，翼早急宜就祖廟，迎奉其神。若用虞祭之例，相隔一日而始祔祭，則卒哭後、祔祭前，此一日親之神無所依歸，孝子不忍，故祔祭必與卒哭之日相連接而不間日也。假令士以丁日葬，則本日初虞，間一日，己是柔日，再虞，又間一日，辛是柔日，辛後壬是剛日，三虞，視再虞遠一日也。大夫初虞至四虞，諸侯初虞至六虞，天子初虞至八虞，皆間一日用柔日，末後一虞，則間二日用剛日。士三虞凡六日，大夫五虞凡十日，諸侯七虞凡十四日，天子九虞凡十八日，皆無連日祭者，惟卒哭與祔之日相連接。蓋以神魂離殯宮適祖廟，不可使之一日無歸也，聖人制禮之意精矣，注疏以「變」爲非常禮之祭，謂速葬、速虞者，於卒哭前再有此非常之祭。考之經傳記，未見明據。「殷練而祔」者，練之次日，乃祔于祖廟。周人雖於卒哭之後祔祖，然祔後練前有朝夕哭，仍就殯宮。蓋朝夕哭者，孝子哀親之不存而哭，非爲其神之在此而哭也。

會稽高氏曰：按禮既虞卒哭，明日祔于祖父，此周制也。若殷人則以既練祭之，明日祔。孔子曰「周已戚，吾從殷」，蓋期而神之，人之情也。

吕氏曰：禮之祔祭，各以其昭穆之班祔于其祖。主人未除喪，主未遷於新廟，以其主祔藏于祖廟，有祭即而祭之，故謂之祔。既除喪而後主遷于新廟，左氏傳云「君薨，祔而作主，特祀于主，烝、嘗於廟」。周人未葬，奠于殯，虞則立尸，有几筵。卒哭而祔，祔始作主，既祔之祭有練、有祥、有禫，皆特祀其主於祔之廟。至除喪然後主遷新廟，以時而烝、嘗焉。不立主者，其祔亦然。士虞禮及雜記所載祔祭皆是。殷人練而祔，則以前猶祭于寢，有未忍遽改之心。此孔子所以善殷。

澄按，殷人殯于廟，殯宫不在寢。吕氏謂「猶祭于寢」，恐非。

【陳氏集説】孝經曰：「爲之宗廟，以鬼享之。」孔子善殷之祔者，以不急於鬼其親也。

【郝氏通解】**葬於北方，北首，三代之達禮也，之幽之故也。既封，主人贈，而祝宿虞尸。既反哭，主人與有司視虞牲。有司以几筵舍奠於墓左，反，日中而虞。葬日虞，弗忍一日離也。是日也，以虞易奠。卒哭曰「成事」。是日也，以吉祭易喪祭，明日祔于祖父。其變而之吉祭也，比至於祔，必於是日也接，不忍一日未有所歸也。殷練而祔，周卒哭而祔，孔子善殷。**

北方，國之北也。殯則南其首，從陽也。葬則北其首，從陰也。三代通用之，生則來而向明，死則往而歸幽也。贈以幣，贈死者于墓。時則祝先歸，而戒虞祭之尸。宿、夙通，戒也。既反哭，即與有司省視虞祭之牲，別令有司以几筵釋奠山陵之神于墓左，爲親託體于此也。使有司者，主人反虞也。是日葬，即是日虞，甫失其柩，即安其神，弗忍一日離親也。未虞以前，人道饋食，奠而已。至虞以神道奉祭，易奠也。虞，安也，安神也。禮，士三虞，大夫五虞，諸侯七虞，虞而後卒哭，卒哭而始祔。虞用柔日，静以安也。祔用剛日，動以遷也。故虞間日一舉，而祔即卒哭之明日。卒哭者，卒不絕聲之哭，惟朝夕哭思至哭耳。曰成事，謂祭事以吉爲成，故卒哭之祭，祝曰「哀告成事」也。吉祭，即卒哭祔于祖父廟，孫與祖同昭穆也。虞有常數，而自葬至卒哭，日尚遠，如士期月葬，三月卒哭；大夫三月葬，五月卒哭；諸侯五月葬，七月卒哭。未卒哭，主未祔，其間祭不可缺，故自虞漸變而之卒哭之吉祭也。比及祔日，祭相接續，不忍使親之神一日無所歸，如殷人期年練而後祔，則期年之内祭必相接。周人但卒哭即祔，猶其近者。夫子善殷，善其不忍死親也。

【江氏擇言】鄭注：期而神之，人情。

程子云：喪須三年而祔，若卒哭而祔，則三年都無事。卒哭猶存朝夕哭，若無主於殯宫，則哭於何所？

張子云：古者三年喪畢，吉禘，然後祔，因其祫祧主藏於夾室，新主遂自殯宫入於廟。國語云「日祭月享」，廟中豈有日祭之禮？此正謂三年之中不徹几筵，故有日祭朝夕之饋，猶定省之禮，如其親之存也。至於祔祭，須是三年喪終乃可祔也。

吕氏云：禮之祔祭，各以其昭穆之班祔於其祖。主人未除喪，主未遷於新廟，故以其主祔藏於祖廟，有祭即而祭之，既除喪而後主遷於新廟，故謂之祔。

朱子答陸子壽書云：先王制禮，本緣人情。吉凶之祭，其變有漸，故始死全用事生之禮。既卒哭，祔廟，然後神之，然猶未忍盡變，故主復於寢，而以事生之禮事之。至三年而遷於廟，然後全以神事之。此其禮文見於經傳者不一，雖未有言其意者，然以情度之，知其必出於此無疑矣。其「遷廟」一節，鄭氏用穀梁「練而壞廟」之説，杜氏用賈逵、服虔説，則以三年爲斷，其間同異得失，雖未有考，然穀梁但言「壞舊廟」，不言遷新主，則安知其非於練而遷舊主，於三年而納新主邪？至於禮疏所解鄭氏説，但據周禮「廟用卣」一句，亦非明驗，故區區之意，竊疑杜氏之説爲合於人情也。來諭考證雖詳其大概，以爲既吉則不可復凶，既神事之則不可以事生之禮接爾。竊恐如此非唯未嘗深考古人吉凶變革之漸，而亦未暇反求孝子慈孫深愛至痛之情也。

朱文端公云：「祔」之論不一，祔已，反於寢，練而後遷，鄭説也。祔藏於廟，祭則即祭之，吕氏説也。大祥，祔而遷，伊川横渠之論也。「練而後祔」者，殷道，夫子之所善也。朱子從禮疏，祔於卒哭，準程、張遷於大祥，折衷具有深意。而後儒乃以兩祔爲疑，要知祔而遷者，主高、曾之祀之宗子也。烝、嘗再期不舉，死者能無恫然。卒哭而祔，蓋體死者痛念祀典之缺而祔而祭之也。至喪事即遠，謂不以柩反也。若謂主出不得反，何以魂帛既出，待反虞而埋耶？又云既以明日之祔爲不忍一日無歸，則殷之練而祔忍矣。孔子何以善之？此別記一説，亦疑其非而未能決也。周人卒哭之祔，蓋祔已，反於寢。殷人練而祔，祔而遷於廟。禮家合而較之，誤矣。孔子善殷，非實事。

按，呂氏謂「祔祭，即以其主祔藏於祖廟」，非也。假令祔後之主已在祖廟，則遷廟時主不出廟。考大戴禮諸侯遷廟「奉衣服，由廟而遷於新廟」，此廟實爲殯宫，則先儒謂祔後主反於殯宫者信矣。其不言奉主而言奉衣服者，鄭氏謂毁易祖考，人神之所不忍是也。程子、張子考之不詳，謂「祔即是遷」，故謂祔當於三年，不知祔與遷自是兩事也。祔後殯宫有主，遷廟篇固可證矣。而陳子所謂「若無主於殯宫，則朝夕哭於何所」，張子所謂「日祭朝夕之饋，如親之存」，亦可見。至遷廟，先儒有二説。朱子斷從三年之説爲合於人情。愚又以遷廟篇證之，亦當是除喪之後，其云「成廟，將遷之新廟。徙之日，君玄服，從者皆玄服」，非除喪豈可玄服乎？事畢後，安神之辭云「擇日而祭」焉，此即所謂吉祭也。使練而遷廟，則練與大祥之間豈可行吉祭乎？左氏傳云：「卒哭而祔，祔而作主，特祀於主，烝、嘗、禘於廟。」此亦可見練、祥、禫之祭，皆特祀於主，而主不在廟也。穀梁傳所謂「於練焉壞廟」者，易檐改塗，以示他日將遷於此，而遷不於練也。喪事即遠，有進無退，謂柩不反，非謂主不反，則文端公論之當矣。其謂「卒哭而祔，蓋體死者痛念祀典之缺而祔祭之」，恐未必然。祔祭，惟祔於同昭穆之祖，非同昭穆者不祭，則禮意蓋欲使親死者祔於同班之祖，而非爲祀典之缺也。

又按，殷人殯於祖，其在太祖廟乎？抑在昭穆同班之廟乎？其詳不可攷矣。以意推之，殷練而祔，亦是行祔祖之祭，若遷廟，當在除喪之後也。周人殯於寢，既葬，主猶在寢，故卒哭即行祔祭，使其神有所歸。殷人殯於廟，不患其無所歸，是以練而始行祔祭也。祔，以主祔於祖，爲以神道事之，以人情而言。期而神之者，人之情，故孔子善殷。殷、周異制，其原自殯於祖、殯於寢已不同。殷練而祔，與上文「不忍一日未有所歸」自不相妨。文端公疑記者別記一説，謂「孔子善殷，非實事」，過矣。

【欽定義疏】**正義** 鄭氏康成曰：孔子善殷，蓋期而神之，人情也。

吴氏澄曰：「殷練而祔」者，練之次日，乃祔於祖廟。周人雖於卒哭之後祔祖，然祔後練前，有朝夕哭，仍就殯宫。蓋朝夕哭者，孝子哀親之不存而哭，非謂其神之在此而哭也。

陳氏澔曰：孝經曰「爲之宗廟，以鬼享之」。孔子善殷之祔者，以不急於鬼其親也。

存疑 吕氏大臨曰：禮之祔祭，各以昭穆之班祔於其祖。既除喪而後主遷於新廟，故謂之祔。左氏傳云「君薨，祔而作主，特祀於主，烝、嘗、禘於廟」。周人未葬奠於殯，虞則立尸，有几筵，卒哭而祔，祔始作主。至除喪，然後主遷新廟，以時而烝、嘗、禘焉。不立主者，其祔亦然。士虞禮及雜記所載祔祭皆是。殷人練而祔，則未練已前猶祭於寢，有未忍遽改之心。此孔子所以善殷。

辨正 朱子曰：孔子之言，萬世不可易矣。況「期而神之」之意，揆之人情亦爲允愜。

但其節文、次第今不可考，而儀禮之書自始死以至祥禫，其節文度數詳焉，故温公書儀亦從之。鄭氏説「凡祔已，反於寢，練而後遷廟」，左氏亦有「特祀於主」之文，則古人之祔，固非遂徹几筵也。開元禮高氏既非之，然如其自爲説，大祥徹靈座，明日祔廟，中閒一夕既無所歸矣，恐不若且從儀禮也。又曰：穀梁但言「壞舊廟」，不言遷新主，安知非練遷舊主，三年納新主耶？又曰：必先遷高祖之主於夾室，然後可改釁其廟而納祖主，必遷祖之主於高廟，然後可改釁其廟而納新祔主。

案 殷、周之禮，當以孔子所善爲主，漢、唐諸説當以朱子所論爲宗。今由夫子所論，而參之諸經，通之諸説。記言「喪者不祭」，左氏言「特祀於主，烝、嘗、禘於廟」，周禮言「王有大故，則宗伯攝祭」，王制言「犆礿、祫禘、祫嘗、祫烝」，蓋三年喪，殯宫之祭，王自主之，故言「特祀於主」。宗廟三祫，皆宗伯攝之，故言「烝、嘗、禘於廟」。及喪者不祭，且春不祫，則無從遷廟，猶特祀於主，必至烝、嘗、禘之祫乃遷，故烝、嘗、禘乃言於廟也。穀梁言「練而壞廟」，是王小祥奉新主祔於祖，祔祭竟，仍還殯宫，宗伯於後第一祫，告當遷於羣祖，因留高祖之主於夾室。既遷，壞高祖廟，復新之，以待祖主之入。第二祫，因遷祖之主入於高廟。既遷，壞祖廟，復新之，以待新主之入。若諸侯，則夏禘一犆一祫，其年止二祫耳。至三年喪畢，乃奉新主入於禰廟，然亦必因夏之大禘，冬之大烝，始與羣祖合食。蓋主之必遷者，義之公，故臨之以大祖而行之以攝祭之宗伯。祔者，仁之道，故祔於祖而行之以嗣位之孝王。且因祫而遷，則昭穆主皆入大祖之室，而因留當遷之高祖，隨諸祧主入於夾室，則遷之有禮而無迫促之嫌。而後壞廟，新廟以次遞遷，皆有節文而無急猝之失。新主既入廟乃除靈座，自不至一日未有所歸，故服虔云「三年已前，不得遷廟，三年喪畢，則遭烝、嘗，行祭而遷廟也」。若三年喪畢而當春礿，則新主未可遽入，俟夏祫始行之，則靈座雖禫未可除。故徐邈云「三時皆可祫，而服終無常，喪畢，則隨烝、嘗、禘之時以祫」，而杜預遂以爲「祫禘」爲遷主之祭。范寧謂三年喪畢，致新死之主於廟曰「禘」。許慎謂三年喪畢，則禘於大廟以致新死者。杜佑謂禫祭後乃祫，來年禘於羣廟。諸説所自來也。夫祔之節次如此，則練而祔正得其中，而周人之卒哭而祔太早矣。孔子善殷，其從殷哉。如此，則虞祭不用「適爾皇祖」之文，必至練祭乃用之也。

【杭氏集説】吴氏澄曰：「殷練而祔」者，練之次日乃祔於祖廟。周人雖於卒哭之後祔祖，然祔後、練前有朝夕哭，仍就殯宫。蓋朝夕哭者，孝子哀親之不存而哭，非謂其神之在此而哭也。

陳氏澔曰：孝經曰：「爲之宗廟，以鬼享之。」孔子善殷之祔者，以不急於鬼其親也。

朱氏軾曰：士虞禮：「三虞卒哭，他用剛日，曰『哀薦成事』。」又曰：「三月而葬，遂卒哭，將旦而祔。」是卒哭即三虞也。云「卒哭」者，以無時之哭從此卒也。此記承上節「以虞易奠」，謂自初虞至三虞則卒哭，而喪事已畢，故是日之祭爲吉祭，非復前此之喪祭也。初虞已漸趨吉，至三虞則全吉矣。喪祭重哀，吉祭重敬，敬非不哀也，而儀節特詳，祼獻維謹，牲物畢備，儼然靈爽之式憑，不似喪祭之倉卒簡略，一任悲哀已也。三虞之明日祔于祖父，祔者，附也，有所附，斯有所歸，亦猶生人依祖父而始安也。必三虞而後附者，初虞、再虞尚惝怳無憑，至三虞則魂氣已安而依主苐，恐依者之終不免于去來無定也，故祔以歸之，變而之吉。三句申上文而釋之，注疏以「變」爲變禮，是儀禮「他用剛日」，俱指不及時而葬者。予嘗論注疏之非，閱文正論，實獲我心。又曰：既以明日之祔爲不忍一日無歸，則殷之練而祔，忍矣。孔子何以善之？愚意此記者别記一説，亦疑其非而未能決也。然祔之論不一，謂「祔已，反于寢」，則宜速。如程子所謂「祔而遷」，呂氏所謂「祔而藏于廟」，則宜遲。朱子折衷羣論，卒哭祔祭，返于寢，大祥祧而入于廟，庶合禮意。周人卒哭之祔，蓋祔已返于寢也。殷人練而祔，祔而遷于廟也。禮家合而較之，誤矣。孔子善殷，非實事。即有之，亦就殷言殷，非謂殷之善于周也。

姜氏兆錫曰：此因上文釋祔廟之義而推言之也。

【孫氏集解】鄭氏曰：期而神之，人情也。

愚謂殷練而祔，於練祭之明日而祔也。周卒哭而祔，於卒哭之明日而祔也。祔畢，主皆還於寢，至三年喪畢而後祭於廟，則殷、周之所同也。

【朱氏訓纂】注：期而神之，人情。　江氏永曰：考大戴禮諸侯遷廟「奉衣服，由廟而遷於新廟」，此廟實爲殯宮，則先儒謂祔後主反於殯宮者，信矣。其不言「奉主」，而言「奉衣服」者，鄭氏謂「毀易祖考，人神之所不忍」是也。祔後殯宮有主，遷廟篇固可證矣。至遷廟，先儒有二説。朱子斷從三年之説，爲合於人情。愚又以遷廟篇證之，亦當是除喪之後。其云「成廟，將遷之新廟。徙之日，君玄服，從者皆玄服」，非除喪豈可玄服乎？使練而遷廟，則練與大祥之間豈可行吉祭乎？左氏傳云：「卒哭而祔，祔而作主。特祀於主，烝、嘗、禘於廟。」此亦可見練、祥、禫之祭皆特祀於主，而主不在廟也。穀梁傳所謂「於練焉壞廟」者，易檐改塗，以示他日將遷於此，而遷不於練也。喪事即遠，有進無退，謂柩不反，非謂主不反。卒哭而祔，惟祔於同昭穆之祖，非同昭穆者不祭。蓋欲使新死者祔於同班之祖，而非爲祀典之缺也。又曰：以意推之，「殷練而祔」，亦是行祖之祭，若遷廟，當在除喪之後也。周人殯於寢，既葬，主猶在寢，故卒哭即行祔祭，使其神有所歸。殷人殯於廟，不患其無所歸，是以練而始行祔祭也。殷、周異制，其原自殯於祖、殯於寢已不同。「殷練而祔」，與上文「不忍一日末有所歸」自不相妨也。

【郭氏質疑】鄭注：期而神之，人情。

嵩燾案，曲禮「虞而立尸，有几筵」，故曰「以虞易奠」。虞之名祭，蓋以神道事之而不復名奠。殷練而祔，則是既葬而仍不廢朝夕奠也。周人易之，以虞、卒哭爲終期，而朝夕哭不能常也，殷之質也。儀禮，既殯而有朝夕奠，既葬而有朝夕哭，不奠，至卒哭而止，以次差之，周之文也。孔子固曰「三年之喪，吾從其質者」。文二年穀梁傳「作主，壞廟有時日，於練焉壞廟」，又援「殷練而祔」，而遂以祔爲毁廟遷主，所傳之失實也。鄭注士虞記「練而後遷廟」，又承穀梁之説而失之。

檀弓注疏長編卷二十二

四·三五 ○**君臨臣喪**[一]**，以巫祝桃茢，執戈，惡之也，**爲有凶邪之氣在側[二]。君聞大夫之喪，去樂卒事而往，未襲也。其已襲，則止巫，去桃茢[三]。桃，鬼所惡。茢，萑苕，可埽不祥。○茢，音列，徐音例。杜預云：「黍穰也。」鄭注周禮云：「苕帚。」惡，烏路反，注及下注同。凶邪，似嗟反，下注同。萑，音完。苕，大彫反。○**所以異於生也。**生人無凶邪。

【疏】「君臨」至「生也」[四]。○正義曰：此一節論君臨臣喪之禮。「君」謂天子，臣喪未襲之前，君往臨弔，則以巫執桃，祝執茢，又使小臣執戈。所以然者，惡其凶邪之氣。

[一] 君臨臣喪節　惠棟校宋本自此節起至「季康子之母死」節止爲第十三卷，首題「禮記正義卷第十三」。

[二] 爲有凶邪之氣在側　閩、監、毛本同，岳本同，嘉靖本同，衛氏集説同，釋文出「凶耶」云：「下、注同。」

[三] 則止巫去桃茢　閩、監、毛本同，岳本同，嘉靖本同，盧文弨云：「足利、古本『巫』下有『祝』字，非。」案：正義云「祝代巫而入」，又云「巫止于門外，祝先入」，是巫止而祝不止也，足利本非，盧校是。

[四] 君臨至生也　惠棟校宋本無此五字。

必惡之者，所以異於生人也。若往臨生者，但有執戈，無巫祝執桃茢之事[一]。今有巫祝，故云「異於生」也。

○注「君聞」至「桃茢」。○正義曰：「君聞大夫之喪，去樂卒事」者，昭十五年公羊傳文。言「而往，未襲也」，是鄭意所加之言也。公羊直云「去樂卒事」，鄭必知往者，以下云「柳莊之卒，衛侯不脱祭服而往」，明其王有大臣之喪，亦當然也。以聞喪即往，故知未襲也。

云「已襲，則止巫，去桃茢」者，「襲」謂死之明日，則止巫門外，去桃茢，祝代巫而入，又小臣執戈。鄭知然者，案喪大記「大夫之喪，將大斂，君往，巫止于門外，祝先入」。又云士喪禮亦如此[二]。又士喪禮大斂而往，「巫止于廟門外，祝代之。小臣二人執戈先，二人後」，此皆大斂之時。小斂及殯更無文，明與大斂同。直言巫止，無「桃茢」之文。喪大記雖記諸侯之禮，明天子亦然，故云「已襲，則止巫，去桃茢」也。此經所云，謂天子禮。故鄭注士喪禮引檀弓云：「君臨臣喪，以巫祝桃茢，執戈，以惡之，所以異於生也。」皆天子禮也。諸侯臨臣之喪，則使祝代巫執茢居前，下天子也。以此言之，知此文據天子禮也。

[一]　無巫祝執桃茢之事　閩、監、毛本作「事」，此本「事」字闕。
[二]　又云士喪禮亦如此　閩、監、毛本同，考文引宋板無「士」字。盧文弨云：「或是無『云』字，下『又士喪禮大斂而往』似當作『又大夫士既殯而君往焉』。」

也。鄭注士喪禮云「諸侯臨臣之喪，則使祝代巫執茢」，亦謂未襲以前也。若已襲之後，茢亦去之，與天子同。是天子未襲之前臨臣之喪，巫祝、桃茢、執戈，三者並具。諸侯臨臣喪，未襲之前，巫止，祝執茢，小臣執戈。若既襲之後，斂殯以來，天子與諸侯同，並巫止，祝代之，無桃茢。案士喪禮君弔之時，當大斂之節，而鄭注云：「巫祝桃茢，執戈，天子禮也。使祝代巫執茢，諸侯禮也。」以當大斂之時而解爲未襲前者，以士喪禮未襲之前，君無親弔。今大斂，君來，巫止門外，故鄭以未襲之前，解天子、諸侯之異。

必知襲後無桃茢者，案喪大記大斂唯有「巫止」之文，無桃茢之事，故注云：「此已襲，則止巫去桃茢。」下云：「荊人使公親襚[一]，巫先拂柩」。時荊王以襄二十八年十二月死，至明年正月，則殯來已久，得有始行襲禮。

「巫先拂柩」者，彼云「襲」者，謂加衣於殯，非爲尸加衣，故下云「拂柩」。及左傳云「祓殯而襚」是既殯也。公以楚人無禮於己，故公用天子未襲之前君臨臣喪之法，以巫祝桃茢也。

【衛氏集説】鄭氏曰：桃，鬼所惡。茢，萑苕，可掃不祥，爲有凶邪之氣也。生人則無凶邪。

[一] 荊人使公親襚　監、毛本作「荊」。此本「荊」誤「茢」，閩本同。

孔氏曰：此一節論君臨臣喪之禮。「君」謂天子，往臨臣喪，則以巫執桃，祝執茢，又使小臣執戈。若往臨生者，但有執戈，無巫祝桃茢之事，故云「異于生也」。案喪大記「大夫之喪，將大斂，君往，巫止于門外，祝先入」，又士喪禮大斂而往，「巫止于廟門外，祝代之。小臣二人執戈先，二人後」，此皆大斂之時。小斂及殯更無文，明與大斂同也。直言巫止，無「桃茢」之文，則去桃茢可知也。喪大記雖記諸侯禮，明天子亦然。此經所云謂天子禮，諸侯臨臣之喪，則使祝代巫執茢居前，下天子也，亦謂未襲以前。若已襲之後，茢亦去之，與天子同。是天子未襲之前臨臣之喪，巫祝、桃茢、執戈，三者並具。諸侯臨臣之喪未襲之前，巫止，祝執茢，小臣執戈。若既襲之後，斂殯以來，天子與諸侯同也。

清江劉氏曰：君臨臣喪，以桃茢先，非禮也，周之末造也。事之斯爲臣焉，使之斯爲君焉，君臣之義，非虚加之也，寄社稷焉爾，寄宗廟焉爾，寄人民焉爾。夫若是，其孰輕？故君有慶，臣亦有慶；君有戚，臣亦有戚。書曰「元首明哉，股肱良哉」，尊卑異而已矣，雖于其臣亦然。故臣疾君親問之，臣死君親哭之，所以致忠愛也。若生也而用，死也而棄；生也而厚，死也而薄；生也而愛，死也而惡，是教之忘生也，是教之背死也。禍莫甚于背死而忘生，苟爲背死而忘生，則不足以託六尺之孤，寄百里之命。施之于人者，不變于存亡，然後人之視其亡猶存矣。則夫桃茢胡爲乎諸臣之廟哉！或曰于記有之，宜若禮然。曰否，是故亦周末之記也。昔者仲尼之畜狗死，使子貢埋之，曰：「丘聞之也，敝帷不棄，爲埋馬也。敝蓋不棄，爲埋狗也。而丘也貧，無蓋也，亦予之席焉。」夫不以賤而棄之，爲勞也。夫不以死欺之，爲有生也。勞雖賤，不棄也；死雖狗，不欺也，而况于君臣乎！吾故曰君臨臣喪，以桃茢先，非禮也，周之末造也。

【吴氏纂言】鄭氏曰：桃，鬼所惡。茢，萑苕，可掃不祥，爲有凶邪之氣。生人則無凶邪。

孔氏曰：「君」謂天子，往臨臣喪，則以巫執桃，祝執茢，又使小臣執戈。若往臨生者，但有執戈，無巫祝桃茢之事，故云「異於生」。按喪大記「大夫之喪，將大斂，君往，巫止於門外，祝先入」，又士喪禮大斂而往，「巫止於廟門外，祝代之。小臣二人執戈先，二人後」，此皆大斂之時。小斂及殯無文，明與大斂同也。直言巫止，無「桃茢」之文，則去桃茢可知也。喪大記雖記諸侯禮，明天子亦然。此經所云謂天子禮，諸侯臨臣之喪，則使祝代巫執茢居前，下天子也，亦謂襲以前。若已襲之後，茢亦去之，與天子同。是天子未襲之前，臨臣之喪，巫祝、桃茢、執戈，三者並具。諸侯臨臣之喪，未襲之前，巫止，祝執茢，小臣執戈。若既襲之後，斂殯以來，天子與諸侯同也。

清江劉氏曰：君臨臣喪，以桃茢先，非禮也，周之末造也。君臣之義非虛也，寄社稷，寄宗廟，寄人民焉爾。故君有慶，臣亦有慶；君有戚，臣亦有戚。臣疾君親問之，臣死君親哭之，以致忠愛也。若生而用死而棄，生而厚死而薄，生而愛死而惡，是忘生背死也。

施之於人者，不變於存亡，然後人之視其亡猶存矣。則夫桃茢胡爲乎諸臣之廟哉！或曰於記有之，宜若禮然。曰否，是固周末之記也。

澄曰：用桃茢者，非賤其臣、薄其臣也，禮則固然，殆未可以輕訾也。

孔疏：若往臨生者，但有執戈，無巫祝執桃茢之事。今有巫祝，故云「異於生也」。

【郭氏質疑】鄭注：君聞大夫之喪，去樂卒事而往，未襲也。其已襲，則止巫去桃茢。

嵩燾案，士喪禮「巫止於門外，祝代之。小臣二人執戈先，二人後」，鄭注引周禮男巫「王弔，則與祝前」，喪祝「王弔，則與巫前」。諸侯臨臣之喪，使祝代巫執茢居前，下天子也。儀禮明言「祝代之」，是不去桃茢也。襄二十九年，公在楚，楚康王卒，楚人使公親襚，使巫以桃茢先祓殯。桃茢先者，巫也。喪大記云「祝代之先」，即謂先入以桃茢祓也。此經通巫祝言之。凡弔，巫祝與有事焉。使祝代者，祝相君以便事也。孔疏云：臨死者，謂未襲以前；臨生者，既斂而死者已不可見，故曰臨生者。附會鄭注「去桃茢」之文，曲析經義以從之，非所安矣。

四·三六　○**喪有死之道焉，**言人之死有如鳥獸死之狀。鳥獸之死，人賤之。**先王之所難言也。**聖人不明說，爲人甚惡之。○難，乃旦反。

【疏】「喪有」至「言也」[一]。○正義曰：此一節論先王恐生者惡死者之事。言人之喪也，有如鳥獸死散之道焉，先王之所難言死散之義。若言其死散，則人之所惡，故難言也。

【衛氏集説】孔氏曰：人之喪也，有死散之道，人之所惡，故難言也。

【吴氏纂言】孔氏曰：人之喪也，有死散之道，人之所惡，故難言也。

鄭氏曰：難言，爲人甚惡之，不明説也。

澄曰：此承上文「異於生」之語，而申説其意。

【陳氏集説】**君臨臣喪，以巫祝桃茢，執戈，惡之也，所以異於生也。喪有死之道焉，先王之所難言也。**桃性辟惡，鬼神畏之。王莽惡高廟神靈，以桃湯灑其壁。茢，苕帚也，所以除穢。巫執桃，祝執茢，小臣執戈，蓋爲其有凶邪之氣，可惡，故以此三物辟祓之也。臨生者則惟執戈而已，今加以桃茢，故曰「異於生也」。君使臣以禮，死而惡之，豈禮也哉？然人死，斯惡之矣。故喪禮實有惡死之道焉，先王之所不忍言也。

【納喇補正】**君臨臣喪，以巫祝桃茢，執戈，惡之也，所以異於生也。喪有死之道焉，先王之所難言也。**

[一] 喪有至言也　惠棟校宋本無此五字。○鍔按：「喪有」上，阮校有「喪有死之道焉節」七字。

【集説】君使臣以禮，死而惡之，豈禮也哉？然人死，斯惡之矣，故喪禮實有惡死之道焉，先王之所不忍言也。

【竊案】喪大記「大夫之喪，將大斂，君往，巫止於門外，祝先入」，又士喪禮大斂而往，「巫止於廟門外，祝代之。小臣二人執戈先，二人後」，直言巫出，無桃茢之文，故清江劉氏曰：「君臨臣喪，以桃茢先，非禮也，周之末造也。君臣之義，非虚加之也，寄社稷焉爾，寄宗廟焉爾，寄人民焉爾。故君有慶，臣亦有慶；君有戚，臣亦有戚。臣疾君親問之，臣死君親哭之，所以致忠愛也。若生也而用，死也而棄；生也而厚，死也而薄；生也而愛，死也而惡，是忘生背死也。禍莫甚於背死而忘生，背死而忘生，則不足以託六尺之孤，寄百里之命。施之於人者，不變於存亡，然後人之視其亡猶存矣。則夫桃茢胡爲乎諸臣之廟哉！或曰於記有之，宜若禮然。曰否，是亦周末之記也。」劉氏之云與喪大記、士喪禮正合。吴氏謂「用桃茢非薄其臣，禮則固然，未可輕訾」，恐未然也。

【郝氏通解】君臨臣喪，以巫祝桃茢，執戈，惡之也，所以異於生也。喪有死之道焉，先王之所難言也。

桃性辟惡。茢，苕帚，以除不潔。戈以刺。皆爲死者有凶邪之氣，故君弔則令巫祝以此三物辟除之。人生則愛之，死則惡之，喪禮有惡死之道焉，先王所不忍言也。

按君臨臣喪，親愛之情，哀敬之道，乃惡而辟之，是後世人主貴倨之習，先王必無是也。

【欽定義疏】君臨臣喪，以巫祝桃茢，執戈，惡之也，所以異於生也。喪有死之道焉，先王之所難言也。

正義　鄭氏康成曰：桃，鬼所惡。茢，萑苕，可掃不祥。爲有凶邪之氣也。生人則無凶邪。

孔氏穎達曰：此論君臨臣喪之禮。君臨臣喪，則以巫執桃，祝執茢，又使小臣執戈。若往臨生者，但有執戈，無巫祝桃茢之事，故云「異於生也」。案喪大記「大夫之喪，將大斂，君往，巫止於門外，祝先入」，又士喪禮大斂而往，「巫止於廟門外，祝代之。小臣二人執戈先，二人後」，此皆大斂之時。小斂及殯更無文，明與大斂同也。直言巫止，無桃茢之文，則去桃茢可知也。喪大記雖記諸侯禮，明天子亦然。然人之喪有死散之道，人之所惡，故難言也。又曰天子臨臣喪未襲，巫祝、桃茢、執戈，三者具。諸侯臨臣喪未襲，巫止，祝執茢，小臣執戈。既襲之後，斂殯以來，天子諸侯同，巫止，祝代之，無桃茢。士未襲以前，君不親弔，大斂君來，亦止巫去桃茢。

陳氏澔曰：君使臣以禮，死而惡之，豈禮也哉？然人死，斯惡之矣，故喪禮實有惡死之道焉，先王之所不忍言也。

存疑　劉氏敞曰：君臨臣喪，以桃茢先，非禮也，周之末造也。事之斯爲臣焉，使之斯爲君焉，君臣之義，非虛加之也，寄社稷、宗廟、人民焉爾。故君有慶，臣亦有慶；君有戚，臣亦有戚。君於其臣亦然，故臣疾君親問之，臣死君親哭之，所以致忠愛也。若生而用死而棄，生而厚死而薄，生而愛死而惡，是教之背死也。苟背死而忘生，則不足託六尺之孤，寄百里之命。施之於人者，不變於存亡，然後人之視其亡猶存矣，則夫桃茢胡爲乎諸臣之廟哉！

辨正　姚氏舜牧曰：死與生自不同，惡生於所畏，故爲之祓除。

案　人死斯惡之，非惡此死者，惡其凶穢之氣也。姚氏「惡生於所畏」一語甚精，桃茢、執戈，正釋人疑畏之心，而使君得盡愛、盡禮於臣也。

【杭氏集説】君臨臣喪，以巫祝桃茢，執戈，惡之也，所以異於生也。喪有死之道焉，先王之所難言也。

陳氏澔曰：君使臣以禮，死而惡之，豈禮也哉？然人死斯惡之矣，故喪禮實有惡死之道焉，先王之所不忍言也。

姚氏舜牧曰：死與生自不同，惡生於所畏，故爲之祓除。

姚氏際恒曰：按喪大記云「大夫之喪，將大斂，君往，巫止於門外，祝先入」，又士喪禮云大斂而往，「巫止於廟門外，祝代之，小臣二人執戈先，二人後」，當以此二説爲正。此增桃茢之文，乃附會襄二十九年左傳「使巫以桃茢先祓殯」，此蓋爲惡臣之死，非禮也。而孔氏以此爲天子禮，彼爲諸侯禮，尤臆説。

朱氏軾曰：「所以異於生」句承上起下，謂生愛之而喪乃惡之者，以喪有死之道故也。

又曰：孔疏有死散之道，「散」字最精，幽明殊途，死生隔絕，欲狎之而不可得，是故喪事即遠。遠之者，神之也。神之，斯敬之矣。人死斯惡，亦即遠之意也。然遠之、惡之之意，先王終不忍明言，但制爲禮，使後人循而習之，以無失敬遠之道焉耳。

陸氏奎勳曰：清江劉氏謂「以桃茢先，非禮也，周之末造也」。不獨善於持論。按大喪記君臨大夫喪，止用巫祝，士喪禮巫祝之外有二小臣執戈。原不載有桃茢之説。

李氏光坡曰：注解「異於生」句曰：「生人無凶邪，則死有鬼氣可知，故曰『喪有死之道也』。」坡嘗侍至親疾，邪氣因哀而生，悽愴流露實亦可惡，然亦情之哀切。或義之當然，有不可得而惡，故曰先王之所難言也。惟制禮以祓其邪，以安其情，則生死俱順矣。

【孫氏集解】君臨臣喪，以巫祝桃茢，執戈，惡之也，所以異於生也。喪有死之道焉，先王之所難言也。

鄭氏曰：桃，鬼所惡。茢，萑苕，可埽不祥，爲有凶邪之氣也。生人則無凶邪。

愚謂臨喪用巫祝者，亦與神交之道也。桃、茢二物，蓋使巫、祝執之。王弔，則巫、祝並前，周禮男巫「王弔，則與祝前」，喪祝「王弔，則與巫前」是也。諸侯則至廟門而巫止，祝代之，降於天子也。小臣二人執戈先，君之常儀也。臨生者但有執戈，臨死者則加以巫祝桃茢者，人死，斯惡之矣，所以與臨生者之禮異也。死，澌滅也。難言，不忍言也。

君於大夫、士之喪，於殯斂必往焉，臨其尸而撫之，其於君臣之恩誼至矣。然必用巫祝桃茢者，蓋以死有澌滅之道，先王之所不忍言，故必有所恃，以祛其疑畏，正所以使其得盡弔哭之情也。

○鄭氏曰：君聞大夫之喪，去樂卒事而往，未襲也。其已襲，則止巫，去桃茢。

孔氏曰：案喪大記「大夫之喪，將大斂，君往，巫止于門外，祝先入」，士喪禮大斂而往，「巫止于廟門外，祝代之。小臣二人執戈先，二人後」，此皆大斂之時。小斂及殯無文，明與大斂同。直言巫止，無「桃茢」之文，喪大記雖記諸侯禮，明天子亦然，故鄭云「已襲，則止巫，去桃茢」也。此經所云，謂天子禮，故鄭注士喪禮引檀弓云：「『君臨臣喪，以巫祝桃茢，執戈』，天子禮也。」諸侯則使祝代巫，執茢居前，下天子也。知此文據天子禮也。鄭注士喪禮云「諸侯使祝代巫執茢」，亦謂未襲以前也。若已襲之後，茢亦去之，與天子同。是天子臨臣之喪，巫祝、桃茢、執戈，三者並具。諸侯臨臣喪，未襲之前，巫止，祝執茢，小臣執戈。若既襲之後，斂殯以來，天子諸侯同，並巫止，祝代之，無桃茢。

愚謂喪大記「君於卿大夫，大斂焉，爲之賜，則小斂焉」。左傳隱五年：「衆仲卒，公不與小斂，故不書日。」是君於卿大夫恩意之厚者，至於與其小斂焉而止爾，未聞有未襲而往者。衛獻公於柳莊之卒，不稅祭服而往，乃因其相從於患難而然，非可據爲常典也。鄭氏以士喪禮、喪大記皆不言巫茢，故以此爲未襲之禮。然士喪禮、喪大記皆謂大斂而往者，故無「桃茢」。此有「桃茢」者，蓋君於卿大夫爲之賜而小斂者也，謂爲未襲，非也。諸侯至廟門而巫止，則未至廟門時亦巫祝、桃茢並有矣，亦不必專以此所言爲天子之禮也。

【王氏述聞】⊙先王之所難言也

喪有死之道焉，先王之所難言也。

唐石經初刻「所」下有「以」字，改刻删去，而各本皆從之。家大人曰：有「以」字者是也。正義曰：「言人之喪也，有如鳥獸死散之道焉，先王之所以難言死散之義。今本無「以」字，則文不成義。此後人依已脱之經文删之也。若言其死散，則人之所惡，故難言也。」「故」字，正釋「所以」二字。鄭注云「聖人不明説，爲人甚惡之」，亦是釋「所以」二字。

【朱氏訓纂】君臨臣喪，以巫祝桃茢，執戈，惡之也，注：爲有凶邪之氣在側。君聞大夫之喪，去樂卒事而往，未襲也。其已襲，則止巫，去桃茢。桃，鬼所惡。茢，萑苕，可埽不祥。**所以異於生也。**注：生人無凶邪。正義：此經所云謂天子禮。鄭注士喪禮引此文云：「皆天子禮也。諸侯臨臣之喪，則使祝代巫，執茢居前，下天子也。」**喪有死之道焉，先王之所難言也。**陳可大曰：人死，斯惡之矣。先王之所不忍言也。王氏念孫曰：唐石經初刻「所」下有「以」字。

四·三七　○**喪之朝也，順死者之孝心也。**朝，謂遷柩於廟。○朝，直遥反，注及下皆同。**其哀離其室也，故至於祖考之廟而后行。殷朝而殯於祖，周朝而遂葬。**

【疏】「喪之」至「遂葬」[一]。○正義曰：此一節論殷、周死者朝廟之事。「喪之朝也」者，謂將葬前以柩朝廟者。夫爲人子之禮，出必告，反必面，以盡孝子之情。今此所以車載柩而朝，是順死者之孝心也。然朝廟之禮，每廟皆朝，故既夕禮云「其二廟，則饌於禰廟」。下云「降柩，如初，適祖」，則天子諸侯以下，每廟皆一日，至遠祖之廟，當日朝畢，則爲祖祭，至明日設遣奠而行。

○「其哀離其室也」者，謂死者神靈悲哀，弃離其室，故至於祖考之廟，辭而後行。殷人尚質，敬鬼神而遠之，死則爲神，故云「朝而殯於祖廟」。周則尚文，親雖亡殁故，猶若存在，不忍便以神事之，故殯於路寢，及朝廟遂葬。夫子不論二代得失，皆合當代之禮，無所是非。以此言之，則周人不殯於廟。按僖八年「致哀姜」，左傳云：「不殯于廟，則弗致也。」則正禮當殯於廟者，服氏云：「不薨於寢，寢謂小寢。不殯於廟，廟謂殯宮。鬼神所在謂之廟。」鄭康成以爲春秋變周之文，從殷之質，故殯於廟。杜預以爲不以殯朝廟。未詳孰是。

[一]　喪之至遂葬　惠棟校宋本無此五字。○鍔按：「喪之」上，阮校有「喪之朝也節」五字。

【衛氏集説】鄭氏曰：朝，謂遷柩于廟。

孔氏曰：此一節論殷、周死者朝廟之事。「喪之朝也」，謂將葬以柩朝廟也。夫爲人子之禮，出必告，反必面。今將葬，以車載柩而朝于廟，是順死者之孝心也。又死者神靈悲哀，棄離其室，故至于祖考之廟，辭而後行。殷人尚質，敬鬼神而遠之，死則爲神，故云「朝而殯于祖廟」。周則尚文，親雖亡没，猶若存在，不忍便以神事之，故殯于路寢，及朝廟遂葬。

【吴氏纂言】鄭氏曰：朝，謂遷柩於廟。

孔氏曰：人子之禮，出必告，反必面。今將葬以車載柩而朝於廟，是順死者之孝心。死者神靈悲哀，棄離其室，故至於祖考之廟辭而後行。殷人尚質，死則爲神，故朝而殯於祖廟。周則尚文，親雖亡没，猶若存在，不忍便以神事之，故殯于路寢，不殯于廟，及朝廟遂葬。

【陳氏集説】子之事親，出必告，反必面。今將葬而奉柩以朝祖，固爲順死者之孝心。然求之死者之心，亦必自哀。其違離寢處之居，而永棄泉壤之下，亦欲至祖考之廟而訣别也。殷尚質，敬鬼神而遠之，故大斂之後，即奉柩朝祖，而遂殯於廟。周人則殯於寢，及葬則朝廟也。

【郝氏通解】朝，謂將葬以柩朝于祖而後行，所以順死者之孝心也。死者之心，其必悲哀，永離其室，故辭于祖考也。殷人尚質，人死即以神事，敬而遠之，始死即朝祖，殯于廟。周人尚文，親雖亡，不忍亡之，猶殯于寢，比朝于廟而遂葬矣。

【欽定義疏】正義　鄭氏康成曰：朝，謂遷柩於廟。

孔氏穎達曰：此論殷、周死者朝廟之事。喪之朝也，謂將葬，以柩朝廟也。夫爲人子之禮，出必告，反必面。今將葬，以車載柩而朝於廟，是順死者之孝心也。又死者神靈悲哀，棄離其室，故至於祖考之廟，辭而後行。

通論　孔氏穎達曰：殷人尚質，敬鬼神而遠之，死則爲神，故朝而殯於祖廟。周則尚文，親雖亡殁，猶若存在，不忍便以神事之，故殯於路寢，及朝遂葬。

案　殷殯於廟，故未殯先朝。周殯於寢，故朝而後葬。此神道、人道之別。

【杭氏集説】姚氏際恒曰：周朝而遂葬，既夕朝與之合。然僖八年「致哀姜」，左傳云：「不殯于廟，則弗致也。」則周亦殯于祖矣，與此不合，或春秋禮，而此説非，或周初禮，而春秋變之，皆未可知，不必强合也。乃服氏解廟爲殯宫，杜氏謂不以殯朝廟，皆未允。鄭氏謂春秋變周之文，從殷之質，此用何休之説，尤謬。從來皆謂周末文勝，如其説，則是周末質勝矣。

【孫氏集解】喪之朝，謂將葬以柩朝廟也。爲人子之禮，出必告，反必面，柩之朝廟，象生人之出必告親，順死者之孝心而爲之也。又以死者之心必以離其室爲哀，故至於祖考之廟而後行，以致其徘徊而不忍遽去之意。朝廟又兼有此義也。殷人以死則爲神，鬼神以遠於人爲尊，故朝而遂殯於祖廟。周人以死者之心不欲遽離其寢處之所，故至葬而後朝廟。

〇崇精問：「葬母亦朝廟否？」焦氏曰：「内豎職王后之喪，朝廟，則爲之蹕。是母喪亦朝廟明也。婦未廟見，則不朝廟。」

愚謂孔疏言天子、諸侯之葬，每一日朝一廟，非也。士喪記，有二廟者，朝祖畢，即朝禰，不待明日，是不以一日限朝一廟矣。天子、諸侯之喪，祝斂群廟之主而藏之大廟，尤無事偏歷群廟而朝之也。

〇自「喪禮，哀戚之至也」以下至此，凡十六條。第一條總言喪禮，其下十五條似皆據喪禮之成文而釋其義，然證以士喪禮，多不合。如「歠主人、主婦、室老，爲其病也」，及「君臨臣喪，以巫祝桃茢，執戈」，則當爲大夫之禮無疑。至「弁絰葛而葬」，則注疏以爲人君之禮。又注疏謂人君方有主，則「重，主道也」一條因重言主，亦當爲人君之禮矣。然此十六條，文體相似，又首以「喪禮」發其端，而以下逐節釋之，似其所據者乃儀禮之一篇，不當錯。有諸侯、大夫之禮，則豈變服而葬，虞而作主，大夫以上皆然與？今於前文已用舊説釋之，謹復獻其疑於此，以俟學者更考焉。

【朱氏訓纂】注：朝，謂遷柩於廟。　正義：夫爲人子之禮，出必告，反必面，以盡孝子之情。今此所以車載柩而朝，是順死者之孝心也。然朝廟之禮，每廟皆朝，故既夕禮云「其二廟，則饌於禰廟」。殷人尚質，敬鬼神而遠之，死則爲神，故朝而殯於祖廟。周則尚文，親雖亡殁，不忍以神事之，故殯於路寢，及朝廟遂葬。

四·三八　○**孔子謂：「爲明器者知喪道矣，備物而不可用也。**神與人異道，則不相傷。**哀哉，死者而用生者之器也，不殆於用殉乎哉！**殆，幾也。殺人以衛死者曰殉。用其器者，漸幾於用人。○殉，辭俊反，以人從死曰殉。幾，音祈，又音機，下同。**其曰明器，神明之也。**神明死者，異於生人。**塗車、芻靈，自古有之，**芻靈，束茅爲人馬[一]。謂之靈者，神之類。○芻，初拘反。**明器之道也。」**言與明器同。**孔子謂「爲芻靈者善」，謂「爲俑**

[一] 束茅爲人馬　閩、監、毛本同，岳本同，嘉靖本同，衛氏集説同。惠棟校宋本「馬」作「焉」，宋監本同。考文引古本「馬」下有「焉」字。釋文亦云：「束茅爲人馬曰芻靈。」○鍔按：「束茅」上，阮校有「孔子謂爲明器者節」八字。

者不仁[一]**，殆於用人乎哉**[二]**！」**俑，偶人也，有面目機發，有似於生人[三]。孔子善古而非周。○俑，音勇。

【疏】「孔子」至「乎哉」[四]。○正義曰：此一節皆記者録孔子之言，善古非殷、周之事，故云孔子謂夏家爲明器者，知死喪之道焉。以孝子之事親不可闕，故備其器物，若似生存。以鬼神異於人，故物不可用。孔子既論夏家之事是，又言殷代之非，故云可哀哉！殷之送死者而用生者之祭器，不殆於用生人爲殉乎哉！「殆」，近也，謂近於用乎生人爲殉。所以近者，以生人食器而供死者，似若用生人而殉死人，故云近也。既言殷代之事，將言周代用偶人爲非禮，故先言明器芻靈，後論偶人之事，故言「其曰明器，神明之也」。死者之物，還可用塗車、芻靈，即明器之物一類，自古帝王，所制而有之，此則豈不可爲

[一] 謂爲俑者不仁　石經、惠棟校宋本、岳本、宋監本、嘉靖本、閩本同，衛氏集説亦作「仁」，監、毛本「仁」誤「二」。

[二] 殆於用人乎哉　閩本同。監、毛本「殆」上有「不」字，石經同，岳本同，嘉靖本同，衛氏集説同。

[三] 有似於生人　閩本同，宋監本同，岳本同，嘉靖本同，衛氏集説同。監、毛本「有」字脱。惠棟校宋本亦有「有」字，考文引古本、足利本同。

[四] 孔子至乎哉　惠棟校宋本無此五字。

用？故云「明器之道也」。記者記録孔子之言[一]，又説孔子臧否古今得失。以其語更端，故重言「孔子」。謂古之爲芻靈者善，謂周家爲俑者不仁，不近於用生人乎哉！言近於用生人。所以近者，謂刻木爲人而自發動[二]，與生人無異，但無性靈智識，故云近。

此云「用人」，前言「用殉」。殉是已死之人，形貌不動，與器物相似，故言「用殉」。此云「用人」者，謂用生人入壙。今俑者形貌發動，有類生人，故云「用人」。上文云「塗車、芻靈」，此不言「塗車」，直言「芻靈」者，以其束茅爲人，與俑者相對，故不取塗作車也。○注「俑偶」至「非周」。○正義曰：謂造作形體，偶類人形，故史記有土偶人、木偶人是也。

云「孔子善古而非周」者，「古」謂周以前、虞以後。故上云「虞氏瓦棺，始不用薪」，明虞氏以來始有塗車、芻靈。

言「非周」者，謂周爲俑人。如鄭康成之意，則周初即用偶人，故冢人職「言鸞車象人」，司農注云：「象人，謂以芻爲人。」康成注引此「謂爲俑者不仁」，是象人即俑人也。其餘車馬器物，猶爲塗車、芻靈。故校人「大喪，飾遺車之馬，及葬，埋之」，鄭注云：

[一] 記者記録孔子之言　閩、監、毛本下「記」作「既」，考文引宋板作「記」，衛氏集説無此「記」字。按：集説是也。

[二] 謂刻木爲人而自發動　惠棟校宋本亦作「而自」。閩、監、毛本「而自」改「面目」，非。

「言埋之，則是馬塗車之芻靈。」是偶人之外，猶有塗車芻靈之制，雖或用木，無機械發動。偶人謂之俑者，皇氏云：「機械發動踊躍，故謂之俑也。」

【衛氏集説】鄭氏曰：殺人以衛死者曰殉。殆，幾也。用其器者，漸幾于用人也。明器所以神明死者，異于生人也。芻靈，束茅爲人焉，謂之靈者，神之類。俑，偶人也，有面目機發，有似于生人。孔子善古而非周。

孔氏曰：此一節記者録孔子善古非殷、周之事。謂夏爲明器，知死喪之道焉，以孝子之事親不可闕，故備其器物，若似生存。以鬼神異于人，故物不可用。孔子既論夏家之是，又言殷代之非，謂用生者之祭器而供死者，近于用生人而殉死人也。既言殷代，又將言周用偶人非禮。故先言塗車、芻靈，自古帝王制而有之，此不可爲用，故云「明器之道也」。記者録孔子之言，又説孔子臧否古今得失，故重言「孔子」。前言「用殉」，是已死之人形貌不動，與器物相似，故言「用殉」。此云「用人」者，謂用生人入壙。今俑者，形貌發動，有類生人，故云「用人」。周初即用偶人，故冢人職言「鸞車象人」，象人謂以芻爲人，鄭注引此謂「爲俑者不仁」，是象人即俑人也。

山陰陸氏曰：言「謂」不言「曰」，「謂」者，孔子之義也。君子見微于此，哀之。

臨川王氏曰：用生者之器，必非殷盛時之禮。或者生者之器，非祭器也。此言果孔子，則周不爲俑矣。言周作俑，亦無據。

嚴陵方氏曰：喪之爲道，所以致之于死生之間。明器者，若前經所謂「竹不成用，瓦不成味」之類是矣。孟子引孔子之言，曰：「始作俑者，其無後乎。」其言蓋本于此。

【吴氏纂言】孔子謂：「爲明器者知喪道矣，備物而不可用也。哀哉，死者而用生者之器也，不殆於用殉乎哉！其曰明器，神明之也。

鄭氏曰：殆，幾也。殺人以衛死者曰殉。用其器者，漸幾於用人也。明器所以神明死者，異於生人也。

孔氏曰：謂夏爲明器，知死喪之道矣，以孝子之事親不可闕，故備其器物若似生存。以鬼神異於人，故物不可用。孔子既論夏之事，又言殷之非，謂用生者之祭器而供死者，近於用生人而殉死人也。

山陰陸氏曰：言「謂」者，孔子之意也。

臨川王氏曰：用生者之器，必非殷盛時之禮。或生者之器，非祭器乎？

塗車、芻靈，自古有之，明器之道也。」孔子謂「爲芻靈者善」，謂「爲俑者不仁，殆於用人乎哉！」

鄭氏曰：芻靈，束茅爲人。謂之靈者，神之類，言此與明器同。俑，偶人也，有面目機發，似生人。孔子善古而非周。

孔氏曰：塗車，塗作車。塗車芻靈，自古帝王制而有之，不可爲用，即明器之物一類，故曰「明器之道也」。俑，謂刻木偶類人形。記者録孔子之言，謂古之爲芻靈者善，謂爲俑者不仁，不近於用生人入壙乎哉？

【陳氏集説】孔子謂：「**爲明器者知喪道矣，備物而不可用也**。」此孔子善夏之用明器從葬。**哀哉，死者而用生者之器也，不殆於用殉乎哉**！此孔子非殷人用祭器從葬。以人從死曰殉。殆，幾也。用其器則近於用人。**其曰明器，神明之也**。**塗車、芻靈，自古有之，明器之道也**。」孔子謂「**爲芻靈者善**」，謂「**爲俑者不仁，殆於用人乎哉**！」謂之明器者，是以神明之道待之也。塗車，以泥爲車也。束草爲人形，以爲死者之從衛，謂之芻靈，略似人形而已，亦明器之類也。中古爲木偶人，謂之俑，則有面目機發，而太似人矣。故孔子惡其不仁，知末流必有以人殉葬者。趙氏曰：以木人送葬，設機而能踊跳，故名之曰「俑」。

【郝氏通解】殆，近也。殺人從葬曰殉。塗車，以泥爲車也。芻靈，以草爲人也。俑，以木爲人，有機能踊，故曰「俑」。近于用人，故夫子惡之。

【欽定義疏】孔子謂：「**爲明器者知喪道矣，備物而不可用也**。**哀哉，死者而用生者之器也，不殆於用殉乎哉**！

正義 鄭氏康成曰：神與人異道，則不相傷。殺人以衛死者曰殉。殆，幾也。用其器者，漸幾於用人也。

孔氏穎達曰：此録孔子善古，非殷、周之事。謂夏爲明器，知死喪之道焉。以孝子之事親不可闕，故備其器物，若似生存。鬼神異於人，故物不可用。孔子既論夏家之是，又言殷代之非，謂用生者之祭器而供死者，近於用生人而殉死人也。

方氏慤曰：喪之爲道，所以致之於死生之間。明器者，若前經所謂「竹不成用，瓦不成味」之類是已。

其曰明器，神明之也。塗車、芻靈，自古有之，明器之道也。」孔子謂「爲芻靈者善」，謂「爲俑者不仁，殆於用人乎哉！」

正義 鄭氏康成曰：明器，所以神明死者，異於生人也。芻靈，束茅爲人馬。謂之靈者，神之類。俑，偶人也，有面目機發，有似於生人。孔子善古而非周。

孔氏穎達曰：既言殷代，又將言周用偶人非禮，故先言塗車、芻靈，自古帝王制而有之，此不可爲用，故云「明器之道也」。重言「孔子」。前言用殉，是已死之人形貌不動，與器物相似，故言「用殉」。此言「用人」，謂生人入壙。今俑者形貌發動，有類生人，故云「用人」。周初即用偶人，故冢人職言「鸞車象人」，司農注云：「象人，謂以芻爲人。」鄭注引此謂「爲俑者不仁」，是象人即俑人也。

王氏安石曰：生者之器，用器，非祭器也。

黄氏震曰：明器備而不可用，芻靈似而不爲人。後世明器改而用生者之器，芻靈改而用木偶之人，故流而至於用生人殉死者之葬。孔子推其漸而哀之。孫氏奭曰：埤蒼云：「木人，送葬設關而能踊跳，故名之曰『俑』，象人而用。」故後有秦穆以子車氏三子爲殉。

陳氏澔曰：塗車，以泥爲車也。

案 孔謂殷用生器，周用俑，亦無據。觀鄭司農注冢人職，象人，猶以芻靈釋之可見。

【杭氏集説】孫氏奭曰：埤倉云：「木人，送葬設關而能踊跳，故名曰『俑』，象人而用。」故後有秦穆以子車氏三子爲殉。

黄氏震曰：明器備而不可用，芻靈似而不爲人。後世明器改而用生者之器，芻靈改而用木偶之人，故流而至於用生人殉死者之葬。孔子推其漸而哀之。

萬氏斯大曰：芻靈略似人形，塗車略似車形，故可從葬。觀此，則知以遣車爲從葬者，皆妄也。古用芻靈，後易爲俑，孔子善芻靈而不仁俑，知後世非皆用俑也，蓋有之耳。

姚氏際恒曰：此意蓋疑時代遞遷，從葬者日趨新巧，所以防其流弊也。意謂惟爲明器者，知喪道。其後漸有用生者之器者，不殆於用象人殉葬乎哉！其後果有爲俑以象人者，不殆於用人乎哉！用殉、用人，有分別，凡物從葬通曰殉，故殉亦訓從，孟子「以身殉道」是也。由是用偶人從葬亦曰殉，用人從葬通曰殉也。鄭氏不識「殉」字義，徒以人從葬爲殉，因曰「殺人以衞死者曰殉」。若然，則用殉、用人了無分別。記文何爲前後分言之乎？　上章「仲憲言於曾子，謂夏用明器，殷用祭器，周人兼用」，此無稽之説，故曾子辨之。從來解者，皆誤認爲實，然於此章亦以明器屬夏，生者之器屬殷，爲俑屬周，謂孔子善夏而非殷、周，殊繆。況此言生者之器，非祭器也。言爲俑，非兼周也，亦絶不相通。若必据三代爲説，則爲俑豈文、武制耶！固執可笑如此。生者之器必不定是祭器。上章言「竹不成用，瓦不成味，木不成斲」，皆明器也，反是則皆生者之器。

姜氏兆錫曰：此章凡數十條倫言喪事始終之節，與士喪禮之屬相表裏。

【孫氏集解】孔子謂：「爲明器者知喪道矣，備物而不可用也。哀哉，死者而用生者之器也，不殆於用殉乎哉！」

鄭氏曰：殆，幾也。殺人以衛死者曰殉。用其器者，漸幾於用人。

愚謂此善夏之用明器，非殷之用祭器也。備物既以致其事死如事生之意，不可用又以見送死者之異於人，此用明器者之所爲知喪道也。「哀哉」以下，記者之言也。祭器，生人之器也。用其器，則近於用其人，此用祭器之所以可哀也。

其曰明器，神明之也。塗車、芻靈，自古有之，明器之道也。」孔子謂「爲芻靈者善」，謂「爲俑者不仁，殆於用人乎哉！」

鄭氏曰：神明之，神明死者，異於生人。芻靈，束茅爲人馬。謂之靈者，神之類。俑，偶人也，有面目機發，似於生人。孔子是古而非周。

愚謂此又譏周末爲俑之非也。其曰「明器，神明之」者，言以神明之道待之，而異於生人也。此二句，孔子之言，記者引之，以起下文所論之事也。塗車、芻靈，皆送葬之物也。塗車，即遣車，以采色塗飾之，以象金玉。芻靈，束草爲遣車上御右之屬，及爲駕車之馬。冢人云「言鸞車象人」，又校人「飾遣車之馬，及葬，埋之」，鄭云「言埋之，則是馬塗車之芻靈」是也。芻靈不能運動，亦猶明器之備物而不可用也。俑，木偶人也。偶，寓也，以其寄寓人形於木，故曰偶。俑，踊也。以其有機發而能跳踊，故謂之俑。由芻靈而爲俑，蓋周末之禮然也。孔子以其象人而用之，故謂「爲不仁」。

【朱氏訓纂】**孔子謂：「爲明器者知喪道矣，備物而不可用也。**注：神與人異道，則不相傷。**哀哉，死者而用生者之器也，不殆於用殉乎哉！**注：殆，幾也。殺人以衛死者曰殉。用其器者，漸幾於用人。**其曰明器，神明之也。**注：神明死者，異於生人。**塗車、芻靈，自古有之，**注：芻靈，束茅爲人馬。謂之靈者，神之類。釋名：塗車，以泥塗爲車也。芻靈、束草爲人馬，以神靈名之也。**明器之道也。」**注：言與明器同。**孔子謂「爲芻靈者善」，謂「爲俑者不仁，殆於用人乎哉！」**注：俑，偶人也，有面目機發，有似於生人。孔子善古而非周。

四・三九　○**穆公問於子思曰**[一]：**「爲舊君反服，古與？」**仕焉而已者。穆公，魯哀公之曾孫。○爲，于僞反，下「爲君」「爲使人」皆同。與，音餘，下同。**子思曰：「古之君子，進人以禮，退人以禮，故有舊君反服之禮也。今之君子，進人若將加諸膝，退人若將隊諸淵**[二]**，毋爲戎首，不亦善乎？又何反服之禮之有？」**言放逐之臣不服舊君也。爲兵主來攻伐曰「戎首」。○膝，音悉。隊，本又作「墜」，直媿反。

【疏】「穆公」至「之有」[三]。○正義曰：此一節論不爲舊君著服之事。○注「仕焉」至「曾孫」。○正義曰：案喪服「齊衰三月」章爲舊君凡有三條。其一云「爲舊君、君之母妻」，傳云「仕焉而已者也」，注云：「謂老若有廢疾而致仕者。」兼服其母妻。

其二，「大夫在外，其妻、長子爲舊國君」，注云：「在外，待放已去者。」傳云：「妻，言與民同也。長子，言未去也。」注云：「妻雖從夫而出，古者大夫不外娶，婦人歸宗，往

[一]　穆公問於子思節　惠棟校云：「『穆公』節、『悼公』節，宋本合爲一節。」

[二]　退人若將隊諸淵　閩、監、毛本同，岳本同，嘉靖本同，衛氏集説同。石經「隊」作「墜」，考文引古本同。釋文出「將隊」云：「本又作『墜』。」

[三]　穆公至之有　惠棟校宋本無此五字。

來猶民也。長子去，可以無服。」此則大夫身不爲服，唯妻與長子爲舊君耳。

其三，「爲舊君」，注云：「大夫待放未去者。」傳曰：「大夫去君，埽其宗廟，言其以道去君，而猶未絶也。」注云：「以道去君，爲三諫不從[一]，待放於郊。未絶者，言爵祿尚有列於朝[二]，出入有詔於國。」若已絶，則不服也。以此言之，凡舊君，若年老致仕退歸在國不仕者，身爲之服齊衰三月，并各服其母妻也。若三諫不從，待放已去而絶者，唯妻與長子服之，己則無服。若待放未去，爵位未絶，身及妻子皆爲之服。然則去仕他國，已絶之後，不服舊君。而雜記云：「違諸侯，之大夫，不反服。」則違諸侯，之諸侯，反服。得爲舊君服者，雜記所云，謂不便其居，或辟仇讎[三]，有故不得在國者。故孟子：「齊宣王問孟子云：『禮，爲舊君有服。何如斯可爲服矣？』孟子對曰：『諫行言聽，膏澤下於民。有故而去，則君使人導之出疆，送至彼國，明其無罪。其所往，三年不反，然後收其田里，此之謂三有禮焉。如此者得爲舊君反服矣。』」與雜記同。鄭注此云「仕焉而已者」，取喪服第一條，謂年老致仕在國者。鄭必以第一條解之者，以穆公所問爲舊君之反服，宜問喪服正禮，故以第一條致仕者解之。其實亦兼三諫未絶，及有故出在他國者，故

[一] 以道去君爲三諫不從　閩、監、毛本同，衛氏集説「爲」作「謂」，與儀禮喪服注合。
[二] 未絶者言爵祿尚有列於朝　閩、監、毛本作「未」，此本「未」字闕。
[三] 或辟仇讎　惠棟校宋本作「讎」，此本「讎」誤「雖」，閩、監、毛本作「難」，亦非，衛氏集説作「或辟寇讎」。

下子思云「古之君子，進人以禮，退人以禮」是也。云「穆公，魯哀公之曾孫」者，案者案世本云[一]「哀公生悼公靈，靈生元公嘉，嘉生穆公不衍」是也。

○注「言放逐之臣不服舊君也」。○正義曰：言「放逐之臣」者，解經中今之君子，進人退人不能以禮也。如此者，不服舊君，謂三諫不從，去而已絶[二]，及不能三諫，辟罪逃亡。言「放」者，則宣元年「晉放其大夫胥甲父于衛」是也。言「逐」者，則春秋諸侯大夫言「出奔」是也。

【衛氏集説】鄭氏曰：爲舊君反服，謂仕焉而已者。穆公，魯哀公之曾孫。子思言放逐之臣不服舊君。爲兵主來攻伐曰「戎首」。

孔氏曰：此一節論不爲舊君著服之事。案喪服「齊衰三月」章爲舊君凡三條。其一云「爲舊君及君之母妻」，傳曰「仕焉而已者也」，注云：「謂老若有廢疾而致仕者。」兼服其母妻。其二，「大夫在外，其妻及長子爲舊國君」，注云：「在外，待放已去者。」傳云：「妻，言與民同也。長子，言未去也。」此則大夫身不爲服，唯妻與長子爲舊君耳。其三，「爲舊君」，注云：「大夫待放未去者。」傳曰：「大夫去君，埽其宗廟，言其以道去

[一] 案者案世本云　惠棟校宋本、閩、監、毛本無「案者」二字，是也。
[二] 謂三諫不從去而已絶　閩、監、毛本作「謂」，此本誤「諫」。

君，而猶未絶也。」注云：「以道去君，謂三諫不從，待放于郊。未絶者，言爵禄尚有列于朝，出入有詔于國。」若已絶，則不服也。鄭注此云「仕焉而已」者，止取喪服第一條爲正耳。然則去仕他國，已絶之後，不服舊君。而雜記云：「違諸侯，之大夫，不反服。」則違諸侯，之諸侯，得爲舊君服者，蓋謂不便其居，或辟寇讎不得在國者。如孟子對齊宣王「爲舊君反服」，正與雜記同也。鄭注「放逐之臣」。放，則宣元年「晉放其大夫胥甲父于衛」是也。「逐」者，春秋諸侯大夫言「出奔」是也。

長樂陳氏曰：義起于情之所及，而不起于情之所不及。禮生于義之所加，而不生于義之所不加。故因情以爲義，而義所以行情；因義以爲禮，而禮所以行義。人臣之去國，有爲舊君之服者，有不爲舊君之服者，凡視情與義如何耳。古者進人以禮，進之以誠之所樂與也。退人以禮，退之以勢之所不得已也。今也引之，唯恐其不高，則若加諸膝；擠之，唯恐其不深，則若隊諸淵。服與不服，所以異也。穆公居今之世，反古之道，而欲責今之臣行古之禮，不亦誤乎？

廬陵胡氏曰：楚鄖公辛曰：「君討臣，誰敢讎之？」則臣無讎君之義，服亦可也。

金華應氏曰：案，子思對穆公與孟子告齊宣王略相類。子思所謂「戎首」者，即孟子所謂「視君如寇讎」也。蓋世衰道微，君多虐其臣，而彼此之情渙散不屬，故賢者警其君以上下相爲感應之理。若所以自處與所以教人，則必以厚，不容如是之薄也。

【吴氏纂言】鄭氏曰：爲舊君反服，仕焉而已者。放逐之臣不服舊君也。爲兵主來攻伐曰「戎首」。

孔氏曰：爲舊君服有三：其一仕焉而已，謂老若廢疾致仕退歸在國者；其二以道去君而未絶，謂三諫不從，待放於郊，爵禄尚有列於朝，出入尚有詔於國者爲未絶，若已絶則不服也；其三不便其居，或避仇讐，有故不得在國者。鄭注「仕焉而已者」，其一也。雜記云「違諸侯，之諸侯，得爲舊君服」，孟子云「三有禮，則爲舊君服」，皆其三也。放逐之臣，謂三諫不從去而已絶者，及不能三諫，辟罪逃亡者。

應氏曰：子思對穆公，與孟子告齊宣王略相類。子思所謂「戎首」，即孟子所謂「視君如寇讎也」。蓋世衰道微，君多虐其臣，而彼此之情，涣散不屬，故賢者警其君，以上下相爲感應之理。若所以自處與所以教人，則必以厚，而不容如是之薄也。

長樂陳氏曰：人臣之去國，有爲舊君服者，有不爲舊君服者，視情與義何如爾。古者進人以禮，以誠之所樂與也。退人以禮，以勢之所不得已也。今也引之，惟恐其不高，則若加諸膝；擠之，惟恐其不深，則若隊諸淵。服與不服，所以異也。

【陳氏集説】穆公，魯君哀公之曾孫。爲舊君服，見儀禮「齊衰」章。孟子言三有禮則爲之服，寇讎何服之有？與此章意似。隊諸淵，言置之死地也。戎首，爲寇亂之首也。

【郝氏通解】穆公，魯君哀公之曾孫。戎首，倡亂者。

按，此亦報怨、復讐之意，豈可概施於君父？孟子嘗爲齊王陳此意，蓋有爲而發。世主驕亢，犬馬畜臣，以此矯其過耳。豈謂是爲禮與？檀弓蹈襲孟子語，以孟子受業子思，託爲子思言，未足信也。

【方氏析疑】爲舊君反服，古與？

儀禮，仕焉而已者，齊衰止三月，非薄於舊君也。既奪其爵，則與齊民等，而不敢踰越耳。

【欽定義疏】 **正義** 鄭氏康成曰：爲舊君反服，謂仕焉而已者。穆公，魯哀公之曾孫。孔疏：世本，哀公生悼公寧，寧生元公嘉，嘉生穆公不衍。 案：穆公名顯，蓋「不衍」即「顯」字二合聲也。 子思言放逐之臣不服舊君也。爲兵主來攻伐曰「戎首」。

孔氏穎達曰：此論不爲舊君著服之事。反服實亦兼三諫未絶及有故出在他國者，故下子思云「古之君子，進人以禮，退人以禮」是也。

通論 孔氏穎達曰：案喪服「齊衰三月」章爲舊君凡三條。其一云「爲舊君及君之母妻」，傳曰「仕焉而已者也」，注云：「謂老若有廢疾而致仕者。」兼服其母妻。其二，「大夫在外，其妻及長子爲舊國君」，注云：「在外，待放已去者。」傳云：「妻，言與民同也。長子，言未去也。」此則大夫不爲服，惟妻與長子爲舊君耳。其三，「爲舊君」，注云：「大夫待放未去者。」傳曰：「大夫去君，掃其宗廟，言其以道去君，而猶未絶也。」注云：

「以道去君，謂三諫不從者，言爵禄尚有列於朝，出入有詔於國。」若已絶，則不服也。鄭注此言「仕焉而已」者，止取喪服第一條爲正耳。然則去仕他國，已絶之後不服舊君。而雜記「違諸侯，之大夫，不反服」，則違諸侯，之諸侯，得爲舊君服者，蓋謂不便其居，或辟寇讎不得在國者，如孟子對齊宣王「爲舊君反服」，正與雜記同也。鄭注放逐之臣，放則宣元年「晉放其大夫胥甲父於衛」是也。「逐」者，春秋諸侯大夫言「出奔」是也。

陳氏祥道曰：義起於情之所及，而不起於情之所不及。禮生於義之所加，而不生於義之所不加。故因情以爲義，而義所以行情；因義以爲禮，而禮所以行義。人臣之去國，有爲舊君之服者，有不爲舊君之服者，凡視情與義何如耳。

姚氏舜牧曰：戎首，寇讎之意。子思、孟子皆有激乎言之，欲其君之反悟也。君使臣以禮，進退之間，誠不可不盡其道。

案 儀禮喪服爲舊君齊衰三月。此疏所引「以道去君而未絶」説，即子夏傳也。曰「以道去曰未絶」，則此外原有不爲之服者，但非爲臣者所可藉口也。

【杭氏集説】孔氏穎達曰：此論不爲舊君著服之事。反服實亦兼三諫未絶及有故出在他國者，故下子思云「古之君子，進人以禮，退人以禮」是也。

謝氏枋得曰：臣無仇君之義，服之可也。

姚氏舜牧曰：戎首，寇讎之意。子思、孟子皆有激于言之，欲其君之反悟也。君使臣以禮，進退之間，誠不可不盡其道。

姚氏際恒曰：倣孟子「禮爲舊君有服」章爲説。

方氏苞曰：儀禮，仕焉而已者，齊衰止三月，非薄于舊君也。既奪其爵，則與齊民等，而不敢踰越耳。

【孫氏集解】喪服「齊衰三月」章，爲舊君凡三條：第一條，仕焉而已者爲舊君；第二條，大夫去國者，其妻、長子爲舊君；第三條，大夫爲舊君。傳曰：「何大夫之謂乎？言其以道去君而未絶也。」穆公所問，蓋謂大夫以道去國而服其舊君者，乃喪服第三條之義也。退人以禮，即以道去君之謂也。進人若將加諸膝，退人若將隊諸淵，則君不以道遇其臣，臣亦不以道去其君，而其去而即絶也，不待言矣。戎首，兵戎之首也。此與孟子告齊宣王之言相似。

○鄭氏引喪服「仕焉而已者」解此，非也。穆公以舊君反服爲問，而子思之所以答之者如此，則知當時之服此服者蓋已寡矣。若仕焉而已者，爲舊君之服與庶人爲國君同。庶人爲國君齊衰三月，未聞有服、不服之異，豈仕焉而已者反得不服乎！

【王氏述聞】⊙反服之禮

毋爲戎首，不亦善乎，又何反服之禮之有？

家大人曰：此本作「又何反服之有」。孟子離婁篇云：「此之謂寇讎，寇讎何服之有？」文義與此相似。「反服」下不當有「之禮」二字，蓋涉上文「舊君反服之禮」而衍，自唐石經已然。世説新語方正篇注、通典禮五十九、白帖三十八引此皆無「之禮」二字。

【朱氏訓纂】穆公問於子思曰：「爲舊君反服，古與？」注：仕焉而已者。穆公，魯哀公之曾孫。王肅喪服要記：老疾三諫去者，爲舊君服齊。**子思曰：「古之君子，進人以禮，退人以禮，故有舊君反服之禮也。今之君子，進人若將加諸膝，退人若將隊諸淵，毋爲戎首，不亦善乎？又何反服之禮之有？」**注：言放逐之臣不服舊君也。爲兵主來攻伐曰「戎首」。説文：厀，脛頭卪也。盧注：戎，兵也。言人君待臣不以禮，不舉兵爲行陳之首誅之，則善矣，有何反服之有？　正義：案喪服「齊衰三月」章「爲舊君」，注云：「大夫待放未去者。」傳曰：「大夫去君，埽其宗廟，言其以道去君而猶未絕也。」以此言之，凡舊君，若年老致仕退歸在國不仕者，身爲之服齊衰三月，并各服其母妻。若三諫不從待放，已去而絕者，唯妻與長子服之，已則無服。若待放未去，爵位未絕，身及妻、子皆爲之服。然則去仕他國，已絕之後，不服舊君。　王氏念孫曰：此本作「又何反服之有」，「反服」下不當有「之禮」二字，蓋涉上文「反服之禮」而衍。世説新語方正篇注、通典禮五十九、白帖三十八引此無「之禮」二字。

四·四〇 〇**悼公之喪，季昭子問於孟敬子曰：「爲君何食？」**悼公，魯哀公之子。昭子，康子之曾孫，名强。敬子，武伯之子，名捷。〇捷，在接反。**敬子曰：「食粥，天下之達禮也。吾三臣者之不能居公室也，四方莫不聞矣。**言鄰國皆知吾等不能居公室以臣禮事君也。三臣，仲孫、叔孫、季孫也。**勉而爲瘠，則吾能，毋乃使人疑夫不以情居瘠者乎哉**[一]**？我則食食。」**存時不盡忠，喪又不盡禮，非也。孔子曰：「喪事不敢不勉。」〇瘠，徐在益反。夫，音扶。食食，上如字，下音嗣。

【衛氏集説】鄭氏曰：悼公，魯哀公之子。昭子，康子之曾孫，名强。敬子，武伯之子，名捷。敬子言鄰國皆知吾等不能居公室以臣禮事君也。三臣，謂仲孫、叔孫、季孫氏。存時不盡忠，喪又不盡禮，非也。孔子曰：「喪事不敢不勉。」

廬陵胡氏曰：食食，不食粥，非也。禮，小祥則飯素食。

【吴氏纂言】鄭氏曰：悼公，魯哀公之子。季昭子，康子之曾孫，名强。孟敬子，武伯之子，名捷。三臣，仲孫、叔孫、季孫氏。不能居公室，不以臣禮事君也。四方莫不聞，言

[一] 毋乃使人疑夫不以情居瘠者乎哉　閩本同，石經同，岳本同，衛氏集説同。監、毛本「毋」誤「母」，嘉靖本同。〇鍔按：「毋乃」上，阮校有「悼公之喪節」五字。

鄰國皆知。孔子曰：「喪事不敢不勉。」君存時不盡忠，喪又不盡禮，非也。

澄曰：禮，父母之喪，三日後食粥，卒哭始疏食。事君方喪三年，蓋當與喪父母同，故曰「食粥，天下之達禮也」。勉而爲瘠，言中心無哀戚之實，而外貌勉强爲毁瘠也。情，實也。不以情居瘠，言自處於毁瘠者，勉爲之而非情實也。食食，上如字，食之也；下音嗣，飯也。遭喪者心哀戚，氣填滿，志不在食，雖不食，亦不饑，故三日不食。不食過三日則死，故人作糜粥，俾啜之以全其生。敬子言人皆知吾三家平日不能執臣禮事君，今於君喪，實非哀戚而不能飯，則勉强食粥者，僞瘠而已。人之見之，必疑其非實，我但任情之真，食飯而不食粥也。以此見三家之於其君，生既不臣，死亦不臣也。

【陳氏集説】**悼公之喪，季昭子問於孟敬子曰：「爲君何食？」敬子曰：「食粥，天下之達禮也。**悼公，魯哀公之子。昭子，康子之曾孫，名强。敬子，武伯之子，名捷。**吾三臣者之不能居公室也，四方莫不聞矣。勉而爲瘠，則吾能，毋乃使人疑夫不以情居瘠者乎哉？我則食食。**」三臣，仲孫、叔孫、季孫之三家也。敬子言我三家不能居公室而以臣禮事君者，四方皆知之矣。勉强食粥而爲毁瘠之貌，我雖能之，然豈不使人疑我非以哀戚之真情而處此瘠乎！不若違禮而食食也。　應氏曰：季子之問有君子補過之心，而孟氏之對可謂小人之無忌憚者矣。

【郝氏通解】悼公，魯哀公子。季昭子，季康子之曾孫，名强。孟敬子，孟武伯之子，名捷。不以情居瘠，謂僞爲瘠也。昭子之問有補過之心，孟孫之對，小人而無忌憚矣。

【方氏析疑】吾三臣者之不能居公室也，四方莫不聞矣。

古者大夫次於公館以終喪，士練而歸。喪大記「大夫練而歸，士卒哭而歸」，或衰周禮壞而後有此。然其居公館，則一也。自季宿不臣先公之喪，皆即安於私室而不能復居公館久矣，故曰「四方莫不聞」。然用此見三桓之外，魯臣猶秉周禮，四方之臣尚未若三桓之無君也。

【欽定義疏】正義 鄭氏康成曰：昭子，康子曾孫，名强。敬子，武伯之子，名捷。敬子言鄰國皆知吾等不能居公室以臣禮事君也。三臣，謂仲孫、叔孫、季孫氏。存時不盡忠，喪又不盡禮，非也。孔子曰：「喪事不敢不勉。」

胡氏銓曰：勉而爲瘠，言中心無哀戚之實，而外貌勉强爲毀瘠也。情，實也。

陳氏澔曰：敬子言我三家不能居公室以臣禮事君，四方皆知之矣。勉强食粥，爲毀瘠之貌，我雖能之，然豈不使人疑我非以哀戚之真情而處此瘠乎？不若違禮而食食也。

吴氏澄曰：禮，父母之喪，三日後食粥，卒哭始疏食。事君方喪三年，蓋嘗與喪父母同，故曰「食粥，天下之達禮也」。食食，不食粥，非也。禮，小祥則飯素食。

案 敬子此語似深憤季氏平日之不臣，而其言之悖抑甚矣。宜曾子以「出辭氣，斯遠鄙倍」深戒之哉。

【杭氏集說】陳氏澔曰：敬子言我三家不能居公室以臣禮君，四方皆知之。勉强食粥爲毁瘠之貌，我雖能之，然豈不使人疑我非以哀戚之真情而處此瘠乎？不若違禮而食食也。

吴氏澄曰：禮，父母之喪，三日後食粥，卒哭始疏食。事君方喪三年，蓋當與喪父母同，故曰「食粥，天下之達禮也」。食食，不食粥，非也。禮，小祥則飯素食。

方氏苞曰：古者大夫次于公館以終喪，士練而歸。喪大記「大夫練而歸，士卒哭而歸」，或衰周禮壞而後有此。然其居公館，則一也。自季宿不臣先公之喪，皆即安於私室而不能復居公館久矣，故曰「四方莫不聞」。然因此見三桓之外，魯臣猶秉周禮，四方之臣尚未若三桓之無君也。

【孫氏集解】鄭氏曰：昭子，康子之曾孫，名强。敬子，武伯之子，名捷。敬子言鄰國皆知吾等不能居公室以臣禮事君也。三臣，仲孫、叔孫、季孫也。存時不盡忠，喪又不盡禮，非也。

愚謂不以情居瘠，言虚爲哀瘠之貌，而無哀戚之實心也。爲君斬衰三年，始死，三日不食；既殯，食粥；至練，乃食食。三臣不能居公室，其罪大矣。没又不以禮喪之，則其罪又加甚焉。敬子之言麤倍如此，曾子所以有「出辭氣，斯遠鄙倍」之戒歟？

【朱氏訓纂】悼公之喪，季昭子問於孟敬子曰：「爲君何食？」注：悼公，魯哀公之子。昭子，康子之曾孫，名强。敬子，武伯之子，名捷。**敬子曰：「食粥，天下之達禮也。

吾三臣者之不能居公室也，四方莫不聞矣。注：言鄰國皆知吾等不能居公室以臣禮事君也。三臣，仲孫、叔孫、季孫氏也。**勉而爲瘠，則吾能，毋乃使人疑夫不以情居瘠者乎哉？我則食食。」**注：存時不盡忠，喪又不盡禮，非也。李氏惇曰：食粥，天下之達禮，自是正論。玩其文義，「吾三臣者」以下，當是昭子答辭。當時三家之勢，季氏最横，孟氏最弱。敬子知問曾子之疾，獲聞君子之道，何至無忌憚若是哉！彬謂情，實也，言居喪作僞，使人疑其無哀戚之實也。

四·四一　○**衛司徒敬子死，**司徒，官氏，公子許之後。**子夏弔焉，主人未小斂，絰而往。子游弔焉，主人既小斂，子游出，絰，反哭。**皆以朋友之禮往，而二人異。**子夏曰：「聞之也與？」曰：「聞諸夫子：主人未改服，則不絰。」**

【疏】「衛司」至「不絰」[一]。○正義曰：此一節論弔者主人改服乃改服之事。

○注「皆以」至「人異」。○正義曰：此唯云「絰」，鄭知是朋友者，凡弔者，主人成服，則客乃服弔絰。今此隨主人，主人始小斂未成服，而已便出著絰，故知有緦之恩，隨主人變，如五服親也。又至小斂，出，絰，反哭，與子游前裼裘弔朋友同也。前子游云「帶

[一] 衛司至不絰　惠棟校宋本無此五字。○鍔按：「衛司」上，阮校有「衛司徒敬子死節」七字。

經」，故知是朋友。此下不云「帶」，知是朋友者，凡弔則應弁經、環經之屬也。此雖不云「帶」，凡單云「經」[一]，則知有帶，猶如喪服云「苴經」，檀弓爲師「二三子皆經而出」，及朋友「羣居則經」，皆是包「帶」之文也。

【衛氏集説】鄭氏曰：司徒，官氏，公子許之後。皆以朋友之禮往，而二人異。

孔氏曰：此一節論朋友相弔，必候主人改服乃經之事。知是朋友者，凡弔者，主人成服，則客乃服弔經。今主人始小斂未成服，而已便出著經，故知有緦之恩，隨主人變，如五服親也。此與前子游裼裘弔朋友同也。前云「帶經」，故知是朋友。此下不云「帶」者，凡單云「經」，則知有帶也。如爲師「二三子皆經而出」，及「羣居則經」，皆是包「帶」之文也。

【吴氏纂言】鄭氏曰：司徒，官氏，公子許之後。皆以朋友之禮往，而二人異。

孔氏曰：凡弔者，主人成服則客乃服弔經。今主人始小斂未成服，而已便出著經，朋友有緦之恩，隨主人變，如五服親也。此與前子游狐裘弔朋友同也。前云「帶經」，此不云「帶」者，凡單云「經」，則知有帶也。

【陳氏集説】司徒，以官爲氏也。主人未小斂，則未改服，故弔者不經。子夏經而往

[一] 此雖不云帶凡單云經　閩、監、毛本同，惠棟校宋本無「帶凡單云」四字。盧文弨云：「宋本脱四字，非也。」

弔，非也。其時子游亦弔，俟其小斂後改服，乃出而加絰，反哭之，則中於禮矣。

【郝氏通解】司徒，以官氏也。此章之義與前「曾子襲裘而弔」章同。

【欽定義疏】正義 鄭氏康成曰：司徒，官氏，案：官氏，以官爲氏也。公子許之後。皆以朋友之禮往，而二人異。

孔氏穎達曰：此論朋友相弔，必俟主人改服乃絰之事。知是朋友者，凡弔者，主人成服，則客乃服弔絰。今主人始小斂未成服，而已便出著絰，故知有緦之恩，隨主人變，如五服親，又與前子游裼裘弔朋友同也。凡弔，弁絰、環絰之屬。此雖不云「帶」，凡單云「絰」，則知有「帶」也。如爲師「二三子皆絰而出」，及朋友「羣居則絰」，皆是包「帶」之文。

陳氏澔曰：主人未小斂，則弔者未改服。子夏絰而往，非也。子游則中於禮矣。

案 士喪禮小斂奉尸侇於堂，主人即位踊，襲絰於序東，是小斂改服也。弔者以之爲節。

【杭氏集説】陳氏澔曰：主人未小斂，則弔者未服改。子夏絰而往，非也。子游則中於禮矣。

姚氏際恒曰：此言子夏事與「曾子襲裘而弔」同。總以子游爲知禮也，然此事頻見，亦可厭。

姜氏兆錫曰：此與上篇「曾子襲裘而弔」同意。然曾子悟禮較速，子夏考禮較嚴也。

任氏啟運曰：按天子弔公卿錫衰，弔諸侯緦衰，弔大夫、士疑衰，首皆弁絰。諸侯弔卿大夫錫衰，同姓之士緦衰，異姓之士疑衰，當事弁絰，否則皮弁，避天子也。諸侯弔異國之臣皮弁錫衰，大夫相弔弁絰錫衰，士弔服無文。喪服記舊注「士弔服，布上素下」，或曰「素委貌，加朝服」。鄭云：「羔裘玄冠不弔，何朝服之有？」布上素下似之，其實則疑衰素裳，不疑裳者，避諸侯也。朋友相爲服，即士之弔服而加緦麻之絰帶。庶人不弁，弔服素委貌，賈公彥云：「庶人不疑衰，其弔服深衣也。」孔氏於上章「裼裘而弔」云：「是羔裘玄冠，緇布素裳，袒去上衣，以露裼衣。」愚按孔子明言羔裘玄冠易之，子游知禮，豈有以羔裘玄冠往者？庶人素委冠，加絰，情義尤重，爲之免而加絰，未成服則但素弁冠，或免也。朋友成服，則緦帶而緦絰，非朋友則素帶而環絰。

【孫氏集解】鄭氏曰：司徒，官氏，公子許之後。

愚謂改服者，主人既小斂，始服未成服之麻也。凡弔者之服，隨主人而變，主人改服，則弔者加絰帶，主人成服，則弔者服弔衰。

【朱氏訓纂】衛司徒敬子死，注：司徒，官氏，公子許之後。**子夏弔焉，主人未小斂，絰而往。子游弔焉，主人既小斂，子游出，絰，反哭。**注：皆以朋友之禮往，而二人異。**子夏曰：「聞之也與？」曰：「聞諸夫子：主人未改服，則不絰。」**賀循喪服要記曰：始弔，朝玄端之服也。皮弁絰，素弁而加環絰也。始死而往朝服者，主人未變，賓未可以變也。　又曰：古之弔者，皆因朝夕哭而入弔。賓至，主人即出中門外，西面，北上，拜賓，入門，即位於堂下阼階，西面。賓入即位，皆哭。哭止，主人拜之。　正義：凡弔則應弁絰、環絰之屬。云「絰」，則知有「帶」。

四·四二　○**曾子曰：「晏子可謂知禮也已，恭敬之有焉。」**言禮者，敬而已矣。**有若曰：「晏子一狐裘三十年**[一]**，遣車一乘，及墓而反。國君七个，遣車七乘；大夫五个，遣車五乘。晏子焉知禮？」**言其大儉偪下，非之。及墓而反，言其既窆則歸，不留賓客有事也。人臣賜車馬者，乃得有遣車。遣車之差，大夫五，諸侯七，則天子九，諸侯不以命數，喪數略也[二]。个，謂所包遣奠牲體之數也。雜記曰：「遣車視牢具」。○遣，弃戰反。乘，繩證反。个，古賀反。焉，於虔反。大，音泰，或他佐反。偪，音逼，本或作「逼」。包，伯交反。**曾子曰：「國無道，君子恥盈禮焉。國奢，則示之以儉；國儉，則示之以禮。」**

[一]　晏子一狐裘三十年　閩、監、毛本同，岳本同，嘉靖本同，衛氏集説同，石經「三十」合作「卅」。○鍔按：「晏子」上，阮校有「曾子曰晏子節」六字。

[二]　喪數略也　閩、監、毛本同，岳本同，嘉靖本同，衛氏集説同。考文引古本「喪數」作「喪禮」，足利本作「喪數禮」。

時齊方奢，矯之是也。

【疏】「曾子」至「以禮」[一]。○正義曰：此一節論晏子故爲非禮以矯齊之事。○有子者，孔子弟子有若也。聞曾子説晏子知禮，故舉晏子不知禮之事，以拒曾子也。狐裘貴在輕新，而晏子一狐裘三十年，是儉不知禮也。「遣車一乘」者，其父晏桓子是大夫，大夫遣車五乘，其葬父唯用一乘，又是儉失禮也。

○「及墓而反」者，「及墓」謂葬時也。禮，窆後孝子贈幣辭親，辭親畢，而親情賓客，應是送別，別竟，乃反。于時晏子窆竟則反，賓客并去，又是儉失禮也。

○「國君七个，遣車七乘；大夫五个，遣車五乘」者，此更舉正禮以證晏子失禮也。「个」謂所包遣奠牲體臂臑也。折爲七段、五段，以七乘、五乘遣車載之。今晏子略不從禮數，是不知也。

○「晏子焉知禮」者，條失事已竟，故此并結晏子焉知禮也。

○注「言其」至「非之」。○正義曰：「大儉」，解三十年一狐裘[二]，并及墓而反也。

[一] 曾子至以禮　惠棟校宋本無此五字。

[二] 大儉解三十年一狐裘　閩本同，監、毛本「年一」二字誤倒，考文引宋板作「年一」。

「偪下」解一乘也。「下」謂其子及凡在己下者也[一]。大夫五乘，適子三乘，今其父自用一乘，則其子更無，是偪下也。

○注「及墓」至「牢具」。○正義曰：經唯云「及墓而反」，鄭知不以及墓而反，而云「既窆則歸」者，晏子雖爲儉約，不應柩未入壙則歸，故云「既窆」也。

云「不留賓客有事也」者，案既夕禮：「乃窆。主人哭，踊無筭，襲，贈用制幣，玄纁束。拜稽顙，踊如初。卒，袒，拜賓，主婦亦拜賓，賓出則拜送。藏器於旁，加見。藏苞筲於旁，加杭席覆之[二]，加杭木，實土三。主人拜鄉人，乃反哭。」今晏子既窆，贈幣，拜稽顙，踊訖則還，不復拜賓及送賓之事，故云「不留賓客有事也」。

云「人臣賜車馬者，乃得有遺車」者[三]，案士喪禮無遺車，諸侯之士一命。曲禮云「三賜不及車馬」，故諸侯之士無遺車也。若諸侯大夫，雖未三命，以其位尊，故得有遺車。知天子遺車九乘者，案雜記「諸侯七月而卒哭」，天子則九月而卒哭。今諸侯七乘，故知天子九乘也。

[一] 下謂其子及凡在己下者也　閩、監本同，毛本「及」誤「反」，考文引宋板作「及」。

[二] 藏苞筲於旁加杭席覆之　閩、監本同，毛本「旁」下有「加折卻之」四字，盧文弨云：「宋本無此四字，毛有之，是也。又閩、監、毛本『杭』皆作『抗』，亦是也。」衛氏集説同，下「加杭木實土」同。

[三] 乃得有遺車者　閩、監、毛本同，惠棟校宋本無「者」字。

云「諸侯不以命數，喪數略也」者，案大行人「上公九乘，侯伯七乘，子男五乘」，今總云七乘，是不以命數，喪事略也。引雜記云「遣車視牢具」者，以證經「个」與遣車數同，故云「个」是牢具也。故雜記注云：「天子大牢，包九个；諸侯亦大牢，包七个；大夫亦大牢，包五个；士少牢，包三个。」案既夕禮「苞牲，取下體」，鄭注「前脛折取臂、臑，後脛折取骼」，是一牲取三體。士少牢，二牲，則六體也。分爲三个，一个有二體[一]。然大夫以上皆用大牢，牲有三體，凡九體。大夫九體，分爲十五段，三段爲一包，凡爲五包。諸侯分爲二十一段，凡七包。天子分爲二十七段，凡九包。蓋尊者所取三體，其肉多。卑者雖取三體，其肉少。鄭又云「天子遣奠用馬牲，其取个未詳也」。此遣奠所包，皆用左胖，以其喪禮反吉。士虞禮「載左胖也」。

【衛氏集說】鄭氏曰：禮者，敬而已矣。有若以其大儉偪下，非之。及墓而反，言其既窆則歸，不留賓客有事也。人臣賜車馬者，乃得有遣車。遣車之差，大夫五，諸侯七，則天子九。諸侯不以命數，喪數略也。个，謂所包遣奠牲體之數也。雜記曰：「遣車視牢具。」曾子言時齊方奢，矯之是也。

孔氏曰：此一節論晏子故爲非禮以矯齊之事。狐裘貴在輕新，而晏子一裘三十年。

[一] 一个有二體　閩、監、毛本同，考文引宋板「二」下有「个」字。

其父晏桓子是大夫，大夫遣車五乘，而晏子止以一乘葬其父。案既夕禮「乃窆，主人哭踊，襲，贈用制幣。拜稽顙，踊如初。卒，袒，拜賓，賓出則拜送。藏器與苞筲，加抗席、抗木，實土。主人拜鄉人，乃反哭」。今晏子既窆，贈幣，拜稽顙，踊訖則還，不復拜賓及送賓之事，故鄭云「不留賓客有事也」。此皆是儉失禮。有子更舉國君、大夫正禮以證之。七个、五个謂以牲體折爲七段、五段，以七乘、五乘遣車載之也。案士喪禮無遣車，諸侯之士一命，而曲禮云「三賜不及車馬」，故諸侯之士無遣車也。若諸侯之大夫，雖未三命，以其位尊，得有遣車也。又案大行人「上公九乘，侯伯七乘，子男五乘」，今總云五乘，故鄭云「喪數略也」。經云「及墓而反」，鄭知既窆則歸者，晏子雖爲儉約，不應柩未入壙則歸，故云「既窆」也。

長樂陳氏曰：恭則不侮，敬則不慢不侮也。故與人交能盡歡，事君能責難不慢也。故與人交能竭忠，事君能陳善，禮之大本，不過乎此。晏子有之，故于交則久，而敬于君則致其顯，此曾子所以謂之知禮也。有若以晏子爲不知禮，則一狐裘三十年者，儉于身而不中禮也。遣車一乘，及墓而反者，儉于親而不中禮也。蓋君子起禮以義，行義以時，時之過則矯之以不及，此所謂國奢則示之以儉，易小過「用過乎儉」是也。時之不及，則救之以中，此所謂國儉則示之以禮，詩蟋蟀「以禮自虞」是也。然君子用過乎儉，小有所過而已。晏子之儉非特小有所過，曾子以晏子恭敬爲知禮則是，以晏子之儉爲知禮則非。

禮器以晏子爲隘，雜記以晏子爲偪下，則晏子之不知禮也，信矣。

嚴陵方氏曰：以齊國之無道而以盈爲恥，以齊國之奢而欲示之儉。則儉于其身，庶幾其可也；儉于其親，不亦甚乎？昔管仲有反坫塞門之僭，孔子亦以爲不知禮，則二子之所爲雖不同，其爲不知禮則一也。然以禮「與其奢也，寧儉」言之，則晏子之失猶爲愈矣。

石林葉氏曰：君子言行應乎時，猶權衡之應物也。不能應時，則言行雖善，君子猶以爲非。齊之奢久矣，晏子示以儉，其奉己則敝裘而居，其祀先則豚肩不揜豆，蓋應時也。

【吴氏纂言】曾子曰：「晏子可謂知禮也已，恭敬之有焉。」

鄭氏曰：禮者，敬而已矣。

澄曰：恭在貌，敬在心。凡貌恭則心必敬，心敬則貌必恭，二者一有則俱有。晏子有恭敬以持己接物，得禮之本，而曾子以爲知禮也。

有若曰：「晏子一狐裘三十年，遣車一乘，及墓而反。國君七个，遣車七乘；大夫五个，遣車五乘。晏子焉知禮？」

鄭氏曰：言其大儉逼下，非之。及墓而反，言其既窆則歸，不留賓客有事也。人臣賜車馬者乃得有遣車，遣車之差，大夫五，諸侯七，則天子九。諸侯不以命數，喪數略也。个，謂所包遣奠牲體之數也。

孔氏曰：狐裘貴輕新，而一裘三十年。其父晏桓子是大夫，遣車五乘，而唯用一乘以葬，故鄭云「大儉逼下」也。大儉，解三十年一裘。逼下，解一乘也。下，謂其子及凡在己下者。大夫五乘，適子三乘，今其父自用一乘，則其子便無，是逼下也。及墓，謂葬時也。按士禮「乃窆，主人哭踊，襲，贈用制幣。拜稽顙，踊如初。卒，袒，拜賓，賓出則拜送。藏器與見，藏苞筲，加抗席、抗木，實土。主人拜鄉人，乃反哭」。蓋窆後孝子贈幣，辭親畢，而親情賓客應送別，別竟乃反。晏子既窆，贈幣，拜稽顙，踊訖即還，不復拜賓、送賓，賓客盡去，故鄭云「不留賓客有事也」。有子更舉國君大夫正禮，以證晏子失禮。所包牲體，士少牢包三个，苞牲皆用左胖，取下體，前脛折取臂、臑，後脛折取骼，一牲取三體。少牢則六體，分爲三個，一個有二體。大夫以上用大牢，凡九體。大夫分爲十五段，三段爲一包，凡五包。諸侯分爲二十一段，凡七包。天子分爲二十七段，凡九包。尊者所取三體，其肉多。卑者雖取三體，其肉少。晏子不從禮數，故云「焉知禮」也。

澄曰：注、疏以「遣車一乘」「及墓而反」爲二事，其解「及墓而反」，費辭而義不明。竊詳八字只是一句，非二事也。一狐裘三十年，言其儉於身也。遣車一乘，及墓而反，言其儉於親也。及墓猶云至墓，謂但以遣車一乘，及於墓所，藏之墓中而遄反哭也。禮於窆後辭親拜賓竟，使藏器，藏器實土竟，始反哭。大夫遣車五乘者，所藏多費時久，實土晚，則反哭遲。今晏子止用遣車一乘，及墓藏之，其禮簡，費時不多，實土早，則反哭速也。曾子言禮之本，故以其恭敬而謂之知禮；有子言禮之文，故以其儉不中禮而謂之焉知禮。二子之言皆是。

曾子曰：「國無道，君子恥盈禮焉。國奢，則示之以儉；國儉，則示之以禮。」

鄭氏曰：時齊方奢，矯之是也。

長樂陳氏曰：國奢則示以儉者，時之過則矯之以不及也。國儉則示以禮者，時之不及則救之以中也。

澄曰：國無道，謂上自君身，下至民俗，皆驕侈淫縱也。盈，滿也。謂於禮之當然者亦減殺，而不使得盈滿如正禮也。有子訊晏子之儉爲不知禮，故曾子言君子處無道之國，以一身自盈於禮，而不能矯時之弊爲恥也。齊國素奢，奢者於禮有過無不及，則晏子躬行率先，示以不及乎禮之儉。儉者，非禮之正，矯時而已。若國俗素儉者，於禮無過有不及，則當躬行率先，示以正合乎中之禮。禮者，得禮之正，無過無不及者也。前云恭敬，則許其知禮；後云示儉，則不許其爲禮。曾子之言，未嘗偏黨也。

【陳氏集説】曾子曰：「晏子可謂知禮也已，恭敬之有焉。」有若曰：「晏子一狐裘三十年，遣車一乘，及墓而反。晏子，齊大夫。曾子稱其知禮，謂禮以恭敬爲本也。有若之言則曰狐裘貴在輕新，乃三十年而不易，是儉於己也。遣車一乘，儉其親也。禮，窆後有拜賓、送賓等禮，晏子窆訖即還，儉於賓也。此三者皆以其儉而失禮者也。**國君七个，遣車七乘；大夫五个，遣車五乘。晏子焉知禮？」**遣車之數，天子九乘，諸侯七乘，大夫五乘，天子之士三乘，諸侯之士無遣車也。大夫以上皆太牢，士少牢。个，包也。凡包牲皆取下體，每一牲取三體，前脛折取臂、臑，後脛折取骼。少牢二牲，則六體，分爲三个。太牢三牲，則九體。大夫九體，分爲十五段，三段爲一包，凡五包。諸侯分爲二十一段，凡七包。天子分爲二十七段，凡九包。每遣車一乘，則載一包也。**曾子曰：「國無道，君子恥盈禮焉。國奢，則示之以儉；國儉，則示之以禮。」**曾子主權，有子主經，是以二端之論不合。

【納喇補正】**曾子曰：「國無道，君子恥盈禮焉。國奢，則示之以儉；國儉，則示之以禮。」**

集説 曾子主權，有子主經，是以二端之論不合。

竊案 齊國奢侈，晏子浣衣濯冠，儉於身，可也。遣車一乘，豚肩不掩豆，儉於親，不可也。曾子美其恭敬，是矣；而不譏其儉於喪祭，非也。有子譏其儉於喪祭，是矣；而不取其矯奢以儉，非也。集説謂曾子主權，有子主經，經權豈有二道哉？吴氏又謂「曾子言禮之本，故以其恭敬而謂之知禮；有子言禮之文，故以其儉不中禮而謂之焉知禮。二子之言皆是」，猶似未盡也。

【郝氏通解】晏子，齊大夫晏嬰。曾子稱其恭儉爲知禮，有若譏其一裘三十年不易，儉於己也。親死送葬止一車，不待窆而反，儉於親也。遣車，送葬之乘車，各以爵命、貴賤爲等，引禮以證其失。个、介同，禮器云：「諸侯七介、七牢，大夫五介、五牢。」周禮大行人職：「諸侯之禮，貳車七乘，介七人，禮七牢。」諸侯之卿，其禮各下其君二等，故葬車視貳車與介之數。晏子之父，亦大夫也，而送葬止車一乘，是辭費而廢禮也。儉於已則是，儉於親則非，以儉廢禮不可，然以儉矯俗亦可。二子之説，意各有主也。

按雜記云「遣車視牢具」，又云「既遣而包其餘」。儀禮既夕亦云「包牲取下體」，謂取遣奠牲體包裹以送死者，世俗用遣車載而之墓，故雜記有子譏其非禮。鄭康成讀「个」作「箇」，爲包肉之數，以「遣車」爲「塗車」，載其包，埋之壙中，附會之謬也。

【江氏擇言】晏子一狐裘三十年，遣車一乘，及墓而反。

吴氏云：注、疏以「遣車一乘」「及墓而反」爲二事，其解「及墓而反」，辭費而義不明。竊詳八字只是一句，非二事也。一狐裘三十年，言其儉於身。遣車一乘，及墓而反，言其儉於親。大夫遣車五乘，所藏多費時久，實土晚，則反哭遲。晏子止用遣車一乘，及墓藏之，其禮簡，費時不多，實土早，則反哭速也。

按，吴氏説是，下文亦止申言遣車一乘之非禮也。

【欽定義疏】正義　鄭氏康成曰：禮者，敬而已矣。有若以其大儉逼下，非之。及墓而反，言其既窆則歸。孔疏：知既窆者，晏子雖爲儉約，不應柩未入壙則歸，故云「既窆」也。不留賓客有事也。孔疏：既夕禮：「乃窆，主人哭，踊無算，襲，贈用制幣。拜稽顙，踊如初，卒，袒，拜賓，賓出則拜送。藏器加見，藏以苞筲，加抗席、抗木，實土，主人拜鄉人，乃反哭。」今晏子既窆，贈幣，拜稽顙，踊訖則還，不復拜賓及送賓之事，此皆是儉失禮。人臣賜車馬者，乃得有遣車。孔疏：案士喪禮無遣車，諸侯之士一命，而曲禮云：「三賜不及車馬。」故諸侯之士無遣車。个，謂所包遣奠牲體之數也。雜記曰「遣車視牢具」。曾子言時齊方奢，矯之是也。

孔氏穎達曰：此論晏子故爲非禮以矯齊之事。狐裘貴在輕新，而晏子一裘三十年。其父晏桓子是大夫，諸侯之大夫雖未三命，以其位尊，得有遣車五乘，而晏子止以一乘葬其父，有子更舉國君大夫正禮以證之。七个、五个，謂以牲體折爲七段、五段，以七乘、五乘遣車載之也。

葉氏夢得曰：君子言行應乎時，猶權衡之應物也。齊之奢久矣，晏子示以儉，蓋應時也。

吴氏澄曰：大夫遣車五乘者，所藏多，費時久，實土晚，則反哭遲。今晏子止用遣車一乘，及墓藏之，其禮簡，費時不多，實土早，則反哭早也。又曰：曾子言禮之本，故以其恭敬而謂之知禮；有子言禮之文，故以其儉不中禮而謂之焉知禮。二子之言皆是也。然曾子前云恭敬，則許其知禮；後云示儉，則不許其爲禮。曾子之言，未嘗偏也。

陳氏澔曰：曾子以禮以恭敬爲本。有若以狐裘三十年，儉於己也；遣車一乘，儉其親也；禮，窆後有拜賓、送賓等禮，窆訖即歸，儉於賓也。三者皆儉而失禮。大夫以上皆大牢，士少牢。个，包也。凡包牲皆取下體，每一牲取三體，前脛折取臂、臑，後脛折取骼。少牢二牲，則六體分爲三个。大牢三牲，則九體。大夫九體，分爲十五段，三段爲一包，凡五包。諸侯分爲二十一段，凡七包。天子分爲二十七段，凡九包。每遣車一乘，則載一包也。案：孔疏謂諸侯七包，每包七个，以九體分四十九段。大夫五包，每包五个，以九體分二十一段。與此説異，但據本文七个七乘，五个五乘，似陳即以包爲个得之，或包中分段，如孔説耳。曾子主權，有子主經，是以二端之論不合。

存疑 鄭氏康成曰：遣車之差，大夫五，諸侯七，則天子九。諸侯不以命數，喪數略也。孔氏穎達曰：案大行人，上公九乘，侯伯七乘，子男五乘。今總云「五乘」，故云「喪數略」。

案 遣車之數，服虔云「天子十二，上公九，侯伯七，子男五，各如命數」，鄭云「喪禮質略，不以命數，天子九，諸侯七，大夫五，士三。諸侯之大夫、士與天子之大夫、士同」。案喪禮復之人，襲之衣，皆以命數，且雜記明言「遣車視牢具」，周禮飧饔牢、腥牢、飪牢，皆以命數。遣車視此，非以命數而何？

【杭氏集説】吴氏澄曰：大夫遣車五乘者，所藏多，費時久，實土晚，則反哭遲。今晏子止用遣車一乘，及墓藏之，其禮簡，費時不多，實土早，則反哭早也。又曰：曾子言禮之本，故以其恭敬而謂之知禮；有子言禮之文，故以其儉不中禮而謂之焉知禮。二子之言皆是也。然曾子前云恭敬，則許其知禮；後云示儉，則不許其爲禮。曾子之言，未嘗偏也。

陳氏澔曰：曾子以禮以恭敬爲本。有若以狐裘三十年，儉於己也；遣車一乘，儉其親也；禮，窆後有拜賓、送賓等禮，窆訖即歸，儉於賓也。三者皆儉而失禮。大夫以上皆太牢，士少牢。个，包也。凡包牲皆取下體，每一牲取三體，前脛折取臂、臑，後脛折取骼。少牢二牲，六體分爲三个。太牢三牲，則九體。大夫九體，分爲十五段，三段爲一包，凡五包。諸侯分爲二十一段，凡七包。天子分爲二十七段，凡九包。每遣車一乘，則載一包也。案：孔疏謂諸侯七包，每包七个，以九體分四十九段。大夫五包，每包五个，以九體分二十一段。與此說異，但據本文七个七乘，五个五乘，似陳即以包爲个得之，或包中分段，如孔說耳。曾子主權，有子主經，是以二端之論不合。

萬氏斯大曰：个、介通。介者，諸侯相朝，大夫出聘，從行之介也。雜記「遣車視牢具」，而禮器云「諸侯七介、七牢，大夫五介、五牢」，是牢具之數又視乎其介，故此言介不言牢，該之也。士不言其數，以大夫差之，三乘可知。孔疏謂天子之士三乘，諸侯之士無遣車，蓋泥於以遣車爲載包從葬之車，而士喪禮無之，故爲此說。不知禮之降殺以兩止，就天子、諸侯、大夫、士大段差之，不屑屑也。

姚氏際恒曰：郝仲輿曰：「个、介同。禮器云：『諸侯七介、七牢，大夫五介、五牢。』

又雜記云：『遣車視牢具。』遣奠，牲體包裹送死者，俗世用牢車載而之墓，故有子譏其非禮。鄭氏讀『个』爲『箇』，爲包肉之數，以『遣車』爲『塗車』，載其包埋之壙中，附會其謬也。」按郝謂「个、介同」，駁鄭附會爲箇，是也。其謂遣車爲送葬之車，非載牲體之車，則非。説詳上「君之適長殤」下。此以遣車視介之數，猶雜記云「遣車視牢具」也。有子譏其不當用牲粻，當用脯醢，非譏其用牢車也。郝故錯解以附會之耳。

姜氏兆錫曰：末節，曾子又以其因時者稱晏子也。方氏曰：「以齊之無道，以盈禮爲恥而示之儉，儉于身可也，儉其親不可也。但禮與其奢也，寧儉而已。」愚謂合有子、曾子之言觀之，以恭敬爲本，節文爲輔，而輕重以是權焉，其于禮也，庶達矣乎！

任氏啟運曰：按左傳：「晏桓子卒，晏嬰粗衰斬，苴絰帶，杖，菅屨，食粥，居倚廬，寢苫枕草。其老曰：『非大夫之禮也。』嬰曰：『惟卿爲大夫。』」蓋諸侯之僭，獨晏子守正禮耳。五个五乘，乃天子大夫之禮，豈當時習用而有若亦因而不覺歟？但諸侯之大夫降天子大夫一等，則三个三乘宜也。而晏子一乘太貶矣，殆有意于示儉也。

【孫氏集解】曾子曰：「晏子可謂知禮也已，恭敬之有焉。」

鄭氏曰：禮者，敬而已矣。

愚謂禮以恭敬爲本，晏子能恭敬，故曾子許其知禮。

有子曰：「晏子一狐裘三十年，遣車一乘，及墓而反。國君七个，遣車七乘；大夫五

个，遣車五乘。晏子焉知禮？」

鄭氏曰：言其太儉逼下，非之。及墓而反，言其既窆而歸，不留賓客有事也。遣車之差：大夫五，諸侯七，則天子九。諸侯不以命數，喪禮略也。个，謂所包遣奠牲體之數也。雜記曰：「遣車視牢具。」

賈氏公彦曰：大夫三牲九體，折分爲二十五，苞五个。諸侯苞七个。天子大牢，加以馬牲，則十二體，分爲八十一个，九苞，苞九个。

愚謂遣車載所包遣奠之牲體而葬之者也。葬時，柩車將行，设遣奠，既奠，取牲體包之，載以遣車，使人持以如墓，置於椁之四隅。一乘，言其少也。及墓而反者，藏器少，故葬速而即反也。凡牲體一段謂之一个，特牲禮「佐食盛胕俎，俎釋三个」，少儀「大牢以左肩、臂、臑，折九个」是也。國君七个，大夫五个，謂每包所有之个數也。士喪禮云「苞二」，鄭氏云：「所以裹羊、豕之肉者。」又云「苞牲取下體」，鄭云：「前脛折取臂、臑，後脛折取骼。」士包三个，士遣奠二牲，每牲取三體，分爲二包，每包有三个，則皆全體也。士無遣車，每苞用一人持之以如墓。諸侯遣奠大牢，每牲取三體，折分爲四十九个，分爲七包，每包七个，包用一車載之，故遣車七乘。大夫遣奠亦大牢，每牲取三體，折分爲二十五个，分爲五包，每包五个，亦包用一車載之，故遣車五乘。若天子遣奠，兼用馬牲，亦每牲取三體，折分爲八十一段，分爲九包，每包九个，包用一車載之，則遣車九乘也。有子言晏子儉不中禮，不足爲知禮也。

○鄭氏曰：人臣賜車馬者，乃有遣車。

孔氏曰：案既夕禮「苞牲取下體」，鄭注：「前脛折取臂、臑，後脛折取骼。」是一牲取三體。士少牢，二牲，則六體。分爲三个，一个有二體。大夫以上皆大牢三牲，凡九體。大夫分九體爲十五段，三段爲一包，凡五包。諸侯分爲二十一段，凡七包。天子分爲二十七段，凡九包。

愚謂士喪禮無遣車，賤而禮畧耳。鄭謂「賜車馬者乃有遣車」，則爲大夫者未必皆有車馬之賜也。士包三个，國君七个，大夫五个，皆謂所包之牲體之數也。孔疏乃謂「士二牲六體，分爲三个，一个有二體」，其語殊不可曉。又謂大夫、諸侯每包皆三段，又與記所言五个、七个者不合。詳其語意，似以一个爲一包也。然士喪禮言苞二，而鄭氏云「苞三个」，則是「个」乃在「包」之中者，而「个」非「苞」也。儀禮賈疏得之。

曾子曰：「國無道，君子恥盈禮焉。國奢，則示之以儉；國儉，則示之以禮。」

鄭氏曰：時齊方奢，矯之是也。

愚謂曾子言晏子所以爲此者，所以矯當時之失，無害爲知禮也。蓋曾子以晏子恭敬爲知禮者，以禮之本而言也。有子以晏子大儉爲不知禮者，以禮之文而言也。孔子曰：「奢則不孫，儉則固。與其不孫也，寧固。」又曰：「晏平仲祀其先人，豚肩不掩豆，賢大夫也，而難爲下矣。」蓋儉固可以救奢之失，亦未爲得禮之中也。二子各就其一偏之見言之，故其於晏子或予之大過，或抑之大甚，惟聖人之言爲得其平。

【朱氏訓纂】曾子曰：「晏子可謂知禮也已，恭敬之有焉。」注：言禮者，敬而已矣。**有若曰：「晏子一狐裘三十年，遣車一乘，及墓而反。國君七个，遣車七乘；大夫五个，遣車五乘。晏子焉知禮？」**注：言其太儉逼下，非之。及墓而反，言其既窆則歸，不留賓客有事也。人臣賜車馬者，乃得有遣車。遣車之差，大夫五，諸侯七，則天子九。諸侯不以命數，喪禮略也。个，謂所包遣奠牲體之數也。雜記：「遣車視牢具。」正義：按既夕禮「乃窆，主人哭，踊無筭，襲，贈用制幣，玄纁束。拜稽顙，踊如初。卒，袒，拜賓，賓出則拜送」。今晏子既窆，贈幣，拜稽顙，踊訖則還，不復拜賓、送賓。又既夕禮「苞牲取下體」，鄭注：「前脛折取臂、臑，後脛折取骼。」是一牲取三體。士少牢二牲，則六體也。大夫用太牢，牲有三體，凡九體，分爲十五段，三段爲一包，凡爲五包。此遣奠所包，皆用左胖，以其喪禮反吉。士虞禮「載左胖」也。金氏榜曰：古者牲體之數名「个」。士虞禮、特牲及少牢下篇皆云「俎釋三个」。少儀：「太牢則以左肩、臂、臑折九个，少牢則以羊左肩七个，犆豕則以豕左肩五个。」士喪禮云「苞二」，注云：「士苞三个。」蓋據國君七个，大夫五个差之。士用二包，而云「包三个」，明「个」之多少，不與「包」數同。士禮，遣奠用少牢，則羊一包，豕一包也。由是差之，諸侯、大夫用大牢者包三，天子用馬牲者宜包四矣。曾子曰：「國無道，君子恥盈禮焉。國奢，則示之以儉；國儉，則示之以禮。」注：時齊方奢，矯之是也。

【郭氏質疑】國君七个，遣車七乘；大夫五个，遣車五乘。

孔疏：既夕禮「包牲取下體」，鄭注：「前脛折取臂、臑，後脛折取骼。」是一牲取三體。士少牢二牲，則六體也，分爲三个，一个有二體。大夫以上皆太牢，牲有三體，凡九體，分爲十五段，三段爲一包，凡五包。諸侯分爲二十一段，凡七包。天子分爲二十七段，凡九包。

嵩燾案，士虞禮「舉魚、腊俎，俎釋三个」，鄭注：「个，猶枚也。腊亦七體。」賈疏：「羹飪，升左肩、臂、臑、肫、胳、脊、脅七體。初舉脊，次舉幹，舉骼，舉肩，惟臂、臑、肫三者不復盛。」釋，猶遺也，特牲禮「盛肵俎，俎釋三个」，鄭注：「牲腊則正脅一骨、長脅一骨及臑，魚則三頭而已。」有司徹禮「乃摭於魚、腊俎，俎釋三个，其餘皆取之，實於一俎」，鄭注：「魚摭四枚，腊摭五枚，所釋腊則短脅、正脅、代脅，魚三枚而已。」少儀，膳，告於君子，「太牢則以牛左肩、臂、臑折九个，少牢則以羊左肩七个，特豕則以豕左肩五个」，鄭注：「折，斷分之也。」竝以牲一體爲一「个」。鄭注於此云：「个，謂所包遣奠牲體之數。」七个、五个，即牲體之數也。其釋既夕禮「苞牲取下體」云：「士苞三个，前脛折取臂、臑，後脛折取骼。」鄭意前是臑，後是骼，皆下體，士苞三个，皆此類也。既夕禮云「苞二」，羊、豕各骼一个而已。遣車置椁四隅，苞牲下體實之，亦明器之屬也。疏云：「尊者取三體，其肉多。卑者取三體，其肉少。」未詳所據。而以「个」訓「包」，又謂士二體爲一个，大夫以上三體爲一个，殆非鄭意也。

檀弓注疏長編卷二十三

四·四三 ○國昭子之母死，問於子張曰："葬及墓，男子、婦人安位？"國昭子，齊大夫。子張曰："司徒敬子之喪，夫子相，男子西鄉，婦人東鄉。"夾羨道爲位[一]。夫子，孔子也。○相，息亮反，下注同。鄉，許亮反，下皆同。俠，古洽反，一音頰。羨，徐音賤。音義隱云："羨，車道。"曰："噫！毋。"噫，不寤之聲。毋，禁止之辭。○噫，本又作"意"，同于其反。毋，音無。曰："我喪也，斯沾。斯，盡也。沾，讀曰覘，覘，視也。國昭子自謂齊之大家，有事人盡視之，欲人觀之，法其所爲。○斯音賜。沾，依注音覘，敕廉反。爾專之，

[一] 夾羨道爲位 閩、監、毛本同，岳本同，嘉靖本同，衛氏集説同，釋文本"夾"作"俠"。○鍔按："夾羨"上，阮校有"國昭子之母死節"七字。

賓爲賓焉，主爲主焉，專，猶司也[一]，時子張相。婦人從男子皆西鄉。」非也。

【疏】「國昭」至「西鄉」[二]。○正義曰：此一節論葬之在壙，男女面位之事。○「曰：噫！毋」者，止子張也。子張既相，以男子西鄉，婦人東鄉。而昭子不悟禮意，乃曰：「噫！毋得如是男子西鄉、婦人東鄉。」既止子張，又自言我居喪也，既是齊之大家。斯，盡也。人盡來䚕視於我，當須更爲别禮，豈得以依舊禮？專，猶同也[三]。爾當同此婦人與男子一處。若婦女之賓爲賓位焉，與男子之賓同處；婦女之主爲主位焉，與男子之主同處。於是昭子家婦人從男子皆西鄉，同在主位。賓之男子及賓之婦人皆西廂東鄉。言非也。

【衛氏集説】鄭氏曰：國昭子，齊大夫。夫子，孔子也。西向、東向，夾羨道爲位也。噫，不寤之聲。毋，禁止辭。斯，盡也。沾，讀曰䚕，視也。國昭子自謂齊之大家，有事人盡視之，欲人觀之，法其所爲也。時子張相。專，猶同也。同西向，非也。

[一] 專猶司也　惠棟校宋本同，嘉靖本同，衛氏集説同。閩、監、毛本「司」誤「同」，岳本同。浦鏜云：「『司』誤『同』，疏内亦誤『同』，從六經正誤校。」

[二] 國昭至西鄉　惠棟校宋本無此五字。

[三] 專猶同也　監、毛本同，閩本「猶」字闕，惠棟校宋本「同」作「司」。盧文弨云：「下『爾當同此』，『同』亦當作『司』。」

孔氏曰：此一節論葬之在壙，男女面位之事。「噫毋」者，昭子不悟禮意，止子張也。又自言我居喪，人盡來覘，當更爲别禮。

嚴陵方氏曰：禮之辨異，尤重于男女之際。雖喪紀憂遽之中，亦莫不各正其位焉。故自始死以至于葬，男子則西向而位乎東，婦人則東向而位乎西，凡以辨陰陽之義而已。司徒敬子之喪，夫子爲相，固嘗行之矣。而國昭子徒爲賓主之辨，曾無男女之别，則其失禮也不已甚乎！

【吴氏纂言】鄭氏曰：國昭子，齊大夫。夫子，孔子也。西鄉、東鄉，夾羨道爲位也。毋，禁止辭。斯，盡也。沾，讀曰覘，覘，視也。國昭子自謂齊之大家，人盡視之，欲人觀之，法其所爲。時子張相。專，猶司也。

孔氏曰：「噫毋」者，止子張也。言我居喪，人盡來覘視，當更爲别禮，豈得依舊禮爾？當同此婦人與男子一處。於是昭子家婦人從男子，同在主位西鄉，賓之男子及賓之婦人皆西廂東鄉，非也。

方氏曰：禮之辨異，尤重於男女之際，雖在喪紀憂處之巾，亦各正其位。故自始死以至於葬，男子則西鄉而位乎東，婦人則東鄉而位乎西，以辨陰陽之義。司徒敬子之喪，夫子爲相，固嘗行之矣。而國昭子徒爲賓主之辨，曾無男女之别，其失禮不亦甚乎！

澄曰：「專」爲專主之言爾。既相喪禮，當專主其事，如我之言，賓自爲賓而男女皆東鄉，主自爲主而男女皆西鄉也。

【陳氏集説】國昭子之母死，問於子張曰：「葬及墓，男子、婦人安位？」子張曰：「司徒敬子之喪，夫子相，男子西鄉，婦人東鄉。」國昭子，齊大夫。葬其母，以子張相禮，故問之。夫子，孔子也。主人家男子皆西鄉，婦人皆東向，而男賓在衆主人之南，女賓在衆婦之南，禮也。曰：「噫！毋。」曰：「我喪也，斯沾。爾專之，賓爲賓焉，主爲主焉，婦人從男子皆西鄉。」昭子聞子張之言，歎息而止之，言我爲大夫，齊之顯家，今行喪禮，人必盡求覘視，當有所更改以示人，豈宜一循舊禮爾？當專主其事，使賓自爲賓，主自爲主可也。於是昭子家婦人既與男子同居主位而西鄉，而女賓亦與男賓同居賓位而東鄉矣。斯，盡也。沾，讀爲覘。此記禮之變。

【郝氏通解】國昭子，齊大夫。男子、婦人，謂主人家衆男婦也。子張引夫子已行之禮告之，主家男子西向，男賓在衆主之南。主家婦人東向，女賓在衆婦之南。昭子不從，以意自定，爲主人西鄉之禮。噫，疑嘆聲。毋，禁止辭。斯，遂也。沾爾，猶言沾沾爾，自用貌。昭子欲行己説，故戒子張曰：爾毋謂我喪，我遂沾然自主之。賓主異位，婦人從男子皆當西向。

按：禮莫辨于男女，雖凶遽之中，亦必有別。婦人、男子同位，非禮也。雖賓主有東西，而野外無堂階，不幾于瀆亂乎？鄭以「我喪也，斯沾」爲句，欠通。

【江氏擇言】曰：「噫！毋。」曰：「我喪也，斯沾。爾專之，賓爲賓焉，主爲主焉。」

孔疏云：「『噫毋』者，止子張也。言我居喪，人盡來覘視，當更爲別禮，豈得依舊禮爾？當同此婦人與男子一處。

按，「毋曰我喪也，斯沾，爾專之」，楊升菴別有説，言勿謂此爲我喪，遂沾沾焉專之，不致敬於賓也。疑此説是，舊説文義未安。

【欽定義疏】正義　鄭氏康成曰：國昭子，齊大夫。夫子，孔子也。西鄉、東鄉，夾羨道爲位也。噫，不寤之聲。毋，禁止辭。孔疏：昭子不悟禮意，禁止子張。斯，盡也。沾，讀曰覘，視也。國昭子自謂齊之大家，有事人盡視之，孔疏：昭子言當更別爲禮。欲人觀之，法其所爲也。專，猶司也。案：專，訓「司」。雖不若陳説之自然，亦得備一義，並存之。時子張相。同西鄉，非也。

孔氏穎達曰：此論葬之在壙，男女面位之事。

方氏慤曰：禮之辨異，尤重於男女之際。雖喪紀憂遽之中，亦莫不各正其位焉。故自始死以至於葬，男子則西鄉而位乎東，婦人則東鄉而位乎西。司徒敬子之喪，夫子爲相，固嘗行之矣。而國昭子徒爲賓主之辨，曾無男女之別，則其失禮也不已甚乎？

陳氏澔曰：昭子葬其母，以子張相禮，故問之禮。主人男子皆西鄉，婦人皆東鄉，而男賓在衆主人之南，女賓在衆婦之南，禮也。昭子聞子張之言，歎息而止之，言我爲大夫，齊之顯家，今行喪禮，人必盡來覘視，當有所更改以示人，豈宜一循舊禮爾？當專主其事，使賓自爲賓，主自爲主可也。於是昭子家婦人既與男子同居主位而西鄉，而女賓亦與男賓同居賓位而東鄉矣。此記禮之變。

【杭氏集説】陳氏澔曰：昭子葬其母，以子張相禮，故問之禮。主人男子皆西鄉，婦人皆東鄉，而男賓在衆主人之南，女賓在衆婦之南，禮也。昭子聞子張之言，歎息而止之，言我爲大夫，齊之顯家，今行喪禮，人必盡來覘視，當有所更改以示人，豈宜一循舊禮爾？當專主其事，使賓自爲賓，主自爲主可也。於是昭子家婦人既與男子同居主位而西鄉，而女賓亦與男賓同居賓位而東鄉矣。此記禮之變。

姚氏際恒曰：鄭氏以「我喪也斯沾」句住，謂「沾讀曰覘。國昭子自言之大家，有事人盡視之。專，猶司也」，于語氣未協。郝仲輿以「我喪也斯沾爾專之」爲一句，謂「沾爾，猶言沾沾爾，自我貌。戒子張曰『爾無謂我喪，我遂沾然自主之』」。孫文融曰：「本欲自專，却用『毋曰』字喚起，正是恣肆人氣。」案此二説互相明，似得之。

朱氏軾曰：我喪也，推觀者之言。

姜氏兆錫曰：本節舊義蒙晦。今按「曰我喪也」四字爲句，昭子聞子張之言歎息，而言毋得行是禮也。我爲齊之顯家，今謂我之喪也，人將盡來覘禮，豈宜蹈故迹乎？爾當專而主之，使賓自爲賓，主自爲主可也。于是其家之婦人既與男子同居主位而西向，而女賓亦與男賓同居賓位而東向矣。此譏禮之變也。

任氏啟運曰：孔子相司徒敬子之喪，用殷禮。子游宜其變俗，則此昭子所云或周禮歟？

【孫氏集解】鄭氏曰：國昭子，齊大夫。東鄉、西鄉，夾羨道爲位也。夫子，孔子也。噫，不寤之聲。毋，禁止之辭。斯，盡也。沾，讀曰覘，視也。昭子自謂齊之大家，有事人盡視之，欲人觀之，法其所爲。

陳氏澔曰：昭子葬其母，以子張相禮，故問之。葬時男子皆西鄉，婦人皆東鄉，禮也。昭子自以齊之顯家，今行喪禮，人必盡來覘視，當有所更改以示人。故使子張專主其事，使主自爲主，賓自爲賓。於是昭子家婦人從男子皆西鄉，則女賓從男賓皆東鄉，可知矣。

愚謂葬時男子皆西鄉，婦人皆東鄉，所以爲男女之列也。以親者近壙，而男賓在衆主人之南，女賓在衆婦人之南，又所以爲親疏之序也。今昭子使主自爲主，賓自爲賓，既無男女之别，又紊親疏之序，失禮甚矣。

【朱氏訓纂】國昭子之母死，問於子張曰：「葬及墓，男子、婦人安位？」注：國昭子，齊大夫。子張曰：「司徒敬子之喪，夫子相，男子西鄉，婦人東鄉。」注：夾羨道爲位。夫子，孔子也。曰：「噫！毋。」曰：「我喪也，斯沾。」注：噫，不寤之聲。毋，禁止之辭。斯，盡也。沾讀曰覘，覘，視也。國昭子自謂齊之大家，有事人盡視之，欲人觀之，法其所爲。廣韻：覘，窺視也。爾專之，賓爲賓焉，主爲主焉，注：專，猶司也。時子張相。

婦人從男子皆西鄉。」注：非也。　正義：婦女之賓爲賓位焉，與男子之賓同處，婦女之主爲主位焉，與男子之主同處。於是昭子家婦人從男子皆西鄉，同在主位。賓之男子、賓之婦人皆西厢東鄉。言非也。

【郭氏質疑】曰：我喪也，斯沾爾專之，賓爲賓焉，主爲主焉。

鄭注：斯，盡也。沾，讀曰覘，視也。國昭子自謂齊之大家，有事人盡視之，欲人觀之，法其所爲也。專，猶司也。

嵩燾案，史記魏其傳：「沾沾自喜。」集韻：「沾，的協切，沾沾自整貌。」「斯沾爾專之」當作一句讀，言我之治喪當令男女整位一方，專以賓主爲義。既夕禮：「主人西面，北上，婦人東面。」周禮自有常位。國昭子欲專以己意行之，悍然不顧，豈有意備人之覘視者哉？案既夕禮「主人西面，婦人東面」，不及賓。前云「弔於葬者必執引，若從柩及壙皆執紼」，賓以助葬爲義，無哭泣之位。國昭子蓋欲會葬之賓皆臨窆，以示矜張之意。

四·四四　**○穆伯之喪[一]，敬姜晝哭。文伯之喪，晝夜哭。孔子曰：「知禮矣。」**

[一]　穆伯之喪節　惠棟校云：「『穆伯』節、『季康子』節，宋本合爲一節。」

喪夫不夜哭，嫌思情性也[一]。**文伯之喪，敬姜據其牀而不哭，曰：「昔者吾有斯子也，吾以將爲賢人也，**蓋見其有才藝。**吾未嘗以就公室。**未嘗與到公室觀其行也。季氏，魯之宗卿，敬姜有會見之禮。○行，下孟反。見，賢遍反，下文「不敢見」同。**今及其死也，朋友諸臣未有出涕者，而内人皆行哭失聲。斯子也，必多曠於禮矣夫！」**内人，妻妾[二]。○夫，音扶，下同，本亦有無「夫」字者。

【疏】「穆伯」至「矣夫」[三]。○正義曰：此一節論喪夫不夜哭，并母知子賢愚之事。○「斯子也，必多曠於禮矣夫」。○正義曰：斯，此也。曠，猶疏薄也。言此子平生爲行，必疏薄於賓客朋友之禮，故賓客朋友未有感戀爲之出涕者。此不哭者，謂暫時不哭，故上云「晝夜哭」是也。案家語云：「文伯歜卒，其妻妾皆行哭失聲。敬姜戒之曰：『吾聞好外者士死之，好内者女死之。今吾子早夭，吾惡其好内聞也。二三婦共祭祀者，

[一] 嫌思情性也　閩、監、毛本同，岳本同，嘉靖本同，衛氏集説「思」作「私」，「性」作「勝」。

[二] 内人妻妾　閩、監、毛本同，岳本同，嘉靖本同，衛氏集説同，「妾」下有「也」字。惠棟校宋本「妾」作「室」。盧文弨云：「宋板、古本俱作『妻室』，不必從。」

[三] 穆伯至矣夫　惠棟校宋本無此五字。

無加服。』孔子聞之，曰：『女智莫若[一]公父氏之婦知禮矣。』」與此不同者，彼戒婦人而成子之德，此論子之惡。各舉一邊，相包乃具。

【衛氏集説】穆伯之喪，敬姜晝哭。文伯之喪，晝夜哭。孔子曰：「知禮矣。」

鄭氏曰：喪夫不夜哭，嫌私情勝也。

孔氏曰：自此至「矣夫」，論喪夫不夜哭，并母知子賢愚之事。

嚴陵方氏曰：經曰「寡婦不夜哭」，蓋其遠嫌之道，不得不然耳。穆伯之于敬姜，夫也，故居其喪止于晝哭，而不嫌于薄。文伯之于敬姜，子也，故居其喪晝夜哭，而不嫌于厚。此孔子所以謂之知禮也。

文伯之喪，敬姜據其牀而不哭，曰：「昔者吾有斯子也，吾以將爲賢人也，吾未嘗以就公室。今及其死也，朋友諸臣未有出涕者，而内人皆行哭失聲。斯子也，必多曠於禮矣夫！」

鄭氏曰：以爲賢人，蓋見其有才藝也。未嘗就公室，言未嘗與到公室觀其行也。季氏，魯之宗卿，敬姜有會見之禮。内人，妻妾也。

孔氏曰：曠，猶疏薄也。言此子平生必疏薄于朋友賓客，故未有感戀出涕者。上云

[一] 女智莫若　閩、監、毛本同，衛氏集説同，惠棟校宋本「若」下有「婦」字。案：今家語本亦作「女智莫若婦」。

「晝夜哭」，此不哭者，謂暫時也。家語云：「文伯歜卒，其妻妾皆行哭失聲。敬姜戒之曰：『吾聞好外者士死之，好内者女死之。今吾子早夭，吾惡其好内聞也。二三婦共祭祀者，無加服。』孔子聞之，曰：『女智莫若公父氏之婦，知禮矣。』」

嚴陵方氏曰：「曠」與「無曠庶官」之曠同，言虚其道而不行。行哭者，行哭泣之禮也。

【吴氏纂言】穆伯之喪，敬姜晝哭。文伯之喪，晝夜哭。孔子曰：「知禮矣。」

鄭氏曰：喪夫不夜哭，嫌思情性也。

方氏曰：寡婦不夜哭，遠嫌之道然爾。穆伯，夫也，止於晝哭而不嫌於薄。文伯，子也，晝夜哭而不嫌於厚。孔子所以謂之知禮也。

文伯之喪，敬姜據其牀而不哭，曰：「昔者吾有斯子也，吾以將爲賢人也，吾未嘗以就公室。今及其死也，朋友諸臣未有出涕者，而内人皆行哭失聲。斯子也，必多曠於禮矣夫！」

鄭氏曰：以將爲賢人，蓋見其有才藝。季氏，魯之宗卿，敬姜有會見之禮。未嘗以就公室，言未嘗與到公室觀其行也。内人，妻室也。

孔氏曰：曠，猶疏薄也。言此子平生必疏薄於賔客朋友，故未有感戀出涕者。上云晝夜哭，此不哭者，謂暫時也。家語云：「文伯歜卒，其妻妾皆行哭失聲。敬姜戒之曰：『吾聞好外者士死之，好内者女死之。今吾子早夭，吾惡其好内聞也。二三婦共祭祀者，無加服。』孔子聞之，曰：『公父氏之婦知禮矣。』」彼戒婦人而成子之德，此論子之惡，各舉其一爾。

方氏曰：行哭者，行哭泣之禮也。

澄曰：曠於禮，蓋謂其曠廢男女居室之禮，而溺於燕私好内之情，非謂其疏薄於朋友諸臣之禮也。

【陳氏集説】穆伯之喪，敬姜晝哭。文伯之喪，晝夜哭。孔子曰：「知禮矣。」哭夫以禮，哭子以情，中節矣，故孔子美之。**文伯之喪，敬姜據其牀而不哭，曰：「昔者吾有斯子也，吾以將爲賢人也，吾未嘗以就公室。今及其死也，朋友諸臣未有出涕者，而内人皆行哭失聲。斯子也，必多曠於禮矣夫！」**以爲賢人，必知禮矣。故凡我平日出入公室，未嘗與俱而觀其所行，盖信其賢而知禮也。至死而覺其曠禮，故歎恨之。鄭氏曰：季氏，魯之宗卿，敬姜有會見之禮。

【納喇補正】斯子也，必多曠於禮矣夫！

集説 以爲賢人，必知禮矣，至死而覺其曠禮，故歎恨之。

竊案 此解曠禮未明。吴氏曰：「曠於禮，謂其曠廢居室之禮，而溺于燕私好内之情，非謂其疏薄於朋友諸臣之禮也。」頗分曉。

【郝氏通解】穆伯之喪，敬姜晝哭。文伯之喪，晝夜哭。孔子曰：「知禮矣。」

穆伯，其夫也，故喪止于晝哭。文伯，其子也，故喪晝夜哭。禮制原不及此，而聖人以知禮稱，學者可通于禮義矣。

文伯之喪，敬姜據其牀而不哭，曰：「昔者吾有斯子也，吾以將爲賢人也，吾未嘗以就公室。今及其死也，朋友諸臣未有出涕者，而内人皆行哭失聲。斯子也，必多曠於禮矣夫！」

文伯，名歜，敬姜子。敬姜以宗婦得出入公室，向以其子爲賢，未與俱入觀其所行。而今死，僚友無哀者，唯妻妾有哭聲，始知生平缺於禮，故恨之。

【方氏析疑】昔者吾有斯子也，吾以將爲賢人也，吾未嘗以就公室。

祭則命婦、卿大夫皆與，若宫中婦女之事，不應得與其子俱。且母觀子之所行，豈在與就公室之頃乎？古者小學在公宫南之左，周官師氏：「居虎門之左，國之貴游子弟學焉。」侯國制應同。文伯少孤，豈敬姜未使就學於公宫南而至是始悔之與？家語：「姜戒諸婦曰：『吾聞好外者士死之，好内者女死之。今吾子早夭，吾懼其以好内聞也。』」蓋始以其質美獨學於家，自能爲賢人，未嘗使就公室薰習於師友，不料其不好外而好内，以致隕生耳。

【欽定義疏】正義　鄭氏康成曰：喪夫不夜哭，嫌私情勝也。以爲賢人，蓋見其有才藝也。未嘗就公室，言未嘗與到公室觀其行也。季氏，魯之宗卿，敬姜有會見之禮。内人，妻妾也。

孔氏穎達曰：此論喪夫不夜哭，并母知子賢愚之事。曠，猶疏薄也，言此子平生必疏薄於朋友賓客，故未有感戀出涕者。上云「晝夜哭」，此「不哭」者，謂暫時也。家語云：「文伯歜卒，其妻妾皆行哭失聲。敬姜戒之曰：『吾聞好外者士死之，好内者女死之。今吾子早夭，吾惡其以好内聞也。二三婦供祭祀者，無加服。』孔子聞之，曰：『女智莫若婦，公父氏之婦知禮矣』。」

方氏慤曰：經曰「寡婦不夜哭」，遠嫌之道，不得不然。曠，言虚其道而不行。行哭者，行哭泣之時也。

陳氏澔曰：哭夫以禮，哭子以情，皆中節矣，故孔子美之。

【杭氏集説】陳氏澔曰：哭夫以禮，哭子以情，皆中節矣，故孔子美之。

姚氏際恒曰：曠于禮，大約謂好内而遠賢。孔氏謂疏薄賓客朋友之禮，吴幼清謂曠廢居室之禮而溺於燕私好内之情，俱偏。

徐氏伯魯曰：上章言「晝夜哭」，此章言「不哭」，自相矛盾，不知何謂。愚按，上章本欲明寡婦不夜哭之義，卻不説破，而以晝夜哭文伯形之，使人於言下自會。此文章妙處，故不必其言之實耳，矛盾者以此。

姜氏兆錫曰：此述其不諱子之過之意，亦因以爲教也。敬姜語見家語，頗異。

方氏苞曰：祭則命婦、卿大夫皆與，若宫中婦女之事，不應得與其子俱。且母觀子之所行，豈在與就公室之頃乎？古者小學在公宫南之左，周官師氏：「居虎門之左，國之貴游子弟學焉。」侯國制應同。文伯少孤，豈敬姜未使就學于公宫南而至是始悔之與？家語：「姜戒諸婦曰：『吾聞好外者士死之，好内者女死之。今吾子早夭，吾懼其以好内聞也。』」蓋始以其質美獨學于家，自能爲賢人，未嘗使就公室薰習于師友，不料其不好外而好内，以致隕生耳。

【孫氏集解】穆伯之喪，敬姜晝哭。文伯之喪，晝夜哭。孔子曰：「知禮矣。」

鄭氏曰：喪夫不夜哭，嫌私情勝也。

文伯之喪，敬姜據其牀而不哭，曰：「昔者吾有斯子也，吾以將爲賢人也，吾未嘗以就公室。今及其死也，朋友諸臣未有出涕者，而内人皆行哭失聲。斯子也，必多曠於禮矣夫！」

鄭氏曰：以爲賢人，蓋見其有才藝也。未嘗就公室，言未嘗與到公室觀其行也。季氏，魯之宗卿，敬姜有會見之禮。内人，妻妾也。

孔氏曰：曠，猶疏薄也。疏薄於賓客朋友之禮，故未有感戀出涕者。

【朱氏訓纂】穆伯之喪，敬姜晝哭。文伯之喪，晝夜哭。孔子曰：「知禮矣。」注：喪夫不夜哭，嫌思情性也。**文伯之喪，敬姜據其牀而不哭，曰：「昔者吾有斯子也，吾以將爲賢人也，吾未嘗以就公室。**注：蓋見其有才藝，未嘗與到公室觀其行也。季氏，魯之宗卿，敬姜有會見之禮。**今及其死也，朋友諸臣未有出涕者，而內人皆行哭失聲。斯子也，必多曠於禮矣夫！」**注：內人，妻妾。　正義：案家語云：「文伯歜卒，其妻妾皆行哭失聲。敬姜戒之曰：『吾聞好外者士死之，好內者女死之。今吾子早夭，吾惡其好內聞也。二三婦共祭祀者，無加服。』孔子聞之，曰：『女智莫若婦，公父氏之婦知禮矣。』」與此不同。

【郭氏質疑】昔者吾有斯子也，吾以將爲賢人也，吾未嘗以就公室。

鄭注：未嘗就公室，言未嘗與到公室觀其行也。季氏，魯之宗卿，敬姜有會見之禮。

嵩燾案：方氏析疑云：「古者小學在公宮南之左，周官師氏：『居虎門之左，國之貴游子弟學焉』。侯國制應同。或文伯少孤，敬姜未使就學於公宮南，至是始悔之。」方氏之説是也。鄭云宗婦有會見之禮，則朝祭必與，何以云未就公室觀子之行？而必就公室，又非事也。經云「以就公室」，正以之就學公宮之意。意蓋以其質美自能賢也，未嘗使就公室薰習於師友，追咎其好色以自隕其生，亦傷其無取友之益也。

四·四五　**○季康子之母死，陳褻衣。**褻衣，非上服[一]。陳之，將以斂。**敬姜曰：「婦人不飾，不敢見舅姑。將有四方之賓來，褻衣何爲陳於斯？」命徹之。**言四方之賓，

[一] 褻衣非上服　閩、監、毛本同，岳本同，嘉靖本同，衛氏集説同，考文「足利本『上』作『正』」。○鍔按：「褻衣」上，阮校有「季康子之母死節」七字。

嚴於舅姑。敬姜者，康子從祖母。○從，才用反。

【疏】注「敬姜者，康子從祖母」。○正義曰：案世本：「悼子紀生平子意如[一]，意如生桓子斯，斯生康子肥。」世本又云：「悼子紇生穆伯靖。」靖與意如是親兄弟，意如是康子祖，穆伯是康子祖之兄弟，敬姜是穆伯之妻，故云「康子從祖母」也。

【衛氏集說】鄭氏曰：褻衣，非上服。陳之，將以斂也。敬姜言四方之賓，嚴于舅姑。敬姜者，康子從祖母。

【吴氏纂言】鄭氏曰：陳之，將以斂也。褻衣，非上服。敬姜者，康子從祖母。言四方之賓，嚴於舅姑。

孔氏曰：季悼子紇生穆伯靖、平子意如，意如生桓子斯，斯生康子肥，穆伯、平子是親兄弟，平子是康子祖，穆伯是祖之兄弟，敬姜是穆伯妻，故云「從祖母」。

【陳氏集說】敬姜，康子之從祖母也。　應氏曰：敬姜森然法度之語。

【郝氏通解】敬姜，康子之從祖母。

【欽定義疏】正義　鄭氏康成曰：褻衣，非上服。陳之，將以斂也。敬姜言四方之賓，嚴於舅姑。敬姜者，康子從祖母。孔疏：案世本：「悼子紇生平子意如，意如生桓子斯，斯生康子肥。」世

[一] 悼子紀生平子意如　閩、監、毛本同，惠棟校宋本「紀」作「紇」。

本又云：「悼子紇生穆伯靖。」靖與意如是親兄弟，意如是康子祖，穆伯是康子祖之兄弟，敬姜是穆伯之妻，故云「康子從祖母」也。

秦氏繼宗曰：陳褻衣，蓋未襲斂之時。不飾，謂衣褻衣也。婦人生時必飾而後見舅姑，今喪，則有四方之賓來，安可以褻衣見？故命徹之。

案 士喪，襲斂陳衣。褖衣、散衣，俱非上服。此褻衣當在褖衣、散衣之外，禮所不當陳者，故敬姜斥之耳。

【杭氏集説】秦氏繼宗曰：陳褻衣，蓋未襲斂之時。不飾，謂衣褻衣也。婦人生時必飾而後見舅姑，今喪，則有四方之賓來，安可以褻衣見？故命徹之。

姚氏際恒曰：鄭氏曰：「言四方之賓，嚴於舅姑。」按此義，非舅姑不當與四方之賓較量。嚴，否也，意謂婦人在生不飾，不敢見舅姑。今其死也，有四方之人來，何爲不飾乎？蓋以生喻死，以舅姑喻四方之賓耳。

任氏啟運曰：按于殯宮有平日玩好畢陳者。愚謂陳重器，示能傳，禮也。陳玩器，近于褻，非禮也。

【孫氏集解】鄭氏曰：褻衣，非上服。陳之，將以斂。四方之賓，嚴於舅姑。敬姜，康子從祖母。

愚謂喪大記君小斂用複衣，大斂用褶衣。複衣、褶衣即袍、褶之屬，皆褻衣也。君斂用褻衣，則大夫可知。而敬姜命去褻衣者，蓋婦人之褻衣雖用以斂而不陳。季氏但欲以多陳衣爲榮，并陳褻衣，故敬姜非之。

【朱氏訓纂】季康子之母死，陳褻衣。注：褻衣，非上服。陳之，將以斂。**敬姜曰：「婦人不飾，不敢見舅姑。將有四方之賓來，褻衣何爲陳於斯？」命徹之。**注：言四方之賓，嚴於舅姑。敬姜者，康子從祖母。　正義：案世本「悼子紇生平子意如，意如生桓子斯，斯生康子肥」。世本又云：「悼子紇生穆伯靖。」靖與意如是親兄弟，意如是康子祖，穆伯是康子祖之兄弟，敬姜是穆伯之妻，故云「康子從祖母」也。

四·四六　**○有子與子游立，見孺子慕者。有子謂子游曰：「予壹不知夫喪之踊也，予欲去之久矣。情在於斯，其是也夫？」**喪之踊猶孺子之號慕。○去，羌呂反。號，户刀反。　**子游曰：「禮有微情者，**節哭踊。**有以故興物者。**衰絰之制。**有直情而徑行者，戎狄之道也。**哭踊無節，衣服無制。○徑，古定反。**禮道則不然。**與戎狄異。**人喜則斯陶，**陶，鬱陶也[一]。○陶，徒刀反。**陶斯咏，**咏，謳也。○咏，音詠。謳，本亦作

[一]　陶鬱陶也　閩本同。監、毛本「欝」作「鬱」，岳本同，嘉靖本同，衛氏集説同，疏同。○鍔按：「陶鬱」上，阮校有「有子與子游立節」七字。

「嘔」，烏侯反。**咏斯猶，**猶，當爲「摇」，聲之誤也。摇，謂身動摇也。秦人猶、摇聲相近。○猶，依注作「摇」，音遥。近，「附近」之近。**猶斯舞，**手舞之。**舞斯愠，**愠，猶怒也。**愠斯戚**[一]**，**戚，憤恚。○愠斯戚，紆運反。此喜怒哀樂相對，本或於此句上有「舞斯愠」一句并注，皆衍文。憤，扶粉反。恚，一瑞反。**戚斯歎，**歎，吟息。○吟，本或作「唫」，魚金反。**歎斯辟，**辟，拊心。○辟，婢亦反，撫心也。**辟斯踊矣。**踊，躍。○躍，羊灼反。**品節斯，斯之謂禮。**舞踊皆有節，乃成禮。**人死，斯惡之矣。無能也，斯倍之矣。**無能，心謂之無所復能。○惡，烏路反。倍，音佩，下同。復，扶又反。**是故制絞衾，設蔞翣，爲使人勿惡也。**絞衾，尸之飾。蔞翣，棺之牆飾。周禮「蔞」作「柳」。○絞衾，户交反，下音欽。蔞，音柳。翣，所甲反。**始死，脯醢之奠；將行，遣而行之；既葬而食之，**將行，將葬也。葬有遺奠。食，反虞之祭。○食，音嗣，注同，謂虞祭也。**未有見其饗之者也。自上世以來，未之有舍也，爲使人勿倍也。**舍，猶廢也。○舍，音捨。注同。**故子之所刺於禮者，亦非禮之訾也。」**訾，病也。○訾，似斯反。

[一] 舞斯愠愠斯戚　閩、監、毛本同，石經同，岳本同，嘉靖本同，衛氏集説同。釋文出「愠斯戚」云：「此喜怒哀樂相對，本或於此句上有『舞斯愠』一句并注，皆衍文。」正義本有「舞斯愠」一句并注，其所稱鄭此禮本、鄭諸本、鄭又一本、盧禮本、王禮本，綜論最爲詳覈，惠棟九經古義但据釋文而不及正義，疏矣。

【疏】「有子」至「訾也」。○正義曰：此一節論子游言制禮有節之事。

○「有子與子游同立，見孺子號慕者，有子謂子游曰：『予壹不知夫喪之踊也。』」言我專壹，不知夫喪之踊也，何須有節？直似孺子慕者，其事足矣。予欲去此踊節，其意久矣。斯，此也。言孝子之情在於此，小兒直號慕而已。

「其是也夫」，但如小兒，其事即是，何須爲哭踊之節？子游乃對之曰：「禮有微情者。」微，殺也。言若賢者喪親，必致滅性，故制使三日而食，哭踊有數，以殺其内情，使之俯就也。何胤云：「哭踊之情，必發於内[一]，謂之微。微者，不見也。」

○「有以故興物者」，興，起也。物，謂衰絰也。若不肖之屬，本無哀情，故爲衰絰，使其覩服思哀，起情企及也。引由外來，故云「興物」也。然衰絰之用，一則爲孝子至痛之飾，二則使不肖之人企及。今止説「興物」，以對「微情」之故。

「有直情而徑行者，戎狄之道也」，謂直肆己情而徑行之也，無哭踊節制，乃是戎狄之道。

○「禮道則不然」者，然猶如是也，言中國禮道則不如是夷狄也。

○「人喜則斯陶」者，爲明踊次節，而踊由心哀，故此以下極言哀樂之本也。喜者，

[一] 哭踊之情必發於内 閩、監、毛本同。惠棟校宋本「必」作「心」，續通解同。

外竟會心之謂也。斯，語助也。陶者，鬱陶。鬱陶者，心初悦而未暢之意也。言人若外竟會心，則懷抱欣悦，但始發俄爾，則鬱陶未暢，故云「斯陶」也。爾雅云：「鬱陶、繇，喜也。」何胤云：「陶，懷喜未暢意也。」孟子曰：『鬱陶以思君。』」

○「陶斯咏」者，咏，歌咏也。鬱陶情轉暢，故口歌咏之也。

○「咏斯猶」者，摇動身也。咏歌不足，漸至自摇動身體也。

「猶斯舞」者，舞，起舞也。摇身不足，乃至起舞，足蹈手揚，樂之極也。

○「舞斯愠」者，愠，怒也，外竟違心之謂也。凡喜怒相對，哀樂相生，故若舞而無節，形疲厭倦，事與心違，故所以怒生。怒生由於舞極，故云「舞斯愠」也。故曲禮云「樂不可極」，即此謂也。何胤云：「樂終則愠起，非始之愠相連繫也。」

○「愠斯戚」者，戚，憤恚也。怒來戚心，故憤恚起也[一]。此句對「喜斯陶」也。

○「戚斯歎」者，歎，吟息也。憤恚轉深，故因發吟息也。此句對「陶斯咏」。

○「歎斯辟」者，辟，撫心也。歎息不泄，故至撫心也。此句對「咏斯猶」。

○「辟斯踊矣」者，撫心不泄，乃至跳踊奮擊，亦哀之極也。此句對「猶斯舞」也。

○「品節斯，斯之謂禮」者，品，階格也。節，制斷也。斯，此也。此之謂於哀樂

[一] 怒來戚心故憤恚起也　惠棟校宋本亦作「戚」，閩、監、毛本「戚」作「觸」。

也[一]。若喜而不節，自陶至舞，俄傾不愠生[二]。若怒而不節，從戚至踊，踊極則笑。故夷狄無禮，朝殯夕歌[三]，童兒任情，倏啼欻笑。今若品節此二塗，使踊舞有數，有數則久長，故云此之謂禮。如鄭此禮本云「舞斯愠」者，凡有九句。首末各四，正明哀樂相對。中央「舞斯愠」一句，是哀樂相生，故一句之中，有「舞」及「愠」也。而鄭諸本亦有無「舞斯愠」一句者，取義不同。而鄭又一本云「舞斯蹈，蹈斯愠」，益於一句，凡有十句，當是後人所加耳，亦不得對。而盧禮本亦有「舞斯愠」之一句。而王禮本又長，云「人喜則斯循，循斯陶」，既與盧、鄭不同，亦當新足耳。

○「人死，斯惡之矣」者，以上明辟踊之節，以下明飾喪以奠祭之事[四]。人死斯惡之者，以人身既死，形體腐敗，故惡之，故倍之。以其恐惡之，故制絞紟衾，設蔞翣以飾之，故使人勿惡也[五]。以其恐倍之，故始死，設脯醢之奠，以至於葬，將行之，又設遣奠而行

[一] 此之謂於哀樂也　閩、監、毛本同。惠棟校宋本「謂」下有「禮生」二字，續通解同。

[二] 俄傾不愠生　閩本同。監、毛本「不」作「而」，衛氏集説「傾不」作「頃而」，是也，考文引宋板同。

[三] 朝殯夕歌　惠棟校宋本同。閩、監、毛本「殯」作「殯」，衛氏集説同。

[四] 明飾喪以奠祭之事　閩、監、毛本同。惠棟校宋本「以」作「及」，衛氏集説同。

[五] 故使人勿惡也　閩、監、毛本同。惠棟校宋本「故」作「欲」，衛氏集説同。

送之[一]。既葬反哭，設虞祭以食之。雖設奠祭，未曾見其死者而饗食之也。既不饗食，自上世以來，未之有舍此奠祭而不爲者也。所以設奠祭者，爲使人勿倍其親故也。禮意既然，不可無節，故子之所譏刺於禮有踊節者，亦非禮之病害也。言哭踊有節，正是禮之所宜，非禮之病。上有若見孺子之慕，唯譏哭踊有節，不譏絞衾、奠祭之事。子游祇應答以辟踊即止，今更陳絞衾、脯醢之事者，以有若之意，欲直同孺子。生者不節其哀，死者不加其飾。故子游既言生節哀[二]，遂説死者加飾，備言禮之節制，與夷狄不同也。

【衛氏集説】有子與子游立，見孺子慕者。有子謂子游曰："予壹不知夫喪之踊也，予欲去之久矣。情在於斯，其是也夫？"子游曰："禮有微情者，有以故興物者。有直情而徑行者，戎狄之道也。禮道則不然。人喜則斯陶，陶斯咏，咏斯猶，猶斯舞，舞斯愠，愠斯戚，戚斯歎，歎斯辟，辟斯踊矣。品節斯，斯之謂禮。

鄭氏曰：喪之踊猶孺子之號慕也。微情，謂節哭踊也。以故興物，謂衰絰之制。直情徑行，謂哭踊無節，衣服無制也。禮道與戎狄異。陶，鬱陶也。咏，謳也。猶，當爲摇，聲之誤也。摇，謂身摇動也，秦人猶、摇聲相近。舞，謂手舞之。愠，猶怒也。戚，憤恚。嘆，吟息。辟，拊心。踊，躍也。舞踊皆有節，乃成禮。

[一] 又設遣奠而行送之　閩本同，惠棟校宋本同。監、毛本「遣」誤「遺」，衛氏集説無「行」字。
[二] 故子游既言生節哀　閩、監、毛本同。惠棟校宋本「生」下有「者」字，衛氏集説同。

孔氏曰：自此至「之訾也」一節，論子游言制禮有節之事。有子言我專壹，不知夫喪之踊也，欲去此踊節，直似孺子慕者，足矣。言孝子之情于此即是，何須爲哭踊之節？微情者，微，殺也，言賢者喪親，必致滅性，故制使三日而食，哭踊有數，以殺其內情，使之俯就也。以故興物者，興，起也，不肖者無哀情，故爲衰絰，使其覩服思哀，起情企及也。若直肆己情而徑行之，無哭踊節制，乃是夷狄之道，中國禮道不如是也。人喜則斯陶，以下極言哀樂之本。喜者，外竟會心之謂。斯，語助也。陶，謂鬱陶，心初悅而未暢之意也。鬱陶之情轉暢，則口歌咏之也。歌咏不足，漸至摇動身體，乃至起舞，足蹈手揚，樂之極也。外竟違心之謂愠。凡喜怒相對，哀樂相生，若舞無節，形疲厭倦，事與心違，所以怒生。愠怒之生由于舞極，故曲禮云「樂不可極」也。此凡有九句，首末各四，正明哀樂相對，中間「舞斯愠」一句是哀樂相生，諸本亦有無此一句者。「愠斯戚」者，怒來戚心，故憤恚起也。憤恚轉深，因發吟息。嘆息不泄，故至撫心。撫心不泄，乃至跳踊奮擊，哀之極也。夫喜而不節，自陶至舞，俄頃而愠生。怒而不節，從戚至踊，踊極則笑。故夷狄無禮，朝殯夕歌，童兒任情，倏啼歘笑。今若品節此二塗，使踊舞有數，則能久長，故云此之謂禮。品，階格也。節，制斷也。

廬陵胡氏曰：予欲去之久矣。情在于斯，其是也夫，言不可去。陶，樂。猶，若所謂「君子蓋猶猶」之猶，鄭讀「猶」爲摇動，恐非。舞斯愠，人鼓舞則氣激怒。愠斯戚，慘矣。

李氏曰：禮者，節文之也。有節故有微情者，有文故有興物者。直情則無節，徑行則無文，故曰戎狄之道也。唯有節，故陶不至于咏，咏不至于舞，舞不至于愠，愠不至于踊，此所以微情也。唯有文，故制絞衾，設蔞翣，以使勿惡。脯醢之奠，遣而行之，葬而食之，使人弗倍，此所以興物也。

長樂陳氏曰：其喜心感者，其聲發以散，發以散，陽也，其極必反陰焉。其愠心感者，其聲粗以厲，粗以厲，陰也，其極必反陽焉。蓋喜氣不泄則已，泄則口不得不咏；愠氣不震則已，震則氣不得不嘆。咏文事，心志猶其優游；嘆武事，心志猶其奮疾。夫然則憂患去而樂生矣，樂生而舞至，于手之舞之，則樂極而哀從之矣。故舞斯愠，愠斯嘆，嘆斯戚，戚斯辟，辟斯踊，則不知胷之撫之，足之踊之。雖正明目而視，不可得而見也，傾耳而聽，不可得而聞也，豈非陽極反陰、樂極反哀之意邪！左傳所謂「樂有歌舞，哀有哭泣」者，此歟？品于斯，哀樂莫不有隆殺；節于斯，哀樂莫不中節，則知禮之爲道，其去戎狄之道遠矣。陶，包陰陽之氣，憂樂無所泄，如之「喜斯陶」，樂之無所泄者也；「鬱陶乎予心」，憂之無所泄者也。爾雅以「鬱陶」爲「喜」，其有見乎一偏歟？傳曰：「齊、楚、燕、趙之歌異傳而皆樂，九夷八蠻之聲異哭而皆哀。」夫何故哀樂之情同也？然而君子不與之者，爲其不能品節于斯以爲禮，未免爲戎狄之道也。樂書。

清江劉氏曰：人喜則斯陶，陶斯咏，咏斯猶，猶斯舞，舞斯愠，愠斯戚，戚斯嘆，嘆斯辟，辟斯踊。案人舞宜樂，不宜更愠，又不當漸至辟踊，此中間有遺文矣。蓋本曰人喜則斯陶，陶斯咏，咏斯猶，猶斯舞，舞斯蹈矣。人悲則斯愠，愠憤不足，愠斯戚，戚斯嘆，嘆斯辟，辟斯踊矣。自喜而下五變而至蹈，自悲而下亦五變而至踊，所謂「孺子慕者」也。

嚴陵方氏曰：陰陽之理，憂樂之情，固常如此。則禮雖經而爲三百，曲而爲三千，不過品于斯、節于斯而已。品于斯，故所施之上下有常。節于斯，故所處之多少無失。故曰「品節斯，斯之謂禮」。

人死，斯惡之矣。無能也，斯倍之矣。是故制絞衾，設蔞翣，爲使人勿惡也。始死，脯醢之奠；將行，遣而行之；既葬而食之，未有見其饗之者也。自上世以來，未之有舍也，爲使人勿倍也。故子之所刺於禮者，亦非禮之訾也。」

鄭氏曰：無能，心謂之無所復能也。絞衾，尸之飾。蔞翣，棺之墻飾。周禮「蔞」作「柳」。將行，將葬也，有遣奠。食，反虞之祭也。舍，猶廢也。訾，病也。

孔氏曰：上明辟踊之節，此明飾喪及奠祭之事。人身既死，形體腐敗，以其恐惡之，故制絞紟衾，設蔞翣以飾之，欲使人勿惡也。以其恐倍之，故始死，設脯醢之奠，以至于葬，將行，又設遣奠而送之。既葬反哭，設虞祭以食之。未曾見死者饗食之。然自上世以來，未有舍此而不爲者，爲使人勿倍其親故也。故子之所譏刺于禮有踊節者，亦非禮之病害也。初有若止譏踊節，子游既言生者節哀，遂説死者加飾，備言禮之節制，與夷狄不同也。

廬陵胡氏曰：倍，與「背」同，古字多假借。

嚴陵方氏曰：刺，若詩之有刺，以適當于物故也。訾，猶疵也，而與「不苟訾」同字者，以有疵而可訾故也。

【吴氏纂言】有子與子游立，見孺子慕者。有子謂子游曰：「予壹不知夫喪之踴也，予欲去之久矣。情在於斯，其是也夫？」子游曰：「禮有微情者，有以故興物者。有直情而徑行者，戎狄之道也。禮道則不然。

孔氏曰：有子言久欲去此喪禮之踊節，但如小兒之號慕，足矣。孝子之情在於此，其是也，何須爲哭踊之節乎？

鄭氏曰：喪之踊猶孺子之號慕。微情，謂節哭踊。故興物，謂衰絰之制。直情徑行，謂哭踊無節，衣服無制也。禮道與戎狄異。

澄曰：有子見有喪之人號慕其親，如孺子者。孺子慕，與前之「孺子泣」同，爲親真而無節文也。有子蓋以此人之哀慕如孺子，孝子之哀，哭而踊跳，皆其哀情之真，如其情可也。禮家乃於哭踊之時謂之算節，以分其哀情，予獨不曉解此意。壹，猶云獨也。知，謂曉解。喪之踊，謂喪禮之踊節。有子質厚而禮學疏，子游精於禮學，故詳言聖人制禮之意以告之也。微，猶殺也。故，猶「事故」之故，謂有形跡可見也。興，起也。物，謂所行之事。賢者常過於禮，則爲之限節，以減殺其哀親之情。不肖者常不及於禮，則示之形跡，以興起其哀親之事。直者，伸而竟遂之謂。徑，亦直而捷易之謂。過而不爲之限節以減殺之，俾直伸其情，則或甚哀而至毁滅。不及而不示之形跡以興起之，俾徑捷而行，則或全不哀而反歡嬉。此乃戎狄之道也，聖人制禮之道則不如此。

人喜則斯陶，陶斯咏，咏斯猶，猶斯舞，舞斯愠，愠斯戚，戚斯歎，歎斯辟，辟斯踊矣。品節斯，斯之謂禮。

此承上文微情而廣言之。「辟斯踊矣」以上八句，言人心所發之情有如此者。「品節斯」以下二句，言以禮制其情也。喜者，中心所發陽舒之情。陶，猶以火燒土，煖氣薰蒸，陶陶然，和悦之色，陽舒之氣發而見於面者也。咏，謂歌咏之聲，陽舒之氣發而出於口者也。猶，當作「摇」，謂手之摇動，陽舒之氣爲樂而形於手容者也。舞，謂以足蹈地，陽舒之氣爲樂而形於足容者也。凡言舞而兼言蹈，則動手爲舞，舉足爲蹈。此言舞而先言摇，則摇即手之舞，舞即足之蹈也。愠者，中心所發陰慘之情。戚，謂戚戚然，憂悴之色，陰慘之氣發而見於面者也。歎，謂嗟嘆之聲，陰慘之氣發而出於口者也。辟，謂以手拊胷，陰慘之氣爲哀而形於手容者也。踊，謂以足跳躍，陰慘之氣爲哀而形於足容者也。喜之情由中而外，達於色聲，手足至舞，則樂之極矣。愠之情由中而外，達於色聲，手足至踊，則哀之極矣。樂極而不節則流，哀極而不節則毁，故樂舞、喪踊皆有其節也。品者，物之件數，各分件數以節之，如竹之有節者，此之謂禮也。上文之微情，專指踊節，節其過哀之情而言。此又申言之而兼及舞節，節其過樂之情者。

人死，斯惡之矣。無能也，斯倍之矣。是故制絞衾，設蔞翣，爲使人勿惡也。始死，脯醢之奠；將行，遣而行之；既葬而食之，未有見其饗之者也。自上世以來，未之有舍也，爲使人勿倍也。

此承上文「以故興物」而廣言之。「斯倍之矣」以上四句，言人身所行之事有如此者。「是故置絞衾」以下九句，言以禮制其事也。人死，謂其形不活動而凶穢也，以其凶穢則視之異於生者。惡之，謂憚於親近，不愛戀之也。無能，謂其神不主宰，而無復能有知覺也，以其無知覺則待之異於有能者。倍之，謂怠於追報不嚮慕之也。絞，以束斂尸之衣，而衾包於絞之内，以此飾尸，使人不惡其穢也。蔞，即柳也。柳，施帷幠以華載柩之車，而翣障於柳之旁，以此飾柩，使人不惡其凶也。始死即有脯醢之奠，未葬以前皆然。將葬而有遣奠以遣行，既葬而有虞祭以饋食。雖未見其來饗，然自上世以來，未嘗廢舍此禮，則使人不以其無知覺而遂倍之也。上文之「以故興物」，專指衰絰之故，起其哀親之事而言。此不再言之，而汎及喪飾、奠祭之故，起其勿惡勿倍之事者。

故子之所刺於禮者，亦非禮之訾也。」

訾，猶病也。子游既推廣微情之禮，以故興物之禮而言之矣，乃正有子之失。謂子所刺譏於喪禮之踊節者，亦不足以爲禮之病也。有子但刺踊節不及其它，而子游必以微情、興物並言者，蓋聖人以禮教中，使過者俯就，不及者企及。若不以禮而損其情之過，則亦將不能以禮而益其事之不及者矣。賢者直其情，不肖者徑而行，是胥而爲戎狄也。

【陳氏集説】有子與子游立，見孺子慕者。有子謂子游曰：「予壹不知夫喪之踊也，予欲去之久矣。情在於斯，其是也夫？」有子言喪禮之有踊，我常不知其何爲而然。壹者，專一之義，猶常也。我久欲除去之矣，今見孺子之號慕若此，則哀情之在於此踊，亦如此孺子之慕也夫。**子游曰：「禮有微情者，有以故興物者。有直情而徑行者，戎狄之道也。禮道則不然。**子游言先王制禮，使賢者俯而就之，不肖者企而及之。慮賢者之過於情也，故立爲哭踊之節，所以殺其情，故曰「禮有微情者」。微，猶殺也。慮不肖者之不及情也，故爲之興起衰絰之物，使之睹服思哀，故曰「有以故興物者」。此二者皆制禮者酌人情而爲之也。若直肆己情，徑率行之，或哀或不哀，漫無制節，則是戎狄之道矣。中國禮義之道則不如是也。**人喜則斯陶，陶斯咏，咏斯猶，猶斯舞，舞斯慍，慍斯戚，戚斯歎，歎斯辟，辟斯踊矣。品節斯，斯之謂禮。**此言樂極生哀之情，但「舞斯慍」一句終是可疑，今且據疏。劉氏欲於「猶斯舞」之下增一「矣」字，而删「舞斯慍」三字，今亦未敢從。　疏曰：喜者，外境會心之謂。斯，語助也。陶，謂鬱陶，心初悦而未暢之意。鬱陶之情暢，則口歌咏之也。咏歌不足，漸至動摇身體，乃至起舞，足蹈手揚，樂之極也。外境違心之謂愠。凡喜怒相對，哀樂相生，若舞無節，形疲厭倦，事與心違，所以怒生，愠怒之生由於舞極，故曲禮云「樂不可極」也。此凡九句，首末各四句，是哀樂相對，中間「舞斯愠」一句是哀樂相生。愠斯戚者，怒來觸心，憤恚之餘轉爲憂戚，憂戚轉深，因發歎息，歎恨不泄，遂至撫心，撫心不泄，乃至跳踊奮擊，亦哀之極也。故夷狄無禮，朝殯夕歌，童兒任情，倏啼欻笑。今若品節此二塗，使踊舞有數，則能久長，故云「斯之謂禮」。品，階格也。節，制斷也。

孫氏曰：當作人喜則斯陶，陶斯咏，咏斯猶，猶斯舞，舞斯蹈矣。人悲則斯愠，愠斯戚，戚斯歎，歎斯辟，辟斯踊矣。蓋自喜至蹈凡六變，自悲至踊亦六變，此所謂孺子慕者之直情也。舞蹈、辟踊，皆本此情。聖人於是爲之節。**人死，斯惡之矣。無能也，斯倍之矣。是故制絞衾，設蔞翣，爲使人勿惡也。**以其死而惡之，以其無能而倍之，恐太古無禮之時，人多如此。於是推原聖人所以制禮之初意，止爲使人勿惡勿倍而已。絞衾以飾其體，蔞翣以飾其棺，則不見死者之可惡矣。**始死，脯醢之奠；將行，遣而行之；既葬而食之，未有見其饗之者也。自上世以來，未之有舍也，爲使人勿倍也。故子之所刺於禮者，亦非禮之訾也。」**始死即爲脯醢之奠，將葬則有包裹牲體之遺，既葬則有虞祭之食，何嘗見死者享之乎！然自上世制禮以來，未聞有舍而不爲者，爲此則報本反始之思自不能已矣，豈復有倍之之意乎！先王制禮，其深意蓋如此。今子刺喪之踊而欲去之者，亦不足以爲禮之疵病也。

【納喇補正】人喜則斯陶，陶斯咏，咏斯猶，猶斯舞，舞斯愠，愠斯戚，戚斯歎，歎斯辟，辟斯踊矣。品節斯，斯之謂禮。

集説 此言樂極生哀之情，但「舞斯愠」一句終是可疑，今且據疏。劉氏欲於「猶斯舞」之下增一「矣」字，而删「舞斯愠」三字，今亦未敢從。又引疏曰：「此凡九句，首末各四句，是哀樂相對，中間『舞斯愠』一句，是哀樂相生。」又引孫氏曰：「當作人喜則斯陶，陶斯咏，咏斯猶，猶斯舞，舞斯蹈矣。人悲則斯愠，愠斯戚，戚斯歎，歎斯辟，辟斯踊矣。蓋自喜至蹈凡六變，自悲至踊亦六變。」

竊案 陸氏釋文云：「此喜怒哀樂相對。本或於『愠斯戚』上有『舞斯愠』一句并注，皆衍文。」而孔疏亦云鄭諸本亦有無「舞斯愠」一句者，則劉氏欲删去此三字，不爲無據矣。集説不從，而主樂極生哀之説，何耶？至於孫氏於「舞」下加「蹈」，「愠」上加「悲」，雖屬對整齊，未免添設。此與鄭又一本所云「舞斯蹈，蹈斯愠」，王本所云「人喜則斯循，循斯陶」，總屬誤加耳。

咏斯猶，猶斯舞。

集説 引疏曰：「咏歌不足，漸至動摇身體，乃至起舞，足蹈手揚，樂之極也。」

竊案 「猶」字，集説依注、疏讀爲「摇」，謂身體動摇也。吴氏則以「猶」爲手動，「舞」爲足蹈。手之摇動，陽舒之氣爲樂而形於手容者也。以足蹈地，陽舒之氣爲樂而形於足容者也。凡言舞而兼言蹈，則動手爲舞，舉足爲蹈。此言舞而先言揺，則揺即手之舞，舞即足之蹈也。愚以爲皆不然，揺者，因咏歌而首動揺。舞雖是手動，而足蹈亦該其中矣。廬陵胡氏曰：「猶，若所謂『君子蓋猶猶』之猶。」郝氏曰：「猶，合也。凡歌必有節以合之，如今人唱則拍板拊手之類。乃作揺讀，非也。未有歌而揺者。」並存之，以備考。

【郝氏通解】此章言聖人制禮之意，最爲明切。孺子慕，言哀素無節文也。壹，果確之辭。有若以孺子之號踊爲真切，而疑踊有算之非情。故子游謂禮本飾情也，情太盛則以禮微而殺之，情不達則因其故而興物焉。微情者，節也。興物者，文也。節文者，禮也。無節文而直情徑行者，戎狄之道也，禮之爲道不然。人情喜則充然陶，陶則歌咏，咏則拊手應節而猶，猶極則舞，舞極則僊而生愠，愠則憂戚，戚則慨歎，歎則撫心，撫心則跳踊，此人情自然流溢至此，如孺子之慕，莫知其然。苟任情直行，何有窮極？是以先王微情興物，列之以品級，限之以節制，斯之謂禮。是故人死則厭惡之，絞衾、柳翣之飾，使人勿厭也。死者無能則倍棄之，奠送食饗之設，使人勿棄也。此皆微情興物、品節之道。踊之有節，正以此耳，豈足爲禮之訾議乎！

按「猶」之言如也，與「由」通，自然嚮赴之意。人歌則抵掌頓足，按節而應，謂之「猶」，莫知其所以然而然，是起舞之漸也。鄭康成作「揺」，未聞歌有揺者。

【方氏析疑】禮有微情者，有以故興物者。

孺子求索於親而不得，戀慕谿㔚，必哭且踊，先王制哭踊之節實緣於此。蓋恐至性篤厚者，常如孺子哀情，中迫則後不可繼，即能繼，力亦難勝，故即以哭踊之節洩其哀情，而使之漸殺。又使人要其節而必哭必踊，則中人之性必感物而有動於中，即頑薄者要其節而强爲哭踊，亦自覺其中情不應而愧怍難安。以故興物，莫切於此。衰絰之制，其淺焉者耳，以杖闗轂而踝輪者，豈不衰絰乎！

【江氏擇言】舞斯慍。

按，此句疑有誤字，或是「舞斯蹈」對下文「辟斯踊」。或是「憂斯慍」對上文「喜斯陶」。

【欽定義疏】 正義　鄭氏康成曰：喪之踊猶孺子之號慕也。微情，謂節哭踊。以故興物，謂衰絰之制。直情徑行，謂哭踊無節，衣服無制也。禮道與夷狄異。陶，鬱陶也。案：鬱陶，憂之甚而氣不得伸，此注誤。蓋陶，和樂之貌，詩「君子陶陶」。咏，謳也。猶，當爲「摇」，謂身動摇。秦人猶、摇聲相近。舞，謂手舞之。慍，猶怒也。戚，憤恚也。歎，吟息也。辟，拊心踊躍也。舞踊皆有節，乃成禮。無能，謂心之無所復能也。絞衾，尸之飾。蔞翣，棺之飾。周禮「蔞」作「柳」。將行，將葬也。葬有遣奠。食，反虞之祭也。舍，猶廢也。訾，病也。

孔氏穎達曰：此子游言制禮有節之事。有子言我專壹不知夫喪之踊也，欲去此踊節，直似孺子慕者足矣。言孝子之情於此即是，何須用哭踊之節？微情者，微，殺也，言賢者喪親，必致滅性，故制使三日而食，哭踊有數，以殺其內情，使之俯就也。以故興物者，興，起也。不肖者無哀情，故爲衰絰，使其覩服思哀，起情企及也。若直肆己情而徑行之，無哭踊節制，乃是夷狄之道，中國禮道不如是也。「人喜則斯陶」以下，極言哀樂之本。外境會心之謂喜。斯，語助也。陶，心初悦而未暢之意。情暢則口歌咏之，歌咏不足漸至摇動身體，乃至起舞，足蹈手揚，樂之極也。外境違心之謂愠。愠斯戚者，怒來觸心，故憤恚起也。憤恚轉深，因發吟息。歎息不泄，故至撫心。撫心不泄，乃至跳踊奮擊，哀之極也。今若品節此二塗，使踊舞有數，則能久長，故云此之謂禮。品，階格也。節，制斷也。上明辟踊之節，此明飾喪及奠祭之事。人身既死，形體腐敗，以其恐惡之，故制絞衾，設蔞翣以飾之，欲使人勿惡也。以其恐倍之，故始死設脯醢之奠，至於葬將行，又設遣奠而送之。既葬反哭，設虞祭以食之。未曾見死者饗食之，然自上世以來，未有舍此而不爲者，爲使人勿倍其親故也。故子之所譏刺於禮有踊節者，亦非禮之病害也。初有若止譏踊節，子游既言生者節哀，遂説死者加飾，備言禮之節制，與夷狄不同也。

吴氏澄曰：孺子慕，與前之「孺子泣」同，謂真情而無節文也。有子以人之哭踊皆其哀慕之真，如其情可也。有子質厚而禮學疏，子游精於禮學，故詳言聖人制禮之意以告之。過而不爲之限節以減殺之，俾直伸其情，則或甚哀而至毁滅。不及而不示之形迹以興起之，俾徑捷而行，則或全不哀而反歡嬉。此乃戎狄之道也，聖人制禮之道則不如此。

陳氏澔曰：壹，猶常也。有子言喪禮之有踊，我常不知其何爲而然。我久欲除去之矣，今見孺子之號慕若此，則哀情之在於此踊，亦如此孺子之慕也。夫先王制禮，使賢者俯而就之，不肖者企而及之。慮賢者之過於情也，故立爲哭踊之節，所以殺其情，故曰「禮有微情者」。微，猶殺也。慮不肖者之不及情也，故爲之興起衰絰之物，使之睹服思哀，故曰「有以故興物者」。此二者皆制禮者酌人情而爲之也。若直肆己情，徑率行之，或哀或不哀，漫無制節，則是戎狄之道矣。中國禮義之道則不如是也。太古無禮，或以其死而惡之，以其無能而倍之。聖人制禮之初意，止爲使人勿惡勿倍而已。絞衾以飾其體，蔞翣以飾其棺，則不見死者之可惡矣。始死即爲脯醢之奠，將葬則有包裹牲體之遣，既葬則有虞祭之食，何嘗見死者享之？然報本反始之思自不能已，豈復有倍之之意乎？先王制禮深意如此。

秦氏繼宗曰：有子之言，乃賢者過之之事，子游則禮之中也。

存疑　孔氏穎達曰：如鄭此禮本凡有九句，首末各四，正明哀樂相對。中央「舞斯慍」一句，是哀樂相生。若舞無節，形疲厭倦，事與心違，所以怒生，故曲禮云「樂不可極」。夫喜而不節，自「陶」至「舞」，俄頃而愠生。怒而不節，從「戚」至「踊」，踊極則笑。故夷狄無禮，朝殯夕歌，童子任情，倏啼欻笑。而鄭諸本亦有無「舞斯愠」一句者，鄭又一本云「舞斯蹈，蹈斯愠」，凡十句。盧本亦有「舞斯愠」句。王本又云「人喜則斯循，循斯陶」，與盧、鄭不同。

陸氏德明曰：「舞斯愠」一句并注，皆衍文。

劉氏敞曰：案人舞宜樂，不宜更愠，又不當漸至辟踊，此中間有遺文矣。蓋本曰「人喜則斯陶，陶斯咏，咏斯猶，猶斯舞，舞斯蹈矣。人悲則斯愠，愠斯戚，戚斯歎，歎斯辟，辟斯踊矣。」自「喜」而下五變而至「蹈」，自「悲」而下亦五變而至「踊」也。

胡氏銓曰：猶，若所謂「君子蓋猶猶」之謂。

辨正 陳氏澔曰：「舞斯愠」一句，終是可疑，今且據疏。劉氏欲於「猶斯舞」之下增一「矣」字，而删「舞斯愠」三字，今亦未敢從。

案 本文是論喪之宜有踊，而以喜之舞蹈形之，斷以悲喜兩開爲是。「舞斯愠」句中脱「蹈矣，人悲則」五字耳。況鄭他本又有「舞斯蹈」，無「舞斯愠」，爲據乎？若謂中間一句哀樂相生，則此孺子之慕豈因舞蹈之過而來？下言「絞衾」「蔞翣」，豈歌舞羽籥之變必用此邪？孔疏添「踊則笑」相對，更支。

【杭氏集説】孔氏穎達曰：如鄭此禮本凡有九句，首末各四，正明哀樂相對。中央

「舞斯愠」一句，是哀樂相生。若舞無節，形疲厭倦，事與心違，所以怒生，故曲禮云「樂不可極」。夫喜而不節，自陶至舞，俄頃而愠生，怒而不節，從戚至踊，踊極則笑。故夷狄無禮，朝殯夕歌，童子任情，倏啼欻笑。而鄭諸本亦有無「舞斯愠」一句者，鄭又一本云「舞斯蹈，蹈斯愠」，凡十句。盧本亦有「舞斯愠」句。王本又云「人喜則斯循，循斯陶」，與盧、鄭不同。

陸氏德明曰：「舞斯愠」一句并注，皆衍文。

吴氏澄曰：孺子慕，與前之「孺子泣」同，謂其情而無節文也。有子以人之哭踊皆其哀慕之真，如其情可也。有子質厚而禮學疏，子游精於禮學，故詳言聖人制禮之意以告之。過而不爲之限節以減殺之，俾直伸其情，則或甚哀而至毁滅。不及而不示之形跡以興起之，俾徑捷而行，則或全不哀而反歡嬉。此乃戎狄之道也，聖人制禮之道則不如此。

陳氏澔曰：壹，猶常也。有子言喪禮之有踊，我常不知其何爲而然，我久欲除去之矣。今見孺子之號慕若此，則哀情之在於此踊，亦如此孺子之慕也。夫先王制禮，使賢者俯而就之，不肖者企而及之。慮賢者之過於情也，故立爲哭踊之節，所以殺其情，故曰「禮有微情者」。微，猶殺也。慮不肖者之不及情也，故爲之興起衰絰之物，使之睹物思哀，故曰「有以故興物者」。此二者皆制禮也，酌人情而爲之也，若直肆己情徑率行之，或哀或不哀，漫無制節，則是戎狄之道矣，中國禮義之道則不如是也。太古無禮，或以其死而惡之，以其無能而倍之。聖人制禮之初意，止爲使人勿惡勿倍而已。絞衾以飾其體，蔞翣以飾其棺，則不見死者之可惡矣。始死即爲脯醢之奠，將葬則有包裹牲體之遺，既葬則有虞祭之食，何嘗見死者享之？然報本反始之道自不能已，豈復有倍之之意乎？先王制禮，深意如此。又曰：「舞斯愠」一句終是可疑，今且據疏。劉氏欲於「猶斯舞」之下增一「矣」字，而删「舞斯愠」三字，今亦未敢從。

秦氏繼宗曰：有子之言，乃賢者過之之事。子游則禮之中也。

萬氏斯大曰：據本文，是哀樂相生之序。但此章是論喪禮之踊，上文云「辟踊，哀之至也」。哀親之死，豈因樂極而生乎？諸家紛紛，其説未悟斯旨。孔疏云「鄭康成諸本亦有無『舞斯愠』一句」，而劉氏欲于「猶斯舞」之下增「矣」字，而删「舞斯愠」三字，即孔疏意，此爲可從。蓋上文固言愠哀之變也，此言辟踊始於愠，方與哀死意合。

姚氏際恒曰：猶，鄭氏謂當爲「摇」，言身動摇也，豈有歌而摇者？吴幼清祖鄭説，謂「猶」爲手動，「舞」爲足蹈，尤杜撰。郝仲輿謂「猶」如字，與「由」通，自然嚮赴之意。人歌則抵掌頓足，按節而應，謂之「猶」。若是則仍與摇之説相似矣。按説文「嗂」字，徐鍇引禮「咏斯猶」謂「猶，即嗂。嗂，喜也」，其説似是。「舞斯愠」一句，諸家之説尤不一，陸德明謂衍文。孔氏謂鄭本無此句，又謂鄭又一本云「舞斯蹈，蹈斯愠」。劉原父改記文云：「人喜則斯陶，陶斯咏，咏斯猶，猶斯舞，舞斯蹈矣。人悲則斯愠，愠斯戚，戚斯歎，歎斯辟，辟斯踊矣。」孔氏又依文爲解曰：「且喜怒相對，哀樂相生。若舞而無節，形疲倦厭，事與心違，所以怒生。曲禮云『樂不可極』，即此謂也。」按以上諸説憑臆增删者，既未足据。順文解釋者，又不可通。然則如何？蓋作者之意，本取喜之爲舞，愠之爲踊，以見其皆當品節也。其文卻于「舞」字之下、「愠」字之上，順勢直下，即用「斯」字爲過接，不復更端另起耳。而循環相生之義，亦是隱然可見。必如孔氏泥定作解，豈不死古人句下？必如劉氏之屬對整齊，古人又安有此印板文字哉？

朱氏軾曰：「情在于斯，其是也夫」，謂情所到處，但如其量而爲之，則無不是矣，何必爲節？

姜氏兆錫曰：此言樂哀之意，以見禮之不可無節也。本節頗有疑義，據疏「喜」「愠」以下各四句，是哀樂相對。中間「舞斯愠」句是哀樂相生。斯，語助也。品，格也。節，制也。外境會心之謂喜。陶者，心初悦而已，至咏歌而後暢，咏歌不足則乃動身體而摇，由是乃至起舞，而足蹈手揚，則樂之極也。外境違心之謂愠。若舞而無節，則形疲神倦而愠，愠則憤恚之餘，轉爲憂戚，而憂戚轉深，因又發爲歎恨，迨歎恨不息，遂撫心而辟，由是乃至跳踊而奮擊，則又哀之極也。哀樂之極如此，若其無節，則戎狄行之，朝殯夕歌，兒童發之，倏啼欻笑。惟品節此二塗，使踊舞有數，斯之謂禮，而道乃可久矣。據孫氏當作「人喜則斯陶，陶斯咏，咏斯猶，猶斯舞，舞斯蹈。人悲則斯愠，愠斯戚，戚斯歎，歎斯辟，辟斯踊。自喜至蹈凡六變，自悲至踊亦如之。此所謂孺子慕者之真情也，舞蹈、辟踊皆本諸此，故聖人爲之節」。愚按孔疏、劉説不同，劉説于理較足，疏説依本文爲訓，蓋亦所謂「樂不可極」之義與？然「舞斯愠」句，終屬可疑也。

方氏苞曰：孺子求索于親而不得，戀慕谿勃，必哭且踊，先王制哭踊之節實緣于此。蓋恐至性篤厚者，常如孺子哀情，中迫則後不可繼，即能繼，力亦難勝，故即以哭踊之節洩其哀情，而使之漸殺。又使人要其節而必哭必踊，則中人之性必感物而有動于中，即頑薄者要其節而强爲哭踊，亦自覺其中情不應而愧怍難安。以故興物，莫切于此。衰絰之制，其淺焉者耳，以杖闢轂而踝輪者，豈不衰絰乎？

世駿按，劉原父之説，今本陳注誤刻作「孫氏」，于是姜氏九經亦仍其訛，今據注疏本改正。

【孫氏集解】有子與子游立，見孺子慕者。有子謂子游曰：「予壹不知夫喪之踊也，予欲去之久矣。情在於斯，其是也夫？」

壹，專也。言予專不知夫喪之何以有踊，久欲去之。今觀於孺子之慕，而知孝子之情即在於斯，其是爲人之真情也夫，何必爲踊乎？蓋喪之踊有節，孺子之慕則率其號慕迫切之情而不自知者。有子以爲喪致乎哀而已，而不必爲之節文也。

子游曰：「禮有微情者，有以故興物者。有直情而徑行者，戎狄之道也。禮道則不然。

微，殺也。微情，謂哭踊之節變除之漸，所以使之殺其情而不至於過哀也。故，謂有爲爲之也。物，謂衰絰之屬也。以故興物，若荀卿言「斬衰，菅屨，杖而啜粥者，志不在於酒食，所以使之覩物思哀，而不至於怠而忘之也」。有子之意在於徑情直行，不知禮之節有定，而人之情不可齊也。或哀毁以傷生，或朝死而夕忘。苟使人率其情以行，則賢者無以俯而就，且至於滅性；不肖者無以企而及，必相率而至於悖死忘親矣。

人喜則斯陶，陶斯咏，咏斯猶，猶斯舞，舞斯慍，慍斯戚，戚斯歎，歎斯辟，辟斯踊矣。品節斯，斯之謂禮。

鄭氏曰：咏，謳也。猶，當爲「摇」，聲之誤也。摇，謂身動摇也。秦人猶、摇聲相近。辟，拊心。踊，躍也。

愚謂喜者，外境順心而喜也。陶者，喜心鼓盪於内而欲發也。咏者，喜發於外而爲咏歌也。咏歌不已則至於身體動摇，動摇不已則至於起舞也。慍，怒意也。樂極則哀，故舞而遂至於慍也。慍怒不已則至於悲戚，悲戚不已則發爲歎息，歎息不已則至於拊心，拊心不已則起而跳踊。蓋哀樂之情，其由微而至著者若此。然情不可以徑行，故先王因人情而立制，爲之品而使之有等級，爲之節而使之有裁限，故情得其所止而不過，是乃所謂禮也。此節言哀樂，各四句，一一相對，喜與愠對，哀樂之初感也。陶與戚對，哀樂之盛於中也。咏與歎對，哀樂之發於聲音也。摇與辟對，舞與踊對，哀樂之動於四體也。獨「舞斯愠」一句在其中間，言哀樂循環相生之意。詳文義，似不當著此，孔疏謂鄭他本或無此句，或本係衍文，如陸氏之説與？

人死，斯惡之矣。無能也，斯倍之矣。是故制絞衾，設蔞翣，爲使人勿惡也。始死，脯醢之奠；將行，遣而行之；既葬而食之，未有見其饗之者也。自上世以來，未之有舍也，爲使人勿倍也。故子之所刺於禮者，亦非禮之訾也。」

鄭氏曰：絞衾，尸之飾。蔞翣，棺之牆飾。周禮「蔞」作「柳」。將行，將葬也。葬有遣奠。食，反虞之祭。舍，猶廢也。訾，病也。

愚謂士虞禮曰「特豕饋食」，所謂「既葬而食之」也。上言先王因哀樂之情而品節之，所謂「禮有微情者」也。此言先王因死者之易於倍棄，而制爲喪葬之飾、奠祭之禮，而使人得以盡其事死如生之情。又因以故興物之意而廣言之，所以見禮之不使人直情而徑行者，皆有深意存焉。故有子之所刺，不足爲禮之疵病也。此二句通結二節之義。

【朱氏訓纂】**有子與子游立，見孺子慕者。有子謂子游曰：「予壹不知夫喪之踊也，予欲去之久矣。情在於斯，其是也夫？」**注：喪之踊猶孺子之號慕。釋詁：斯，此也。**子游曰：「禮有微情者，**注：節哭踊。正義：微，殺也。言若賢者喪親，必致滅性，故三日而食，哭踊有數，以殺其内情，使之俯就也。何胤云：「哭踊之情，心發於内，謂之微。微者，不見也。」**有以故興物者**。注：衰絰之制。　正義：興，起也。物，謂衰絰也。若不肖之屬，本無哀情，故爲衰絰，使其覩服思哀，起情企及也。引由外來，故云「興物」。**有直情而徑行者，戎狄之道也**。注：哭踊無節，衣服無制。**禮道則不然**。注：與戎狄異。**人喜則斯陶，陶斯咏**，注：陶，鬱陶也。咏，謳也。**咏斯猶**，注：猶，當爲「摇」，聲之誤也。摇，謂身動摇也。秦人猶、摇聲相近。　臧氏琳曰：案爾雅釋詁「鬱陶、繇，喜也」，郭注引孟子、禮記爲證。又曰：猶，即繇也，古今字耳。説文系部云：「繇，隨從也。从系，䍃聲。」手部云：「摇，動也。从手，䍃聲。」二字聲義皆相近。隨從則有喜意，隨從則身動摇。鄭注「摇，謂身動摇」，與爾雅、説文皆合。**猶斯舞**，注：手舞之。**舞斯愠**，注：愠，猶怒也。**愠斯戚**，注：戚，憤恚。　釋文：此喜愠哀樂相對，本或於此句上有「舞斯愠」一句并注，皆衍文。**戚斯歎**，注：歎，吟息。**歎斯辟**，注：辟，拊心。**辟斯踊矣**。注：踊，躍。**品節斯，斯之謂禮**。注：舞踊皆有節，乃成禮。　廣雅：品，齊也。　王氏念孫曰：「品節斯，斯之謂禮」，是品爲齊也。　正義：品，階格也。節，制斷也。此之謂禮生於哀樂，若喜而不節，自陶至舞，俄頃而愠生。若怒而不節，從戚至踊，踊極則笑。若夷狄無禮，朝殯夕歌，兒童任情，倏啼欻笑。今若品節此二塗，使踊舞有數，故云「此之謂禮」。**人死，斯惡之矣。無能也，斯倍之矣**。注：無能，心謂之無所復能。**是故制絞**

衾，設蔞翣，爲使人勿惡也。注：絞衾，尸之飾。蔞翣，棺之牆飾。周禮「蔞」作「柳」。**始死，脯醢之奠；將行，遣而行之；既葬而食之，**注：將行，將葬也。葬有遣奠。食，反虞之祭。**未有見其饗之者也。自上世以來，未之有舍也，爲使人勿倍也。**注：舍，猶廢也。　正義：人身既死，形體腐敗，故惡之倍之。以其恐惡之，故制絞衾，設蔞翣以飾之。恐倍之，故始死設脯醢之奠，將行設遣奠而送之，反哭設虞祭以食之，爲使人勿倍其親故也。**故子之所刺於禮者，亦非禮之訾也。**」注：訾，病也。

【郭氏質疑】禮有微情者，有以故興物者。

鄭注：微情，謂節哭踊。以故興物，謂衰絰之制。

孔疏：微，殺也。哭踊有節，以殺其內情，使之俯就。不肖者無哀情，使之覩物思哀也。

嵩燾案，説文：「微，隱行也。」爾雅釋詁「幽，微也」「匿，微也」。微情者，哀之至而若隱之，似無節殺其情之義。如賓之有拜也，大夫之有特拜也，袒括髮之有襲也，冢人營宅之有筮也，日之有卜也。爲之制以不得直達其哀，故曰「微情」。「故」者，已然之謂，因其已然之情而興起之於物。衰絰之制，皆「物」也。悲痛之至之必爲辟踊也，人心自然之應也。先王制之以爲成法，使之哭且踊，以道其悲痛之心而自致其慎終追遠之實。杖、衰、倚廬之異制，皆因其哀踊以致其文者也，故曰「以故興物」。微情，由外而隱之於內；以故興物，由內而道之於外。似不僅如舊注所云也。